四明文庫研究叢刊

跨國界的文化傳釋
朱舜水與近代中日人物的文明史觀論

徐興慶 著

寧波出版社

圖書在版編目（CIP）數據

跨國界的文化傳釋：朱舜水與近代中日人物的文明史觀論 / 徐興慶著. -- 寧波：寧波出版社, 2022.12
ISBN 978-7-5526-4872-0

Ⅰ.①跨… Ⅱ.①徐… Ⅲ.①朱舜水（1600—1682）－人物研究②中日關係－文化交流－文化史－研究 Ⅳ.① B248.995 ② K203 ③ K313.03

中國版本圖書館 CIP 數據核字 (2022) 第 255044 號

版權合同登記號 圖字：11—2022—323

跨國界的文化傳釋：朱舜水與近代中日人物的文明史觀論

徐興慶 著

策劃編輯	袁志堅
責任編輯	王　蘇
責任校對	陳　鈺
裝幀設計	金字齋
責任印製	陳　鈺
出版發行	寧波出版社（寧波市甬江大道 1 號寧波書城 8 號樓 6 樓）
印　　刷	浙江新華數碼印務有限公司
開　　本	710 毫米 ×1000 毫米　1/16
印　　張	22
字　　數	359 千
版　　次	2022 年 12 月第 1 版
印　　次	2022 年 12 月第 1 次印刷
標準書號	ISBN 978-7-5526-4872-0
定　　價	120.00 圓

版權所有　侵權必究

序 一

對歷史、學術與思想的雄鑑

朱舜水是明末清初時期的大儒,是日本儒學乃至東亞儒學的開山祖師。他旅居日本長達二十二年,生前逝後對日本思想文化史有重大影響,在日本聲名甚隆,然在中國知之者不多。我在東京旅行途中,就曾看到竪立的"朱舜水先生終焉之地"的木牌,這是地標,是思想文化交流的津梁。

徐興慶先生精通中日文化,矢志舜水學,是非常了不起的中日思想文化交流史研究和朱舜水學研究的大家。徐先生德業雙修,學思並進,自1985年至今,以學而不厭、努力鑽研的精神,孜孜矻矻、矢志不渝地尋找、發掘朱舜水資料,潛心爬梳、董理朱舜水先生的生平、傳略、事蹟與思想,及其在日本的傳播史,特別重視對舜水先生的哲學、政治、經濟、宗教、歷史的觀念及其發展變化的深入研究。

徐先生從中日文化交流使者的角度,全面而深刻地揭示了舜水先生在德川時代扮演的文化傳播者的角色及定位。朱舜水先生與德川前期的朱子學者、陽明學者乃至古文學派學者都有往來,與日本儒教的發展有密切聯繫。朱舜水先生對教化德川的民間社會及教育制度的建立,做了多方面的工作,貢獻卓著。

本書史料豐富,扎實厚重,作者檢擇得體,重點突出。作者把朱舜水放在中日文化史、儒學(教)史的背景上作深入的探討,尤其重視德川前期日本儒教的"雜學性"。要理解朱舜水，不能不理解水戶藩的漢學教育與實踐、陽明學在日本的傳播及演化、加賀藩的儒教傳播、日本的近代化及史觀的演化，對如此繁複的諸問題，作者作了詳盡的研討，並明晰地表達出來。作者十分重視細節，如關於兩"戴笠"的考證，非常細膩，尤見功夫！

本書共十二章，先總論，後分別論述了朱舜水與留寓日本的明末文人的交流、與德川儒教的發展、與熊澤蕃山"經世致用"思想的異同、與加賀藩儒教的發展、從東亞視域看隱元與朱舜水的文化傳播、對科舉制的評論、"儒、釋、道、醫"的獨立與中日文化交流、《本朝通鑑》及《大日本史》史觀演化、《大日本史》與日本"水戶學"的重建、水戶藩與日本的近代化、和辻哲郎的傳統與"近代"思想的轉化。

掩卷凝思，拙見以為，徐先生這部大著至少有如下特點：

第一，跳出藩籬。近幾十年以來，中日韓學者深論"作為方法的東亞"。所謂"文化的東亞""思想的東亞"，具有跨文化的特徵，此中有著多樣性與差異性，它不是封閉的，而是開放的。徐著主書名為《跨國界的文化傳釋》，實際上不僅跨國界，而且跨文化，在跨文化方面可圈可點。

作者不是就事論事地微觀討論，而是跳出論主，跳出中方、日方的壁壘，以東亞和東亞文化、東亞儒學及其交流史為場域，為背景，來討論朱舜水先生的見弊得失，包括貢獻與局限。作者精心思考，小中見大，大中見小，相得益彰！

朱謙之先生曾指出，朱舜水的歷史觀與治史的態度與黃宗羲等開拓的"浙東史學"有一致性，對日本水戶學的發展有一定影響。作者並不限於此，一方面在本書中對此作了詳細的考證，另一方面又從比較的視域考察日本陽明學派熊澤蕃山的思想體系，檢視他與朱舜水經世致用的實學理念的異同。

面對朱謙之先生對朱舜水的全面批評及對朱舜水內在矛盾的揭示，本書作者作了深度的回應，蓋棺定論，確證朱舜水是德川社會傳播"經世致用"理念的先驅者。這一點絕不可掩。

第二，史論結合。陽明學在日本的傳播與演化是非常重要的問題。現今坊間仍在爭論，是否誇大了陽明學在日本的影響與作用，特別是在明治維新時期的作用。我想關鍵是拿材料來，實事求是。誇大其辭固然不對，然而如有其人有其事，而又不願承認，也不對。本書詳論中江藤樹如何由朱子學者轉為陽明學者，其弟子如何促進了行動主義的陽明學的流行，明治維新的重要指導者西鄉隆盛又如何從陽明學中肯定主體性與個體的行動力，有史有論，史論結合，不虛誇，不縮小，令人信服。

第三，問題意識鮮明。本書作者有很強的問題意識，全書涉及中日思想史上各學派諸多爭論的問題。

"儒佛交會"是一大問題，尤其在朱舜水先生的交遊中表現得很突出。朱舜水留寓長崎時期，正是臨濟宗黃檗派在日本快速發展的階段。當時多才多藝的明末文人頗受日本產、官、學界之青睞。面對"遍地皆佛"的風潮，朱舜水立場堅定，因為他力求把最有利民生的學問傳到日本。

有關"實學"，如何定義，如何判定？在今天的中國思想界，也是見仁見智的一大問題。本書通過詮釋"實學"理論與實踐準則的差異，思考傳統與近代之間的轉化及日本近代化的啟示，確有見地，極富啟發性。

本書作者認為，朱舜水推動的學問是從"作為學的實學"（倫理・祭禮思想、經世思想、教育思想），跨到"作為機能性的實學"（農業技術、製衣、飲食文化），在日本將儒家"利用厚生，救世濟民"的實學作用發揮得淋漓盡致。

本書特重朱舜水與近代中日人物的"文明史觀論"，非常有價值。第十二章專論和辻哲郎的傳統與近代思想的轉化，討論了傳統的回歸與批判之背景，全章以"思想轉化"作為問題意識，用來解讀和辻哲郎在論述同一件事時，為何常有前後不一致的現象，當然重點是論述傳統"日本文化"與"近代"思想的關聯性。

沒有學術的思想是空洞的，沒有思想的學術是盲目的。徐先生把兩者有機地聯繫起來，他做的是有學術的思想和有思想的學術。

黃遵憲為朱舜水寫的詩曰："海外遺民竟不歸，老來東望淚頻揮。終身恥食興朝粟，更勝西山賦《采薇》。"通過本書在中國大陸出版，海外遺民朱舜水先生的靈魂回歸中國，回歸故里，讓更多的中國人特別是年輕人瞭解、學習，這是一件很有意義的事情，因此我們特別要感謝徐興慶教授。

徐興慶先生為人謙虛謹慎，為學一絲不苟，他勤於讀書，精於思索，好學深思，心知其意，有特別大的建樹。他專心治學，終於在經年苦修的基礎上,著成皇皇大著,令人欽慕不已!欣悉徐先生現擔任臺灣著名大學校長之職,培植校風,砥礪品德,教書育人,提攜後進,謹此致賀!

衷心祝福徐教授的這一優秀學術成果問世,企盼他有更多佳構奉獻給中日學術界。

承徐先生不棄,命某作序,未能登堂入室,略抒胸臆而已,謹此奉答,愧不敢當。是為序。

武漢大學國學院院長　郭齊勇

2021 年秋於武昌珞珈山

序 二

序城北徐公新作

徐興慶教授的新作《跨國界的文化傳釋：朱舜水與近代中日人物的文明史觀論》，即將和由他與郭齊勇教授主編的《朱舜水集》一道梓行面世。在學界浮躁，很多人都忙於標新立異和快速成名的時代氛圍裡，寧波出版社能隆重推出一位三十年來矢志於一個人物且碧落黃泉於該人物全史的學者著述，實在是令人稱奇，惟此亦無法不讓人斂衽讚述焉。

中國和日本有一種奇妙的關係。歷史上，每當大陸政權發生鼎革時，總有一批人要浮槎東渡，亡命於三島。有人曾半開玩笑地說，孔子嘆"道不行，乘桴浮于海"時就已經萌生過此念。其後，果有"避秦時亂"的東向移民潮，有宋元鼎革後佐鎌倉御蒙古的無學祖元，甚至在近現代湧現出一大批"大江歌罷掉頭東"的救國志士。明清鼎革後助德川興文教的朱舜水，無疑是上述歷史脈絡中的重要一員。由於是前近代人物，於是，在"文化認同"與"政治認同"發生斷裂時，他選擇了前者這一前近代知識人的通常價值取向；又由於是毗鄰近現代的前近代人物，於是，朱舜水對日本人在"華夷"價值上強調有加的"日清"文明之別，卻最終演變成"國民"區隔下的"日中"國家之爭。他與德川光圀討論"中華大道"在"近世中國不能行之而日本為易，在日本他人或不能行之而上公為易"時尚無法預料的國勢逆轉場景，二百年後竟真切地出現在明治維新時期和後藤新平為《朱舜水全集》所作的序言中："若使地下之之瑜,知我方今之駕馭盛運,其當抃躍不知展齒之折也,若更令有知禹域亂餘之危局,其或拊膺而長嘆太息歟!"

由於是這樣一位給日後東亞大局之翻轉埋下過遠因和伏筆的人物,所以朱舜水在客觀上的複雜度恐怕會遠超我們的想象;其生前散落於日本各地的各類資料,也幾乎無人敢說已被悉數窮盡。於是,稻葉君山以《朱舜水全集》命名其所輯朱氏文稿的行為,便顯得十分冒險;而徐興慶教授用去大半生精力在日本苦尋朱舜水遺篇的訪碑問帖功夫,深刻地表現出一位研究者對於資料搜集這一歷史學生命線的無比珍視品格。

了解情況的人都知道,日本除官方所藏圖書外,還素有私家保存文物的傳統。這意味著,徐教授有許多關於朱舜水及相關人物的未公刊資料,都是通過私人往來、感情交流和日復一日的不懈努力才逐漸獲得的。有多少幾近"程門立雪"的訪求經歷和感人故事,至今仍令人歆歔不已,難以忘懷。正因為有這種長期而連續的發現和積累,徐教授不但在臺灣學生書局出版了《朱舜水集補遺》(1992年),還在臺大出版中心出版了《新訂朱舜水集補遺》(2004年)。不寧唯是,他還組織包括大陸學者在內的東亞相關研究者,在徵得水戶"德川博物館"館長德川真木女史的同意後,連續三年赴日調查了朱舜水的相關珍貴資料,並整理出版了《朱舜水文獻釋解》等三部博物館藏品錄(上海古籍出版社、日本德川博物館)。

德川博物館,舊名水戶彰考館。現藏有水戶德川家歷代藩主,彰考館館長、館員,明末遺民、僧侶,以及早期切支丹信者的生前文物、文獻共計五萬餘件,且三百年來從未對外公布過。此番公開的是朱舜水與長崎、朱舜水與德川光圀、朱舜水及其弟子遺著、朱舜水的書詩與畫、朱舜水與禮儀祭祀等五大項相關文獻,涉及文集、遺著、書簡、畫卷、對屏、印譜等各式各樣不同的內容。2013年9月,以徐教授為組長的調查團隊發現了被認為已亡佚百年之久的中華一級文物——"監國魯王與貢生朱之瑜敕諭"原件。這是一個引起了轟動的發現,因為很快調查團隊在水戶博物館和東京湯島聖堂舉行了有日本前政要、中國駐日本國大使館官員和東京大學教授等人參加的新聞發布會和學術報告會。調查團隊的工作也因此受到了普遍的讚譽,有學者甚至說,這種調查本身就是在"創造歷史"。

这大概也是讀者在閱讀徐興慶教授這部著作時之所以會有新意迭出和回味無窮感受的根本原因。由"朱舜水在日本的事跡與思想傳播""德川前期日本儒教的'雜學性'""水戶藩的漢學教育及其發展""王陽明學說在日本的傳播及演化""朱舜水對加賀藩的儒教傳播""日本的近代化及史觀的演化"等六部類、十二章組成的這部鴻篇，以翔實的資料、嚴謹的邏輯、清晰的脈絡、立體的畫面、通達的點線和客觀的規律，為人們展示了一幅以朱舜水為核心的近世至近代中日人物文明史觀長卷，是近年來相關領域研究中不可多得的巨製佳作。在臺大訪問期間，我曾多次拜訪過徐教授和他的研究室，見書架上堆滿了他當年歷經千辛萬苦從日本各家研究機構和寺社中搜求的發黃了的紙質資料，並與他交流過將如何使用這些資料等問題。從本書中許多見所未見的珍貴內容看，該書不僅僅是對那段中日學術交流史的客觀呈現，更是對沉睡數百年資料的新發掘和新展示。其對朱舜水與加賀藩之間密切關係的描述，對隱元所攜黃檗宗對日本宗教觀之影響等高論，均係常談中見新意，諳熟中所不曾聞。在方法論上，僅僅看第八章有關戴曼公的論述，既可見全豹之一斑——"本章主要依據在日本各公私立圖書館、鄉土史料館、寺院取得的新史料，追尋其生涯軌跡，深入考察戴笠在中國時的'鄉里營生時期'（1596—1653）；東渡日本後，初始的'尋求出路時期'（1653—1654），以及皈依成為獨立性易後的'侍僧時期'（1654—1658）、'閉關時期'（1659—1662）、'行醫時期'（1663—1672）等五段時空，循序漸進地考證戴笠（獨立性易）在不同身份、不同時空下的事跡與交遊情形，以釐清其人格特質及思想轉化，進而闡明其在中日文化交流史上的歷史定位……"而尤為重要的，應該是徐教授在水戶學分期上所提出的新說及其學術貢獻。根據他的研究，以《大日本史》為代表的"前期水戶學"與以《弘道館記》為標誌的"後期水戶學"之間，事實上存在著以立原翠軒等人為代表的中間過渡段，而這個階段應該被命名為"中期水戶學"。

徐興慶教授治史，由人物而人脈，由人脈而文脈，由文脈而時代，由時代而規律，由規律而性理。所披所揀，洪纖有致，所思所想，高遠信實。身為祭酒期間，力行校務改革而不妨學問，殊可貴也。猶復重視兩岸交往，甫一就任校長，即遍訪大陸各姊妹學校，廣結學緣。

追憶這些往事或許已超出了學術討論的範圍，但知其人而論其書，又何嘗不是中華傳統的題中應有之義？一個月前，徐教授來函徵余小序。我性鈍拙，本無格忝側，又不敢以不敏辭，故躑躅再三，方不揣淺陋，惴惴然續貂於後。倘有心者能藉此以入堂奧，則小生幸甚，學術幸甚。

東北師範大學副校長　韓東育

2022 年 6 月 28 日

序 三

知識重構與經世致用

徐興慶教授新書《跨國界的文化傳釋：朱舜水與近代中日人物的文明史觀論》刊佈，是東亞研究的又一喜訊。徐校長雅囑撰《序》，筆者深感榮幸，謹從個人與徐校長的學術因緣談起，略述個人對東亞研究背景與前景的觀察如下。

徐校長早年留學日本，除博覽日本語文學術文獻外，尤其注意浙東餘姚思想家朱舜水（之瑜，1600—1682）與江戶日本政治學術的密切關係，而致力搜羅舜水文獻，實為巨眼。其編著《朱舜水集補遺》於1992年問世（臺灣學生書局），廣受學界注目。2000年後，徐先生受聘於臺大日本語文學系，與筆者有同事之誼，因研究領域相同，初識之始，即傾蓋如故。2003年，徐先生受筆者之邀，加入臺大東亞文明研究中心的東亞文獻研究計劃，精益求精，於2004年出版《新訂朱舜水集補遺》（臺大出版中心"東亞文明研究資料叢刊"）。2006年臺大人文社會高等研究院成立後，徐先生續為研究院的中堅分子，又領銜創立臺灣大學日本研究中心，並在臺大出版中心創立"日本學研究叢書"。自2018年榮任臺灣中國文化大學校長後，徐校長於兩年內即在該校成立東亞人文社會科學研究院，推動東亞人文學及社會科學不遺餘力，成果豐碩。在上述大背景下考察本書的結集，不難讓讀者深深理解到本書"緒論"宣示"東亞文明發展"以及"新的文明發展及史觀演化的系譜",實具有深厚、複雜而豐實的學術背景。

要討論本書撰著的緣起與意義,更不能不將目光放遠,盱衡近三十年來東亞研究、亞洲研究、區域研究浪潮的發展,以及跨領域學科知識的交涉。東亞研究(East Asian studies)原延續歐美早年的遠東研究(Far Eastern studies),而著眼將中國、日本、韓國、越南等地綰合為一區域,考論其中國家互動、文化交流、宗教禮俗等各方面的同與異,與東南亞研究(Southeast Asian studies)皆屬近二十年區域研究(Area studies)深耕有成的重要領域。全球化浪潮興起後,尤其是1994年GATT改組為WTO,各國致力於打破貿易壁壘,進而利用國際網絡加強團結,而蘊釀了後來的東協(東南亞國家協會,Association of Southeast Asian Nations)2004年的"十加一"(中國加入)和2005年的"十加三"(日本、韓國加入)的成立。在這些政治經濟版圖的合縱連橫之下,全球在地化(glocalization)的議題亦興起,並廣泛加入討論。區域之內文化與文明的糾纏,更是全球大江大海浪湧下的暗潮,既種下衝突撕裂的因子,也促進潛移默化的交融。由於二十世紀末跨領域研究的擴大與深化,東亞研究也好,亞洲研究也好,區域研究也罷,都不再是人文學、社會學、經濟學、政治學等各行其是,而是更著眼於文化、歷史、民族、經濟、海洋、貿易、政治等相互間千絲萬縷的關係,例如"流散"(Diaspora)成為熱門研究主題,綰合種族、海洋、婚姻等課題,說明了學界的新關注點;又如文化遺產(cultural heritage)的研究被置於城市化(urbanization)的脈絡上進行,亦說明了知識整合的新趨勢。由上述的大背景可見,東亞人文學的研究,雖然必以人文關懷為主,著眼於思想文化,但同時也已擴大到社會、政治、建築、旅游、城市規劃等新課題,庶幾能縱攬全局。未來整個東亞研究的發展前景,恐怕不能再囿限於單一課題,而應加強不同知識領域之間的互激互礪。

從上述此一角度審視本書,我們不難理解作者以朱舜水研究為主線,擴大到中日人文學以外的政治、經濟、社會等議題的匠心獨運,實與近二十年來東亞研究及區域研究整合人文學與社會科學的大趨勢方向一致。全書可以第八章作為分界。除第一章"緒論"外,第二至七章均以朱舜水為研究重心。第八章以"戴笠"為主軸,考論中日文化交流;第九章以後則集中圍繞日本政治、歷史、儒學、史學，而推擴到日本近代化、近代思想與東洋文化史觀的形成等問題。具而言之，本書並非集中對朱舜水與江戶儒學內部各種議題的微觀研究——如水戶學的發展、徂徠學的視野等等，而是由微觀擴大到宏觀，將朱舜水與江戶儒學的線索引入日本現代化的前奏——即十九世紀與二十世紀之交的所謂"近代"時期，探討日本在此時期朝野面對國際環境的種種挑戰，如何篳路藍縷，致力從舊傳統中掙扎出一條邁入近代的道路。全書以討論《鎖國：日本的悲劇》作者和辻哲郎為結穴，實是別有寄託。在全球動盪的時代，日本近代學者揹負著舊文化包袱，對國體、文化、史觀等大問題進行深刻反思，努力轉型，汲取西學，就政制、史觀、民族觀等提出新思想。這些議題，在本書獲得充分而深刻的討論。可見本書作者宣示跨國界的文化關懷，以十七世紀的朱舜水為起點，廣泛探討三百年間中日知識菁英的活動、著作與思想，進而考論文明史觀，是多麼具有縱深而啟新的視野。

浙東學術及近世日本儒學的共同點之一是"經世致用"。受到朱舜水精神的浸饋，徐校長數十年致力於考察中國、日本及東亞文化與文明，貫串其中的也是經世致用的精神。浙東學者的"經世"，從來不局限於士大夫經綸家國的狹義解釋，而是游心寰宇，盱衡今古，汲取歷史文化精髓，為未來世局提出方向性的指引。徐校長擅用其人文關懷，延攬東亞政治經濟圈眾多傑出的人士，交流訪問，將二十一世紀東亞人文學的研究推至一個新高度。

筆者二十年前任教於臺灣大學時，已四處奔走，一力提倡"跨領域"，近年反思前半生從事浙東學術及經典文化的研究，常自憾未能更早從事於此。今睹徐校長皇皇大著問世，佩服之餘，謹從區域研究新猷、跨領域研究深化，以及儒學經世精神所涉及東亞文明新變局等幾方面，呼應本書"跨國界的文化傳釋"的主題，盼望能在有生之年，繼續與徐校長攜手努力，為東亞區域研究略盡綿薄。

香港教育大學教授　鄭吉雄
2021 年 9 月 20 日

序 四

東亞文化交涉學及國際日本研究先驅

現在筆者的手邊正擺著由寧波出版社付梓的徐興慶教授（以下稱徐先生）最新大作《跨國界的文化傳釋：朱舜水與近代中日人物的文明史觀論》的書稿。這部沉甸甸而厚實、博大精深，總計超過二十萬字的大作，是學界引頸期盼的鴻篇巨製。而且，這部書的內容不僅是徐先生多年來研究思索、多方田野文獻調查的積累，更是集結這些論著之大成，可以說是將徐興慶史學思想的精華熔於一爐。筆者忝為長期承蒙徐先生教導的後學之一，除了向徐先生，更想向學界的廣大讀者，為本書的出版誠摯地致上慶賀之意。

關於徐先生，尤其是臺灣的讀者們，實在無須筆者贅詞介紹，但是容我為中國大陸的讀者們獻上一些蕪雜之詞。

徐先生1956年出生於臺灣南投縣，東吳大學東方語文學系畢業之後負笈留學日本九州大學，並於1992年取得九州大學文學博士學位，博士論文的題目是《近世中日文化交流史研究——以朱舜水為中心》。徐先生的學術專長是近世至近代之中日學術、思想、文化的交流史和交涉史，其次從這裡所發展衍生出來的研究領域有：日本的近世儒學及漢文學、近代東亞知識人之近代性的問題等，涉及的領域相當廣泛。透過中日兩種語言陸續刊行堅實的研究成果，徐先生在東亞地區的學術影響自不待言，他是活躍於全世界,引領斯學、極具代表性的碩學泰斗。

徐先生已出版的專書中,以日文出版的有:學位論文的延伸之作《近代日中思想交流史の研究》(京都:朋友書店,2004年);極有前瞻性的探問之作《東アジアの覚醒――近代日中知識人の自他認識》(東京:研文出版,2014年)。在臺灣出版的有《朱舜水與東亞文化傳播的世界》(臺北:臺灣大學出版中心,2008年)。除了以上三本專書,徐先生編著、合著、合編的著作有:《新訂朱舜水集補遺》("東亞文明研究資料叢刊"2,臺北:臺灣大學出版中心,2004年);臺灣大學出版中心"東亞文明研究叢書"系列的《德川時代日本儒學史論集》("叢書"15,2004年)、《東亞文化交流:空間・疆界・遷移》("叢書"72,2008年,之後收入"儒學與東亞文明研究叢書"第二輯,華東師範大學出版社,2012年)、《東亞文化交流與經典詮釋》("叢書"79,2008年)、《東亞知識人對近代性的思考》("叢書"81,2009年)、《江戶時代日本漢學研究諸面向:思想文化篇》("叢書"82,2009年);同為臺灣大學出版中心出版的還有《現代日本政治事典》("東亞文明研究資料叢刊"6,2008年)、《朱舜水與近世日本儒學的發展》("東亞儒學研究叢書"16,2012年)、《天閒老人獨立性易全集》(上下兩冊,2015年);以及"日本學研究叢書"《国際日本学研究の基層――台日相互理解の思索と実践に向けて―》("叢書"1,2013年)、《転換中のEUと"東アジア共同体"―台湾から世界を考える―》("叢書"7,2012年)、《近代東アジアのアポリア》("叢書"8,2014年)、《思想史から東アジアを考える》("叢書"21,2016年)、《十七世紀の東アジア文化交流――黄檗宗を中心に》("叢書"30,2018年);此外,還有文獻學、史料價值極高的集成《朱舜水與東亞文明――水戶德川家的學問》(季刊《日本思想史》81特集,ぺりかん社,2014年)、《日本德川博物館藏品錄Ⅰ:朱舜水文獻釋解》(上海:上海古籍出版社,2013年)、《日本德川博物館藏品錄Ⅱ:德川光圀文獻釋解》(同上,2014年)、《日本德川博物館藏品錄Ⅲ:水戶藩內外關係文獻釋解》(同上,2015年)等等,總數已超過十指可數。

徐先生在研究及教學方面的經歷豐富,曾任教於東吳大學、中國文化大學和日本的天理大學等校,並且在日本的關西大學、京都大學人文科學研究所、早稻田大學、九州大學、名古屋大學、國際日本文化研究中心，中國大陸的清華大學、東北師範大學等校都有過研究和講學的經驗。此外，徐先生長期擔任臺灣大學日本語文學系教授兼系主任及日本語文學研究所所長等職，並創設臺灣大學日本研究中心，且於2018年接下臺灣中國文化大學校長的大任，不管在教學或學校行政的第一線上，都以淋漓盡致的表現聞名遐邇。

此外，在研究及學術的國際交流方面，徐先生早在臺灣大學日本語文學研究所及人文社會高等研究院任內，即主持領導多項研究計劃，這已無須筆者贅言。令人注目的是，在東奔西走、公務繁忙之中，徐先生於2012年以論文《近代日中知識人における自他認識の研究》獲得關西大學頒發的文化交涉學論文博士學位，這也是徐先生的第二個博士學位。

徐先生在國際學術交流的成就貢獻上特別值得一提的是，作為2015年成立的東亞日本研究者協議會的五位發起人之一，與首爾大學國際大學院院長朴喆熙、北京外國語大學北京日本學研究中心主任徐一平、漢陽大學日本學國際比較研究所所長李康民、國際日本文化研究中心所長小松和彥等教授共同為該協議會的成立及營運盡心盡力。之所以成立東亞日本研究者協議會，是因為東亞各國雖然有相當多的日本研究者，且個人或大學之間有很多的交流合作，但是不像以歐洲為主體的歐洲日本學會（EAJS）或北美的亞洲學會（AAS）那樣，不存在一個日本研究者能夠齊聚一堂、互相交流的場合。正因如此，不管在學術方面的國際交流，或是促進東亞地區民間積極交流和相互理解上，都非常期待東亞日本研究者協議會今後更有活躍的表現。

徐先生同時也擔任筆者任職的國際日本文化研究中心（日文研）所主導、日本國內外大學及研究機構共同營運"國際日本研究聯盟"的外部審評委員，承蒙徐先生平日多方的賜教與指導。

徐先生不僅上述的成就和活動深獲好評，2021年更獲得日本外務大臣個人表彰的榮譽，表揚其對東亞學術文化交流盡心盡力的貢獻和功績。此外，徐先生也被母校東吳大學敦聘為"端木愷校長講座教授"（Joseph K. TWANMOH Chair Professor）及日文系客座教授，同時擔任臺灣中國文化大學董事及特約講座教授。這些都是筆者記憶猶新的美事。

今日一面拜讀徐先生大作，不禁興起很深的感觸。竊以為徐先生上述的研究活動以及社會實踐，背後似乎存在著一個重要的根基，或者說是一種通奏低音。

首先，在思想史研究、中日文化交流史研究以及人物研究的對象上，作為早期以來的題材，之後更成為研究的核心，徐先生長期關注和研究朱舜水此一人物。再者，作為研究的宗旨和方法論，同時又是研究主軸，或者可以說是某種哲學和思想，徐先生一方面揭舉了文化交涉學及東亞文化交涉學，另一方面秉持著國際日本研究乃至國際日本學的鮮明立場。

徐先生的大作同樣是以朱舜水作為研究主軸，並且納入同時期從中國到日本的隱元禪師、獨立禪師、陳元贇等人，以及作為周遭人物的鄭成功、與朱舜水交流的水戶藩及加賀藩等人士、與朱舜水的思想形成比較對照的熊澤蕃山及山鹿素行，還有那些參與《大日本史》及水戶學形成的人物系譜。彷彿在中日交流史的洪流中出現了朱舜水這號人物，並從其著作的瞬間開始就如同一道漣漪，徐徐地喚起巨大的波瀾般，激發出思想史及文化交流史、交涉史上的化學反應，並且從異文化的接觸和文化傳播、受容，像是落地生根般聯繫到了文化整合。徐先生通過細心和翔實的檢證，宏觀地揭示出這樣的理路脈絡。同時，這位朱舜水正是徐先生博士論文研究的題材，而成為徐先生無比鍾愛且尊敬的對象。

筆者寡聞，對於文化交涉學及東亞文化交涉史、交涉學等稱呼和概念在學術界有多大程度的認知和使用，並不清楚。然而，就筆者所知，這些學術概念已經慢慢地被使用、認知與共享。尤其，關西大學申請的文化交涉學教育研究中心（ICIS）在 2007 年獲得日本文部科學省 "Global COE" 的計劃，接著以關西大學相關人士為主體，建構了 "文化交涉學" 並著手規劃學會和研究組織的創設，終於在 2009 年成立了東亞文化交涉學會（Society for Cultural Interaction in East Asia）。之後該大學也新設了文化交涉學研究中心，並設置東亞文化研究科、文化交涉學專業的研究所。

對日本而言，文化交涉學和東亞文化交涉史的稱呼及學術概念，大部分是經由關西大學及東亞文化交涉學會的成員加以深化和練就的。順帶一提,相對於過去所使用的文化交流史一般性的用法,除了異文化相互接觸與交流、傳播,更加重視以此為媒介所產生的相互影響、干涉與滲透以及文化整合等觀點,故選用了文化交涉學及東亞文化交涉史這個稱呼和概念。

徐先生的第二個學位正是文化交涉學(關西大學)的領域,而筆者有幸躋身前述東亞文化交涉學會的發起人。然而,徐先生以朱舜水研究為主軸的學術履歷,是遠在這個稱呼及學術概念成立以前,即已具體實踐了文化交涉學和東亞文化交涉史這門學問。

國際日本學及國際日本研究這個理念和名稱不用說也是晚近這幾年慢慢普及的。這是希望將日本研究從狹隘的一國史觀框架解放掙脫開來,將它重新置於廣大的東亞地區和歷史脈絡之中,同時也希望在包含東亞及歐美的全球視域之下,從人跟文化的移動、交流、越境、比較等觀點來進行探討。這同時也是排除刻板印象的日本文化論,並將日本這個對象加以相對化,而採用他者的眼光,客觀理解的立場。筆者任職的國際日本文化研究中心,如上所述,在徐先生的指導和協助之下,鮮明地揭櫫此一國際日本研究的理念和立場,並且與國內外的大學及研究機構合作,肩負起推動"國際日本研究聯盟"活動的工作。

徐先生在關西大學及國際日本文化研究中心也多次就國際日本學和國際日本研究在當代社會與學界、日本與中國,進行了寶貴的倡議和演講。筆者如今恍然大悟,早在這個國際日本學和國際日本研究的學術領域被提出呼籲、並且獲得社會認知以前,就已經是徐先生有意識或無意識所秉持的學術立場和格局。

造就徐先生這種學術理念和格局,其本身獨具慧眼和睿智自不待言,若說是其年輕時代以來的研究材料及對象,也就是朱舜水的學問履歷及其個人的來歷所帶來的契機,亦不為過。某種意義上來說,朱舜水這個人正是親身體現了文化交涉學和東亞文化交涉史,並且具有得以成為國際日本學和國際日本研究的絕佳題材對象之人物。毋庸置疑,徐先生至今"帷幄運籌"的學術活動和社會實踐,正如當代世界的朱舜水一般,跨出國境和文化圈,從東亞向世界延伸,並將帶來深遠的影響。

恕筆者僭越,致上序言。謹此恭賀這部大作的出版,並且衷心祈願徐先生今後益臻康泰,活躍發展,清硯文安。

國際日本文化研究中心(日文研)教授
日本綜合研究大學院大學(綜研大)文化科學研究科長、教授　伊東貴之記
日本中國社會文化學會理事長

田世民譯
2022年壬寅八月吉日

序　五

東亞的"發現"與"再發現"

　　生於晚明的浙江紹興學者陶奭齡曾在《小柴桑喃喃錄》中引述《南史·西南夷傳》曰："扶桑國在大漢國東二萬餘里，甚有禮文，居親喪，七日不食；祖父母喪，五日不食；兄弟叔伯姑姊妹，三日不食。中國人居喪殊草草，媿之舵矣。子曰：夷狄之有君，不如諸夏之亡。信夫！"[1]明末遺民朱舜水的《避地日本感賦》詩亦云："漢土西看白日昏，傷心胡虜據中原。衣冠誰有先朝制？東海翻然認故園。"[2]這些能夠代表明清士人的東亞認識，一直延續到給東亞世界帶來巨大震動的日本明治維新，並在這一時期向前跨越了一大步，不僅使知識分子的東亞認識有了質的提升，而且出現了中、日、韓三國間的互動與互鑑。但這些認識都只能定位於東亞的"發現"階段，真正屬於東亞交涉與研究之繁榮期的是發軔於二十世紀八九十年代的東亞"再發現"。而從東亞"發現"到"再發現"，絕不僅僅是歷史階段的跨越，更是視野、方法、理念等的顛覆。徐興慶先生稱得上是東亞"再發現"過程中的代表性學者，他的學術影響力遍及海峽兩岸、東亞世界乃至歐美國家。

　　說起興慶先生，我與他算得上是日本九州大學的同學。興慶先生在九大文學部國史學研究所留學時，我也在九大留學，不過是在地處六本松校

---

[1]　李會富編校《陶奭齡集》（武漢：武漢大學出版社，2020年），下册，第348頁。
[2]　朱謙之編校《朱舜水集》（北京：中華書局，1981年），第287頁。

區的教養部,很少去箱崎校區的文學部,更少與國史學研究所的師生們有面對面的接觸和交流,只記得進入文學部大樓到中國哲學研究室要經過國史學研究所,按理說有不少結識興慶先生的機會,但在我的記憶中好像從未見過興慶先生,可用失之交臂來形容。沒想到離開九大後,因為朱舜水的關係,反而與興慶先生結下了不解之緣。

後來聽說,興慶先生於1992年以《近世中日文化交流史の研究》為題獲得了九州大學文學博士學位。作為該博士論文的副產品,興慶先生還利用假期,持續在日本發掘朱舜水的相關原始資料,尤其是十餘次前往柳川市古文書館抄錄朱舜水與安東守約的書信手跡,並經過整理編校後出版了《朱舜水集補遺》,從而彌補了由著名日本研究專家、北京大學教授朱謙之先生編校整理的《朱舜水集》的遺缺和不足。

我在九大留學期間,儘管主修陽明學,但對七十年代末就開始研究的朱舜水仍予以極大的關注。當時的基礎性資料是民國初年馬一浮編纂的《舜水遺書》以及後來出版的《朱舜水集》,因而興慶先生的《朱舜水集補遺》在臺灣學生書局出版後,我喜出望外,急著想買到此書,然因當時兩岸交流不暢,只好望洋興嘆,直到九十年代後期,才從大陸朱舜水研究專家李甦平教授那里得到了此書。興慶先生的這本書雖屬文獻資料類,但在朱舜水遺日文獻搜集閱讀異常困難的九十年代,對於海內外的朱舜水及中日文化交流史乃至海域文明史的研究者來說,顯得彌足珍貴,一時間洛陽紙貴,難得此書,是很自然的。據此可以說,我與興慶先生是由於朱舜水研究才結的緣,對他亦可謂是未見其人先讀其書。而在我的心目中,興慶先生既是學長,更是良師。

眾所周知,民國初年曾出現過一陣朱舜水熱,並一直延續到二三十年代,後因政治等原因而轉入沉寂。1949年以後,在臺灣又出現過短暫升溫,在中國大陸則幾乎銷聲匿跡。朱舜水研究在中國大陸消沉了近半個世紀後被重新推到歷史前臺,是在二十世紀七十年代初中日恢復邦交以後的事。在此之前,只有朱謙之等人的零碎研究對後世有重要影響。七十年代後期,國人又把注意力轉向改革開放。當時的中國大陸,出於政治、經濟等原因,其產、官、學界在相當長一段時期對宣傳朱舜水表現出異乎尋常的熱忱。這是因為,在向西方開放的過程中,日本是個巨大的存在,中日友好是當時的時代主題，更是經濟發展的實際需要，所以當時所謂的朱舜水研究，大多是在這種宣傳中日友好、服務"四化"建設的氛圍中展開的。而朱舜水作為"中日友好的偉大使者"之形象重登當代政治舞臺的標誌，就是1982年在浙江餘姚舉行的"朱舜水先生紀念碑"揭碑式。這年的5月20日，兩年前剛訪問過臺灣的日本"朱舜水遺德顯彰會"，又組成了由時任參議院議員戶葉武為團長的代表團來餘姚參加"朱舜水先生紀念碑"揭碑式。於是，以朱舜水為載體的日本民間對華友好活動亦隨之從臺灣移向大陸。但遺憾的是，由於種種原因，餘姚的朱舜水後裔赴日本為先祖掃墓的夙願，直到朱舜水逝世330年後的2011年才最終實現。

進入九十年代以後，中國大陸的朱舜水研究終於步入正常的學術軌道，取得了一批世人矚目的學術文化成果，較有代表性的事件有：1995年5月26日，朱舜水家鄉餘姚市首次派出以時任市長勵奎銘為團長的代表團，到日本常陸太田市祭掃朱舜水墓；1995年為紀念朱舜水誕辰395周年，中日兩國在上海松江縣和浙江餘姚市召開首屆"中日舜水學學術研討會"；2000年，中日兩國在上海復旦大學和餘姚市舉辦"紀念朱舜水誕辰400周年學術研討會"；2008年11月20日至22日在餘姚市召開"中日舜水學研討會"；2012年3月26日至28日為紀念中日邦交正常化50周年和朱舜水逝世340周年，上海松江區舉辦"明朱舜水書信展暨中日（松江、柳川）書法作品展"和"朱舜水學術報告會"，珍藏於柳川市古文書館的朱舜水書信墨蹟首次在中國大陸展出。臺灣大學亦於2010年11月5日至6日舉辦了"朱舜水與東亞文明發展國際學術研討會"，將舜水學與東亞研究推向了一個新的高度，而這次會議就是由興慶先生主導的。不僅如此，興慶先生還參與了2008年餘姚市的"中日舜水學研討會"和2012年上海松江區的學術文化交流活動。換言之，興慶先生對中國大陸二十餘年來所開展的朱舜水研究也發揮過重要作用。

我還記得，2012年在松江出席紀念活動的時候，興慶先生帶著我和韓東育先生、計文淵先生專程趕往上海，與日本德川博物館館長德川真木女士策劃協商，共同促成並組織實施了在東亞世界引起較大反響的"儒學關連資料の調查研究"課題。而我作為該課題的全程參與者，在興慶先生的領導下,獲得了一次學術提升和心靈熏陶的極好機會,並且對興慶先生尤其是他的領導協調能力也有了進一步瞭解。所以他後來出任臺灣中國文化大學校長,我聞後無絲毫意外感,即使憑興慶先生與餘姚因朱舜水而結下的這份緣分,其出任由朱舜水家鄉人張其昀創辦的文大校長也是合情合理的。

自 2012 年開始啟動至 2015 年結束的"儒學關連資料の調查研究"課題,是通過國際合作的形式,對原藏於德川水戶藩彰考館內的各類文獻史料進行系統調查,然後選擇其中有價值的文獻進行圖錄釋解,最後形成由德川真木監修、徐興慶主編的於 2013 年至 2015 年由上海古籍出版社出版的"三部曲":《日本德川博物館藏品錄Ⅰ——朱舜水文獻釋解》《日本德川博物館藏品錄Ⅱ——德川光圀文獻釋解》《日本德川博物館藏品錄Ⅲ——對外關係文獻釋解》。這是繼水戶德川家十五代當主德川圀順(1886—1969)在明治年間所作調查後的又一次系統性調查,而且把所有調查成果作了首次公開展示。毋庸置疑,興慶先生與水戶德川家十七代當主德川齊正理事長及德川真木館長組織實施的這一重大的國際文化合作項目,對世人瞭解德川博物館及其前身水戶彰考館,瞭解儒家文化對東亞社會的影響,瞭解水戶學派的形成與發展,乃至瞭解江戶時期的日本思想文化史,都具有非常重要的意義和價值。

數十年來,興慶先生在舜水學研究領域所取得的學術成就和在東亞文化交流方面所做出的積極貢獻,為世人所稱道。而在研究領域,他的成績主要體現在四個方面。一是朱舜水文獻資料的補遺和編纂。在這方面,除了《朱舜水集補遺》(臺灣學生書局,1992 年版)和《新訂朱舜水集補遺》(臺灣大學出版中心,2004 年版),再就是前面提到過的"三部曲"。記得那幾年每年的七、八月間,天氣最炎熱的季節,興慶先生聯絡海峽兩岸及日本本地學者,聚集於德川博物館文庫,查閱資料,拍攝照片,回臺後再挑選出有價值的文獻,分門別類,撰寫釋文,最後才形成了三冊圖錄釋解。而且這只是興慶先生所取得的第一批成果,其與武漢大學郭齊勇教授主編的《朱舜水集》(寧波出版社,2023 年版),以及筆者案頭的這部新著等第二批成果,正陸續呈現於世。二是舜水學研究。在這方面的代表作有《朱舜水與東亞文化傳播的世界》(臺灣大學出版中心,2008 年版)、《朱舜水與近世日本儒學的發展》(臺灣大學出版中心,2012 年版)等。三是明末流寓日本僧儒的研究。在這方面，興慶先生已出版了《天閒老人獨立性易全集》（臺灣大學出版中心，2015年版）。四是中日文化交流史的方法論研究。興慶先生在這方面的成果豐碩，在此不一一列舉。

據我所知，國內外已編纂和出版的朱舜水文獻集已達十多種，已出版和發表的研究論著有二百餘部（篇）。然而，對朱舜水及舜水學的研究，無論在深度還是廣度上都顯不夠。興慶先生卻以一己之力，持之以恆，撐起了朱舜水研究的半邊天地。在這方面，很值得舜水學發生、經歷及傳播之主要區域的浙江學者尤其是本人學習和借鑑。

承蒙興慶先生信任，邀我為其新著《跨國界的文化傳釋：朱舜水與近代中日人物的文明史觀論》撰寫序言。而興慶先生的新著是以"朱舜水研究的新地平"為開篇，我對此頗有同感。興慶先生此書不僅展示了在該領域的最新發展狀況，而且拓展了朱舜水研究的國際視野，稱其為"新地平"，當名副其實。

要說"新"，本書首先新在將舜水學研究擴展到朱舜水與留寓日本的明末文人交流之研究，如僧儒獨立性易（戴曼公）、東臯心越、逸然性融、澄一道亮、即非如一、化林性偀及儒醫陳元贇、陳入德等，尤其是對隱元、獨立性易的精耕細作，多見新處。其次新在將舜水學研究擴展到朱舜水與德川時期的各重要思想家、政治家的比較研究，包括陽明學者，如熊澤蕃山、山鹿素行、荻生徂徠、立原翠軒、川口長孺、藤田幽谷等。再有新在將舜水學研究擴展到朱舜水與日本地域文化、地域儒教的互動研究，如水戶藩、加賀藩等。然後新在將舜水學研究擴展到對日本的代表性史學巨著的系統研究及史觀研究，如林羅山等主編的《本朝通鑑》，德川光圀等主編的《大日本史》等。最後新在將舜水學研究擴展到日本的近代化研究，如西學東漸與日本海防政策的轉換、德川齊昭的西洋知識攝取、德川博物館所藏的蘭學及西學等相關文獻、和辻哲郎的傳統與"近代"思想的轉化等。

值此新著即將在朱舜水的故鄉寧波出版之際，我除了藉此文袒露一點自己的心得並表達對興慶先生的衷心祝賀外，還非常願意將此書推薦給大陸的學界同道，以共襄盛事。謹是為序。

浙江工商大學東亞陽明研究院院長　錢明
2022年7月3日

序 六

十七世紀東亞交流的典範

現在東亞秩序的形成可追溯到1949年,可追溯到1911年,也可追溯到1894年中日甲午戰爭,如果要上推到1868年在日本啟動的明治維新,這些時間點都是說得過去的。上述幾個年份發生的史實影響極大,而且環環相扣,每一個年代的事件都醞釀了更大也更久遠的影響。

另外一個常被提及的年份是1840年(清道光二十年,日本天保十一年)。那一年發生了鴉片戰爭,十六世紀起源於歐洲的大航海時代的作用激烈地撞擊了東亞,海運東來的新時局正式揭幕展開。大航海時代預設的全球化的格局在晚明時期尚處朦朧中,它的內涵經由武力的對撞才撞開。此後,東亞不再是天下,它成為世界的東亞,東亞在歐美列強的對照下,對自己有了返身的認識。1840年之前的東亞史基本上是發生在東亞內部的農業民族與西北方的遊牧民族的互動史,另外一條輔助的線索是發生在東海地區中日兩國的交流史或衝突史。1840年以後,局勢改觀,東亞的概念正式成立,東亞要在他者的對照中了解自己。

1840年的重要是毋庸置疑的,但1840年的意義如果放在全球格局下東西碰撞的視野下定位,我們或許可以考慮之前的年代是否未曾發生過類似的文明衝突,答案顯然是否定的,十六世紀末歐洲的傳教士與商人已來到東方,從十七世紀起,明朝官員與歐洲商人的衝突與談判已不時可見。

1644年，李自成部隊攻入北京，崇禎皇帝煤山自盡，緊接著是清軍趕走李自成部隊，再接著有為時十七年的南明抗爭，如果明鄭在臺的歲月也算進去，那麼也可以說有為時三十九年的復明運動。在這段波瀾壯闊的反抗運動中，東亞人民因經歷明清戰役、日本乞師諸多事件，因而有東亞內部的自我了解。對作為他者的歐洲之認識其實也不缺乏，1661年，鄭成功自金廈揮師攻臺，驅逐荷蘭人，臺灣的臺灣史意義、中國史意義與世界史意義在此役會合，此役就是樁指標性的事件。1637年，日本發生島原之亂，耶穌教文明與日本社會的衝突已是不可迴避的現實。這場動亂也顯示發生於日本國內的事件，其完整內涵要在更大的框架中才可得到定位。

　　明末清初這個時期所以可作為後1840時期的對照，乃因這兩個歷史階段的東亞都已不能在東亞內部定位自己，它們都已是世界的東亞，只是後1840時期的歷史圖像更清楚而已。但明末清初的東亞各國與歐洲列強的交往不是屈辱式的，東亞依照朝貢體制建構東亞的太平世界，朝貢制度是政治概念，也是外交概念。朝貢體制依禮的意義行事，它之所以能有效運作，背後是建立在儒教文明、佛教信仰、漢字書寫、華夏律法等等共同文化的基礎上的，沒有這些共同的文化基礎，東亞的政治秩序也就無法維持。日本當然不在嚴格的朝貢體制範圍內，但它依然是屬於東亞文明的成員。

　　從文明論的角度入手，我們對朱舜水在十七世紀的東亞所扮演的角色，可以有更清楚的認識。朱舜水生於1600年，辭世於1682年，可以說是完整的十七世紀人。他一生七次出入長崎，三次下南洋，他對清朝、朱明、明鄭、江戶日本、歐洲海洋強權都有切身的體會，他是那個時代的國際人。國際人對自身時代的反應值得我們重視，因為身為具現實意識的儒者，他的人格即是時代精神的縮影，他有孔穎達所說的"總天下之心以為己意"的人格特質。朱舜水一生在東海兩邊參與的眾多政務遂不能以中國史的格局限定之，視野要大，它有普遍的意義。

　　朱舜水一生活動的意義幾乎可分成兩部分。在中土部分，他是以反抗者的身份抵抗異族的入侵；在日本部分，他是以文化使者的身份，嘗試將儒家之道落實到江戶日本的體制上來。他在中國的抗爭顯然是失敗的，他辭世隔年，南明最後的武裝抗爭力量明鄭即被施琅摧毀，明清之爭的歷史劇至此閉幕。但他在日本的歲月因為其門生的努力，他的春秋史觀即介入了日本歷史的解釋，一種規範性的道德力量即成了歷史演變的指導原則。他對儀禮的重視也有助於禮的力量在日本的興起，包含現在位於東京湯島地區的聖堂,也是在他的理念影響下而建成的。

在海洋文明與大陸文明交會、遊牧文明與農業文明衝突的複雜時刻，也就是在近世東亞的黎明時期，朱舜水以他堅定的人格實踐義不帝秦的反抗精神於大明的土地，同時也持續奉獻普遍性的天下意識之理性精神於扶桑三島,仁勇兼具,雙管齊下,蔚然成為十七世紀東亞文化史的重要精神指標。十七世紀是天崩地解的年代，聖賢豪傑併出，如果說作為十七世紀動盪時代靈魂人物的劉宗周、黃道周是以深邃的思想與守死善道的人格出現於歷史舞台，那麼朱舜水則是以同樣動人的人格而又務實的大地人格往返於諸民族之間的。他們同樣是東亞精神的脊柱、變化莫測的歷史潮流中的明燈,但扮演了不同的角色。

十七世紀儒者的朱舜水是位國際人，在他身上，我們看到儒家精神與國際精神無縫接軌，他提供了一種典範式的國際相處之道。而接納朱舜水的日本儒者安東守約、德川光圀也是國際人，他們同樣跨越了族群與語言的限制，因道義原則而接納了朱舜水。一位異國門生會以自己薪俸的一半奉獻給一位流亡海外的大儒，一位位高權重的藩主會在朱舜水生前禮敬他，在他死後，將他安葬在自己家族的墓園，視他為家人。安東守約與德川光圀的義舉是東亞史上一則永恆的傳奇，他們的精神雖與日月爭光可也。他們不折不扣也是國際人，他們看到貫穿東亞歷史的道義原則。朱舜水與安東守約、德川光圀立下了中日人民交流的典範，十九世紀末以來的中日關係原本是該沿著這條道義原則往前邁進的。

徐興慶先生是華人學者中最熟悉朱舜水其人其書其思想的，他既編纂了至今為止最完整的朱舜水集，對推廣朱舜水思想也盡心盡力。同時，他也是至今為止編纂獨立性易著作最完整的學者，對獨立的一生有完整的觀照。徐先生研究東亞交流史多年，尤其熟稔十七世紀的東亞世界。本書是他多年研究的集結，讀者由此書入手，當可窺見朱舜水的精神風貌，以及那一代渡日遺民與僧侶的心事。鑑往知來，讀者了解昔日的東海風雲後，反過來自省，應當也有助於了解我們今日所處的東亞境遇。

臺灣清華大學哲學研究所講座教授　楊儒賓
2021 年 12 月 18 日

序 七

生命實踐的文化交流典範

臺灣中國文化大學徐興慶校長,治校精勤誠篤,致力推動學校的國際學術交流,成立東亞人文社會科學研究院,持續舉辦國際學術研討會,延攬中國、日本、韓國、越南等國學者,並重視新生代學者的參與,共同推廣深化東亞文化的交流,成果斐然。是以日本研究獲得日本外務大臣表彰學者中的第一位華人,可見貢獻之卓著。徐校長專治日本思想史領域多年,尤精於研究明清時期與日本文化交流有重要影響的朱舜水。《跨國界的文化傳釋:朱舜水與近代中日人物的文明史觀論》一書,以朱舜水主張經世致用的儒學為主軸,拓展到朱舜水與日本學者在神道、朱子學、陽明學、佛學、實學等範疇的交流。用豐富的史料、嚴謹的考證,對各個歷史人物做架構完整與條理清楚的敘述,呈現出近代中日人物交流的多元圖像與意義。

朱舜水(1600—1682)為明末清初的大儒,身逢明清鼎革的亂世,早年矢志反清復明,從事日本、越南間的貿易,與鄭成功等從事反攻南京的行動,待到反清無望,才長期定居日本,與德川幕府共同推動重視人倫日用、實踐的儒學。日本以天地水土之神道為教,神道思想多元地表現在德川時期各個思想家身上,神與自然的水土等同。此種自然觀是宗教的,而非儒家哲學的天理觀。人對天的敬畏,表現在人倫日用的經驗言行上,不強調抽象的天理心性。此與朱舜水因國破家亡而痛斥虛玄天理的實學思想合拍，適合德川幕府時期的社會政治的需要。如，藤原惺窩及弟子林羅山都有"去佛就儒"的主張。林羅山喜朱子學的"四書""五經"，認為有利於德川幕府的教化功能。而朱舜水以開物成務、經邦弘化為學，不言朱子虛玄的天理，只強調朱子的日用倫理與道德實踐觀，正可在日本發揮其教化功能，也契合當時開始接受實用性儒學的氛圍。

日本的神道對朱子學採"捨理就氣"的態度，因五行相生是自然之道，所以神道可由氣來說，不由理來說。同樣，朱舜水所處德川時期的陽明學者，也基於自然觀的神道，對中國陽明學的"心即理""知行合一"等論點，將良知由形上的本體，轉換為日本式神道的、經驗的良知。朱舜水立於儒學重實際的基礎，反對由形上本體說良知，避開明末王學蹈空淪虛以至亡國的弊端。只採納以道德實踐與經驗法則為標準的良知，此種態度對日本神道的尊皇思想有相互輔助的作用。所以，如日本陽明學者中江藤樹主張，大道應按所處的時間、處所、地位的不同，如在易經六爻的升降互換中，將良知運用在倫理、政治、社會不斷變化的場域中，仍能保持良知在道德實踐中的標準性。朱舜水主張"經世致用"的實學，重視人倫與政治的互動關係。陽明學者熊澤蕃山繼承其師中江藤樹以"時、處、位"的架構，說明良知的知行合一，強調良知在倫理與政治上的關係，與朱舜水推動倫理實用性與仁政愛民、經世致用的儒學目標是一致的。

朱舜水推展實用的儒學，對於"恍惚渺茫""喪心敗俗"的佛教，非常排斥。鎌倉時代日本佛教盛行，此時中國宋明理學亦傳入日本，日本學者多以禪學角度理解宋明理學，導致社會多流於空談。但主張實用的日本學者，如由佛轉儒的林羅山，痛斥佛教存有"非現實性"的思想而加以排斥。主張經世致用學說的熊澤蕃山，也反對百姓爭相出家。可知朱舜水在日本佛教興盛之時，推展倫理、實用的儒教，雖有困難處，仍不廢其堅持。舜水身處明清交替之時，蕃山則處於德川治世，而提倡經世致用的實學主張，則是一致的。

本書資料收集非常廣博，透過對史料組織性的安排，對中日人物交流的各種情況保持客觀的立場，秉筆直書，翔實地呈現出朱舜水在日本以經世致用之學對神道、朱子學、陽明學、佛教等傳統議題的批判性的吸收與轉化，又廣泛而多元地觀照朱舜水的實學與近代中日交流光譜中的種種異彩。如朱舜水成長於科舉鼎盛的浙江餘姚，家學有淵源，曾與德川光圀詳細說明科舉制度，唯因不喜科舉制義的華麗與不務實，而多次拒絕科舉仕途。又曾為德川光圀推展儒教，製作"學宮圖說"，對廟堂禮器的製作，大到禮樂刑政，小至制度文物的考證，莫不親力親為，以建立儒家"尊禮重道"的社會。又強調教育的重要，曾說"經簡而史明，經深而史實"，通達歷史，可通經致用。德川光圀所編《大日本史》重視社會的轉換與動向，皆與朱舜水"大義名分"的治史方法有關。反對科舉、親力親為、治史等行事，皆從不同角度，形塑出朱舜水與日本儒學互動的多種形態。

華夷變態之際，渡日的華人文士很多，境域各有不同。如獨立性易在日近三十年，輾轉於儒、佛、道、醫之間，其心境不斷轉折，與朱舜水堅持儒教的精神，恰成鮮明的對比，為中日文化交流的多元性，增添生動的生命情懷的另一頁。徐校長用長達三十年的時間，走訪獨立曾走過的足跡，搜集獨立的詩稿翰墨，生動地描繪出獨立心境的轉折，以見華人東渡日本後遭遇的多元化。徐校長曾拜訪日本藏有獨立書稿的廟宇，請住持提供資料，住持堅拒不給，校長堅持一訪再訪，終於感動廟主，最後提供了珍貴資料。徐校長堅毅地推動中日文化交流，與朱舜水堅毅地推動日本實學，兩人皆"人如其學""學如其人"，前後互相輝映，同為推展中日文化交流的典範。

本書體大思精，考證翔實，歷史人物的性格與發展躍然紙上。徐校長請我寫序，實覺無窺此書堂奧之能，難擔此重任。唯思及朱舜水重視倫理之精神，只能敬謹執筆，千祈勿有損此書之弘闊與精深於一二，則幸甚。

臺灣中國文化大學文學院院長　王俊彥
2022年8月6日

目　錄

第一章　緒論：朱舜水研究的新地平 1

　　第一節　朱舜水在日本的事蹟與思想傳播 3
　　第二節　德川前期日本儒教的"雜學性" 5
　　第三節　水戶藩的漢學教育及其發展 7
　　第四節　王陽明學說在日本的傳播及演化 11
　　第五節　朱舜水對加賀藩的儒教傳播 13
　　第六節　日本的近代化及史觀的演化 15

第二章　朱舜水與留寓日本的明末文人交流 17

　　前　言 19
　　第一節　德川佛學與儒學的地位轉換 20
　　　　一、日本佛教的墮落 20
　　　　二、德川幕府的鎖國與禁教 21
　　　　三、長崎"唐寺"的設立 22
　　第二節　朱舜水與陳元贇、陳入德的交流 23
　　　　一、朱舜水與陳元贇 —— 擦身而過 23
　　　　二、朱舜水與陳（潁川）入德 —— 他鄉遇故知 26
　　第三節　朱舜水與黃檗、曹洞禪僧 —— 儒、佛發展一片天 28
　　　　一、朱舜水與逸然性融 28

二、朱舜水與澄一道亮 30
　　三、朱舜水與即非如一 31
　　四、朱舜水與化林性偀 32
　　五、朱舜水與獨立（戴曼公）——儒佛定位的爭論 33
　　六、東皋心越禪師與朱舜水——水戶藩儒、佛學問的弘揚者 35
　結　論 39
　　一、從"乞師"到唱明儒教 40
　　二、儒、佛之間隱秘的鴻溝 40
　　三、"乞師"、唱明儒教均須後繼有人 42

第三章　朱舜水思想與德川儒教的發展 45
　前　言 47
　第一節　德川前期儒教發展的"雜學性" 47
　第二節　朱舜水與水戶藩的儒教發展 50
　　一、興教育、行禮制 50
　　二、養君德、親賢士 54
　結　論 59

第四章　朱舜水與熊澤蕃山"經世致用"思想的異同 61
　前　言 63
　第一節　從文獻檢視朱舜水及熊澤蕃山的實學理念 66
　　一、朱舜水與日本官、學界的往來書信 67
　　二、朱舜水的實學觀 68
　　三、熊澤蕃山的實學觀 70
　第二節　從政治與道德面看朱舜水與熊澤蕃山的實學觀 70
　　一、朱舜水的仁政（愛民）觀 70
　　二、熊澤蕃山的仁政（民本）論 72

三、熊澤蕃山"言行一致"的實學觀 ... 72
四、熊澤蕃山"空則實"的實學觀 ... 73

第三節　熊澤蕃山與朱舜水的佛學觀 ... 74
一、熊澤蕃山的佛學觀 ... 74
二、朱舜水的佛學觀 ... 75

結　論 ... 76

第五章　朱舜水思想與加賀藩儒教的發展 ... 79

前　言 ... 81

第一節　奧村庸禮與《讀書拔尤錄》 ... 83

第二節　得意門生古市務本 ... 89

第三節　服部其衷與習釋奠禮 ... 91

結　論 ... 94
一、勤學勵志，興國安邦 ... 94
二、敏求好古，仁政尊賢 ... 95
三、做民之父母，行養民之道 ... 95

第六章　從東亞視域看隱元、朱舜水的文化傳播 ... 97

前　言 ... 99

第一節　外來文化的融合與衝突 ... 100
一、從神佛習合到神佛分離 ... 100
二、佛寺的增加及其問題點 ... 101

第二節　德川前期"由佛入儒""從儒闢佛"的普遍現象 ... 102

第三節　隱元渡日的背景及其與鄭氏一族的關係 ... 103
一、黃檗文化在日本的傳播 ... 104
二、隱元與鄭氏一族的關係 ... 105

三、鄭成功致隱元書信..106

　第四節　朱舜水與寺院改革的關聯性............................107

　第五節　朱舜水對佛教與儒教的不同論述......................108

　　　一、朱舜水的闢佛思想..108

　　　二、朱舜水與獨立對佛、儒思想之異見......................111

　　　三、朱舜水對《三教平心論》的看法............................113

　第六節　改革及實踐論的闢佛現象................................115

第七章　朱舜水對科舉制的評論.................................117

　前　言..119

　第一節　朱舜水遺文中述及科舉之對象與其內容..............121

　第二節　朱舜水的科舉經驗及對科舉制的批評................123

　第三節　朱舜水個人或家族的科舉履歷..........................124

　　　一、朱舜水與小宅生順的對答..................................127

　　　二、朱舜水與德川光圀的對答..................................129

　　　三、朱舜水與人見竹洞的對談..................................134

　第四節　朱舜水對科舉制的批判....................................138

　　　一、拒絕應考，消極抵制科舉..................................138

　　　二、批判科舉..139

　　　三、拒絕任官..140

　結　論..141

第八章　"儒、釋、道、醫"的獨立與中日文化交流..........143

　前　言..145

　第一節　戴笠的鄉里營生時期......................................146

　　　一、生平傳略..147

二、戴笠同名異人考 153
　　三、相關先行研究 162

　第二節　從戴笠到獨立性易 166
　　一、尋求出路時期 167
　　二、侍僧時期 170
　　三、"幻寄山房"閉關時期 182
　　四、行醫時期 188
　　五、千秋一堆土，月照冷乾坤 200

　第三節　夾縫中的思想轉化 204

　代結語　一腳踏破虛空，乃得遺形天地 207

第九章 《本朝通鑑》及《大日本史》史觀演化 209

　前　言 211

　第一節　《本朝編年錄》《本朝通鑑》編修的緣起與背景 212
　　一、林鵞峰與德川光圀對史書編纂理念的異同 215
　　二、《本朝通鑑》採用"吳太伯論"的真相 218

　第二節　《本朝通鑑》儒教思想的內涵 221
　　一、鎌倉時代儒家的德治論 222
　　二、室町時代儒家思想的演化 223

　第三節　《大日本史》的編史背景及核心史觀 224
　　一、德川光圀的核心史觀 225
　　二、安積澹泊"論贊"的史觀 226
　　三、《大日本史》南北朝正統、閏統的史觀 228
　　四、《大日本史》為何以漢文撰寫？ 229
　　五、《大日本史》的編纂與朱舜水有關嗎？ 230

　結　論 232

第十章 《大日本史》與日本"水戶學"的重建 ... 237

前　言 ... 239

第一節　《大日本史》與水戶學 ... 240
一、《大日本史》的國體觀 ... 241
二、《大日本史》與中國儒家思想 ... 243

第二節　水戶學與古學的關係 ... 244
一、山鹿素行與朱舜水 ... 244
二、山鹿素行與德川光圀 ... 245

第三節　徂徠學在水戶藩的萌芽 ... 247
一、一元到多元學問的發展 ... 248
二、徂徠學有無影響水戶學 ... 250

第四節　立原翠軒與"中期水戶學"的再興 ... 252
一、立原翠軒的學問形成 ... 252
二、川口長孺與歷史書的編纂 ... 255
三、立原翠軒與水戶藩的對外危機意識 ... 257

第五節　藤田幽谷與立原翠軒思想的不同 ... 258
一、《大日本史》的三大改革議題 ... 259
二、《大日本史》的"論贊"爭議與更名《史稿》 ... 260

代結語　水戶學對近代日本的歷史意義 ... 262

第十一章　水戶藩與日本的近代化 ... 265

前　言 ... 267

第一節　西方勢力的東漸與日本海防的政策轉換 ... 269
一、立原翠軒的憂患意識 ... 269
二、德川齊昭的《北方未來考》 ... 270
三、"天保改革"及維新思想的萌芽 ... 271
四、鴉片戰爭與對英的危機管理 ... 272

五、洋式造船與海軍傳習所的設立......273

第二節　水戶藩的軍事教育和近代化建設......274
　　一、水戶藩的私塾教育......274
　　二、藩校"弘道館"的強兵教育......275
　　三、德川齊昭的"神發流炮術"和《烙丸全備》......276
　　四、水戶藩的反射爐建設......277

第三節　德川齊昭的西洋知識攝取......278
　　一、《伊祇利須風說》的英國資訊......279
　　二、《西洋商舶原始并諸說‧全》的西洋航海貿易情報......279
　　三、《中濱萬次郎口書》的美國與呂宋島情報......279
　　四、各藩大名的"蘭書"借閱......280

第四節　德川博物館所藏的蘭學、西學相關文獻......281
　　一、荷蘭文獻......281
　　二、漂流民文獻......282

代結語　水戶學與明治維新......282
　　一、水戶學的維新思想與精神如何解讀......282
　　二、德川慶喜與大政奉還......284

第十二章　和辻哲郎的傳統與"近代"思想的轉化......287

前　言......289

第一節　"鎖國"與日本的悲劇之關聯性......291
　　一、傳統的回歸與批判......291
　　二、文化與精神的暗殺......293
　　三、基督教的合理主義......293
　　四、"鎖國"的功與過......294

第二節　尊皇思想與儒教批判......295
　　一、藤原惺窩......296
　　二、林羅山......296

三、中江藤樹 297
　　　四、山崎闇齋 298
　　　五、熊澤蕃山 299
　　　六、山鹿素行 299
　　　七、德川光圀 300
　　　八、賴山陽、會澤正志齋 301
　第三節　文化層次的影響、非影響 302
　第四節　重建"日本文化"與"近代"思想轉化的關聯性 303
　結　論 305

初出一覽 307

第一章

緒論：朱舜水研究的新地平

十七世紀中葉，中國"明清交替"的政權變動，帶給周邊國家極大的衝擊，國際貿易及文化交流頻繁的東亞海域，隨之掀起波濤。戰亂是造成當時中國文人東渡日本的要因，明朝滅亡後，中國知識分子迫於情勢，選擇遠離家國者眾，所謂"越境""遷移"蔚為風潮。至十八世紀末，人物的越境、作品的越境與影響，將中日文化與思想交流推向空前蓬勃發展之境界。

近年來，學術界紛紛從東亞文明發展的角度，探討朱舜水的政治認同及文化認同的相關問題，提供了另一個新的研究課題，這是學術界一個可喜的現象。朱舜水的學問發基於日本，影響於德川社會，而"舜水學"的弘揚起於浙江餘姚，進而引起海內外學者關注。時間飛逝，回想筆者奔走於日本各地搜集朱舜水的原始資料已過三十年，仍然希望補遺拾闕朱舜水在海外的原始文獻，以提供同好繼續深化"舜水學"的研究。

最近筆者與武漢大學國學院郭齊勇教授主編及諸多朱舜水研究的學術界同好，共同編輯了最新版的點校本《朱舜水集》（寧波出版社，2023年），筆者也藉此機會再撰本書，共襄盛舉，呼籲海內外同好關注此一領域的最新發展，進而拓展朱舜水研究的國際視野。本書從1659年朱舜水居留日本長崎的人物交流開始寫起，主題以朱舜水周緣的近代中日人物為核心，主要從相關的往來書信內容探討他們如何影響德川社會的文化技藝，如何促進中日學術以及宗教思想的交流，如何活絡東亞文明的發展，進而檢視朱舜水的思想傳播，勾勒出一個新的文明發展及史觀演化的系譜。

第一節　朱舜水在日本的事蹟與思想傳播

筆者自1985年赴日本九州大學留學的因緣際會，持續在日本發掘朱舜水的相關原始資料，目的即在解明朱舜水對東亞文明發展的圖像及其內涵。本書內容涵蓋了朱舜水的生平、略傳、抗清事跡，及其在日本的思想傳播。有關朱舜水思想主張，包羅了哲學理念、政治見解、經濟觀、宗教觀及其對歷史思想的理念。本書亦從中日文化交流使者的角度介紹他在德川社會扮演文化傳播者的角色及定位。據日本歷史學家石原道博（1910—2010）的說法，朱舜水於1659年決定居留日本之前，曾在東亞海域的舟山群島、安南、長崎之間，從事三角貿易活動長達十七年，[1]這段時期他從事貿易活動究竟真相為何？由於缺乏相關文獻考證，這個問題至今仍難以釐清。但是詳細檢視朱舜水的相關書簡，不難發現他在海外漂泊期間，從事抗清活動從未間斷，卻是不爭的事實。朱舜水明白地說，居留日本"本非為倡明儒教而來"，而是另有目的。德川後期的水戶藩士青山延于（1776—1843）撰寫的《文苑遺談》述及："先生（朱舜水）之來長崎，不為欲全名節，其志蓋在乞援兵以圖復興，而大勢已去，無由復乞援，遂留此土爾。"這一段敘述，可以說明當時朱舜水居留日本的初衷與心境。就朱舜水的海外經營而言，他受聘為日本賓師，講學傳儒，倡議實學思想，備受德川日本的官學界尊崇，進而影響"前期水戶學"的發展，誠屬始料未及之事。

　　從學問傳播的角度而言，朱舜水旅居日本長達二十二年，與德川前期的朱子學者、陽明學者乃至古文學派學者，直接或間接都有往來，其思想的傳播與當時日本儒教的發展有著深遠的關係。綜觀朱舜水的文章、書簡、筆語以及其諸多門生的相關文獻，可以窺知朱舜水與日本的官學界人士闡釋其學問主張的內涵。他致力於推展孔子儒教為主之聖學，期以提升日本民眾的道德禮教，對教化德川社會及教育制度的建立作出諸多貢獻。朱舜水深厚的學養及其坎坷的人生經歷，在居留過的長崎、江戶、水戶，乃至不曾前往的九州鹿島藩（今佐賀縣）、柳川藩（今福岡縣）以及遠在日本海的加賀藩（今石川縣）等，都有其推展儒教的事跡與成果。

　　朱舜水在答覆弟子安東省菴（1622—1701）時提及：

> 孔子生知之聖，其一生並不言生知，所言者學知而已。如曰"好古敏求""我學不厭""不如丘之好學也"等語，可見聖人教人之法矣。陸象山、王陽明之非，自然可見矣。不論中國與貴國，皆

---

[1] 詳請參照石原道博《朱舜水》，《人物叢書》（東京：吉川弘文館，1961年）。

不當以之為法也。[1]

主張為學應以孔子的聖學之道為依歸，不應拘泥於一家一派，而應博采眾家之長，融匯貫通，主張摒棄空虛，務求實行。因受朱舜水的傳學影響，水戶學派並未拘泥於朱子學，而是汲取陽明學、古學、考據學等各學派豐厚的內涵及實用觀點作為傳學的方向。德川光圀（1628—1700）倡議編纂《大日本史》，內容仿照中國史書體例編寫，大力宣導朱舜水的大義名分、忠君愛國和借古鑑今、以振綱紀的思想，在歷史上具有重要而深遠的影響，加賀藩主前田綱紀（1643—1724）請其撰寫《楠公父子訣別圖讚》即是一個具體的明證。事實上，朱舜水在江戶、水戶講學期間，也培育了安積覺、今井弘濟等年輕學者加入《大日本史》編纂與儒教普及的行列。朱謙之提及，朱舜水的治史態度與同鄉的中國思想啟蒙之父黃宗羲（1610—1695）的"浙東學派"是一致的，其歷史觀點於水戶學的發展有過一定的影響。[2] 章學誠（1738—1801）的《文史通義》（內篇五）述及"浙東之學，通經服古，絕不空言德性"，"言性命者必究於史"，朱舜水做學問不空言也反映出浙東學派的人格特性，其思想主張在日本的傳播，有利於維護封建統治秩序，加強德川政權的維繫，間接成為明治維新的尊王攘夷、倡議國體運動之思想基礎。

第二節　德川前期日本儒教的"雜學性"

依照日本明治時代哲學家井上哲次郎（1855—1944）的說法，德川前期日本儒教的特色具有多元的"雜學性"。導入新儒學的是藤原惺窩（1561—1619），其門生林羅山（1583—1657）、山崎闇齋（1618—1682）等都是"去佛就儒"者，他們並無強烈的闢佛態度。惺窩在某種程度上是得儒、佛二教之

---

[1] 朱舜水《答安東省菴書》，朱謙之編《朱舜水集》（北京：中華書局，1981年），頁166—167。

[2] 《朱舜水集·前言》，頁6—7。

道,對程、朱、陸、王的思想都產生共鳴,甚至對莊子思想亦涉獵頗深,在儒學發展過渡期中,惺窩的"雜學性"最為顯著。林羅山則對發展朱子學不遺餘力,但因生於神道之家,原本即存有"神儒調和"的思想,又精通王學、老莊思想,多少也受到一些影響。闇齋曾經研究神道,同時以禪僧身份先修朱子學後還俗,其後提倡"神儒一致說",成為垂加神道之祖。1665年9月朱舜水往赴江戶時,日本的儒教已呈現多元發展的景象。

1665年至1682年間,朱舜水於江戶、水戶講學,在當時這種"雜學性"顯著,百家爭鳴的時代背景下,為達到日本社會祥和之境,以開物成務、經邦弘化為學。他回答近江水口(今滋賀縣甲賀市)藩主加藤明友(1621—1684)時提及:"民生日用不可一日廢者。所望力獎當軸,實實舉行,勿徒僅託空言而已。……至若以風物禮義為歉者,則建學立師,乃所以習長幼上下之禮,申孝弟之義,忠君愛國而移風易俗也。"[1]

朱舜水強調為學必須重視民生日用、不空言的聖賢之道,同時對程、朱理學又主張"取其精意",針對對程、朱、陸、王學問的看法,朱舜水答覆加藤明友曰:

> 宋儒之學可為也,宋儒之習氣不可師也。至若陽明之事,偶舉其說"良知是赤的",以為笑談耳。故曰"良知豈是赤的來",非僕宗陽明也,幸勿深疑。[2]

說明了他的學說並非專注陽明學一派而已。

在《答奧村庸禮書》中,針對朱熹力詆陳亮(1143—1194)一事,則表示"議論未必盡然"。答覆加賀藩儒古市務本之問:"自知王者聖賢之道之為美,自知老佛之徒之邪之偽,不待辨而自明矣。"則呈現迴避空論、強烈闢佛的立場。朱舜水傳播儒教思想非以著述為主,而是透過筆談(對答)或信函的方式與人交流,除了針對諸多經典史籍批駁、闡述自己的觀點外,有非學術性的社會經驗談,也有強調親民的"人倫日用"實務論,以如此獨特的風格在德川前期"雜學性"濃厚的日本社會傳播儒教,自也得到其寬廣的揮灑空間。

---

[1] 朱舜水《答加藤明友書》,《朱舜水集》,頁73—74。
[2] 朱舜水《答加藤明友問》,《朱舜水集》,頁382。

據《水府系纂》記載,在接受水戶藩主德川光圀招聘之前,朱舜水曾經和往赴長崎的水戶藩儒小宅生順(1637—1674)筆談,留下相當珍貴的文獻《西游手錄》(抄本現存於東京水府明德會)。朱舜水文集中同時也收錄了《與小宅生順書三十六首》《答小宅生順書十九首》等信函,內容反映朱舜水對振興水戶藩教育的諸多構想。對於小宅生順出示《擬興國學書》,說明德川光圀有意普及庶民教育並表達招聘意願時,朱舜水表示"興國學事是國家大典",必須以聖學為依歸。德川光圀"讀書好禮,雅意欲興聖人之學",成為朱舜水應聘的關鍵因素。[1]

第三節　水戶藩的漢學教育及其發展

德川光圀就任水戶藩主後,立志修史,並計劃開設"彰考館"以延攬天下才俊,認為"學道者皆謂之儒,吾亦儒也"。因感於興學普及教育的重要性,力主在水戶藩發展儒教,亦是他排除萬難禮聘朱舜水的主要原因。朱舜水告訴加賀藩弟子奧村庸禮說:"不佞但要賢契知向學之方,推之政治而有準,使後人知為學之道,在於近裡著己,有益天下國家,不在乎純弄虛脾,捕風捉影。"[2] 主張為學應"有實用,有實功","有關於國家政治",取其應用於社會的實務面;強調自古名將尚武之餘,多能兼修德術,為將不讀書是"恃勇力而干禮義",能讀書則"廣才智而善功名"。他也說:"經簡而史明,經深而史實,經遠而史近……得之史而求之經,亦下學而上達耳。"[3] 認為通達歷史的演變,可以理解一個國家永續經營的規律,建議主政者積極培育人才,知人善任,以建立尊禮重道的祥和社會。這些主張、建言與當時日本發展教育之目標是契合的。德川光圀因而給予其莫大的肯定,曰:"十數

1　朱舜水《答小宅生順問六十一條》,《朱舜水集》,頁411。
2　朱舜水《答奧村庸禮書》,《朱舜水集》,頁274—275。
3　同上注,頁274。

百年未有之禮，先生以教日本之人，莫大之恩。"印證了朱舜水在東瀛傳播禮教之貢獻。

1670年朱舜水七十歲，德川光圀請其撰寫《學宮圖說》，命工匠以木模完成縮小至三十分之一比例的文廟、啟聖宮、明倫堂、尊經閣、學舍、進賢樓、廊廡、射圃、門樓、牆垣等殿堂結構。今井弘濟、安積覺對於建造過程描述如下：

> 而殿堂結構之法，梓人所不能通曉者，先生親指授之；及度量分寸，湊離機巧，教喻縝密，經歲而畢。[1]

大至廟堂、小至簠簋等祭器，朱舜水都能依圖考古、研究製作方法，並且精確地指導匠師做出成品。由於經常接受廟典墓祭等相關禮教問題之詢問，為免誤答而欺人耳目、貽笑百世，不得不"歷考經傳所載及前賢議辨"，"酌古準今"後，才審慎答覆。誠如安積覺形容的"大而禮樂刑政之詳，小而制度文物之備，靡不講究淹貫"。對此，清末駐日公使館參贊黃遵憲（1848—1905）稱讚曰："朱舜水客水戶，復繪其式為建學宮。諸藩效之，規模一如中土。聞會津尤閎敞。在東京者，德川常憲書'大成殿'字於上，鳥革翬飛，崙奐俱美。"[2] 這是朱舜水努力付出所獲得的肯定與迴響。

1672年冬天，水戶彰考館落成，德川光圀請朱舜水改定儀注，並率儒生詳明儀節、習釋奠禮，讓習禮者得以通曉梗概。翌年再度於別莊（水府侯駒籠別莊）演練後，習者均能精究其禮。對於德川光圀禮遇朱舜水，並普及"舜水學"於日本，安東省菴有如下的評價：

> 敬聞上公（光圀）大使諸士習釋奠禮，伏讀圖及儀注，擊節歎曰："千百年未曾聞之事，尊聖好道之厚，天下之善孰大焉，真不世出之明君也！"……大國之君好德如此。道之興隆在此時，感歎之餘，不覺流涕，所謂"維嶽降神"，興周道於東方者也。[3]

1　今井弘濟、安積覺《舜水先生行實》，《朱舜水集》，頁619。

2　黃遵憲《日本雜事詩》，《清末民初文獻叢刊》（影印本）卷一所收。《日本雜事詩》是黃遵憲任駐日本使館參贊期間的詩作，與他的日本史專著《日本國志》相輔相成，自注部分的文字亦極富價值。原本154首，詩稿冢即在日本友人大河內輝聲家塋地，立有詩碑。自從刊印流行，深得海內外人士贊譽。1890年重又改定，上卷刪2首，增8首，下卷刪7首，增47首，共有詩200首，是為定本。

3　安東守約《上朱先生二十二首》，《朱舜水集》附錄三《有關信札》，頁756。

對於自己的老師在江戶、水戶推展聖人之教,安東省菴稱讚說:

  先生(朱舜水)參考諸書,斟酌裁定,所謂百世以俟聖人而不惑者也。其功豈鄙人所得而稱歟!加賀公亦歎稱。[1]

朱舜水逝世之後,其近身弟子安積覺在《明故徵君文恭先生碑陰》(1695)中述及朱舜水"明室衣冠,始終如一,魯王敕書[2],奉持隨身,未嘗示人,歿後始出,今猶見在"。他居留日本期間,始終穿著明朝服裝,弟子們甚至在朱舜水逝世之後,才得知他保存南明魯王所賜之敕書從未離身。他視清朝為偽朝,不食清粟的忠義風骨,為他堅持大義名分作了最適切的詮釋,此對水戶藩儒臣、志士的思想與行動、修史事業,以及德川光圀的讓國精神,影響深遠。

黃遵憲曾為朱舜水寫過一首詩,詩云:"海外遺民竟不歸,老來東望淚頻揮。終身恥食興朝粟,更勝西山賦《采薇》。"[3]又,曾任臺灣總督府行政長官的後藤新平(1857—1929)於1912年稻葉君山本《朱舜水全集》序文中,對朱舜水評曰:"從明室恢復之志不成,而以滿身忠憤之氣,寓之一篇楠公之題贊,燭大義,闡王道,使東海之日月,有光於千載,豈不亦賢乎!"這首詩及評論,很能刻畫出朱舜水作為"海外遺民"的人格特質。此外,晚清立憲派領袖人物,與朱舜水同為浙江出身的湯壽潛(1856—1917),向來主張教學以實用為務,因此稱讚朱舜水"經世致用"的學說理論。他在《舜水遺書》的序文中寫道,朱舜水在日本"立橫舍以興教,定廟次以明祭,示以衣冠之式以致文,詔以棺槨之制以厚終",這段話更能說明他與德川儒教發展的關係。

從朱舜水在日本普及儒教內涵觀之,他融合了古聖先賢的諸多學說為一體,對於執政者(藩主)或輔政者(藩儒),是將倫理學說與政治理論結合在一起,透過傳播的過程,呼籲在上位者必須先做到修身的道德修養,亦即孔子所說的"修己以敬,修己以安人,修己以安百姓"(《論語·憲問篇》)的境界。換言之,朱舜水認為要達到政治安定、社會祥和、教育普及,治者

---

[1] 安東守約《上朱先生二十二首》,《朱舜水集》附錄三《有關信札》,頁756。
[2] 筆者與調查團隊於2013年9月30日在日本水戶德川博物館發現"魯王敕書"的真跡。詳請參閱楊儒賓《異鄉と家鄉:魯王と朱舜水の物語》,收入徐興慶、辻本雅史編季刊《日本思想史》81卷(特集《朱舜水と東アジア文明 — 水戶德川家の學問》)(東京:ペリカン社),2014年9月。
[3] 黃遵憲《日本雜事詩》,卷一。

就必須推行《大學》所說的"修身、齊家、治國、平天下"之政治主張,也就是朱子所說的"治道必本於正心、修身,實見得恁地,然後從這裡做出"(《朱子語類》卷一〇八)以及司馬光在《資治通鑑》中提到的"正心以為本,修身以為基"的學理。朱舜水對德川儒教發展的主要訴求有三個:一、勤學勵志、興國安邦;二、敏求好古、仁政尊賢;三、做民之父母,行養民之道。儒教的真理存在於孔子及其弟子的言行之中,而朱舜水全力推展"聖學"在日本的流傳,將其內在精神落實在人的道德培養與教育普及上,此為朱舜水傳播思想的主要特徵。同時他對於朱子學、陽明學的諸多學理都經過思考、過濾,加入實用的傳播形式,試圖在德川社會的每個角落中,對接觸過的人物,詮釋他的儒教思想,目的在推動他"敬教勸學,建國之大本;興賢育才,為政之先務"的理念。也因水戶藩主德川光圀、加賀藩主前田綱紀兩位有力諸侯,具有傾心漢學、禮賢下士的人格特質,其思想主張才能在日本獲得"繼承""轉換"或"重生"。

綜觀朱舜水與德川初期官學界之人物往來書簡,其中有諸多述及科舉制度的內容。這些內容源自朱舜水個人的應考經驗,以及"瑜祖、父、兄世叨科甲,世膺誥贈",[1]生於仕宦之家耳濡目染的心得。根據何炳棟的研究,對明代(1371—1644)進士的地理分布進行統計,發現朱舜水的出生地浙江省之進士人數總計 3280 人,遠遠超越第二名江蘇省的 2721 人;若再加計清初朱舜水展開海外經營,以至決定居留日本這段時間(1644—1659)浙江省出身的進士人數 301 人,仍然得出總計 3581 人、穩居全中國寶座的結果。[2]換言之,朱舜水關注科舉,與他長在一個科舉風氣興盛的地區有關。本書第七章對朱舜水的科舉制度評論有詳細的論述。

1　朱舜水《上長崎鎮巡揭》,《朱舜水集》,頁 37。
2　何炳棟著,寺田隆信、千種真一譯《科舉と近世中国社会:立身出世の階梯》(東京:平凡社,1993 年 2 月),表 27、28,頁 224—225。

第四節　王陽明學說在日本的傳播及演化

明代後期，王陽明的學說在中國風靡一時，不但知識分子，連一般庶民都傾心他的思想，甚至對日本、朝鮮都有深遠的影響。日本戰國時代的臨濟禪師了庵桂梧（1425—1514）於1513年在寧波與王陽明首次見面。雙方談論儒教、佛教的教義問題，當時王陽明尚未提出"致良知"的學說，也未形成自己的思想體系。十七世紀中葉，日本出現了陽明學者。日本學術界對陽明學說的興起有兩種說法，一為了庵桂梧將陽明學傳入；另一種說法是有"近江（oumi）聖人"之稱的中江藤樹（1608—1648）於1640年冬天獲讀王陽明高徒王龍溪（1498—1583）的《王龍溪語錄》及《陽明全書》之後，釋然有悟，遂由朱子學者轉為陽明學者，開始在日本弘揚王陽明的良知學說，強調"心之良知斯之謂聖"，認為道德秩序的最高境界存在於每個人的心中，只要"尊德性"，通過"格物致知"，即可希聖成賢。他主張要實踐經世濟民之道，必須以"時、處、位"及天、地、人的三才思想來考慮現實的狀況，展現出日本陽明學具有非體制的變革理論，被稱為日本陽明學之祖。中江藤樹的弟子岡山藩儒熊澤蕃山（1619—1691）起而繼之，三輪執齋（1669—1744）標注《傳習錄》（1712），刊行《四言教講義》（1727），再將陽明學說發揚光大。十八世紀之後，佐藤一齋（1772—1859）、大鹽平八郎（1793—1837）等人一脈相傳，尤其在德川幕末學術界具有影響力的佐藤一齋促進了行動主義的陽明學說在日本社會廣為流行。一齋以同時治朱子學與陽明學而聞名，門下人才輩出，諸如渡邊崋山（1793—1841）、佐久間象山（1811—1864）、大橋訥庵（1816—1862）、山田芳谷（1805—1877）、安積艮齋（1791—1861）等人都是日本行動主義的陽明學者。大鹽平八郎是當時日本平民起義的代表人物，他相信知行合一、致良知、萬物一體"仁"的思想，特別從宗教觀點探索

《孝經》思想的特色，在日本大阪開設私塾"洗心洞"傳播陽明學說而受到關注。相對於朱子學的"官學"立場，大鹽的思想被視為異端，但他卻帶給德川社會一股民間革新思想的新風。這些人的思想與行動又影響到近現代的日本思想家吉田松陰（1830—1859）、高杉晉作（1839—1867）、西鄉隆盛（1828—1877）等人的變革行動。德川幕末"幕藩體制"產生矛盾，失去威信，無法對抗外來勢力之際，吉田松陰等人的變革思想與行動開啓了日本的近代化，進而促進明治維新運動的實現。

明治維新的重要指導者西鄉隆盛傾心陽明學，他曾經接受薩摩藩（今鹿兒島縣）陽明學者伊東潛龍（1816—1868）的《傳習錄》講義，手抄佐藤一齋《言志四錄》一百條，精讀大鹽平八郎的《洗心洞劄記》。他認爲"知"即是"良知"即是"心"，從陽明學的思想當中確立了變革的主體與個人的行動力。日本近代著名的海軍大將東鄉平八郎（1848—1934）爲王陽明學說所折服，隨身腰牌上刻有七字"一生伏首拜陽明"。蔣中正也是王陽明學說的信徒，他將臺北草山改名爲陽明山。陽明學在現代中國仍有廣泛影響，現代新儒學的開山祖師之一熊十力（1885—1968）及其弟子牟宗三（1909—1995）都繼承並發揚了陽明學說，大陸當代的知名學者徐梵澄（1909—2000）也對陽明學讚賞有加。中國與日本的陽明學確實都具有近代改革的意義。此外，王陽明在書法造詣上可稱爲明代大家，他曾對學生說："吾始學書，對模古帖，止得字形。後舉筆不輕落紙，凝思靜慮，擬形於心，久之始通其法。"受到明朝中期書法家李東陽（1447—1516）、陸深（1477—1544）的影響，功力臻於純熟，隨意自然，筆韻精湛，作品以行草爲主，他將心學融入書法，豐富了中國的書法理論。明代學者朱長春以"遒邁衝逸、韻氣超然、生具靈氣"評價王陽明的書法；清代書法家朱彝則認爲王陽明的書法"詩筆清婉，書法尤通神，足爲臨池之模範"。

本書第四章從比較的觀點探討日本陽明學派熊澤蕃山的思想體系，檢視他與朱舜水"經世致用"的實學理念。朱舜水的爲學之道，傾心"聖賢之學"，核心思想保持政治哲學與人倫關係的關聯性。熊澤蕃山則從前述王陽明"處、時、位"的不同立場，解釋人際關係的重要性，思考如何將"知行合一"的理念與人倫、政治做結合，具有普遍性、實踐性的思維。在政治與道德方面,朱舜水展現出"仁政"的愛民觀,熊澤蕃山則強調"仁政"的民本論,二者都以民本政治為理想,從道德實踐到齊家、治國、平天下,發揮"經世致用"的社會功能,存在著"言行一致"的實學理論。但朱舜水與熊澤蕃山的佛學觀則各有不同的詮釋,朱舜水認為"聖學之道"為實學,佛書與佛語皆為虛學,二者截然對立,無法並存。因此,朱舜水嚴厲闢佛,反對作詩。熊澤蕃山則提出"空則實"的理論,包容佛教及詩詞文學。二人講究人倫及道德政治,以實踐為依歸,辨析虛實,推之於政治,有益於天下國家,藉以體現"實學"的態度。筆者試著詮釋二人的實學理論與實踐準則,思考傳統與近代的學問如何轉化、如何應用的相關問題。

第五節　朱舜水對加賀藩的儒教傳播

　　加賀藩(今石川縣、富山縣全域)藩主前田綱紀(1643—1724)[1]向來積極普及儒教,除朱子學相關典籍外,廣搜各家文獻史料,大力從事編纂事業。寬文年間(1661—1673),加賀藩的漢籍收藏達到高峰,奠定了"尊經閣文庫"[2]的基礎,當時主要獻策者就是與朱舜水有深交的朱子學者木下順庵(1621—1698)。[3]朱舜水在日本講學的過程中,主要是遵循孔子因材施教的教育理念,根據不同儒生的不同情況、不同接受能力來決定因材施教的內

---

[1] 前田綱紀,加賀藩的第四代藩主。父親是第三代藩主前田光高,母親是正室清泰院大姬(水戶藩德川賴房四女,三代將軍德川家光的養女),幼名犬千代。初名綱利,後來改為綱紀,是德川光圀的親舅舅。

[2] "尊經閣文庫"收藏有德川時代加賀藩主前田家世世代代搜集傳下來的圖書、藩政史記錄文書以及其他各種古文書、美術工藝品等。江戶的前田家邸曾在現在的東京大學之地(本鄉),東大的"赤門"就是前田邸之紀念建築物。"尊經閣文庫"成立於1972年,收藏漢籍圖書有3750部,明代刊本較多,亦有朝鮮刊本。

[3] 木下順庵,名貞幹,字直夫,號順庵、錦里、敏慎齋、薔薇洞。是日本江戶時代的儒學家。京都人,師從松永尺五,習朱子學,後任第五代將軍德川綱吉侍講。著有《錦里文集》十卷,收錄十八封與朱舜水的往來書簡。

容。他認為,讀書要各量其力,各取其好,學習也要由淺入深,循序漸進,各學其術,個性發展。而且,學要專一,持之以恒,否則會見異思遷,一無所成。

朱舜水在《與藤井德昭書》中曾經提及:

> 加賀公(前田綱紀)欲立宗廟,令剛伯(五十川剛伯)來問式。不佞謂此事體重大,一有差訛,貽笑後人,須得博學明理儒生二三人來,往復辯駁,考求至當,庶使後人無譏。若草草塞丐,非不可以塗飾目前。儻後來百年、數十年有議者,豈不至羞愧? 希足下以此意稟知上公(德川光圀),以便來時復之。[1]

顯見前田綱紀也有意請朱舜水在加賀藩設立宗廟之舉。

加賀藩儒臣木下順庵夙與朱舜水交往甚密,他往來於金澤、江戶、京都之間,[2] 深知普及儒學禮教已成為幕府推動文教政策的目標,先後推薦五十川剛伯、奧村庸禮(1626—1687)父子、古市務本、服部其衷等藩儒前往江戶,就學於朱舜水。從學術影響的角度而言,舜水逝世後,五十川剛伯是最早彙整其遺稿成《明朱徵君集》十卷(又稱"加賀本")的弟子,原稿現藏於東京"尊經閣文庫",雖未能付梓,卻是研究朱舜水最原始的重要文獻之一。本書第五章考察加賀藩儒奧村庸禮先佛後儒、追求讀書之道的過程,以及其完成於天和二年(1682)的著作《讀書拔尤錄》之內容。另從古市務本及服部其衷與朱舜水的往來書簡,論述朱舜水對加賀藩儒教發展的具體影響。

---

[1] 朱舜水《與藤井德昭(藤井文太夫)書》,《朱舜水集》,頁105。
[2] 《朱舜水集》中收有朱舜水致木下順庵之相關書函十六首;拙編《新訂朱舜水集補遺》(臺北:臺灣大學出版中心,2004年)頁127—137收有原藏於日本國立公文書館"內閣文庫"《錦里文集》的木下順庵致朱舜水書函十七首。

第六節　日本的近代化及史觀的演化

真正貫通日本歷史的史書,最早是出現在德川前期的《本朝通鑑》,它是江戶幕府的官撰歷史書。還有延寶九年(1681)山鹿素行(1622—1685)編纂的《中朝事實》[1]以及水戶藩德川光圀(1628—1700)自1657年開始編纂的《大日本史》。[2]這三類史書都是在鎖國時期東亞國際的華夷思想及應對歐洲諸國東漸的壓力下,重新審視日本歷史的產物。本書第九、十章從《本朝通鑑》及《大日本史》編纂背景與內容的角度,探討兩種史書的史觀演變及為政者的儒教受容之異同、人倫主義之內涵,進而從武家政治到文治政治的社會轉換與動向,論析日本"水戶學"史觀的形成及其與日本近代化、明治維新的關聯性。此外,也針對《大日本史》編纂的背景、史觀的形成、水戶學與古學的關係、前後期水戶學的連貫性及相異性、"徂徠學"與水戶學的相互關係等多元的角度,探討"中期水戶學"存不存在,"大義名分"的思想與朱舜水的治史方法是否有關,[3]及水戶學對近代日本歷史發展的意義等相關問題。

日本德川幕府"御三家"的水戶藩自1854年美國培里艦隊叩關至1857年之間,進行為期四年的藩政改革。十九世紀中葉,歐美勢力逼近日本,迫使德川幕府逐步解除了實行220餘年的鎖國體制,開始走向門戶開放,推動明治維新的道路。本書第十一章探討水戶藩的彰考館總裁立原翠軒(1744—1823)至第九代藩主德川齊昭(1800—1860)《海防策》的國家安

1　《中朝事實》是寬文九年(1669)完成的漢文歷史書,全2卷,附錄1卷。

2　同屬御三家的尾張藩主德川義直(1600—1650)也根據菅原道真(845—903)的《類聚國史》,編纂了一部《類聚日本紀》。

3　德川光圀與朱舜水之間有無論及經史的問題,今井弘濟、安積覺《舜水先生行實》提及"丁未(寬文七年,即1667年)八月,舜水又至水戶,每引見談論,先生援引古義,彌縫規諷,曲盡忠告善道之意,上公亦與之論難經史,講究道義"。這段記述當可作為佐證。詳請參閱拙著《朱舜水與東亞文化傳播的世界》,《東亞文明研究叢書》78(臺北:臺大出版中心,2008年),頁111—121。

全政策及其西洋知識的攝取。另從解說日本德川博物館所藏相關史料視角切入，分析西方勢力的東漸與日本海防的政策轉換，同時論述水戶藩攝取蘭學的內涵，水戶藩的軍事教育和近代化建設，西式大船的製造及反射爐的建設，進而闡明德川齊昭實踐日本近代化與水戶學、明治維新的歷史定位。

和辻哲郎（1889—1960）是建構近代日本哲學思想體系的知名學者之一，他以"國民國家"的擁護者自居，被認定是近代主義者或基督教的合理主義者，61歲時出版《鎖國：日本的悲劇》（1950），引起日本思想界極大的迴響。其思想形成於日本大正時期至二次大戰、內外問題分歧的時代，戰時他呼籲日本國民為國家服務，日俄戰後他轉從批評自然主義文學出發。面對戰爭，相較於日本強調重新審視以歐美為中心的"近代的超克""世界史的哲學"等國際秩序，和辻哲郎的思想則轉趨保守，對於"近代"及"個人主義"，有其正反兩面不同的解讀。本書第十二章探討和辻哲郎究竟是近代主義者還是反近代的哲學家，分析和辻哲郎對儒教思想的批判、尊皇思想之精神內涵，進而論述其主張重建"日本文化"與"近代"思想轉化的關聯性。

第二章

朱舜水與留寓日本的明末文人交流

前　言

　　人物的越境，使人聯想到東亞跨國界文化傳釋的諸多問題，而人物的思想則是反映時代的一面鏡子。十七世紀初，日本德川幕府採取鎖國政策，意外使長崎商港扮演了傳播明清文化的媒介，也給中日文人帶來了文化及思想交流的機會。明清的思想、宗教、文學、語言、繪畫、書法、篆刻、建築、雕塑、印刷、音樂、醫學、飲食、習俗等多領域的學問，對近世日本文化發展產生了深遠的影響。[1]中日文化交流最興盛的時期，可從明、清鼎革與德川鎖國的日本社會談起，明清文化東傳日本，與中國文人、僧侶的東渡及"唐寺"的建立息息相關，而"唐寺"也同時與基督教東傳、德川幕府禁止西洋教及復興佛教等三個問題有關。

　　筆者多年來以朱舜水的學問及其思想主張對日本德川社會的影響為研究課題，探討他在東亞文化傳播世界扮演的角色。[2]朱舜水留寓長崎期間，正值中國的臨濟宗黃檗派在日本快速發展的階段，當時旅居長崎的明末文人層多才多藝，且帶有文藝趣味，屢受日本產、官、學界青睞。其中儒學與佛學的交會成為思想交流的縮影，這個領域尚有可再抉發深化的空間，本章旨在還原朱舜水在長崎從事文化交流的真實圖像。

1　詳請參閱木宮泰彥《日華文化交流史》(東京：富山房，1955年)。

2　詳請參閱拙書《朱舜水與東亞文化傳播的世界》(臺北：臺大出版中心，2008年)。有關朱舜水的先行研究，筆者曾向日本學界介紹。詳見拙著《東アジアの視野から見た朱舜水研究》，《日本漢文學研究》第二號(二松學舍大學，21世紀COE卓越研究計劃，2007年)。有關朱舜水的思想與宗教觀，請參見《東アジアの視野から朱舜水の思想と宗教觀を考える》，《東アジアの宗教と思想》(大阪：關西大學文學部、GCOE卓越研究計劃，2010年)。

第一節　德川佛學與儒學的地位轉換

一、日本佛教的墮落

依照辻善之助的說法，德川初期日本社會的佛教是衰萎的、僧侶是墮落的，批評佛教"使江戶時代惰眠，阻礙了一般社會的進展"。[1]對此，黑住真指出："就德川思想史的意義而言，佛教與其他思潮相比，可說是落後而無生產之物。"[2]末木文美士則分析，佛教居主流的時代已經結束，現在佛教失去創造的能量，將主流的位置讓給儒學或其他的思潮，而次居於旁流。[3]日本政治思想史研究的名家丸山真男（1914—1996）從戰後回顧德川思想史的面向時，提及"日本的儒學、國學等思想已取代原來支配德川社會體制教學的朱子學而為近代作準備"，[4]絲毫未提佛教在德川時代所扮演的社會功能。筆者最近也分析德川前期儒教發展具有"去佛就儒"、儒者兼有"神、佛色彩"等雜學性的問題。[5]換言之，德川佛教的衰退，帶給外來佛教到日本弘法的機會，隱元禪師能在日本將臨濟宗的黃檗禪學發揚光大，即是一個顯著的例子。能仁晃道《明僧渡来と本朝臨済宗の覚醒》、[6]荷蘭漢學家W.J ポート《近世における儒仏論争》兩篇文章，[7]即在探討明朝僧侶東渡弘法，帶給日本佛教覺醒以及德川社會儒佛爭論的問題。朱舜水居留的長

1　辻善之助《日本佛教史》第十卷（近世篇之四）（東京：岩波書店，1955年）。
2　黑住真《近世日本思想史における仏教の位置》，《近世日本社會と儒教》（東京：ペリカン社，2003年），頁150。
3　末木文美士《日本仏教史：思想史としてのアプローチ》（東京：新潮社，1992年），頁242。
4　丸山真男《日本政治思想史研究》（東京：東京大學出版會，1983年），頁183。
5　拙著《朱舜水與德川水戶藩的禮制實踐》，《臺大文史哲學報》第75期（臺北：臺大文史哲學報編輯委員會，2011年），頁163—164。
6　能仁晃道《明僧渡来と本朝臨済宗の覚醒》，季刊《禅文化》第216期，2010年4月。
7　W.J ポート《近世における儒仏論争》，季刊《日本思想史》第78號，2011年。

崎港為外來文化必經之地，當時德川社會全力發展儒教思想，江戶、京都、九州等地文人爭相前來學習異國文化，蔚為風潮。朱舜水得此天時、地利與明末文人全力襄助的人和，而獲得到江戶施展學問長才之機會。

二、德川幕府的鎖國與禁教

在安土桃山（戰國）時代，有不少基督教徒前往日本傳教，例如葡萄牙傳教士聖方濟各沙勿略（St. Francis of Xavier, 1506—1552）大部分時間集中在長崎市傳教，當時西日本大名（諸侯）及各階層民眾多數信奉天主教，[1]但德川幕府自1633年起頒布了鎖國令，其中包含"禁教令"，洋教信徒從此被迫更改信仰或流放外國。為壓制西洋教在日本擴散，幕府進而實施了"寺社請領"的"檀家制度"（1635），所謂"檀家"來自梵語danapati，又稱"檀越之家"，意為寺社及僧侶的保護者。"寺社請領"是德川時代特殊的宗教制度，要求所有民眾必須成為"寺的檀家"，申請"寺請証文"，以証明自身非西洋教徒。面對幕府的禁教，九州長崎附近自1637年12月至1638年4月爆發了當時日本歷史上最大規模的農民、信徒與幕府之間的內戰，史稱"島原之亂"，戰亡人數高達三萬七千餘人。1639年，幕府更嚴禁葡萄牙船隻渡航，終在1641年第三代將軍德川家光（1604—1651）的政權下完成了江戶（今東京）與長崎的鎖國制度的推行。當初主要在管理外國人出入境、[2]管制貿易商品、管理航路（走私）、調查漂流民與漂流船、檢查書籍輸入、聽取外國情報等，目的是查看有無出現反對德川幕府體制或思想。[3]此

---

[1] 戰國時代至德川初期，諸侯信奉基督教或接受洗禮者，又稱"吉利支丹大名（kirishidandaimyo）"，主要有高山右近、大友義鎮、大村純忠、有馬晴信、小西行長、黑田孝高、蒲生氏鄉等九州地區的諸侯。

[2] 1641年之後，荷蘭船限定只能進入長崎港，為了徹底禁止洋教，將雜居長崎市內的葡萄牙人、荷蘭人隔離收容至"出島"，中國人則集中管理於"唐人屋敷（唐館）"。詳見山本紀綱《長崎唐人屋敷》（東京：謙光社，1983年）。

[3] 有關鎖國問題，請參見中村質《鎖国と国際関係》（東京：吉川弘文館，1997年）、武田萬里子《鎖国と国境の成立》（東京：同成社，2005年）。有關中國商人在長崎的貿易、"唐通事"（華僑及其後裔等所充任之中國語翻譯官）的設立及其職責、變遷與對"中國"的認同問題，請參閱中村質《近世長崎貿易史の研究》（東京：吉川弘文館，1988年）、劉序楓《明末清初的中日貿易與日本華僑社會》（載《人文及社會科學集刊》第11卷第3期，臺灣"中央研究院"中山人文社會科學研究所，1999年，頁435—473）。

制度原本為了保護日本佛教,卻帶來了前述佛教界墮落的危機。鎖國與"寺社請領"制度的實施,使從事貿易的華商或傳播禪學的僧侶不勝其擾,為避免被誤解為西洋教徒,旅居長崎的中國人紛紛建立了團結鄉邦的中國佛寺,這是長崎"唐寺"設立的由來。

三、長崎"唐寺"的設立

德川幕府最忌諱的是西洋教徒隨著中國船入境,因此嚴格管制中國人出入長崎港,為此,華商與僧侶結合,以出身地為別,陸續建立了興福寺(江蘇、安徽、江西、浙江,俗稱南京寺,又稱東明山,由江西出身的真円於 1623 年開基。《長崎志》正篇第五卷)、福濟寺(福建省泉州、漳州,俗稱漳州寺,又稱分紫山,由泉州出身的覺海於 1628 年開基。《長崎志》正篇第六卷)、崇福寺(福建省泉福州幫系統,俗稱福州寺,又稱聖壽山,由福州出身的超然於 1629 年開基。《長崎志》正篇第六卷)。[1] 這些"唐寺"具備庇佑航海安全、仲裁貿易糾紛、祭祀、喪儀法要、語言溝通、資訊交流以及敦親睦鄰等多重功能,也是日本人接觸明清文化的重要平臺之一。

為重振日本佛教,振興日漸衰退的臨濟禪宗,自承應二年(1653)起,福州出身的唐通事何高材(毓楚,1596—1671)與興福寺第三代住持逸然性融(1601—1668)等人聯名,[2] 先後上書德川幕府,希望邀請隱元禪師東渡。承應三年(1654),隱元終於由鄭成功武將張光啟護駕東渡日本弘法。[3] 逸然禪師排除保守派的反對,力邀隱元以"生命之流——業與輪迴"為題在興福寺開堂講法,其宗風、清規等都是模仿明朝時期臨濟宗的規矩,但又別於日本的臨濟宗而自成一派。隱元的《黃檗清規》對當時日本禪宗各派宗統、規矩的修正,影響深遠,不但給低迷的日本佛教界吹入一股黃檗新風,也啟開了中國佛學、文藝傳播日本的契機。萬治元年(1658),隱元前往江戶面見幕府第四代將軍德川家綱(1641—1680),兩年之後,獲賜山城國京

---

[1] 詳見中村質監修《中国文化と長崎県》(長崎県教育委員會,1989 年);林田芳雄《明末清初閩僧東渡考》,《史窗》第 47 號,京都女子大學史學會,1990 年。

[2] 詳請參閱宮田安《唐通事家系論考》(長崎:長崎文獻社,1979 年)。

[3] 有關隱元與鄭成功的關係,請參閱拙著《隱元禪師與黃檗文化的東傳》,《臺大日本語文學研究》第六期,2004 年,頁 171—173。

都宇治郡大和田領地，建造"宇治萬福寺"，將明朝之建築、雕刻、書法、繪畫、醫術逐步移植於日本，黃檗文化帶給當時日本佛教界深遠的影響。

朱舜水決定居留長崎是在1659年夏天，約晚了隱元五年，二人未有交集，但當時九州的長崎社會已有為數不少的中國知識分子定居彼地，朱舜水與浙江出身的興福寺第三代住持逸然性融、第四代住持澄一道亮（1608—1692）師徒、擔任過隱元書記的獨立（戴曼公，1596—1672），福建出身的即非如一（1616—1671）、化林性偀（1596—1667）師徒，以及曹洞宗皓台寺的月舟宗琳（1614—1687）、弘揚曹洞禪學的東皐心越（1639—1695）均有過交往。與將柔道東傳日本的詩人陳元贇（1587—1671）、華醫陳（穎川）入德等人亦有深交。以下分別就長崎"在留唐人"與朱舜水交往之經緯及其文化傳播的事蹟作一論述。

第二節　朱舜水與陳元贇、陳入德的交流

一、朱舜水與陳元贇 —— 擦身而過

陳元贇（1587—1671），浙江餘杭縣人，原名珦，字義都，號升庵，有芝山、虎魄道人、瀛壺逸史、菊秀軒、既白山人等別號及筆名，在中國很少有人知道他，但在日本則頗有聲望。他自幼學書文，年輕時曾入河南登封山少林寺習武藝，通曉武術、書法、繪畫、詩詞、建築、醫術、製陶技術，尤喜老、莊之學，為文武兼備之才。陳元贇屢應科舉不第，為避明末亂世，1619年，33歲時東渡日本九州長崎。1622年，受聘於日本萩津長門（今山口縣）藩主毛利輝元（1553—1625），協助撰寫《長門國志》，保存了中世紀日本西部政治、經濟、社會、地理、民俗資料，將中國悠久的歷史方志學傳播到東瀛。1625年到江戶，寄寓國昌寺，開始傳授拳法。1627年，移居名古屋，擔任幕

府"御三家"之一的尾張藩主德川義直（家康九男，1600—1650）、德川光友父子的儒官，教授書法、詩文。陳元贇在日本也傳授燒窯製陶技藝，陶法精致，獨具風格，尤以茶器爲上品，人稱"元贇燒"，對日本茶道有影響。名古屋的名城公園旁有一處"元贇燒窯遺蹟"。今日名古屋有一種與"元贇燒"同名的小點心，8字形，麵粉製作，外裹豆面，流傳至今。此外，愛知縣瀨戶市的定光寺有一座"敬公廟"，這是陳元贇為義直設計的儒教式藩祖廟，義直去世之後以儒葬的方式永眠於此。

陳元贇與德川幕府儒官林羅山、京都朱子學者松永尺五（1592—1657）、朱舜水弟子安東省菴（1622—1701）、日本漢詩的代表人物石川丈山（1583—1672）均有過交往，並曾以詩文與陸奧藩（今仙台）主伊達政宗（1567—1636）及第三代將軍德川家光（1604—1651）應對。松永尺五是德川學問之祖藤原惺窩（1561—1619）的高徒，曾經為陳元贇寫《卒呈大明人元贇》詩，內容提及："相遇異鄉客，儀容心自融。詩誇曹植捷，文角馬遷雄。貴國儒彌顯，吾民道不隆。兼葭連玉樹，目擊百無草。"字裏行間洋溢出對陳元贇文才的崇拜。

陳元贇也曾將明代萬曆年間興起的公安派文學傳到日本。以袁宏道（中郎，1568—1610）為代表的公安派文學，反對文學復古，主張革新，具有批判精神。公安派的創作風格，展現了相當程度的啟蒙意識，在日本社會廣為流傳，推動了當時代日本文學的革新。陳元贇也與德川初期的日蓮宗僧人、漢詩人元政（1623—1668）合著《元元唱和集》，書名各取"元"字，內容有四言、五言、七律、七絕及雜體詩200餘首，對日本詩文界、思想界影響深遠。大家都知道日本的柔道在國際上聲名遠播，但鮮少人知其開山始祖即是陳元贇。

日本的《先哲叢談》提到："元贇善拳法，當時世未有此技，元贇創傳之，故此邦拳法以元贇為開祖矣。"陳元贇自1626年開始，在江戶的國昌寺傳授少林拳法，其弟子福野正勝、三浦義辰、磯貝次郎三人各形成柔道的流派，至今遍布日本全國。名古屋平和公園的建中寺內，有墓碑銘"明國武林既白山陳廣學元贇""既白山人游息之處"；東京愛岩山"起倒流拳法"碑仍有"拳法自有傳也，自投化明人陳元贇而起"的記載。陳元贇東渡之前，日本雖有自創的拳法,但尚未形成完備的柔道,是他融合中日拳法當中的堅毅、進取、奮勇等美德,才創編成為後來的柔道,如今柔道已經成為日本民族一項重要的武術門類。自漢魏以來,注解《老子》者已達數百家,陳元贇也曾經注解《老子經通考》,在日本闡述無為的道家思想。其學術思想跨儒、釋、道,最傾老莊思想,並尊重孔子的祭祀禮儀。陳元贇留寓日本長崎、江戶、名古屋等地長達五十二年。[1]

陳元贇與朱舜水有過交往,《朱舜水集》中留有《答陳元贇書》;2012年8月,筆者在水戶彰考館的史料調查中也發現第十三代當主德川圀順(1886—1969)所藏、未曾公開的《陳元贇墨跡》,彌足珍貴。1659年,朱舜水剛到長崎時,陳元贇即轉赴名古屋,成為獎勵儒學的德川直義的儒臣,與當地儒者飲酒唱詩,並結識京都深草瑞光寺日蓮宗高僧元政上人。元政熱愛明朝文學家袁中郎的詩文集,二人以詩會友,留下膾炙人口的《元元唱和集》。相傳現藏於瑞光寺的元政書法作品多為元贇所傳授,其書風傾向趙子昂(1254—1322),遒勁秀逸、沉著精到、筆法嚴謹、體勢茂密。其相關古蹟文獻皆流於日本,對日本文化素養的提升影響深遠。元贇與德川初期漢詩界的代表人物石川丈山(1583—1672)頗有深交,丈山精通儒學、書道、茶道、庭園設計,書法以隸書擅長。[2]中華書局本《朱舜水集》中,僅有《答陳元贇書》一封,書曰:

> 弟淺衷薄植,無足比數。至此亦惟閉門掃迹,不為屑屑往來。如何村翁之賢,亦未嘗識荊,乃叨謬愛,涓日寵招?雖媿不敢承,然台臺屢道其誠,又不敢固辭以自外。至日即當趨候……[3]

觀此,二人在長崎擦身而過,似無進一步交往。朱舜水闡揚儒教與朱子學,為一醇儒;陳元贇醉心老、莊,宣揚道家思想,彼此交往或止於此。寬文十一年(1671)六月,元贇逝世於名古屋寓所,享年85歲。其平生以武術

---

[1] 在日本,目前陳元贇的最新研究當屬李麗的《陳元贇の傳記、書翰と〈老子經通考〉の思想》,名古屋大學博士論文,2021年。

[2] 詳請參閱小松原濤《陳元贇の研究》(東京:雄山閣,1962年);衷爾鉅輯注《陳元贇集》(遼寧人民出版社,1994年)。

[3] 朱舜水《答陳元贇書》,《朱舜水集》,頁54。

影響日本最大。[1]

二、朱舜水與陳（穎川）入德 —— 他鄉遇故知

陳入德（名明德，字完我，1596—1675）出生於浙江省杭州府。據《長崎志》記載，陳入德早於1627年即渡航長崎，他因在大明屢試不第，退而嘆曰："士君子不得為宰相，願為良醫。雖顯晦不同，而其濟人一也。"遂改業為醫，尤精於小兒科。爾後明清鼎革，他絕念於鄉國，崎人留而不歸，遂改名曰穎川入德。朱舜水稱之"完翁"。

陳入德於1654年與安東省菴初識於長崎，往復談論，彼此投機，有相見恨晚之慨。時省菴多病，入德授以良劑，屢屢奏效。後安東家兄妹先後罹病，亦承入德之治而癒。1658年十月，朱舜水六渡日本，省菴得入德之介，執弟子之禮，以書致朱舜水問學。朱舜水在《答完翁書》中說道：

> 適得尊札遠頒，并貴相知安東省菴兄手書及餞別詩，且錫之以黃金，弟自慚薄劣，何敢當其過隆之譽。況省菴兄銳意學古，即有超世卓識，是弟老友，何執禮過謙如此。……弟因一時倉卒，不嵩答其書，但以一名帖致意，統俟到閩之後，尚書相答耳。[2]

此時朱舜水擬赴魯王之招，並與鄭成功商討北伐南京之舉，匆促從長崎付舟至廈門，翌年始自廈門覆信省菴，內容提及：

> 足下天挺之豪，惟在能自得師，又何必獨在不佞哉？足下師生之稱，向時猶不敢遽受，欲待晤時定之。或師德，或師學，必有所指而後敢承。[3]

顯見朱舜水收安東省菴為門生是經過慎重思考的。

朱舜水初寓長崎，曾與獨立一起居住陳入德之宅第，交往甚密。他申請永住許可時，陳入德恐長崎奉行不受，曾要朱舜水撰文頌美長崎奉行。1651年十月，朱舜水漂泊於東亞海域，往來舟山、廈門之際，曾寄《上長崎鎮

---

1 詳請參閱拙著《陳元贇與中日文化交流》，《中國文化研究》第16號（天理大學中國學科，1999年），頁9—45。
2 朱舜水《答完翁書》，《朱舜水集》，頁60—61。
3 朱舜水《答安東守約書》，《朱舜水集》，頁172—173。

巡（奉行）揭》，內容如下：

> 瑜雖歷舉明經孝廉，三蒙徵辟，因見天下大亂，君子消道，故力辭不就，不受君祿。而家有父母未裹之事，義不得許君以死。側聞貴國敦詩書而尚禮義，是以不謀家人，遁逃至此。[1]

朱舜水說明東渡日本是為避難而來的經緯。1664 年，水戶儒臣小宅生順（1637—1674）奉德川光圀之命，赴長崎訪聘朱舜水。對此，陳入德曾寄書安東省菴，內容述及：

> 朱先生之事，近日東方宗叔命小宅生順到長崎，探其行動學問，亦常至其寓，終日筆談而無阻誤，來意盡是快足，朱公亦稱此人為台兄之亞也。次日生順至政所謂鎮公曰："朱公博學鴻儒，文章高古，體貌莊嚴，可法可則，吾儒中第一人也。" 弟亦至政所，鎮公謂予曰，昨江戶生順所言朱儒者之為人，與入德前言相合，吾始慰矣。[2]

書中"東方宗叔"即指德川光圀，小宅生順與朱舜水多次筆談，留下珍貴的手稿《西遊手錄》，過程中陳入德極力向長崎奉行斡旋，促成了朱舜水前往江戶講學。陳入德逝世於 1675 年，享年 79 歲。安東省菴為追念其知遇之恩，立其碑於長崎皓台寺。時朱舜水 75 歲，在江戶講學，但已向德川光圀請辭，興起告老還鄉之念。[3]

---

[1] 朱舜水《上長崎鎮巡揭》，《朱舜水集》，頁 37。
[2] 陳入德寄安東省菴書簡，《安東家藏名賢詩文手抄》卷下藏。
[3] 關於小宅生順在長崎訪問朱舜水之經緯，請參閱拙書《近代中日思想交流史の研究》（京都：朋友書店，2004 年），頁 45—54。

第三節　朱舜水與黃檗、曹洞禪僧——儒、佛發展一片天

一、朱舜水與逸然性融

　　逸然（1601—1668）法諱性融、性會、獨融，俗姓李，浙江省杭州府錢塘縣人。寬永十八年（1641），以藥商渡航長崎，1644 年歸依明僧默子如定（1597—1657），並出家於長崎興福寺。翌年繼任該寺第三代住持。如前所述，1652 年逸然與長崎唐通事及渡日明僧十餘名，聯名致函福建黃檗寺，邀請隱元隆琦渡日，前後共發四函，歷時三年，隱元一行二十餘人於 1654 年七月成功渡日，厥功至偉。

　　朱舜水往來長崎期間，受到逸然多方關照，曾經致書感謝，書曰：

> 昨日穀豐饌美，深感禮意慇懃，然筍、蒲俱有出俗之致，自弟到崎以來，絕未之見。非庖人之工，無以副主人之情；申謝之筆，不足以繪厭飫之心。又調度過勞，遂致尊體不適，今日未知逸豫否？耑謝並問。[1]

又書：

> 昨貺新茶，甌擎蒼璧，喉香津津，大沃明德矣。和尚多恙，且身自拮据，而舉以餉野人，不安之意，過於感頌。因客在坐，恐起身作答，似促其行，故奉謝遲遲，希勿為罪！[2]

逸然亦曾為朱舜水居留一事，與安東省菴商議協助。相關內容，分述如下：

> 黑川公向下心隨緣而愸愸之，然其去住因緣又在楚翁（朱舜水）天成之所感合耳。杪秋將叩普門，當為晉謁，并候起居，以陳

---

[1] 朱舜水《與釋逸然書二首》，《朱舜水集》，頁 62。

[2] 同上注。

間潤,餘不次。[1]

黑川是指當時的長崎奉行黑川正直(1602—1680,1650—1665 在職),逸然在前述招請隱元的過程中,結識黑川,曾以《達磨》《八八鳥立梅》《鳩立石竹》等自畫圖請黑川題贊,兩人因而有深交。文中"杪秋將叩普門",經查逸然年譜,他在 1657 年末自興福寺東盧庵退休,之後前往大阪普門寺進謁隱元,[2] 此書寫於 1657 年前半,當時朱舜水人在安南。

逸然又及:

> 即"朱楚翁留住事,其肝膽者靡不慶幸",而居士發一片赤心,為利邦國,成千古之大義也。衲未有不以策力是件者,奈朝令嚴於法,不知有利用得人之妙,是衲每逢識者,極其詳。[3]

據文中"朱楚翁留住事,其肝膽者靡不慶幸",推測其為逸然在得知朱舜水獲准居留,1660 年夏天之後,致安東省菴之書簡。

逸然禪師善畫,尤精羅漢圖、神仙圖等佛畫,漢畫家渡邊秀實(1778—1830)在《長崎畫人傳》(1830)中稱逸然為"唐繪"之祖,內容如下:

> 逸然嘗修禪之際,好善繪事,尤工人物佛像,門人甚多,秀石、道光殊冠其中矣。傳謂本邦未曾有稱唐畫者,逸然刱唱之,故今稱唐繪者,皆以逸然為開祖焉。[4]

逸然在興福寺修禪期間,除創作之外,臨摹諸多中國舶載到長崎的明清畫及畫譜,傳播華南的畫風於日本,其作品散藏於日本公私立美術館、博物館。他在東盧庵最早的作品《達磨》《臨濟》《德山》三幅對圖,現藏於美國密歇根大學美術館。其弟子有河村若之(1638—1707)、長崎唐繪目利派之祖渡邊秀石(1639—1707)等人。逸然於 1668 年(清康熙七年、日本寬文八年)逝世長崎,享年 68 歲。

1　逸然寄安東省菴書(1661),柳川古文書館藏,史料編號 1372。

2　錦織亮介《逸然性融年譜》,《長崎談叢》第 87 輯,1999 年。

3　逸然寄安東省菴書,柳川古文書館藏,史料編號 1374。

4　詳見錦織亮介《逸然と画房東盧庵》,《長崎談叢》第 74 輯,1988 年。

二、朱舜水與澄一道亮

澄一（1608—1692），法諱道亮，俗姓陳，浙江省杭州府錢塘縣人。夙抱出家之志，遂入禪門。承應二年（1653）渡航日本，進入長崎興福寺追隨逸然禪師。1656年擢為興福寺中興第二代住持，翌年赴大阪普門寺訪隱元隆琦。

1658年，朱舜水擬與鄭成功商談北伐南京一事，常往來於廈門、長崎，經常走訪興福寺，在《答完翁書》中曾說："別後匆匆，無時寧息。十七日暮，方得澄一三十餘金，又聞十九日准行……"[1] 可知當時朱舜水接受過澄一之經濟援助。朱舜水到江戶後，在給澄一道亮的書簡中曾經提及一段往事：

> 近有二三事附入德翁書中，和尚倘有意於此，暇時索取看之。然不足為出世人道，亦不足比佛家之萬分一也。和尚至小倉，目擊其盛，言此止堪捉鼻耳。外具白金若干錢，少表微忱，幸惟哂存！諸容再悉。[2]

書中"不足為出世人道"，究竟所指何事？令筆者相當好奇。查遍全集，終於在朱舜水給王民則的書簡中找到答案。第一封書內容述及：

> 弟又恐臺兄驚疑，細人生事，於澄一書外，別作一紙條，有"萬勿張皇，勿疑慮"等數字。不謂澄一鹵莽，不詳味書中語，遂使臺兄有此意外之舉。行後數日，閣老特書下鎮巡衙門，源公尚差員役來接。事已無及，懊恨無已，源公亦甚悵悵。[3]

原來，朱舜水曾向幕府極力推薦，希望准許王民則居留日本。此事進行順利，已經"閣老"（幕府高層）及"鎮巡衙門"（長崎奉行）同意，擬請"源公"（德川光圀）派人迎接，不料因"澄一鹵莽"，致王民則誤解而返航中國，朱舜水及德川光圀咸感懊惱、惆悵不已。

一年之後，朱舜水回憶此事說：

> 去年書，其中意義，親翁豈不詳味？即澄一書外，又粘紙一條云："事須解人意，不可張皇，不可恍惚，不可造次。"豈不知其

1　朱舜水《答完翁書》，《朱舜水集》，頁60。
2　朱舜水《答釋澄一書二首》，《朱舜水集》，頁59。
3　朱舜水《與王民則書三首》，《朱舜水集》，頁53。

中意,而竟附船回唐耶?來書十一月初九夜到初十日宰相源公方在齋戒,即刻發書。十五日閣老行文到崎,而親翁已行矣,大為懊恨。……今年到崎,立刻差的當人作飛報上來,以便差人迎候。……弟亦望親翁至,備述源公誠懇盛禮,并一吐胸中累年鬱結也。但須服舊時衣冠,不可着虜服耳。[1]

檢視至此,仍未知王民則的生平,但從內容觀之,他經常往來長崎,是從事貿易活動的僑商可能性極高。朱舜水以"親翁"稱之,顯見二人交情匪淺,推測是朱舜水昔日反清復明運動或航海從商的患難之交,希望將之迎至水戶。朱舜水要求王民則,水戶之行若能實現,須服舊時衣冠,指的就是明朝服裝,而不可穿着虜(滿)服,從這裡亦可看出朱舜水對明朝強烈的國家認同意識。

1663年三月,長崎發生大火災,興福寺除觀音堂、鐘樓外,被炬殆盡,朱舜水亦遭受波及。興福寺大雄寶殿於1667年始在澄一策劃下重建完竣,1674年復建永興院,1686年築永興庵,並為開基後功成身退,將住持讓位於明僧悅峰禪師。澄一另有儒醫之稱,博學、精醫道,曾為多位在日禪師施醫給藥。其門人有石原鼎庵(1657—1698)、上野玄貞及今井弘濟[2]等。澄一於1692年逝世於長崎,享年85歲。

三、朱舜水與即非如一

即非,俗姓林,福建福清縣人。十三歲出家,先隨費隱禪師,後隨隱元禪師。1657年東渡長崎,進入崇福寺,翌年成為該寺中興開堂。1660年,即非由唐通事劉宣義(1633—1695)陪同前往京都萬福寺,途經小倉(今福岡縣北九州市)時,接受豐前小倉藩主小笠原忠真(1596—1667)之邀,開創廣壽山福聚寺,之後回崇福寺退隱,1671年,56歲示寂。即非禪師工書法,尤善楷書、行書,在日本與隱元隆琦、木庵性瑫並列為"黃檗三筆",給當時日本書法界帶來深遠的影響。即非亦善詩文,能畫具有禪意的觀音、羅

---

[1] 朱舜水《與王民則書》,《朱舜水集》,頁52—53。
[2] 今井弘濟(字將興,號魯齋,後改小四郎,1651—1689),早年隨澄一禪師,1665年,十四歲入水戶彰考館,德川光圀命使從朱舜水學。後與安積覺同撰《朱舜水行實》。

漢、蘭竹等畫,為日本文人畫之先驅者之一。

德川時代東渡日本禪僧之書法稱為"唐樣墨跡",主要是指黃檗宗、大德寺、妙心寺禪僧所寫的書法,其書風仍受宋、元、明各朝大家的影響,與德川幕府公用書體的和樣"尊円流"同時流行於日本社會,簡明高雅的"禪樣(Zenyo)"書風盛行一時,給"和樣(Wayo)"書道界注入一股清流。即非禪師的書風即處於和樣與禪樣(漢字與假名)併存的時代,不但追求文字的優美,也重視其實用性。朱舜水與即非禪師偶有往來。

四、朱舜水與化林性偀

化林性偀(1596—1667),福建省福州府三山人,法諱性偀、性合,幼即聰明穎悟,後以醫為業。因避戰亂於寬文元年(1661)秋與鶴博海天禪師渡航長崎,進駐崇福寺後隨即非如一學佛。同年十一月,隱元禪師七十大壽,化林曾代即非前往京都宇治萬福寺祝壽。1663年八月即非禪師上京都萬福寺後,代監崇福寺五年。化林的水墨畫造詣比美獨立禪師。1665年,小倉之黃檗宗福聚寺竣工,即非禪師晉山開法,化林追隨,獨立、獨健(1592—1671)[1]、唐通事何高材等人均曾往賀。時朱舜水應水戶德川光圀之聘,行期即在,無期會晤,曾致書化林,書曰:

> 宗兄初夏一別遽欲往,時每念隆情,眷慕無已,"此去將數千里,晤言未有期",豈可慭然?然何可為嚴遵上令,星速戒途,昨日於道中兩得傳報,更覺敦迫無已。不能入山一為握手,不儘悵惘。法行索長公家書,方知下血既久,面容清減,雖精神滿腹乎,近亦甚為委頓,且內外皆須料理,鞭長恐亦不及,宗兄不可不早為調理也。幸立翁在山,詳定妙方,一報霍然矣。[2]

福聚寺又稱廣壽山,當時小笠原忠真為汲取明朝文人趣味,敦請即非如一前往開基的菩提寺,化林因隨即非在山,無法與朱舜水道別,有悵然之慨。

---

[1] 獨健,原名陳性乾,浙江省紹興府人。1610年渡航長崎,1632年任唐通事(穎川官兵衛),1632年歸依黃檗宗,先為即非如一的侍者,1666年以七十五歲高齡隨獨立前往岩國(今山口縣)行醫。享年八十。

[2] 朱舜水致化林性偀手書抄本,此書原屬"中川文庫",後藏於日本佐賀縣"祐德稻荷神社"博物館。收錄拙編《朱舜水集補遺》(臺北:臺大出版中心,2004年),頁98。

此書為朱舜水抵江戶之後,得知化林身體微恙而寫的慰問信。對此厚意,化林曾回覆朱舜水,內容如下:

> 客夏六月寓小倉廣壽山,蒙老兄台教,皆膈肝談也。即欲就見小通公,云事迫行,是以中阻,後十月豐別檀越主上燕都,附寄小札壹通和韻一冊,求教兼問候,未審到否?今八月間復得尊翰過小犬慰諭,誠切感可知也。恭惟老兄振洙泗于殊俗,續雅道于斯世,東關嚮作,木鐸殷傳,弟雖處方外,能不遠沾德意哉!但改德易轍,持之以漸,制禮作樂,勿泥於古,使天下之人知有吾儒之教,不炫俗亦不駭俗,斯則盡善盡美,不負老兄大振起一番也。杞人之憂,因知言極,狂夫之言,聖人擇焉,諒高明者不以深罪。路遠空函,依依不盡,耑此上奏。小犬均此致意。[1]

此書寫於 1666 年,化林得知朱舜水順利在江戶制禮作樂、普及儒教,深感慰藉。二人昔日在長崎的深交之情,溢於言表。化林於 1667 年六月於長崎崇福寺逝世,享年七十二歲。

五、朱舜水與獨立(戴曼公)——儒佛定位的爭論

獨立名笠,字曼公,號荷鋤人、天外老人、獨立一閒人,生於杭州仁和縣。日本承應二年(1653)東渡長崎,經安東省菴奔走,獲奉行橘正述(甲斐莊喜右衛門)核准居留。獨立兼學儒佛,通讀典籍,至 1672 年七十七歲圓寂為止,將近二十年的時間,穿梭在日本產、官、學界,扮演著傳播中華文化的重要推手。又因懂醫術,獲得岩國(今山口縣)藩主吉川廣正(1601—1666)、廣嘉(1621—1679)父子的招聘,自 1663 年起,生前最後近八年的時間幾乎都在當地行醫,該藩儒者宇都宮由的(號遯庵,1633—1709)述及:"其為人博覽洽聞,涉獵儒書,出入佛乘,能書法,知醫術,最長者詩賦也。"[2] 據《天外老人集鈔》(二卷),知其學術主於洛、閩,文章經藝不讓朱舜水。

---

[1] 化林性侊手書抄本,此書原屬"中川文庫",後藏於日本佐賀縣"祐德稻荷神社"博物館。收錄拙編《朱舜水集補遺》,頁 104。

[2] 宇都宮遯庵《獨立遺稿跋》,收入桂芳樹《宇都宮遯庵》(山口:岩國徵古館,1978 年),頁 192—193。

獨立曾有手書給省菴之父安東彌三右衛門，書曰：

> 偶避明山虜患，放足天下，"適至貴邦，情非利涉，亦非閒遊，不意長崎主政愛我，疏闊乞留，亦千載知遇之奇也"。客春又荷省菴兄卷卷留心，得至足下神交篤切，天外奇緣今見一日矣！[1]

1654年七月隱元隆琦應聘東渡長崎後，獨立狀求出家，曰："將至耳順，命有幾何？矢心脫白，以畢殘喘。"是年末，棄儒薙髮歸依黃檗，並擔任隱元書記文翰之事。1658年九月，獨立從隱元朝參大阪普門寺，後赴江戶，見到將軍德川家綱，並獲幕府老中松平信綱（1596—1662）邀請，前往臨濟宗平林寺（今崎玉縣）參禪，之後返回長崎興福寺幻寄山房閉關三年。寬文三年（1663）三月八日，長崎大火罹災，獨立居不擇地，無礙其緣。文墨之外，又精於方技，常謂"術同道廣，治不視方，濟人及物，內外本行"，應機臨變，儒釋活路，方技又然。

獨立曾為朱舜水寫《跋安南供役紀事》，描述朱舜水在中國、安南及二人在長崎"天涯把臂，共寄足於穎川居士（陳入德）之門"的事蹟。朱舜水全集中收錄《與釋獨立書三首》《答獨立書》一首，二人之間最大的爭論在儒佛定位的問題。

筆者曾經論述獨立與隱元禪師的關係及其在岩國的文化傳播事蹟。[2] 隱元對於獨立由儒入釋、儒釋並存的立場，給予相當高的評價。稱曰："儒佛並擔真鐵漢，人間天上出頭高。"[3] 而在嗟嘆獨立歸寂的挽章中，也肯定其"棄儒入釋能追本"，曰：

> 老得平常一味休，無思無慮更何求。棄儒入釋能追本，撒手歸家得自由。
>
> 大道頓空諸色相，當仁不讓是良謀。蓮臺九品須親證，果熟香飄億萬州。[4]

1　獨立寄安東彌三右衛門書（1653），柳川古文書館藏，史料編號1370。

2　拙稿《日中文化交流の伝播と影響：德川初期の独立禪師を中心に》，收入《比較日本学教育研究センター研究年報》（東京：御茶水女子大學）第7號，2011年，頁167—174。

3　隱元隆琦《隱元隆琦禪師致獨立性易書并序》，收入平久保章編《新纂校訂隱元全集》（東京：開明書院，1979年）卷十，頁4964。

4　《普照國師語錄》卷上，收入《東明山興福寺語錄》，頁742。

獨立於《書論》闡述了三教共通的相關問題。對此，朱舜水曾有如下的讚賞：

鴻論深入顯出，切中事機，據理辨駁，雖有利口，無所復置其喙，不偏不徇，當為儒釋立一標準，固不朽之作也。[1]

但也勸告獨立，在儒釋紛擾的德川社會，多一事不如少一事，勿將《書論》的內容公開。

獨立與安東省菴更有深交，二人高情逸想，播於聲詩，作品膾炙人口，為當時的中日文化交流增添許多佳話。[2] 筆者曾以《獨立禪師與朱舜水：文化傳播者的不同論述》為題，考察獨立與朱舜水及安東省菴的關係，並探討三人對儒佛思想、詩作等的異同主張。[3]

獨立門人高天漪（深見玄岱，1648—1722）曾編《獨立全集》，昔未刊行即罹火散佚，至今中日學術界為還原獨立全般的文化活動圖像，難度增加。獨立在日本縱橫"儒、釋、道、醫"四大領域，除懸壺濟世外，亦給德川社會留下詩文、書法、篆刻等難以計量的文化遺產。筆者前後花了三十年的時間在日本搜集獨立的真跡與抄本，編著了《獨立性易全集》[4]，本書第八章有詳盡的論述。

六、東皐心越禪師與朱舜水 —— 水戶藩儒、佛學問的弘揚者

東皐心越（1639—1695），浙江省金華府浦江縣人，名興儔，號東皐，俗姓蔣。八歲時，值清軍攻下紹興圍金華而潛離家鄉奔走蘇州，出家於報恩寺，後修行往來於江蘇、浙江之間。1658年，二十歲時，結識曹洞宗壽昌派中興之祖覺浪道盛（1592—1659），三十歲師事杭州府皐亭山顯孝禪寺之濶堂大文禪師，三十三歲入杭州靈隱山曹洞宗永福寺參禪。1676年，應長崎黃檗宗興福寺禪師澄一道亮（1608—1692）之召，由杭州東渡日本長崎。1681年7月，心越繼朱舜水之後，受聘於水戶藩主德川光圀。他潛心佛法，

1　朱舜水《與釋獨立書三首》，《朱舜水集》，頁57。
2　詳見安東省菴《安東省菴集・影印編Ⅰ、Ⅱ》，《柳川文化資料集成》（柳川市史編集委員会編，2002年）。
3　收入拙著《朱舜水與東亞文化傳播的世界》（臺北：臺灣大學出版中心，2008年），頁247—289。
4　拙編《獨立性易全集》上、下冊（臺北：臺灣大學出版中心，2015年）。

更好作詩，工篆刻，善書法、繪畫、古琴，其學藝對江戶中期的佛教、儒教思想影響深遠。

　　心越精通書畫、篆刻，在《廣印人傳》《清代畫史》中，均有記載。其書法數體兼備，尤長於隸篆、行草。隸書不專以漢隸為宗，參以明人隸書之筆意，結體中斂，率真而典雅，為日本書法界開闢了一個新的境界。現存遺墨以長崎皓台寺所藏屏風及匾額最受關注，被日本人視為神品。他的篆書，外不露鋒、內不促氣，行草繼承祝枝山、董其昌的風範，書法具有一種超然絕俗之清氣。心越的篆刻，特別效法中國明末清初通行的一種"方篆雜體"的風格，刀法上獨創一格，線條自然流暢，富有立體感。心越東渡之後，揭開了日本篆刻的風氣，其篆刻技法也傳承給德川中期紀州藩（今和歌山縣）之儒官榊原篁洲（1656—1706），所以又有"近世日本篆刻鼻祖"之稱。《日本書法史話》述及："東皐（心越）與獨立被奉為日本篆刻之父，受到日本藝術家普遍的讚揚和推崇。"《日本篆刻概要》中描述："自從獨立、心越在日本傳授篆刻後，一時間，東西兩地的學者文人競試鐵筆，搜集古今印譜，蔚然成風。"並稱心越與獨立是日本篆刻的開山祖。水戶祇園寺現藏《東皐心越印》一卷，東京八王子留有"宗關寺"篆書額，京都金閣寺本堂掛有"鹿苑寺"匾額。

　　心越亦善詩詞，在日本存有《詩選》一卷，傳世詩500餘首。荷蘭漢學家高羅佩（Robert Hans van Gulik，1910—1967）稱讚心越之詩："超然樂天，自然流暢，不求奇而自奇，不求工而自工。"心越旅居日本二十年，其眷眷思鄉之情，常溢於詩詞之中。日本橫濱金澤區有一座真言律宗的"稱名寺"，寺中設有"金澤文庫"，為日本鎌倉中期武將北條實時（1224—1276）設立的武家文庫。1694年，心越遊歷寺內的能見堂，觀賞勝景之際，憶起故國的瀟湘八景，當場吟詠一首七言絕句詩，其內容成為當地命名"金澤八景"的由來，"金澤八景"再經德川末期浮世繪師歌川廣重（1797—1858）的描繪，大大提升了知名度，甚至車站都以"金沢八景"命名。

　　心越亦善畫，《中國美術家人名辭典》述及："性聰敏，善書，尤工水墨花卉。"日本現存心越的花鳥畫有《水墨牡丹圖》《岩石牡丹圖》《菊花圖》等，均以水墨畫成，其筆墨洗練，生動自如。心越在日本遺存的繪畫中有一幅

"朱舜水像",畫上題有"舜水賢兄肖像,樵雲心越寫",兩人之間的關係,緣起水戶藩主德川光圀的招聘。德川光圀希望藉由中國文人振興水戶藩之漢學教育,並重振禪學,所以招聘一儒——朱舜水、一禪——心越,實踐其主張儒釋一致之態度。朱舜水的門生、水戶藩儒者安積澹泊(1656—1738),曾任彰考館總裁的立原翠軒(1744—1823),以及豐後(今九州大分縣)出身的文人畫家田能村竹田(1777—1835)等人均受到心越畫風之影響。

此外,心越在日本傳授琴學、琴法,更是引起德川中期日本文化界的迴響。他因傳授七弦琴而結交了不少日本儒界與官界的文人雅士,與朱舜水深交的加賀藩儒官人見竹洞(1637—1696)即是心越琴藝的繼承人,其七弦古琴在日本再響妙音,在中日琴藝交流的層面佔有一席之地,被喻為"日本琴藝中興之祖"。

延寶四年(1676),三十八歲的心越應興福寺澄一禪師之召,由杭州東渡長崎,其間船遇風浪,歷經數月始登陸薩摩(今日本鹿兒島縣),翌年元月駐進興福寺。他在《日本來由兩宗明辨》文中寫道:"山衲心越,因唐山明清剝復,天下大亂,兵戈未寧,欲覓避秦無地。偶有人為余言扶桑之請,故不揣愚昧,一時浪路而行。"說明他東渡日本的緣由。1679年四月,適值朱舜水孫毓仁渡航長崎,擬赴江戶探望朱舜水,礙於鎖國嚴禁,毓仁未得如願,水戶藩主德川光圀乃遣其儒臣今井弘濟、大串子平等人赴長崎傳遞舜水消息。當時今井等人曾在長崎與心越面談,曾允諫心越赴水戶受聘一事。同年十二月,心越由長崎經大阪到京都宇治萬福寺晉謁第二代住持木菴性瑫(1611—1684)禪師,翌年五月返回長崎。

朱舜水逝世前一年,心越終於如願,於1681年七月抵水戶藩在江戶的駒込別邸,與今井等人重逢,並與年屆八旬的朱舜水異地初逢。舜水曾詢及昔日故鄉情景及家人消息,他與心越同為反清復明志士,但已無力回天,彼此感慨之情,莫可名狀。此一儒一僧得於江戶相逢,乃德川光圀巧思之安排。

1682年四月,朱舜水逝世之際,心越曾賦一詩悼其痛失長輩之心境,詩序曰:

> 悼聞鄰封耆儒舜水朱君,壽屆丈朝有三,忽於初夏十有七日,

頓爾逝世。越忝梓里,幸得遇於江府,雖然萍水相逢,亦可聚譚故
園風味。痛茲永別,豈無慟乎,聊賦俚句一章,以識感懷耳。[1]

雖然心越在江戶,他鄉遇故知,但朱舜水驟然他界永生,令其痛心、緬懷。
《文苑雜纂》中,心越有一首詩悼念朱舜水,詩曰:

驀地相逢喜故知,死歸生寄不須疑。憐君只是孤身客,事到
頭來我亦悲。[2]

《耆舊得聞》中也收錄心越弔朱舜水的祭文,文曰:

萍水相逢一故人,耆年皓首話方親。固知儒釋非同調,蓮社
當時猶可陳。

報國忠心嗟未託,安邦義膽痛無伸。瑞龍山下長宨穸,高節
清風不染塵。[3]

二人儘管"儒釋非同調",但卻同為中華文化的弘揚者。

筆者曾經為文探討心越反抗清軍的事蹟,[4]謝孝蘋在《旅日琴僧東皋心越傳略》(2007)文中也論述"心越為浙東抗清義軍成員是肯定的"。但他到日本後,不向黃檗宗靠攏,在夾縫中求生存,堅持以"壽昌清規"傳播曹洞宗的禪學理念,並將媽祖信仰東傳日本。[5]心越從經典詮釋的角度出發,將儒教、道教之教義以佛教的語言加以詮釋,勸人瞭解其推廣佛學之真意,贊成儒釋一致(佛儒融合)之說。

1688年,心越五十歲時,德川光圀命弘法大師做觀世音木像為之祝壽,

1　杉村英治《望鄉の詩僧心越東皋》(東京:三樹書房,1989年)。

2　《文苑雜纂》,水戶彰考館藏。

3　心越《弔明故同鄉舜水朱公墓》,《耆舊得聞》(東京大學史料編纂所藏)。

4　詳見拙著《明清文化對江戶中期日本文化之影響——試論心越禪師之思想變遷》,《中國文學歷史與思想中的觀念變遷國際學術研討會論文集》(臺北:大安書局,2005年),頁243—289;又收入拙著《朱舜水與東亞文化傳播的世界》(臺北:臺大出版中心,2008年),頁291—347。

5　有關心越禪師將媽祖信仰東傳日本,詳請參閱李獻章《媽祖信仰的研究》(泰山文物社,1979年);豐見山和行《航海守護神と海域——媽祖、觀音、聞德大君》,收入尾本惠市編《越境するネットワーク》海のアジア5(岩波書店,2001年);藤田明良《日本近世における古媽祖像と船玉神の信仰》,收入《近現代日本社會的蛻變》(臺北:"中央研究院"亞太區域專題研究中心,2006年);拙著《心越禪師と德川光圀の思想変遷試論》,收入《日本漢文學研究》第三卷,2008年;菊池章太《中世、近世における道教信仰の伝播——媽祖崇拝の拡大を手がかりに》,收入《宗教の受容と交流》(東京:吉川弘文館,2020年),頁290—295。

心越則畫《涅槃圖》回贈德川光圀之母靖定夫人。心越雖為出家人,但檢視其詩文、書簡之內容,知其心繫故國,反清復明的忠臣意識及國家認同的心境與隱元、朱舜水一脈相承。同時心越也填補了十四世紀之後,中國曹洞禪學在日本失傳三百四十餘年的空白,其廣泛之學藝專長,更影響了德川中期之日本深層文化,作為壽昌禪學之傳承者,心越的貢獻值得肯定。元祿八年(1695),心越逝世於水戶,葬於祇園寺,得年 57 歲。

結　論

朱舜水顛簸東亞海域十七年,在中國、越南歷經多次生離死別,明白說出他到日本是為避開明清戰亂。換言之,他一生都在逆境中求生存。如上所述,他自 1660 年下半年至 1665 年下半年,居留長崎五年之久。在給其孫毓仁書簡中,朱舜水提及:

> 日本禁留唐人已四十年。先年南京七船,同至長崎,十九富商,連名具呈懇留,累次俱不準。我故無意於此,乃安東省菴苦苦懇留,轉展央人,故留駐在此,是特為我一人開此屬禁也。[1]

據此,可知當時朱舜水在爭取居留長崎的過程中,早期旅居當地的華人、僧侶們,無論在精神上、經濟上或生活上,都給了他許多援助,"在留唐人"多方奔走、斡旋方能奏效。朱舜水與安東省菴在長崎創出一段恩重情深的師生情誼,激盪出中日文化交流的一條通道,致柳川藩安東氏歷代子孫綿延三百五十年,仍能妥善保存多數原始書簡、文獻,促進了今日東亞研究舜水學的新氣象。[2]

---

[1]　朱舜水《與孫男毓仁書》,《朱舜水集》,頁 48。
[2]　菰口治曾於 1986 年安東家資料公開之後,發表《安東家舊藏の朱舜水書簡について》一文,刊《九州大學中國哲學論集》特別號,1988 年。筆者在《近世中日文化交流史の研究》(九州大學博士論文,1992 年)中,亦針對這些珍貴史料解讀、論述。

一、從"乞師"到唱明儒教

朱舜水在《答釋斷崖元初書》中提及他東渡日本"本非為倡明儒教而來也",[1]也謙虛地表示若要他倡明絕學,則"猶以菅、蒯之朽索繫萬鈞之石,垂之千仞不測之懸崖"。[2]不過,朱舜水在長崎充分發揮他的學問長才,打響了知名度。德川初期古義學派大儒伊藤仁齋(1627—1705)曾透過安東省菴表示想從學於朱舜水,說道:"僕嘗聞仙(舜水)槎著于長崎,竊欲摳衣相從于門下,然以人子之孝,不可航海遠遊,遂不果往。……若獲為僕言之於先生,實大幸也。"[3]可惜,朱舜水以"道不同不相為謀"為由,予以婉拒。聞此中日思想交流的史話,筆者引為憾事。[4]朱舜水所謂的"道不同不相為謀",與當時德川社會爭論"佛虛、儒實"的問題有關。朱子在《朱子語類》中曾經提及:"釋氏虛,吾儒實。釋氏二,吾儒一。釋氏以事理為不緊要、不理會。又云:儒釋之差異,正為吾以心與理為一,而彼以心與理為二耳。"(卷一二六)朱子學之後,中、日、韓儒教各派都出現了不同的"實學"主張,在日本推動朱子學為官學的林羅山則說:"夫儒者實而佛氏虛,天下惑於虛實久矣。而今足下學佛而不知儒,唯非不弁虛實而已,亦不得聞道學之為誤過耳。"(《羅山先生文集》卷一)朱舜水雖反對宋明理學,但對"佛虛、儒實"的詮釋卻表示贊同。不管中日佛教界如何批評,朱舜水始終站在闢佛立場而不改其儒生本色,確實發揮了有所為有所不為的精神。[5]

二、儒、佛之間隱秘的鴻溝

朱舜水在長崎時與佛教界各宗派僧侶過從甚密,大家對他關照有加,

1　朱舜水《答釋斷崖元初書》,《朱舜水集》,頁63。
2　同上注。
3　伊藤仁齋《答安東省菴書》,《朱舜水集》,頁781。
4　筆者引以為憾的理由,請參閱拙著《東亞儒教、宗教觀的轉換及其認同問題:以隱元、獨立、心越禪師與朱舜水為例》,《東アジア文化交渉研究》別冊8(關西大學CGOE卓越研究計畫,2012年),頁53—63。
5　詳請參閱拙著《朱舜水的闢佛思想:論其與德川社會思想界的相互影響》,《アジア文化交流研究》第3号(大阪:関西大学アジア文化交流研究センター,2008年3月),頁355—374。

可謂情深意遠。華人在長崎的空間接觸中，黃檗宗獨立禪師倡議"三教合一"，曹洞宗心越禪師及德川光圀融合儒、佛二教，唯獨朱舜水徹底排斥佛教於外，只能說他存在著相當強烈的主觀意識。

1663年春天，長崎市街遭祝融之災時，朱舜水的住所被燒毀，本人亦被燒傷，於是避難於曹洞宗皓台寺。住職月舟宗琳因感服朱舜水之學識，曾助其渡過難關。朱舜水轉往江戶講學之後，為感念其恩，曾致謝函給月舟禪師，內容如下：

> 和尚不以為嫌，反於萬眾之中獨為尊禮……午夜挑燈，烹茶酌酒，欵欵隆情，至今時在心目。[1]

據此函啟辭提及"自別芝顏，倐忽間已七載矣"，可推斷朱舜水是在長崎大火發生七年後，亦即1670年時，才由江戶寄出此函。朱舜水何以時隔七年才向月舟發函致謝，其理由為：

> 每欲修候，又以道教殊方，恐犯昌黎之誚，把筆而止者數四。近乃慨然自悟，此特魯男子事耳。昔與健老人朝夕起居者十年，彼亦時以其道誘我，此時僕甚貧困，終不為彼所移。[2]

朱舜水向來以嚴辭闢佛，一心以普及儒教為志的同時，如何與佛教界人士持續往來？佛、儒之間如何界定？其內心有過掙扎，才對月舟有"道教殊方"的表述。所謂"恐犯昌黎之誚"，是指韓愈（昌黎）原來尊儒、孟，排佛、道，但在仕途潦倒之後，卻自稱"居士"。朱舜水隱喻自己不想重蹈覆轍，雖有四次欲提筆謝恩，卻又與月舟等僧侶保持距離，在儒、佛之間劃了一道看不見的鴻溝。朱舜水居留長崎期間，曾與前述獨建朝夕起居。獨建俗名陳性乾，出身浙江紹興，1601年九歲即到長崎，1632年成為唐通事，出家後追隨即非參禪。[3] 據《中津日記》[4]記載，獨建曾四度陪同獨立禪師前往岩國從醫。獨建曾勸他加入佛門，對此朱舜水表示無論如何貧困，都會堅決婉拒。但朱舜水到江戶後，曾經向月舟禪師述及：

1　朱舜水《答釋月舟書》，《朱舜水集》，頁63。
2　朱舜水《答釋月舟書》，《朱舜水集》，頁63—64。
3　宮田安《唐通事家系論考》（長崎：長崎文獻社，1979年），頁88—89。
4　《中津日記》是記錄岩國藩主吉川廣正隱居中津邸一年之藩廳記錄，為吉川家所藏文書之一。

> 心既灼知是非，雖褰裳涉津，亦復何害，且又未必至此。況略
> 人之情，忌人之惠，以潔一己，是豈君子之道乎？折簡相通，禮自
> 宜然。[1]

透露了年邁之後朱舜水認為"略人之情，忌人之惠，以潔一己，是豈君子之道乎"的無奈心聲。

三、"乞師"、唱明儒教均須後繼有人

就政治思想而言，朱舜水在日本主要力圖"反清復明"，他向日本"乞師"幾成定論，但到江戶講學後，刻意低調不提反清復明一事。昔有其浙江餘姚的同鄉張斐、心越胞兄蔣尚卿多次渡航長崎，張斐與安東省菴以詩會友。張斐渡航日本之目的有兩種說法，一為反清復明奔走，二為繼承朱舜水在水戶藩推展的漢學教育，究竟真相如何，尚待考證。仁齋之子伊藤東涯（1670—1736）在《霞池省庵手柬敘》中寫道：

> 舜水之鄉人有張斐字非文者，號霞池，嘗附商舶來于長崎，欲
> 造先生廬而致謝，拘于禁而不得面，以柬牘詞章互相酬答。[2]

目前柳川古文書館（安東家資料）、水戶彰考館、日本國立公文書館，仍存有多數張斐的文獻，[3] 朱毓仁與張斐有姻親關係。觀此，安東省菴、朱舜水、朱毓仁居中牽線，介紹張斐給德川光圀，則近於事實。[4] 朱舜水到江戶不久，曾致書友人王師吉，書曰：

> 上公（光圀）諭令接取小孫來此，若得一可意者，晚景少為愉

---

[1] 朱舜水《答釋月舟書》，《朱舜水集》，頁64。

[2] 伊藤東涯《霞池省庵手柬敘》，《紹述先生文集》卷三，收入《朱舜水集》附錄三《有關信札》，頁782。

[3] 例如：張斐、安東守約《霞池省庵手簡》（日本平安書林柳枝軒刊本）、《張斐筆語》（國立公文書館藏抄本）、《莽蒼園詩稿餘》（收入《莽蒼園稿》，早稻田大學圖書館藏水府森氏傳抄本）等文獻，都是解明張斐與朱舜水關係及其渡航日本真相的貴重資料。

[4] 關於張斐到長崎的事蹟，請參閱拙著《鎖國後長崎來航的明人について張斐を中心に》，《九州史學》第95號，1989年；劉玉才《知己是同胞　不論族與鄉：淺議張斐與安東省庵的文字之交》，臺灣大學主辦"朱舜水與東亞文明發展"國際學術研討會發表論文，2010年；張斐著，劉玉才、稻畑耕一郎編纂《莽蒼園稿》（南京：鳳凰出版社，2010年）。張斐與心越的交往，詳見杉村英治《望鄉の詩僧心越東皋》專書、陳智超《旅日高僧東皋心越詩文集》（北京：中國社會科學出版社，1994年）。

悅,稍解離憂耳。一到長崎,便須蓄髮,如大明童子舊式。另做明朝衣服,不須華美。其頭帽衣裝,一件不許攜入江戶,弟不喜見此也。[1]

朱舜水孫毓仁,因德川鎖國門禁森嚴,遲至1679年朱舜水八十歲時才成功渡航長崎,但未能實現江戶之行,祖孫從此未再謀面。就規定毓仁着明朝衣飾一事,再次驗證朱舜水帶有強烈的明朝遺民之認同意識。

朱舜水雖傳聖道於日本,但他本身終非聖人。在朱謙之的筆下,朱舜水是中國封建地主階級的知識分子,他敵視農民起義,但很少探究農民起義的背後原因。在民族問題上有大漢族(大中華)主義的傾向,因此拼命維護封建倫理道德,卻又批判宋明理學,但根本上未能與宋明理學劃清界限;厭惡八股科舉,卻又詳細介紹科舉制度。朱謙之批評朱舜水在日本介紹中國文化"精粗混雜,泥沙俱下"。[2] 詳細檢視朱舜水全集的內涵,朱謙之指謫的這些矛盾,則趨近於事實。但朱舜水是在德川社會傳播"經世致用"理念的先驅者,他推動的學問是從"作為學的實學"(倫理・祭禮思想、經世思想、教育思想),跨到"作為機能性的實學"(農業技術、製衣、飲食文化),在日本將儒家"利用厚生,救世濟民"的實學作用發揮得淋漓盡致。

1　朱舜水《答王師吉書》,《朱舜水集》,頁51。
2　《朱舜水集・前言》,頁5。

第三章

朱舜水思想與德川儒教的發展

前　言

朱舜水旅居日本長達二十二年，與德川前期的朱子學者、陽明學者乃至古文學派學者，都直接或間接有所往來，和當時日本儒教的發展有著深遠的關係。朱舜水受聘水戶藩之後，致力於教育制度的建立與推展，不遺餘力。從《答小宅生順野傳論建聖廟書》一文中論及廟址距離國都遠近問題、力主"聖廟與學校不宜相去"之內容，[1]亦可明瞭舜水實際參與聖廟興建事宜，推展以孔子儒教為主之聖學，期以提升日本庶民的道德禮教，對教化德川社會作出貢獻。朱舜水以其深厚的學養及坎坷的人生經歷，在居留過的長崎、江戶、水戶，乃至不曾前往的九州鹿島藩（今佐賀縣）、柳川藩（今福岡縣）以及遠在日本海的加賀藩（今石川縣）等，都有其推展儒家思想的事跡。本章探討朱舜水的思想與德川儒教發展的內涵。

第一節　德川前期儒教發展的"雜學性"

德川前期，亦即自德川家康（1543—1616）一統日本起至第四代將軍德川家綱（1641—1680）治世結束的 1680 年止。這個時期日本的佛教或儒教皆與政治有從屬關係。朱舜水寓日之際，德川幕府政權穩定，逐漸朝著文治社會的方向發展。學問方面，重視宋、明儒學，尤以程朱學為主流。德川家康雖然重用林羅山（1583—1657），但是當時僅明文禁止西洋教，其

---

[1] 朱舜水《答小宅生順野傳論建聖廟書》，《朱舜水集》，頁 322。

他各種學派多能有自由發展空間，而佛教尤其盛行。其中，儒教與神道的關係，基本上是接受"神儒一致"的"習合"（教義折衷）現象，當時主張儒教與神道本質相同者，實不在少數。

依照井上哲次郎的說法，德川前期日本儒教的特色具有多元的"雜學性"。導入宋學的是藤原惺窩（1561—1619），其門生林羅山（1583—1657）、山崎闇齋（1618—1682）等都是"去佛就儒"者，他們並無強烈的闢佛態度。惺窩在某種程度上得儒、佛二教之道，對程、朱、陸、王的思想都產生共鳴，甚至對莊子思想亦涉獵頗深，在儒學發展過渡期中，惺窩的"雜學性"最為顯著。[1] 林羅山則對發展朱子學不遺餘力，但因生於神道之家，原本即存有"神儒調和"的思想，[2] 又精通王學、老莊思想，多少也受到一些影響。闇齋曾經研究神道，同時以禪僧身份先修朱子學後還俗，其後提倡"神儒一致說"，成為垂加神道之祖。1665 年 7 月朱舜水抵達江戶時，日本的儒教已呈現多元發展，第三代將軍德川家光（1604—1651）之弟保科正之（1611—1673）熱衷朱子學，目的在確立身份制度，以落實幕藩體制的運作，不過他同時也受到闇齋的影響，提倡神儒一致的學說。其他，如岡山藩主池田光政（1609—1682）招聘陽明學者熊澤蕃山（1619—1691），協助教化該藩的武士階層；加賀藩主前田綱紀（1643—1724）積極普及儒教，除朱子學相關典籍外，廣搜各家文獻史料，大力從事編纂事業；寬文年間（1661—1673），加賀藩的漢籍收藏達到高峰，奠定了"尊經閣文庫"的基礎，當時主要獻策者就是與舜水有深交的朱子學者木下順庵（1621—1698）。另有獨創武士道論的兵學家山鹿素行（1622—1685），雖因排斥朱子學而深居赤穗藩（今兵庫縣），後來著作《聖教要錄》，尋求回歸古代聖賢之道而能獨樹一幟。因此，程朱學只能視為德川前期儒教發展的一部分，並非一開始就被幕府立為"官學（正學）"，或者排擠其他學派的發展。不過根據統計，截至十八世紀末期"寬政異學之禁"（1790），在日本各地藩校推展教育者共 1912 人，其中朱子學者即多達 1388 人，而出自林家或昌平坂學問所者計 541 人。換

1　井上哲次郎《日本朱子学派之哲学》（東京：富山房，1945 年版），頁 29—30。

2　西晉一郎指出，林羅山著有《本朝神社考》《神道傳授抄》《神道秘訣》等書。見西晉一郎講述，野口恒樹、野木村規矩雄筆記，木南卓一校補《日本儒教の精神：朱子学・仁斎学・徂徠学》（大阪：溪水社，1999 年），頁 39—40。

言之,朱子學者占總數之七成以上,成為近世日本最大的學派。[1]

　　1665 年至 1682 年間,朱舜水於江戶、水戶講學,在當時這種"雜學性"顯著、百家爭鳴的時代背景下,一方面以開物成務、經邦弘化為學,強調聖賢之道,同時對程、朱理學又主張"取其精意"。[2]當近江水口(今滋賀縣甲賀市)藩主加藤明友(1621—1684)問及其對程、朱、陸、王學問的看法時,舜水答曰:

> 宋儒之學可為也,宋儒之習氣不可師也。至若陽明之事,偶舉其說"良知是赤的",以為笑談耳。故曰"良知豈是赤的來",非僕宗陽明也,幸勿深疑。[3]

於《答奧村庸禮書》中針對朱熹力詆陳亮(1143—1194)一事,則表示"議論未必盡然"。[4]答覆古市務本之問的"自知王者聖賢之道之為美,自知老佛之徒之邪之偽,不待辨而自明矣",[5]則呈現迴避空論、強烈闢佛的立場。因此,朱謙之評舜水"可以算是宋明理學的一個反對派,卻不能與宋明理學從根本上劃清界限。他介紹中國文化到日本時,有時不免精粗混雜,泥沙俱下"。[6]舜水傳播儒教思想非以著述為主,而是透過筆談(對答)或信函的方式與人交流,除了針對諸多經典史籍批駁、闡述自己的觀點外,有非學術性的社會經驗談,也有強調親民的"人倫日用"實務論,以如此獨特的風格在德川前期"雜學性"濃厚的日本社會傳播儒教,自也得到其寬廣的揮灑空間。本章是釐清朱舜水整體思想脈絡的一環,主要解析他對水戶藩傳播學問的內涵,進而探討其思想主張與德川儒教發展的關係。

1　田村圓澄等編《日本思想史の基礎知識》(東京:有斐閣,1974 年),頁 280。

2　朱舜水《與某書》,《朱舜水集》,頁 110—112。

3　朱舜水《答加藤明友問八條》,《朱舜水集》,頁 382。

4　朱舜水《答奧村庸禮書》,《朱舜水集》,頁 274。

5　朱舜水《答古市務本問》,《朱舜水集》,頁 379。

6　《朱舜水集・前言》,頁 5。

第二節　朱舜水與水戶藩的儒教發展

德川光圀就任水戶藩主後，立志修史，並計劃開設"彰考館"以延攬天下才俊，認為"學道者皆謂之儒。吾亦儒也"。[1]因感於興學普及教育的重要性，力主在水戶藩發展儒教，這也是他排除萬難，禮聘朱舜水的主要原因。舜水主張為學"當有實功，有實用……有關於國家政治"，[2]取其應用於社會的實務面；強調自古名將尚武之餘多能兼修德術，為將不讀書是"恃勇力而干禮義"，能讀書則"廣才智而善功名"。[3]建議主政者積極培育人才，知人善任，以建立尊禮重道的祥和社會。這些主張、建言與當時光圀發展教育的目標是契合的。實質上，朱舜水在江戶、水戶講學期間，培育了安積覺（1656—1738）、今井弘濟（1651—1689）[4]等年輕學者加入《大日本史》編纂與儒教普及的行列。光圀因而給予其莫大的肯定，曰："十數百年未有之禮，先生以教日本之人，莫大之恩。"[5]這印證了舜水在彼地傳播禮教之貢獻。以下擬從"興教育、行禮制""養君德、親賢士"等儒家基本德目，檢視舜水、光圀的禮教主張與實踐情形。

一、興教育、行禮制

朱舜水認為興國首重教育，而教育之普及端賴廣設學校，因此撰寫

1　朱謙之《德川光國》，《朱舜水集》附錄五《友人弟子傳記資料》，頁802。

2　朱舜水《答小宅生順問》，《朱舜水集》，頁406。

3　朱舜水《答小宅生順書》，《朱舜水集》，頁312。

4　今井弘濟原為水戶藩醫，寬文七年（1667）至元祿二年（1689）入彰考館參與《大日本史》的編修。其間亦奉命對《保元物語》《平治物語》《源平盛衰記》《太平記》等作考訂及修史工作。延寶四年（1676），奉德川光圀之命，學於朱舜水，至1682年舜水終老為止。

5　朱舜水《服部其衷寄朱舜水書》，《新訂朱舜水集補遺》，頁125。

"議"文闡述其意見,曰:

> 庠序學校誠為天下國家之命脈,不可一日廢也。非庠序之足重,庠序立而庠序之教興焉,斯足重爾。虞、夏、商、周以至於今,未之有改也。是故興道致治之世,君相賢明,其學校之制,必釐然具舉,煥乎可觀。於是人材輩出,民風淳茂,而運祚亦以靈長。[1]

以"國家命脈"彰顯教育的重要性,強調明朝雖不及三代、兩漢時隆盛,仍持續修禮制、興學校。文中詳細介紹中國的學校體制等級,以資參考。又於《元旦賀源光國書》中,以"伏以治道有二,教與養而已。養處於先,而教居其大。蓋非養則教無所施,此奚暇治禮義之說也;非教則養無所終,此飽食暖衣,逸居無教之說也。故教者,所以親父子,正君臣,定名分,和上下,安富尊榮,定傾除亂,其效未可一言而喻也",[2]說明主政者對於"教"與"養"應有的責任、態度,以及普及教化後得以建構的政教藍圖。

光圀明瞭興學普及教化的重要性,無奈彰考館的《大日本史》修史事業已佔去水戶藩財政的三分之一,現實情勢並不容許廣設學校。對此,光圀採行權宜之策,於彰考館內開設"史館講釋",舉辦"史館月次""御前月次""御次月次"以及"御次讀書指南"四種講座,由彰考館學者輪流主講,開放給群臣前來聽講。至於水戶之講座教室,則設於森尚謙、宮井道仙的自宅。舜水逝世後,舜水祠堂(駒籠別莊)也成為講座教室之一。[3]這是光圀在興學教化上的實踐成果。

寬文九年(1669),朱舜水七十歲,經常臥病在床而萌生告老之念,於是上呈《與源光國告老啟》,文曰:

> 伏以《內則》著引年之禮,《春秋》垂請老之文,蓋使有志者委義命以安時,薄植者循典例而恬退。……禮義之關,無容踰越;廉恥攸係,不敢因循。[4]

舜水舉《禮記‧內則》"凡三王養老皆引年"、《春秋左傳》卷第二十九魯襄

---

[1] 朱舜水《學校議》,《朱舜水集》,頁461—462。
[2] 朱舜水《元旦賀源光國書》,《朱舜水集》,頁115—116。
[3] 梶山孝夫《義烈両公と教育》,"水戶学講座"第二回,2000年9月3日,頁2—3。
[4] 朱舜水《與源光國告老啟》,《朱舜水集》,頁144。

公三年"祁奚請老"為例,強調自己告老身退將有助於賢能者受進用,是合乎禮義廉恥的作為。

不過,德川光圀予以強力慰留,並於同年 11 月 12 日設養老之禮,饗舜水於後樂園,[1] "授几杖而禮養焉"。[2] 翌年,舜水以檜木作棺,漆而藏之,為自己身後預作準備,並向門生說明這項舉措的緣由,曰:

> 我既老在異邦,自誓非中國恢復,不歸也。而或一旦老疾不起,則骸骨無所歸,必當葬於茲土。然汝曹素不知制棺之法,臨期苟作,則工手不精,制度不密。數年之後,必致朽敗。後來儻有逆虜敗亡之日,我子若孫有志氣者,或欲請之歸葬,而墓木未拱,棺槨朽弊,則非徒二三子之羞,亦日域之玷也。吾之所以作此者,非為手足也,為後日慮耳,況《禮》有"七十月制"之文乎。[3]

誠如舜水所述,《禮記》之《王制》篇及《內則》篇中關於養老之禮,亦即尊耆養老制度,有詳細的記述,包括食、衣、住、行、朝見乃至棺木的準備等,以"十歲"作為依據,巨細靡遺地為耆老作出分齡照護的奉養規劃。首先"凡養老,有虞氏以燕禮,夏后氏以饗禮,殷人以食禮,周人脩而兼用之",舜水於後樂園所受的饗禮,在飲食之禮中是相當隆重盛大的;其次,是君王對年高德劭者賜鳩杖助行的授杖之禮,所謂"五十杖於家,六十杖於鄉,七十杖於國,八十杖於朝,九十者天子欲有問焉,則就其室以珍從";至於舜水未雨綢繆為自己準備壽棺,其實也是根據"六十歲制,七十時制,八十月制,九十日修。唯絞、紟、衾、冒,死而后制"之禮,[4] 換句話說,六十歲以上就應置棺備用,並且隨年歲老邁,於每年、每季、每月、每日省視保養棺木。前揭舜水

---

1 後樂園,又稱"小石川後樂園",名稱取自范仲淹《岳陽樓記》之"先天下之憂而憂,後天下之樂而樂"。水戶初代藩主德川賴房建於寬永六年(1629),後由第二代藩主德川光圀完成。園內之"圓月橋""西湖"依朱舜水意見建造,園名亦是朱舜水選定的。

2 據朱舜水門生今井弘濟、安積覺之《舜水先生行實》記載,11 月 16 日德川光圀復親臨朱舜水宅邸,"酒殽幣帛,禮接稠疊。新製屏風,畫以倭、漢年劭德高者六人(武內宿禰、藤原在衡、藤原俊成、太公望、桓榮、文彥博),祝其遐壽,盡歡而歸。是歲,先生作《諸侯五廟圖說》,博採眾說,通會經史,旁考古今,以理折衷。識者皆謂不朽之盛典"。《朱舜水集》,頁 619。

3 今井弘濟、安積覺《舜水先生行實》,《朱舜水集》,頁 619。

4 《禮記》卷第五《王制》第五,收入《漢文大系》十七(臺北:新文豐圖書公司,1978 年),頁 20—21。

說明備棺緣由所言及的"七十月制"應是"七十時制"之誤。從舜水這些切身事蹟，亦可觀察到光圀與舜水對相關禮制的實踐。

就在舜水備棺的同一年（1670），光圀請舜水撰寫《學宮圖說》，命工匠以木模完成縮小至三十分之一比例的文廟、啟聖宮、明倫堂、尊經閣、學舍、進賢樓、廊廡、射圃、門樓、牆垣等殿堂結構。今井弘濟、安積覺對於建造過程描述如下：

> 而殿堂結構之法，梓人所不能通曉者，先生親指授之；及度量分寸，湊離機巧，教喻縝密，經歲而畢。[1]

大至廟堂，小至簠簋等祭器，舜水都能依圖考古、研究製作方法，並且精確地指導匠師做出成品。由於經常接受廟典墓祭等相關禮教問題之詢問，為免誤答而欺人耳目、貽笑百世，不得不"歷考經傳所載及前賢議辨"，"酌古準今"後，[2] 才審慎答覆。誠如安積覺形容的"大而禮樂刑政之詳，小而制度文物之備，靡不講究淹貫"。[3] 而舜水努力付出所獲得的肯定與迴響，則可從以下這件事令人深刻感受到。

寬文十二年（1672）冬天，彰考館落成，光圀請舜水改定儀注，並率儒生詳明儀節、習釋奠禮，讓習禮者得以通曉梗概。翌年再度於別莊（水府侯駒籠別莊）演練後，習者均能精究其禮。當時人在福岡的門生安東省菴（1622—1701）聞訊，曾經發函表達欽羨、讚嘆之意，曰：

> 敬聞上公（按：德川光圀）大使諸士習釋奠禮，伏讀圖及儀注，擊節歎曰："千百年未曾聞之事，尊聖好道之厚，天下之善孰大焉，真不世出之明君也！"先生參考諸書，斟酌裁定，所謂百世以俟聖人而不惑者也，其功豈鄙人所得而稱歟！加賀公（按：前田綱紀）亦歎稱。大國之君好德如此。道之興隆在此時，感歎之餘，不覺流涕，所謂"維嶽降神"，興周道於東方者也。[4]

即使日後舜水離開人世，安東省菴對於十年前的盛事仍銘感其影響深遠，

---

1 今井弘濟、安積覺《舜水先生行實》，《朱舜水集》，頁619。
2 朱舜水《宗廟圖序》，《朱舜水集》，頁482。
3 安積覺《朱舜水先生文集後序》，《朱舜水集》，頁786。本序撰於日本正德二年（1712）。
4 安東省菴《上朱先生二十二首》，《朱舜水集》，頁756。

於《悼朱先生文》中記曰：

> （按：上公）嘗命先生斟酌古今，選釋奠之書，教諸士，習其禮，三代禮儀，悉備於斯時。見者聞者，無不稱賞歎服。曰："不圖禮儀之美至於此矣。"或曰："一至此地。不嚴而肅，驕慢之氣，不覺銷鎔頓盡。"其間老成人至有泣下者。明德之馨，使人薰陶興起者如此！誰不尊崇焉。[1]

而躬逢其盛的安積覺，在時隔三十五年後形容當年舜水率府下士子講肆禮典的情景，說道："周旋規矩，蔚有洙、泗之風，距今三十餘年，猶聞其聲欬也。"[2]

二、養君德、親賢士

"興邦之大道非一，而其要止在於尊賢。"[3]如何選賢善任，自古即是為政者難解的課題，所謂"選者賢，與者能，則萬事皆理；選者不賢，與者不能，則萬事皆亂"。[4]至於如何選立世子、慎選教育輔翼世子成長的太傅，則更是茲事體大。德川光圀為水戶初代藩主德川賴房（1603—1661）之三子，卻於六歲時取代長兄賴重（1622—1695）被立為世子。越序襲位之事令光圀耿耿於懷，直到十八歲閱讀《史記·伯夷列傳》，對其中叔齊與自己處境類似而感觸深刻，經過深思熟慮，決定於繼任藩主之位後，選立長兄賴重之嫡子為世子，以回歸禮制，還位於嫡系子嗣。1661年，光圀於正式繼承藩位的同時，果然宣布收姪子綱方（1648—1670）為養子，並立為世子。不料，1670年春天，德川綱方年僅二十三歲即因感染天花病逝（諡靖伯），光圀頓而面臨痛失繼承人的局面。針對此事，基於"世子必非久虛之位"，儘管光圀尚處於悲痛時期，舜水仍上呈"啟事"（陳述事情的奏章或函件），催促早立儲君，並且"願上公博選賢者以為之傅，其次為之少傅。必誠實端正，寡

1　安東省菴《悼朱先生文》，《朱舜水集》，頁737。
2　安積覺《舜水朱氏談綺序》，《朱舜水集》，頁794—795。本序撰於日本寶永四年（1707）。
3　朱舜水《謝源光國賀七十算啟》，《朱舜水集》，頁144。
4　朱舜水《勉水戶世子書》，《朱舜水集》，頁150。

言曉事，有學有識之人，方能成就儲德。若徒好好先生而已，無益也"，¹ 期許光圀能選賢、用賢，為世子慎選良師。翌年，1671 年夏天，光圀收長兄賴重之二子，也就是綱方的弟弟綱條（1656—1718）為養子，並立為繼任之世子。而綱方逝世後，其舊宅邸被改建為彰考館，成為《大日本史》編史事業之重鎮。

朱謙之編《朱舜水集》中收有內容以舜水感謝綱條餽贈山珍海味為主的《與源綱條書》八首，勉勵水戶世子"預養君德""親賢與能""好善惡惡"的《勉水戶世子書》三首，² 以及說明為綱條取字號為"九成"之典故、意涵的《源綱條字九成說》一文。

從《源綱條字九成說》³ 文章冒頭之"世子閣下，會當冠阼之吉"，可以得知本文寫於綱條十六歲行"冠禮""世子嗣位禮"，亦即 1671 年時。"大名綱條，謹字之曰九成，順成德也。親賢樂善，保大定功；好問好察，繼志述事，以祈黃耇無疆，受之天慶。""九成"語出《尚書‧益稷》之"簫韶九成，鳳凰來儀"，意指樂音悠揚動人，臻至盡善盡美，致能吸引靈鳥來儀。所謂"始條理為知，終條理為聖；合九成而為一大成"。然而，端賴樂技出眾如后夔（舜

1　朱舜水《與源光國故事》，《朱舜水集》，頁 134。

2　朱舜水《勉水戶世子書》三首，《朱舜水集》，頁 149—151。茲將其內容載錄如下，以利參考：
一、康侯之子，為行有五。何謂五行？以君人之行合之為子、為臣、為弟、為少之行而五也。康侯之嫡，是為世子。儲副之重，其任固已不輕矣。他日邦家之奉，盡集於躬；臣民之責，咸萃於己。不能豫養君德，而一旦出身加民，鮮有能勝其任而愉快者。哀公曰："寡人生於深宮之中，長於婦人之手，未嘗憂，未嘗知懼。"程子曰："親賢士大夫之時多，親宦官宮妾之時少。"合二說而觀之，可以知君德之養矣。親賢士大夫則莊敬而日強，不則安肆而日偷，蓋常人之情，稍不自檢束，斯已入於安肆矣。然古來嫌疑不一，或知而不敢為。今世子以至公無私者為之文，青出於藍，冰寒於水，斯為善矣。豈以收拾人心為患哉？
二、選者賢，與者能，則萬事皆理；選者不賢，與者不能，則萬事皆亂。昔者武王問於太公曰："舉賢而或以危亡者何也？"太公曰："舉賢而不能用，是有舉賢之名，而不得真賢之實也。"武王曰："其失何在？"太公曰："其失在君好用小善。好用小善而己不能得真賢也，好聽譽而不惡讒也。以非賢為賢，以非善為善，以非忠為忠，以非信為信，以譽為功，以毀為罪。多黨者進，少黨者退，是故羣臣比周而蔽賢，羣黨而行私。"夫武王賢王也，猶且以此為懼，況其下焉者乎？然而知人其難矣，非有學以廣其誠，非由誠而至於明，固未易言也。
三、哀公問於孔子曰："君子何為其惡惡道如是之甚？"孔子對曰："惡惡道不能甚，則其好善道必不能甚。好善道不能甚，則民之親之也必不能甚。"哀公："善哉！君子成人之美，不成人之惡，非孔子吾安得聞斯言也哉？"甚矣人君之好惡宜慎也！又曰："惟仁者能好人，能惡人。"《大學》曰："此謂惟仁人為能愛人，能惡人。"可見愛惡之道，非仁者不能得其當，善其用也。其可忽諸？

3　朱舜水《源綱條字九成說》，《朱舜水集》，頁 445。

臣,掌樂之官),即可達到極致嗎?非也,"是皆其條目也,必有為之綱者焉"。舜水巧妙地將名"綱條"、字"九成"之底蘊奧義推衍出來。

　　詮釋"九成"之典故、意涵之後,文章後半是舜水對綱條的期許與勉勵。舜水認為奉行"大孝之德"得以"維德動天,無遠弗屆";克盡"君臣修敘",得以"好生從欲,洽於民心";秉持"至誠",則"能使天下後世,觀者聽者,莫不欣欣而興起焉"。然而,積德累仁絕非一蹴可至,"專其心,致其志;非類之徒,無稽之言,勿使得撓其慮;逸欲之端,不急之務,勿使得紛其心。業積而不渝,功高而愈奮"。這些規範若能遵行不悖,則"迥出雲表,俯瞰萬物"之日自然可待。

　　審視至此,由於前後出現兩位世子,筆者希望進一步探究朱舜水與綱方之間的互動。可是,《朱舜水集》中卻遍尋不著二人直接往來的書信或對談記錄,僅可在舜水上呈光圀的若干書函中窺見關於綱方的事蹟或描述。既然如此,另闢途徑,或可從較易取得參閱的《朱舜水全集》作更深入的考察。

　　稻葉君山編纂之《朱舜水全集》,[1] 又稱"稻葉本",是五十川剛伯編《明朱徵君集》[2]("加賀本")與德川光圀輯、德川綱條校《朱舜水先生文集》[3]("水戶本")的合刊本。除了總目次之外,"稻葉本"仍保留"加賀本""水戶本"各自的目錄,透過對照及確認程序,以"水戶本"為底本,增刪"加賀本"之文章後,編輯刊出。當筆者取《朱舜水集》與這三種版本,針對《與源綱條書》八首、《勉水戶世子書》三首、《源綱條字九成說》等上述"世子"相關書函進行對照比較,結果發現各版本收錄情形不一。"稻葉本"和朱謙之《朱舜水集》屬於彙整型版本,基本上已全數收錄;差異出現在"加賀本"與"水戶本"之間。首先是文章題名之差異,儒臣五十川剛伯編的"加賀本"稱《上

1　稻葉君山編纂《朱舜水全集》(二十八卷,東京:文會堂,1912年鉛印本)。全書包括:臺灣總督府民政長官後藤新平(1857—1929)的序文、朱舜水肖像、朱舜水墓圖、楠公訣兒圖讚、朱舜水墨蹟、《朱舜水先生文集》、《明朱徵君集》、《泊舟稿》《朱舜水全集附錄》。

2　《明朱徵君集》十卷,是日本人最早整理的朱舜水文集,於朱舜水逝世翌年之1684年由加賀藩主前田綱紀命其儒臣五十川剛伯編輯。本文集因為整理倉促,有不少缺漏,無法呈現朱舜水在日本活動之全貌。後經前田綱紀加以修改增補,可惜通稱為"加賀本"的文集未及刊行,前田綱紀即已離開人世。原稿現存東京"尊經閣文庫"。

3　《朱舜水先生文集》二十八卷,由源綱條於1715年校刻完成。安積覺的手校本現藏於東京早稻田大學圖書館,通稱"水戶本"。本書收錄朱舜水之遺文墨寶計674項,其題書曰"門人權中納言從三位源光圀輯,男權中納言從三位源綱條校",前有安東省菴之序,後有安積覺之跋。

水戶世子書》(僅有一首)、《水戶世子源綱條字九成說》,當事者源綱條校勘的"水戶本"則稱《與源綱條書》(共八首)、《源綱條字九成說》,明顯隨編纂者之身份地位與立場不同而呈現異趣。不過最值得吟味的差異在於"加賀本"收有《勉水戶世子書》三首,[1] "水戶本"卻未見收錄。這讓筆者思及,"水戶本"似乎刻意不著錄源綱方相關書函。同時,也正因為"水戶本"未錄《勉水戶世子書》三首,意味著舜水勉勵的對象是綱方而非綱條。

誠如前述,綱方早於 1665 年 7 月朱舜水移住江戶前的 1661 年十四歲時,即已成為世子。在催促早立儲君的《與源光國啟事》一文中,舜水提及:

> 丙午年,伊藤玄蕃謂瑜曰:"世子(靖伯世子)好弈棋,恐非美事。"瑜曰:"不妨。弈棋雖非美事,然富貴人必有所好,猶愈於聲色狗馬也。"[2]

首先可以看到,"水戶本"特別注記"世子"指的是諡號"靖伯"的綱方。其次,"丙午年"經查為 1666 年,換言之,在舜水初抵江戶的翌年,即曾與水戶家臣伊藤玄蕃論及世子綱方的德性問題。除此之外,"水戶本"卷四《與源光圀書》十九首中,排次居首的書函中亦出現與世子相關的內容。曰:

> 世子聞篤志好學,倦則習書。誠能循循若此,不獨他日弓冶箕裘;友邦家君,皆可越而軼之。前者面啟云:"邦君凡百好尚皆有害,惟好讀書進德,則日益而無損。"但在加意懋勉之耳。[3]

由於此函排在第二封文"十五日入朝,承諭日本風俗,丈夫以四十二歲為厄,因及婦女以三十三歲為厄",[4] 以及第四封文"今年厄歲之說……"[5] 等勸阻光圀切勿迷信的書函之前,故推測前函可能撰於 1669 年光圀四十二歲稍前。文中的"世子"可能是指時年二十二歲的綱方。

1　朱舜水《勉水戶世子書》三首,《明朱徵君集》,見稻葉君山編纂《朱舜水全集》,頁 625—626。
2　朱舜水《與源光國啟事》,《朱舜水集》,頁 134。
3　朱舜水《與源光圀書》,稻葉君山編纂《朱舜水全集》,頁 63—64。朱謙之編《朱舜水集》作《與源光國書》,文中 "友邦家君" 作 "友邦冢君",頁 117—118。
4　朱舜水《與源光圀書》,稻葉君山編纂《朱舜水全集》,頁 64。朱謙之編《朱舜水集》作《與源光國書》,頁 118。
5　朱舜水《與源光圀書》,稻葉君山編纂《朱舜水全集》,頁 66。朱謙之編《朱舜水集》作《與源光國書》,頁 119—120。

又，同一系列書函中，排次十二的文章撰曰：

> 初四日伏承瑤札，捧讀甚為惶愧！禮當即日裁復，緣是日遂聞有世子惠臨之命。……二十一日幸辱世子枉顧。……下問三事，志大而見卓，非尋文書生循行數墨拘守章句之所及。若能專篤弗懈，克廣德心，自高曾以下，咸嘉賴之，豈惟萬人以貞而已哉？可為預賀已！[1]

本書函缺乏推測撰文時間的線索，但是從文意上來看，與排次居首的書函所描述之人物圖像，似乎相去不遠。

無獨有偶，除了《勉水戶世子書》三首，另有一篇《與源光國啟》[2]也是"加賀本"以《上水戶侯宰相源公啟》[3]為題予以收錄，而"水戶本"卻不得見。原因應該在於，其內容明顯言及世子綱方的病情，曰：

> 初六日，聞世子發疹，昨日入朝奉候，但見大小臣工，莫不歡欣悅豫，已知疹候必佳。及聞飲食起居，事事輕快，誠為深喜，或不分于田之思也。

檢視至此，似乎可以歸結出"水戶本"在處理內容觸及已故世子綱方（靖伯）的文章時，除去《太廟典禮議　靖伯世子祔廟》以及內容未明確顯示與綱方相關者，原則上不予著錄。因此，看不到任何舜水與綱方交流之往來文書，惟有在舜水上呈光圀的信函中，並且指涉對象模稜兩可（似綱方，若綱條）的情況下，才會加以收錄。以下再從另一觀察角度切入。

誠如所見，"水戶本"清楚地收錄了《與源綱條書》八首，綜觀其內容，除了其一言及"某惟世子之所以為世子者，易而難，難而易。願世子深思其所以易，敦勉其所以難，則一邦以貞，而兆民永賴矣"，文辭淺顯，但略有傳經弘道的意涵，其餘七篇則大抵感嘆自己年邁體衰、力有未逮，以及表達感謝餽贈之意。這與引經據典而意切理深之《勉水戶世子書》三首，說理深度不同，用情程度似乎也不同。為何同樣是寫給"世子"的書函，竟然存在如此

1　朱舜水《與源光圀書》，稻葉君山編纂《朱舜水全集》，頁69。朱謙之編《朱舜水集》作《與源光國書》，頁123。

2　朱舜水《與源光國啟》，《朱舜水集》，頁142—143。

3　朱舜水《上水戶侯宰相源公啟》，《明朱徵君集》，見稻葉君山編纂《朱舜水全集》，頁688。

大的落差？關鍵可能在於，《勉水戶世子書》勉勵的對象既然是綱方，其撰文時間應是介於朱舜水抵達江戶的 1665 年 7 月至綱方病逝的 1670 年 3 月，亦即舜水 66—71 歲、綱方 18—23 歲時。這段時間是舜水初來乍到、正想為興學宣揚儒家思想而有所作為之際，也是綱方學識涵養達到一定程度、正欲深入探究學術殿堂的時候。指導者與學習者堪稱立足於對等的平臺上，學問的授受關係得以成立。而這與前述兩首《與源光圀書》中，舜水所描述的世子的人物圖像，亦相對吻合。相較於此，舜水與綱條接觸應是在綱條嗣位的 1671 年 6 月至舜水逝世的 1682 年 5 月，亦即舜水 72—83 歲、綱條 16—27 歲時，萌生退意後的舜水日益年老體衰，而年輕世子綱條卻剛站上起跑點，因此二人難有深入交流，僅能止於噓寒問暖的酬酢關係。雖然如此，舜水逝世後，光圀著手編輯的"水戶本"《朱舜水先生文集》，卻正是由綱條於正德五年（1715）校刻完成，成為舜水的著作與思想主張得以流傳後世的重要推手。

結　論

德川前期政治經濟穩定，文治教化萌芽，學術宗教呈現各有選擇、各有趨歸的"雜學性"。在德川光圀行政力、財力、人力的支持下，朱舜水的思想主張得以在日本開疆闢土，發展出一片天地。尤其透過興學普及教化，以及禮制的實踐與推展，明確地看到由己推人、由近及遠的影響力與成效。舜水認為：

　　禮為仁義之節文，天倫秩序，故曰："天秩有禮。"又曰："禮，經國家，定社稷，衛民人，利後嗣者也。"[1]

在答久留米藩（今福岡縣）藩儒明石源助的書簡中，也針對"禮"作了如下

1　朱舜水《禮》，《朱舜水集》，頁 492。

的詮釋,曰:

> 知禮之國,當藉君、卿、大夫,愛惜存全之;未知禮之國,當賴明哲賢豪,講求而作興之,以登進於有禮。不然,其何以自異於椎結、箕踞、雕題、鑿齒之屬哉?禮者,乃天理自然之節文,初非苛禮多儀之謂也。然講求而作興,非博覽旁搜,寤寐孜孜焉不可得已,故學問之道為貴也。[1]

所謂"禮者,乃天理自然之節文",顯然是源自程朱"禮者,天理之節文,人事之儀則"的思維。

舜水曾於《元旦賀源光國書》中強調"聖人之大德,莫重於施仁;仁政之大端,莫先於養老",[2] 而實際上源光國在敬老養老之禮制上,都能發自內心地遵行不悖。甚且為求禮備,要求舜水撰寫《學宮圖說》,改定儀注,並率儒生習釋奠禮、詳明儀節等,種種舉措都是光圀針對禮制的學習與實踐。乃至光圀編輯、綱條校刻的《朱舜水先生文集》中,刻意不著錄已故世子綱方相關書函這件事,應該也是基於禮制的考量,為的是端視聽、正名分。當然,可能也蘊含避免觸文生情的情感考量。光圀二度立長兄嫡子為繼承人,其欲還位於正統禮制的堅持與決心,更是毋庸置疑。至於舜水個人,則告老、備棺,乃至"歷考經傳所載及前賢議辨","酌古準今",以求正確答覆來自各方針對禮樂刑政、文物制度疑問的諸番努力,都是合乎禮制的作為。

"禮也者,不特為國家之精神榮衛,直乃為國家之楨幹。在國家為國家之幹,在一身為一身之幹,未可蔑也。"[3] 大道之行,"近世中國不能行之,而日本為易。在日本他人或不能行之,而上公為易"。[4] 透過朱舜水的傳播與體現,教化禮制在德川光圀、在水戶藩、在日本都看到一些示導作用。

---

[1] 朱舜水《答明石源助書》,《朱舜水集》,頁83。
[2] 朱舜水《元旦賀源光國書》,《朱舜水集》,頁114。
[3] 朱舜水《答明石源助書》,《朱舜水集》,頁83。
[4] 朱舜水《元旦賀源光國書》,《朱舜水集》,頁113。

第四章

朱舜水與熊澤蕃山"經世致用"思想的異同

前　言

　　中國的"實學"概念起於程伊川（1033—1107）及朱子（1130—1200），王陽明之後，心學傾向趨強，多數明儒逐漸失去對國家社會的關心，以致明朝遺老黃宗羲（1610—1695）、顧炎武（1613—1682）等人開始提倡"經世致用"之學，強調經世濟民是治國平天下者必須力行實踐的目標。而朱舜水在日本著墨甚深的"經世致用"學問，也是在明清鼎革的時代背景下孕育而生。十七世紀之後，韓國李朝後期、日本德川時代也屢屢出現"實學"的用語，但中、韓、日各國實學形成的背景，因文化及社會結構差異而有所不同，其普及的程度亦不盡相同。

　　梁啟超（1873—1929）與朱舜水雖生於不同時代，但同有避難日本、反清等政治背景，他曾經整理朱舜水在國內外的資料及著作，編纂《朱舜水先生年譜》[1]，並在《中國近三百年學術史》中，將朱舜水與黃宗羲、方以智（1611—1671）、顧炎武、王夫之（1619—1692）併稱為"清初五大師"，他說："德川二百年，日本整個變成儒教的國民，最大的動力實在舜水，後來德川光圀編著一部《大日本史》，專標'尊王一統'之義。五十年前，德川慶喜歸政，廢藩置縣，成為明治維新之大業，光圀這部書功勞最多，而光圀之學受自舜水。所以舜水不僅是德川朝的恩人，也是日本維新自強最有力的導師。"[2]甚至說："舜水之學不行於中國，是中國的不幸；然而行於日本，也算人類之幸了。"[3]梁啟超對朱舜水雖有超乎常理的主觀評價，但也注意到朱

1　梁啟超《朱舜水先生年譜》，收錄於《飲冰室全集》。1957 年臺灣中華書局曾出版單行本。

2　梁啟超《中國近三百年學術史》，《民國學術經典叢書》（北京：中國社會科學出版社，2008 年），頁 85。

3　梁啟超《中國近三百年學術史》，頁 87。

舜水的學風是"主張實踐,排斥談玄"[1],論學是"以有實用為標準,所謂實用者,一曰有益於自己身心,二曰有益於社會"[2],觀察到朱舜水在日本推動實學確實起了一些作用。儘管朱舜水的論學宗旨與宋明道學或清儒之考証學有諸多異趣,但檢視全集,其傳播學問的內涵與"經世致用"的實學主張息息相關。黃俊傑在"實學"的日本脈絡之論述中,提出了德川日本儒者所認知的正統儒學在於以強烈的社會政治取向,落實在人倫日用之上的"實學"的說法。[3]日本的"實學"概念起於十七世紀戰亂結束的江戶時代。德川前期的日本社會,人民重視的是現實生活,儒者多視佛教為虛學,林羅山一派的儒官將儒教,特別是朱子學視為追求道德實踐的實學,陽明學派的中江藤樹(1608—1648)從"親民"的角度、熊澤蕃山(1619—1691)以"時、處、位"的不同立場,思考傳播實學理論的基礎。古學派出現之後,山鹿素行批判朱子學,認為在日常生活中能與道德的實踐結合的學問方可稱為實學。而荻生徂徠(1666—1728)更將實證性的學問作了全新的詮釋。源了圓認為要把實學概念作為一種統一的概念,必須將實學與虛學、偽學的概念一起思考。

從三浦梅園(1723—1789)、山片蟠桃(1748—1821)等開明思想家到佐久間象山、橫井小楠、吉田松陰等幕末志士之精神支柱與思想行動,成為明治維新實學思想母胎的遠因及其經緯,其間存在著實學思想的系譜,必須加以釐清。[4]德川中期以降,知識分子關於"實學"的概念已經開始萌芽,範疇也逐漸擴大,例如:町人學者山片蟠桃認為天文、地理、醫術才是實學;江戶後期的經世家海保青陵(1755—1817)則認為學問用以"經世濟民",能夠解決人民現實生活問題的學問才是實學;經濟思想家本多利明(1743—1821)因受蘭學影響,認為西洋的航海術、天文、地理、算術等在海外交易上能夠派上用場的學問才是實學。亦即,自德川中期至明治初期,日本的實學觀具有多義性、對應性的轉化,必須理解這些實學概念背後的思想在歷史脈絡中如何展開。依照源了圓的說法,研究近世東亞儒教文化

1　梁啟超《中國近三百年學術史》,頁86。

2　梁啟超《中國近三百年學術史》,頁87。

3　黃俊傑《德川日本〈論語〉詮釋史論》(臺北:臺大出版中心,2006年),頁307。

4　源了圓《実学思想の系譜》,《講談社学術文庫》(東京:講談社,1986年)。

圈的實學思想具有比較文化論的共通性及差異性、解明在近代化過程中所扮演的角色等多重意義。[1]

德川時代,歷經了朱子學、陽明學、古學、國學(日本學)、蘭學、折衷派、獨立派、佛教等諸多學派思想的發展,而無論是中國、日本還是韓國,最後都以實學為依歸。就德川文化的發展而言,神道、國學屬於日本既有的宗教、思想,而佛教與儒教則屬外來文化的一環,具有強而有力的普遍性。儒教主義者多將佛教、老莊的世界視為虛學,而以重視人倫日用為實學,這種東亞世界的學問觀,是為一種現實主義(realism)運動。[2]

津田左右吉(1873—1961)在熊澤蕃山與九州出身的貝原益軒(1630—1714)的比較研究中指出,蕃山不拘泥於王學,益軒懷疑朱子學,但二人都對朱王的學問予以尊重。分析政治家的蕃山從農政與治水的角度關注經世濟民的事業,益軒製作大和草本、花譜菜譜,寫字典、記名所,傳播人民日常生活的必要知識,二人的思想言動雖有不同,但都是一種實學思想的體現。[3]筆者贊成日本的實學思想自德川初期已經萌芽的說法,曾就貝原益軒與朱舜水的實學思想作過比較分析,論述益軒繼承宋儒強調以仁孝為本的萬物一體論,著作諸多實學的啟蒙書,藉以推行"經世濟民"之道,分析蕃山與益軒的實學及倫理思想主張對德川社會的教化功能及其普世價值。[4]熊澤蕃山出生於京都,23歲入陽明學者中江藤樹門下,因曾經兩度出任岡山藩主池田光政(1609—1682)的儒官,參與神社的整理、寺社的淘汰、僧侶的還俗及藩校"閑谷學校"的整備等經世政策的實施,而產生了以庶民幸福為要的"民本"政治理想。有關熊澤蕃山的"經世濟民"思想,其《大學或問》"取堯舜之道,發明時處位"[5]的論述最為人知曉。此書內容因批判幕政過為激烈,曾遭幽禁,但蕃山不改其意,執意參考堯舜的治世,開啟因應處、時、位之道。這裡蕃山所提及的為學目的是指"立足於因應時、處、位且必須變通

---

1 源了圓《近世初期実学思想の研究》(東京:創文社,1980年),頁8—9。

2 同上書,頁8。

3 《津田左右吉全集》第18卷《附錄一:蕃山、益軒》(東京:岩波書店,1965年),頁418。

4 拙稿《近代的中日"經世致用"觀——以朱舜水與貝原益軒之比較為中心》,《臺大日本語文研究》第15期(臺北:臺灣大學中文系,2008年),頁121—154。

5 《大學或問》完成於1687年,別名《經濟辨》《治國平天下別卷》《了海書》《經濟治法要錄》。

的立場,使天下獲得道義之途",這種思想與《六諭衍義》中"各安生理"的說法是相通的,影響到荻生徂徠及後世的經世家。舜水與蕃山,一處於明清交替的亂世,一處於德川治世時期,但二人都對"經世致用"(經世濟民)提出自己的思想主張。本章就儒教在日本的普遍性,追溯德川日本實學思想形成的淵源,進而通過文獻解析及文化論的觀點比較,探討舜水與蕃山的儒教思想對"經世致用"之同調及異趣,主要目的在闡明德川時代中日實學發展的變遷及其價值,並解析其與近代日本實學發展的關聯性。

第一節　從文獻檢視朱舜水及熊澤蕃山的實學理念

依管見,中日學者關注過朱舜水實學思想的先行研究有:山井湧深入朱舜水批判明末性理空談、記誦詞章、無用之學的角度,探討其以實踐為核心價值之面向;[1] 杜石然認為朱舜水是在明清實學思潮中,具有批判精神的儒學者;[2] 馮天瑜視朱舜水為批判宋明理學、陸王心學空論之儒學者,將其實學思想比擬為湖南王夫之、山西傅山、河北孫奇逢等人倡議之"經世致用"論;[3] 此外,李甦平將朱舜水的思想分成"政治思想的革新論""經濟思想的致用論""哲學思想的實踐論""史學思想的尊史論"及"教育思想的社會論"等五個領域,探討其全方位的實學理論。[4] 而在日本提及熊澤蕃山"經世致用"的論者有:丸山眞男稱讚熊澤蕃山的社會經濟政策乃至其政治家的經綸是偉大的;[5] 源了圓就熊澤蕃山的實學概念、"心法"、"經世論"等

---

[1] 山井湧《明清思想史の研究》(東京:東京大學出版会,1980年),頁230。

[2] 杜石然《明清時代の実学思潮と科学技術》,《日中実学史研究》(京都:思文閣,1991年),頁270。

[3] 馮天瑜《咸道年間の経世実学——中國文化史における方位について》,《日中実学史研究》(京都:思文閣,1991年),頁426。

[4] 李甦平《轉機與革新——論中國畸儒朱之瑜》(北京:人民大學出版社,1989年),頁78—91。

[5] 丸山眞男《日本政治思想史研究》(東京:東京大學出版会,1952年),頁43。

作論述;[1] 玉懸博之[2]、佐久間正從時、處、位論的角度探討近世武家社會及儒者熊澤蕃山的實學理論。[3] 以下就朱舜水與熊澤蕃山的仁政(民本)論、"言行一致"的實學觀及佛學觀等實學思想主張作比較論述。

一、朱舜水與日本官、學界的往來書信

朱舜水經常對門人述及:

> 為學之道,外修其名者,無益也。必須身體力行,方為有得。故子貢天資穎悟,不得與聖道之傳,無他,華而不實也。[4]

又說,為學必須"有關於國家政治""能變化於民風土俗",[5] 這些實學思想主張,《朱舜水集》中隨處可見。例如在《與安東守約書》中提及:

> 昔有良工能於棘端刻沐猴,耳目口鼻宛然,毛髮咸具,此天下古今之巧匠也。若使不佞目炫玄黃,忽然得此,則必抵之為砂礫矣。即使不佞明見其耳目口鼻宛然,毛髮咸具,不佞亦必抵之為砂礫。何也?工雖巧,無益於世用也。彼之所為道,自非不佞之道也。不佞之道,不用則卷而自藏耳。萬一世能大用之,自能使子孝臣忠,時和年登,政治還醇,風物歸厚,絕不區區爭鬩於口角之間。宋儒辨析毫釐,終不曾做得一事,況又於其屋下架屋哉?[6]

他認為學當以致用,若僅空究理論、巧說,則如砂礫般,並無益於世用,這是不對的。換言之,他明白地告訴弟子安東省菴,不能認同宋儒辨析毫釐的為學態度。

1　源了圓《熊沢蕃山の実学観と経世済民の思想》,《近世初期実学思想の研究》(東京:創文社,1980年),頁419—512。
2　參見玉懸博之《熊沢蕃山の思想》,《文化》第40卷第3—4號,1997年,頁95—96。
3　參見佐久間正《時、処、位論の展開 ─ 藤樹から蕃山へ》,《日本思想史研究》第9號;《熊沢蕃山の経世済民の思想 ─ その基本的構成と社會的機能》,同第10號;《近世武家社會と儒者熊沢蕃山》,《江戸の思想》3 (東京:ぺりかん社,1996年),頁48—74。
4　今井弘濟、安積覺《舜水先生行實》,《朱舜水集》,頁624。
5　朱舜水《答小宅生順問》,《朱舜水集》,頁406。
6　朱舜水《與安東守約書》,《朱舜水集》,頁160。

二、朱舜水的實學觀

朱舜水說:"余罹中國之亂,飄泊舟次,於今廿年,四海空囊,絕無書史。廻想縹緗插架,牙籤萬軸,居然夢境。而且市井喧囂,塵氛雜擾,無冬無夏,碌碌不遑;欲如羅鶴林、唐子西詠歌言笑,晤對無非聖賢,泉竹禽花,會心皆成學問,迥隔仙凡矣!"[1] 又說:"先儒云:'士大夫三日不讀書,便覺語言無味,面目可憎。'知不讀書之為可憂,則知讀書之洵可樂也已。輓近世治不師古,輒有馬上得天下之意。上不以聖王之道勵俗,下不以聖王之道自勵。風俗頹敝,良可惋歎!"[2] 在此,朱舜水提示了兩個重點:一為勸人勤學,二為勤學之道以勵行"聖王之道"為依歸。明朝之所以滅亡,是因到處充斥著競爭功名未能付諸實踐的空論,他面臨中國戰亂,在經歷"越境"的顛沛流離生活之後,實學、實用成為他在日本推動學問發展的重心。朱舜水再提及:"讀書之道,理乎心性,通乎神明;不獨元士、庶士日於此孜孜焉,而天子、公侯、卿大夫,有治國、平天下之責者,於此為尤亟矣。"他倡議了"為學是為了治國、平天下"的第三個重點,亦即主張天子、公侯、卿大夫等為政者做學問必須反映在實際的治民之上,為政治和社會生活服務,而不能只是空談理論。同時,他在回答安東省菴時也提及"學問之道,貴在實行""聖賢之學,俱在踐履"(《答安東守約問》)的思想主張。此外,朱舜水對"聖人"的定義是"學之則為善人,為信人;又進而學之,則為君子;又進而學之不已,則為聖人",[3] 換言之,在他的觀念中,勤於聖賢之學,而後可以為聖人。而聖人的使命為何?他在《立菴記》(為立庵奧山作)中強調:"聖人以拯救天下為心……不謀其利,不計其功,而一以濟人生物為心……藝慎於仁術,而業擅夫專門……"[4] 這些都是實事求是的實學表現,盡力而為,自有功德。

朱舜水為提倡"實理實學",特別重視史學,他給弟子奧村庸禮的書簡中說道:

---

1 朱舜水《書讀書樂卷後》,《朱舜水集》,頁513。

2 同上注。

3 朱舜水《答古市務本問》,《朱舜水集》,頁379。

4 朱舜水《立菴記》,《朱舜水集》,頁485—486。

> 經簡而史明，經深而史實，經遠而史近，此就中年為學者指點路頭，使之實實有益，非謂經不須學也。得之史而求之經，亦下學而上達耳。……不佞但要賢契知向學之方，推之政治而有準，使後人知為學之道，在於近裏著己，有益天下國家，不在乎純弄虛脾，捕風捉影。若夫竊儒之名，亂儒之實，使日本終不知儒者之道，而為俗子詆排，則罪人矣。[1]

透過對歷史真相之探究，可歸結出國家興亡得失之規律，所謂辨析虛實，推之於政治，有益於天下國家，就是"實學"的體現。針對門生水戶藩儒小宅生順（1637—1674）詢問宋儒之說，朱舜水作了如下答覆：

> 為學當有實功，有實用。不獨詩歌辭曲無益於學也，即於字句之間，標新領異者，未知果足為大儒否？果有關於國家政治否？果能變化於民風土俗否？台臺深知其弊，必不復蹈於此。[2]

他以兼顧"為學""修身"即能改變民風土俗，活用於國家政治，來勉勵小宅生順。此外，朱舜水在《典學齋記》（為加賀藩弟子古市務本作）中提到：

> 夫學者，所以學為人爾。子臣弟友，皆為學之地，忠孝謹信，皆為學之方，出入定省，皆為學之時，詩書執禮，皆為學之具。終身處於學之中，而一心越於學之外，欲求如古聖先賢也，其可得乎？玉不琢不成器，人不學不知道，始之於典學也。[3]

舜水清楚地說明了為學必先求古聖先賢之道。所謂聖賢之道，他在《勿齋記》（為近江藩主加藤明友作）中提及："古今之稱至聖者莫盛於孔子，而聰明睿知莫過於顏淵。"[4] 對孔子、顏淵給予高度評價，並述及二人之學為"日用之能事，下學之工夫"[5]，即是實學、實踐的功夫。加藤明友問學於朱舜水，隨林羅山學經書。舜水以"非禮勿視，非禮勿聽，非禮勿言，非禮勿動"之"四勿"名其齋，稱之為《勿齋記》，說明孔、孟的聖人之道，皆出於自然而

---

[1] 朱舜水《答奧村庸禮書》，《朱舜水集》，頁 274—275。
[2] 朱舜水《答小宅生順問》，《朱舜水集》，頁 406。
[3] 朱舜水《典學齋記》，《朱舜水集》，頁 488。
[4] 朱舜水《勿齋記》，《朱舜水集》，頁 484。
[5] 朱舜水《勿齋記》，《朱舜水集》，頁 485。

毫無勉強,不傳播道聽塗說的言論。他排斥空談,學問不離日常世用之理。舜水以顏淵問"仁"來說明他的觀點,說孔子教誨顏淵,非禮勿視聽言動的道理,難道是孔子不能說得玄、說得妙、說得高遠些嗎？或者是顏淵不能做到玄妙高遠一些？都不是。聖人教人做好日常之事,絕不高談闊論。他以實用為標準,所謂實用是不標新立異,循循而學,進而有利於庶民,有利於社會。

三、熊澤蕃山的實學觀

蕃山學於中江藤樹,屬於日本陽明學派,但他認為陽明學或朱子學都有一利一害。蕃山說："現今儒者的情況,朱學或王學難道不是有助於治道嗎？"(《大學或問》)為學必須站在能因應、變通"時、處、位"之立場,若看儒教的問題,與其堅持學說研究,不如思考如何將儒教實施到現實的政治、經濟問題上。因此,蕃山寫了《大學或問》,範圍涵蓋了人君、人臣的職責,以及財政、農政、土木、交易、宗教、教育等諸多領域,其內容都反映了他建議推行仁政的實學觀。[1]

第二節　從政治與道德面看朱舜水與熊澤蕃山的實學觀

一、朱舜水的仁政(愛民)觀

"仁政""德治"與"親民"是儒家政治倫理思想的基本特徵。朱舜水也不例外,他主張為政者必須時時刻刻有"人饑己饑,人溺己溺"的愛民胸懷。以下舉相關書簡,檢視他的仁政(愛民)觀,並論述其實學理論的基礎。

加藤明友問："仁之體用,何物為體,何物為用？"舜水答曰："當以不忍人之心為體,不忍人之政為用。"加藤又問："不忍人之心,及不忍人之政,

---

1 《日本の思想》17(東京:筑摩書房,1970年),頁90。

意思如何？"舜水再答曰："常懷一點愛民之心，時時刻刻皆此念充滿於中，自然事事為百姓算計；有一民不被其澤，便如己溺己饑，安得無不忍人之政？"[1]舜水在《答野節問》中也說："僕謂治民之官與經生大異，有一分好處，則民受一分之惠，而朝廷享其功，不專在理學研窮也。"[2]這裡舜水提到的就是民本思想，而"仁"就是"常懷一點愛民之心"，換言之，就是體恤民眾、親民愛民。"人皆有不忍人之心"（《孟子・公孫丑章句上》），即是仁心。常保有愛心，對任何人或事將萌生體恤之心，就能推行"不忍人之政（仁政）"，進而實現"仁之體（體恤）、用（實行）"的社會。由此可窺知"仁"的概念是朱舜水的實學理論基礎之一。

此外，朱舜水在《答野節問》中說道："治國有道，因民之所利而利之，豈在博施？《春秋傳》曰：'小惠未徧，民弗懷也。'富民當以禮節之，貧民當以省耕省斂以補助之。但要萬民免於饑寒，亦不必多歷年所。若要更化善俗，非積年不可也。"[3]又說："君臣、父子、夫婦、昆弟、朋友，天地間之定位也。士、農、工、商，'國之石民也'。男耕而食，女織而衣，民生之常經也。所謂本根者，如斯而已。而又'壯者以暇日修其孝弟忠信'，國何患不治？何患不富？"[4]"因民之所利而利之"就是以道德治國，"男耕而食，女織而衣"則是最基本的經世基礎，人民若再修得孝弟忠信就可齊家，而為政者亦可治國平天下，這是朱舜水構思實學主義的一環。朱舜水在歷經安南供役災難之後，感受到中國之儒必須要有學士與賢士，二者若能兼備，仁君用之則安居樂業，其弟子從之則孝弟忠信，因此他說："仁義禮智積於中，恭敬溫文發乎外，斯誠國家之至寶，而聖帝明王之上珍也。"[5]足見朱舜水是將"仁政"與"德治"合為一體，將賢士視為國家之"至寶"，因為賢士才是實學真正的推動者。

1　朱舜水《答加藤明友問》，《朱舜水集》，頁381。
2　朱舜水《答野節問》，《朱舜水集》，頁386。
3　朱舜水《答野節問》，《朱舜水集》，頁385。
4　朱舜水《答野節問》，《朱舜水集》，頁388。
5　朱舜水《安南供役紀事》，《朱舜水集》，頁26。

二、熊澤蕃山的仁政（民本）論

熊澤蕃山認為政治是助天地生生之行為，因此他說："仁政是隨天地生生之心而行。"(《繫辭下傳》全、四，頁 452)又說："以德協助造化，聖賢之事也；以政協助造化，人才也。"(《孝經外傳或問》全、四，頁 68)由此可見以仁政順天地生生之心，並協助天地造化，乃蕃山對政治的基本態度。至於君與人民之間的關係為何，蕃山認為"要有為人民父母之人心，並以施行仁政為天職"(《大學或問》上，頁 411)，一國之父母，必須要有天下之父母的天命，但天命非恆常不變，人君修天職時得天命，廢天職時即失天命。天命同有仁善，只要仁君止於仁善，則天命是永遠的。又說："仁君雖有仁心，而不行仁政，徒善矣。"(《大學或問》上，頁 411)因此，仁君不但要有心，而且要以仁政做行為表示，如此推展實學才有功效。此外，蕃山提及："先有民，後有君；先有地，後有山，一陰一陽皆由下而成。"(《繫辭上傳》，頁 395)又說"君因有民而為君，離民心時，為獨夫也"(《孝經小解》全、三，頁 9)，"政以正人心為本"(《孝經外傳或問》全、三，頁 69)。此外，蕃山認為"民"等同於"五倫"。他說：無位者謂之民。"位"是命人者也，出生無論貴賤皆為天民。自古以來雖為皇子，但其官位並非與生俱來，而與凡人一樣，是入學之後才開始學習，通過人情時變，對治國平天下做深入的認識。故民之字，可兼君臣、父子、夫婦、兄弟、朋友之五倫。(《大學小解》全、三，頁 182)蕃山更認為人皆為平等的天民，且具有普世的情感，所以他是以為政者如何看待人民的角度來談"親民愛民"的問題。顯見蕃山具有以民為貴的民本思想，並將正人心作為道德政治的體現。可以看出朱舜水與熊澤蕃山將"仁政"與"德治"合為一體，作為推展實學的基本概念是一致的。

三、熊澤蕃山"言行一致"的實學觀

蕃山在《集義和書》中提到："古之學文，始於詩，詩可以言志，善惡、邪正皆為人情之實事也。故學此者為實學也。"(頁 263)又說"聖人之禮之所以能夠成立，始於飲食男女，心術必須從此確實推行，由此漸進；捨此而就高明之理者，即是虛見而非實學"（頁 321），"言不行則虛也，君子以為恥。仁者實理也，故仁者言行相稱而不虛"（頁 298）。在《集義義論聞書》（二）中，蕃山也說："古代之教學是詩書六藝、人倫日用之便的事，下學而上達的實學。"（全、六，頁 32）"學者，聖賢傳之，失去吾心所注釋之道理，去吾心而見經傳時，是以經傳為本而非吾心之末，故玩弄高深經傳之文，僅口說其理而失其心。奧義之文，應以簡易的口耳之學相傳，這些學問久未能成為齊家、治國之用，皆非正心、修身之實學。"（頁 175—176）

以上，可以窺知蕃山在推展實學的方法上，力求淺顯易懂，強調人倫日用的經世論之重要性，此與朱舜水的實學理論是相近的。蕃山在《集義和書》中也提到"不好德，就難以稱為實學"（頁 394），在《論語小解》中主張"尊德性以行實學"（全、四，頁 64）。他強調為政者必須言行一致，亦即以誠意、正心、修身的道德實踐，逐步實現治國、平天下的理想藍圖。

四、熊澤蕃山"空則實"的實學觀

源了圓認為蕃山對實學的基本立場可分為二，一為外在的因素，即對天下國家經世問題的關心，二為"從凡夫到聖人的真志，實學只在慎獨的功夫"（《集義外書》全、二，頁 130）之內在的思維。蕃山實學的"實"涵蓋了"無""空無""虛無"等三個"實"的複雜層次，亦即內外相兼、二者統合是蕃山對實學的基本立場。[1] 比較複雜的是他異於"有用的實學"以外的思維問題。例如，心友問："異端或云空，或云無，聖學只有實？"對此，蕃山答曰："空則實，有形色之物非常態，非常態之物即非真實；反之，無形色之物為常態，常態之物即是真實，現在'異學'無法究其'無'，而聖學則為盡'無'之事。"（《集義和書》，頁 194）蕃山站在儒教的立場說："有無為自然之形體也，君子不只說'無'，而應說成'無形無色，無聲無臭'。"（《集義和書》，頁 194）蕃山認為當時日本的儒者有兩種類型，一為"以博識立業者"之"史儒"，[2] 二為"墨守成規"之"格法的學者"。[3] 前者雖無道德，但只要博學即可

---

[1] 源了圓《近世初期実学思想の研究》，頁 430。
[2] 《集義外書》卷三，《蕃山全集》第二冊，頁 59。
[3] 《集義和書》卷五，《日本思想大系》30，頁 92。

達用,可解釋為"有知識,但不知道理者"。居此位的儒者,當然與政治上、道德上的實踐無關,但蕃山卻不一定會去批評他,反而認為在現實上,其存在是具有意義的。至於後者,勉強標榜道學之實行者,反而有害。對於儒者,蕃山有"小人之儒"及"君子之儒"兩種不同層次的定義。對於博識之儒,蕃山稱之為"小人之儒"。得道修己,能治國平天下之儒,則稱之為"君子之儒",自己也期待成為"君子之儒"。他說:夫武士之人,為學、知事務之道理,進而勤於武道,則今日之武士應可成為古代之士君子。(《集義和書》,頁 19)武士之士君子化,是武士家庭出身的蕃山核心思想"時、處、位"經世論的理想之一。

第三節　熊澤蕃山與朱舜水的佛學觀

一、熊澤蕃山的佛學觀

依照源了圓的說法,蕃山的"內在實學"帶有空的要素,與佛教、老莊思想有共通的一面,其言及佛教、禪的論述極多。蕃山指出老莊與佛教是"虛無中有心","用心言虛無""有所為"等理由來證明他們未達到真的"虛無"。又說:仙家以養生為目的,佛家以脫離生死苦海為目的,雖都稱"虛無",但都非"虛無",真正的"虛無"是聖學"無心"的"虛無",亦即太虛之心。在此蕃山所詮釋的"無"是含有動的"無",逃離現實世界不能稱"無",而是必須在現實世界中不斷地接觸事物,透過動而轉換成可以迅速回歸"無"的"無",此即為聖學的"空則實"的理論。換言之,蕃山所詮釋的內在實學,是具有"空則實"理論的學問。[1]

以下,引一段熊澤蕃山對於德川社會的百姓爭相出家為佛的現象感到憂心的評述,內容如下:

---

[1] 源了圓《近世初期実学思想の研究》,頁 432。

因亂世而不自由,在寺勤務者可能無法忠於職守,即使萬人之中有百人真正出家,以其法力可救濟今日的飢餓現象嗎?……出家雖無道,但此現象仍然興盛,難道這天命不該毀滅嗎?連這種必然之理都不自知,認為此現象會永遠興盛,真是思慮不足。[1]

又說:

異端不止於仙佛之徒,儒者其本也。博文之儒者只知謙遜,專責其學,若能達到國用,既非遊民,亦非屬異端;雖為小人之儒,即如古代之師儒,藉心學者、格法者,或朱學、王學、陸學者為遊民也,為異端也。[2]

在此,蕃山所關心的非"內在實學"的問題,而是解決民生,達到國用的經世問題,是屬於前述外在因素的實學問題。

二、朱舜水的佛學觀

相對於蕃山的佛學觀,朱舜水的闢佛言論散見於其全集之中,且以外在因素的實學問題居多。例如在《答安東守約問》中述及,"不佞以人事為主,其(佛教)恍惚渺茫之事,不入言論"[3];"天下典籍,除佛經外道之書,盡皆有益";[4]"貴國惑於邪教,舉世不能自拔,忽有以聖人之道葬其親,而不以邪教誣其親者,便當為之執鞭,不必問其盡合於禮否也"。[5]在《答某書》中也說自己"本非倡明道學而來,亦不以'良知赤白'自立門戶"。[6]針對安東省菴問:"陽明之學近異端,近世多為宗主,如何?"朱舜水答曰:"王文成亦有病處,然好處極多。講良知,創書院,天下翕然有道學之名;高視闊步,優孟衣冠,是其病也。……其徒王龍溪有《語錄》,與今和尚一般。其書時雜佛書語,

---

[1] 熊澤蕃山《仏法再興の事》,收入《大学或問》,《日本の思想》17(東京:筑摩書房,1970 年),頁 154。
[2] 熊澤蕃山《集義外書》卷六,《蕃山全集》第二冊,100 頁。
[3] 朱舜水《答安東守約問》,柳川古文書館所藏 1311 書簡。
[4] 朱舜水《答安東守約問》,柳川古文書館所藏 1337 書簡。
[5] 朱舜水《答安東守約書》,《朱舜水集》,頁 188。
[6] 朱舜水《答某書》,《朱舜水集》,頁 112。

所以當時斥為異端。"¹ 由此觀之，朱舜水除了解釋自己並非陽明學者之外，而且明言佛書、佛語之無用，並斥王陽明"援佛入儒"之態度為"異端"。

朱舜水於《答小宅重治書》中指出："惟佛氏為喪心敗俗，必不可為者也。欲為聖人之道，而以佛氏雜之，是猶烹大牢於函牛之鼎，而投之以鼠矢，誰能食之？"² 在《答辻達問》中批評："作佛事者，俗人之習也。云是超度亡人，早登極樂，脫離苦厄，以愚弄無知者耳。"³ 朱舜水痛斥佛教的言論是"恍惚渺茫""佛經無益"，甚至是"喪心敗俗""敗人家國""毀人德性"，認為超度亡魂的習俗是愚弄無知者的行為，對於佛教所謂"地獄極樂說""輪迴轉世說"，都採取極為嚴厲的批判態度。在朱舜水的思維中，聖學之道與佛書、佛語，一則為實、一則為虛，二者是截然對立，無法並存的。例如，他說佛家超度亡人，早登極樂，脫離苦厄，是愚弄無知者，此與前述蕃山所詮釋的"非虛無"的認知頗為相近。

結　論

"實學"廣義的解釋，是在實際生活的脈絡中派上用場的學問。"實學"也因著國家背景不同、時代不同、人物的思想主張不同，而有現實之學、道德實踐之學、政治實踐之學、追求人類真實之學等多種不同的意涵。朱舜水的實學思想主張，可視為明清鼎革變遷下的產物，其基本的為學之道是傾心"聖賢之學"，即是孔子及其弟子言說的儒教，它的核心課題與政治哲學、人倫關係有深厚的關聯性。⁴ 而熊澤蕃山一生受到不平的遭遇，與朱舜

1　朱舜水《答安東守約問》，《朱舜水集》，頁 397。

2　朱舜水《答小宅重治書》，《朱舜水集》，頁 298。

3　朱舜水《答辻達問》，《朱舜水集》，頁 421。

4　詳請參考拙著《朱舜水思想の日本文化に対する影響 — 孔子の形象の伝播を中心に》，《臺大日本語文研究》第 26 期（臺北：臺灣大學日本語文學系），2013 年 12 月，頁 183—215。

水同樣經歷過失意的人生，這個背景促使他從"時、處、位"的不同立場，置於闡明人際關係的場域，思考如何將知行合一的理念與人倫、政治做結合，是具有普遍性、實踐性的思維。熊澤蕃山所強調的學問是從道德實踐到發揮齊家、治國、平天下的社會功能之儒學主張，其政治觀與朱舜水相近，以民本政治為理想，所以他說："得眾人之心時，即得到國家；失去眾人之心時，即失去國家。"（《大學或問》上，頁411）朱舜水與熊澤蕃山皆非以著述推展其學問，而是以問答（口答、書簡）的形式表現出自己的思想主張，欲探究其整體思想脈絡並不容易。本章就二人的仁政（民本）論、"言行一致"的實學觀及佛學觀進行論述。在朱舜水的思維中，聖學之道與佛書、佛語，一則為實、一則為虛，二者截然對立，無法並存，因此他嚴厲闢佛且反對作詩。相對於此，熊澤蕃山則提出"空則實"的理論，包容佛教及詩詞文學，二者之論點或主張有其異趣。但朱舜水不偏朱子學，不倚陽明學的態度，卻是與熊澤蕃山的立場相近。又，就教化社會功能，順應新的社會形式之立場而言，朱舜水透過對歷史真相之探究，可歸結出國家興亡得失之規律，以辨析虛實，推之於政治，有益於天下國家，藉以體現"實學"的態度，此與講究人倫、道德政治、以實踐為依歸的熊澤蕃山的"時、處、位"論，則有異曲同工之妙。

德川時代，儒學思想根深於日本社會，除了朱子學、陽明學的理論之外，歷經直接詮釋《論語》等經典，追求實證研究的聖學（古學）、古義學、古文辭學等諸多學派百花齊放的過程，至幕末與尊王攘夷思想結合，成為明治維新的原動力之一。朱舜水與熊澤蕃山所推動的實學理論與實踐準則，在近代思想的轉化過程中已被許多當時代的思想家所認同。舉例而言，德川時代初期的重要儒學家、平民教育家、福岡藩儒貝原益軒（1630—1714），初學陸、王學，後奉朱子學。著有《慎思錄》，強調其為學雖遵循古學，但不盲從，以慎思、明辨的態度，從道德及哲學的立場提出對"實學"的見解。益軒的實學理論，源自程、朱的格物窮理之學，強調"為學不能出於六經、《語》、《孟》範圍之外"。[1] 針對實學理論，益軒在《五常訓》中，提出如下的看法：

> 我儒道乃經濟之道，為經世濟民之大道也。其學乃有用之

---

[1] 貝原益軒《慎思錄》卷五，收入《益軒全集》卷二，頁108。

學,首重修身、治人、行人倫之道,是為天下國家、為天地萬物之有用學問,非無用之空言。[1]

益軒所提實學的核心思想在修身,在經世濟民,在非空洞的實用,這也與朱舜水、熊澤蕃山所強調的經世致用理論不謀而合。[2]這些實學思想從德川到明治時代,潛移默化了日本的近代化,對於後世日本的"修身與治人"文化,也起了深遠的影響與作用。

---

[1] 貝原益軒《五常訓》卷一,收入《益軒全集》卷三,頁242。

[2] 詳見拙著《朱舜水與東亞文化傳播的世界》,《東亞文明研究叢書》78(臺北:臺大出版中心,2008年),頁127—160;另收入拙著《近世における日中の経世致用観——朱舜水と貝原益軒を比較して》,黃俊傑、辻本雅史編《経書解釈の思想史——共有と多樣の東アジア》(東京:ペリカン社,2010年),頁59—96。

第五章

朱舜水思想與加賀藩儒教的發展

前　言

加賀藩前田家為表明臣服於德川幕府的立場，立藩初始即以文化立國為目標，在美術、工藝、文學等領域留下輝煌的成果，其中對於中國文物的涉獵，尤其在漢學的推展上更有其獨特貢獻。諸如初代藩主前田利長（1562—1614）為了普及儒教，早在慶長年間（1596—1614）即曾招聘明朝儒者王子伯（國鼎，生卒年未詳）校勘"四書"；[1] 第二代藩主前田利常（1594—1658）之夫人珠姬（1599—1622）去世後被供奉在金澤小立野的天德院，前田綱紀（1643—1724）繼任第四代藩主後，[2] 於延寶三年（1675）招請中國福建福州出身之黃檗宗第五代住持高泉性潡（1633—1695）至金澤為獻珠寺開山，[3] 同時展開天德院的修築工程，除山門及伽藍均仿造唐式建築外，正殿還懸掛有高泉禪師"支那沙門高泉"之落款的"菅氏大宗祠"匾額。[4]

前田綱紀向來尊奉忠孝大義，重視藩政改革，對學術文藝事業更是傾注心力。為了強化加賀藩之儒教推展，除了於萬治三年（1660）招聘木下順庵（1621—1698）至金澤外，另陸續聘請平岩仙桂（1583—1672）、稻生若水（1655—1715）、室鳩巢（1658—1734）、澤田宗堅、中泉恭祐、木下順信以及兒島天泒（？—1725）等具有漢學專長的儒者在加賀藩推展文教。寬

1　請參閱拙稿《加賀藩における朱舜水の思想の普及》，《東アジアにおける文化情報の発信と受容》（東京：雄松堂，2010年），頁439。

2　前田綱紀的母親珠姬為幕府二代將軍德川秀忠之女，因此綱紀與德川家有緊密的姻親關係，德川光圀為其叔父，三代將軍德川家光之弟保科正之則為其舅父。爾後綱紀還迎娶保科正之的女兒摩須為正室。

3　德川前期東渡日本之臨濟宗黃檗禪僧，俗姓林，法諱性潡，號高泉。寬文五年（1665），應二本松藩主丹羽光重之聘，成為甘露山法雲院住持，譯有《妙法蓮華經》《円覺經》《維摩經》等三十餘卷。元祿五年（1692）1月，就任京都宇治黃檗萬福寺第五代住持，元祿八年（1695）10月示寂，享年62歲。

4　虎井吉雄《加賀藩五代前田綱紀と黃檗第五代高泉禪師》，《黃檗文華》第125號，2005年。

文五年(1665)朱舜水接受德川光圀招聘後,前田綱紀聞訊擬循水戶藩之例,延攬朱舜水至加賀藩講學,可惜礙於幕府鎖國政策之嚴格規制而未能實現。"先生以此禮教後人,乃先生莫大之功"是前田綱紀對朱舜水宣揚禮教的肯定,關於朱舜水與前田綱紀之學術交流,已另為文探討,本章不再贅述。[1]

木下順庵名貞幹,字直夫,號錦里,與九州柳川出身的安東省菴(1622—1701)同樣師事於京都朱子學派的松永尺五(1592—1657)。順庵力倡研讀《十三經注疏》的重要性,同時尊重陽明學說,而非執著於朱子學,學風與藤原惺窩(1561—1619)相近。因感佩朱舜水在日本講道傳學的精神,曾致函讚曰:"夫以先生學純德粹,傳中華之道脈,激東海之儒流,聞風興起者,比比皆是。"[2] 舜水對順庵的評價則是"台臺文苑之宗,人倫之冠,博綜夫典謨、子、史,研窮乎孔孟程朱",得知其身負輔佐加賀藩主普及儒教的重任,於是引《論語·學而》"敏於事而慎於言",以為學首重"敏慎"與之共勉。對此,順庵覆曰:

> 夫敏慎為學之要,敏而不失於躁,慎而不失於葸,此乃君子之全德,幹何敢望於萬一?《傳》曰:"仁人之言,其利溥哉。"今乃以贈言之訓,顏之座右,仰觀俯警,晝誦夜思,孜孜勉勉,若有所得者焉。[3]

順庵領會身為儒官"時然後言,人不厭其言""心平氣和則能言"的道理,決定以"敏慎齋"為號自律。

與朱舜水交誼日深的木下順庵往來於金澤、江戶、京都之間,[4] 深知普及儒學禮教已成為幕府推動文教政策的目標,先後推薦五十川剛伯、奧村庸禮(1626—1687)父子、古市務本、服部其衷等藩儒前往江戶,就學於朱舜水。從學術影響的角度而言,舜水逝世後,五十川剛伯是最早彙整其遺稿成《明朱徵君集》十卷(又稱"加賀本")的弟子,本書原稿現藏於東京"尊

---

[1] 請參閱拙稿《加賀藩における朱舜水の思想の普及》。
[2] 《木下順庵寄朱舜水書》,《新訂朱舜水集補遺》,頁132。
[3] 《木下順庵寄朱舜水書》,《新訂朱舜水集補遺》,頁128。
[4] 《朱舜水集》中收有朱舜水致木下順庵之相關書函十六首;拙編《新訂朱舜水集補遺》亦收有原藏於日本國立公文書館"內閣文庫"《錦里文集》的木下順庵致朱舜水書函十七首。

經閣文庫",雖未能付梓,卻是研究朱舜水最原始的重要文獻之一。

本章考察加賀藩儒奧村庸禮先佛後儒、追求讀書之道的過程,以及其完成於天和二年(壬戌、1682)的著作《讀書拔尤錄》之內容。另從古市務本及服部其衷與朱舜水的往來書簡,論述朱舜水對加賀藩儒教發展的具體影響。

第一節　奧村庸禮與《讀書拔尤錄》

據《加賀藩史稿》記載,奧村庸禮為加賀藩家老,初名和豐,一名克,字師儉,通稱因幡、壹岐,號蒙窩、顯思。歷事利常、光高、綱紀三代藩主。庸禮"天資慎愨,才力高於一時,身生巨室,負重任,機務之暇,篤學力行,本誠主敬,其談所出民生日用彝倫之間,一以躬行實踐為學之要。壯時嘗好禪學,參濟、洞二派之微旨,窺圓覺、華嚴之方界。一日,參僧愚堂,問佛性,愚堂答之,且曰:朱晦庵謂人死,火之為灰,埋之為土。知人死曷止灰土。庸禮聞以為妄甚,幡然改圖,始志宋儒性理之學"。[1] 關於奧村庸禮由佛轉儒之事,於其《讀書拔尤錄》一書的自序中亦可得見。[2] 此書主要效法胡纘宗的《從政名言》、吳廷舉的《讀書要語》,擷錄明初程朱理學代表人物,同時也是河東學派始祖的薛文清(薛瑄,1389—1464)所著《讀書錄》《讀書續錄》二書中,"日用親切,可以為醫人之藥誨,而晨誦夕思體認佩服,而誠敬之實

---

[1] 《加賀藩史稿》是永山近彰為紀念加賀藩祖前田利家(1539—1599)逝世三百周年,而於明治三十二年(1899)刊行之加賀藩創始期史稿,詳細記錄了前田利家去世後的1599年至前田綱紀執政最後一年的1723年期間之事蹟,包含歷代藩主的豐功盛德與近百名家臣藩士之系譜、言行等。全書共八冊,收錄《世相》1卷、《公族列傳》2卷以及《列傳》14卷。日本國立國會圖書館及富山縣立圖書館提供網絡數字影像,方便研究者參閱。永山近彰《奧村庸禮》,《加賀藩史稿》(東京:尊經閣,1899年)第8冊《列傳》卷十五,頁2a—5a。

[2] 奧村庸禮《讀書拔尤錄》,乾、坤二卷,乾卷錄有天和二年(1682)六月林憨、木下貞幹序以及撰於同年春月望日之自序。石川縣立圖書館"縣人文庫"、京都大學附屬圖書館"谷村文庫"均藏有此書。

恍在心目之間"的文句而成。此書成於朱舜水逝世當年1682年之春月望日,其自序中言曰:

> 余自早歲至于而立,頗好禪學,參臨濟、曹洞之密旨,窺圓覺、華嚴之教法。然望洋無根,汗漫不實,不肯□少所得焉。一日,接浮屠愚堂,叩以法要,謠辭邪說無所底,遂肆然而言:"朱晦菴謂人之死也,火則為灰,埋則為土,此晦菴之所大謬也。"余聞之愕然,而懼惕然,而悟以為浮屠氏之大言無忌憚如此宜乎,塞仁義滅人倫,惑世誣民之至矣。乃知吾儒之說日用平實無不適而在於斯道。自此以往,幡然改之,崇敬聖賢,尊統六經及宋儒正學之書。[1]

所謂三十而立,因此,庸禮棄佛從儒的舉措發生於1656年三十歲前後,應可排除直接受舜水影響的可能性。《朱舜水集》中收有《與奧村庸禮書》二十二首、《答奧村庸禮書》十二首、《與奧村庸禮啟》、《答奧村庸禮問》二條、《敬強齋序　為奧村庸禮作》、《德始堂記　為奧村庸禮作》以及《司馬溫公像贊　為奧村庸禮作》等,由這些書函的內容,可以察知二人的交流概況。其一寫於接觸初期,舜水言及聽從德川光圀之勸,答應收庸禮為弟子之信函,文中說明其對結交師弟關係遲疑的原因,除了庸禮身份尊貴、公務繁忙,中日語言不通,身處金澤、江戶兩地聚少離多等理由之外,很耐人尋味的一點是:

> 況不佞儒而日本遍地皆佛。噓佛之氣,足以飄我;濡佛之沫,足以溺我。孰有譽之者哉?不望其譽之也,誰復有諒之者哉?水戶上公尊之信之,亦已至矣。動之者多端,未嘗見疑,然能保其終不搖奪哉?語曰:"易合者易離,善始者不必善終。"吾欲其終之善,故不輕其始之合也。[2]

此處除了可以感受舜水不攀附富貴的氣節風骨,以及顛沛人生所歷練而成的謹慎態度外,同時可看出其急欲跳脫佛儒紛爭和對日本當時釋家佛門的印象惡劣程度。

---

[1] 奧村庸禮《自序》,《讀書拔尤錄》乾卷。
[2] 朱舜水《答奧村庸禮書》,《朱舜水集》,頁268。

經木下貞幹、前田綱紀、德川光圀等人積極促成，庸禮如願"與從朱舜水先生之儒流，立弘文學士院之門雪，執師資之義，探為學之奧"。[1]而根據《加賀藩史稿》之記載，庸禮"以幕府學士林憨、木下貞幹為師友，私淑水戶客儒朱之瑜。而崇信之瑜殊深，其在江戶祗役，造訪受教；在國，則折簡以質疑，郵筒往復，率無虛日"。[2]換言之，出差至江戶執行公務期間，即親自登門請益；返回遠在120餘里外的金澤宅邸時，則改以書信問學。庸禮以勤補拙，努力縮短與舜水的距離，這樣的努力持續至舜水終老。《讀書拔尤錄》即成書於舜水逝世的1682年。主要是因為公務繁忙加上體弱多病，庸禮深感年已半百卻仍無法在學問上有所成就，於是希望藉擷錄《薛文清公讀書錄》之箴言，日夜誦讀，以達到"省吾身、警吾病"的效果。除了自序，師友林憨、木下順庵也分別為《讀書拔尤錄》撰寫序文。兩篇序文即佔去乾卷的一半篇幅，可以從中得知二人對於《薛文清公讀書錄》一書的評價，以及期盼獲得的智識教養。

林憨（1645—1732），名直民、鳳岡、信篤，通稱春常，別號整宇，是林鵞峰之子、林羅山之孫。《朱舜水集》中收有《答林春常書》及《答林春常問》各一，可知他也曾問學於朱舜水。序文中稱庸禮為"老友"，曰：

> 蒙窩好性理之書，樂真儒之言，頃間讀《薛文清公讀書錄》，拾其萃、撮其要，分為兩篇，名曰《讀書拔尤錄》。……夫子之道，得宋儒而明宋儒之道，得斯人而又明盛哉。……蒙窩少時參臨濟、曹洞之禪，聞圓覺、華嚴之說，今對此書參校諸心，則崎嶇茫昧之說彌覺其非也，坦易明白之理彌知其實也。嗚呼！聖經蘊奧之理，依薛公而窺之；日用彝倫之道，依薛公而求之，則所錄之書亦升嶽之階梯乎，浮海之葦航乎。[3]

相較之下，木下順庵的推荐似乎又更加積極而具體，文曰：

> 予竊愛河東薛子所謂《讀書錄》者，誠心之純，敬身之篤，言々皆實淡而不厭，質而有文，如布帛菽粟之不可一日無之。吾敬之、

---

1 奧村庸禮《自序》，《讀書拔尤錄》乾卷。
2 永山近彰《奧村德輝》，《加賀藩史稿》第8冊《列傳》卷十五，頁5a—5b。
3 林直民《序》，《讀書拔尤錄》乾卷。

信之,以為書之有益於人者,濂、洛、關、閩之後其類幾希,此書之不可不讀者也。[1]

《薛文清公讀書錄》是薛文清平生讀書心得記錄,可謂集周、程、張、朱理學思想之大成。朱舜水早年答覆安東省菴"薛文清公《讀書錄》之外,別有作乎?其文只見《貓說》等數篇耳,恨未見全集"之問時,曰:"薛公謚文清,做官極好,直節不附權璫。人品好,文不在多。"[2]爾後,答覆小宅生順問明朝英傑人物時,也曾給予薛文清高度的評價,曰:"國朝人物如薛文清、李夢陽,氣骨錚錚,足為國家砥柱,所謂烈風勁草,板蕩忠臣也,無愧儒者。"[3]

由於無法取得庸禮所閱讀的版本,初步以現行刊本參照比對,發現《讀書拔尤錄》乾、坤二卷之文句,是依序摘錄原文,並未增添任何注記,而且集中擷自《讀書錄》與《讀書續錄》的首卷及末卷。就篇幅而言,經扣除三篇序文後,抄錄之文句僅佔十個頁面,恐怕不及原書的百分之一。

庸禮與舜水雖然相差二十六歲,畢竟貴為名列諸侯之首、領封一百萬石的加賀藩之大臣,因此,舜水以"賢弟"或"賢契"稱呼,與其保持師友而非師徒關係,往來信函多表達問候、感謝饋贈之意,間有提醒其禮賢下士、[4]多讀史書、[5]多識前言往行以植德、[6]"知向學之方,推之政治而有準,使後人知為學之道,在於近裏著己,有益天下國家,不在乎純弄虛脾,捕風捉影"[7]等建言。反倒是對其次子德輝、女婿古市務本,多所教導、循循善誘。奧村德輝(1653—1705)初名和廣、和長、和貴,字浚明,號澗宇。九歲謁見藩主前田綱紀,十四歲即為所用,並奉命師事朱舜水。[8]《朱舜水集》中收有相關往來書函十七首及《奧村浚明名德輝說》《誠齋 贈奧村德輝》《周濂溪像贊之三 為奧村兵部作》《硯銘二首并序 為奧村兵部作》等,內容顯示其交

---

1 木下貞幹《序》,《讀書拔尤錄》乾卷。
2 朱舜水《答安東守約問》,《朱舜水集》,頁397。
3 朱舜水《答小宅生順問》,《朱舜水集》,頁405。
4 朱舜水《答奧村庸禮書》,《朱舜水集》,頁268。
5 朱舜水《答奧村庸禮書》,《朱舜水集》,頁256、265、273。
6 朱舜水《答奧村庸禮書》,《朱舜水集》,頁269。
7 朱舜水《答奧村庸禮書》,《朱舜水集》,頁274—275。
8 永山近彰《奧村德輝》,《加賀藩史稿》第8冊《列傳》卷十五,頁7b。

流至少始自 1670 年德輝十八歲時,[1] 其後舉凡仁義禮智信忠孝悌、廢學五端等無一不諄諄教誨,乃至德輝面臨曾祖母過世以及取名、結婚、生子等人生大事時,舜水均展現其有別於平日矜持、不苟言笑的形象,表露其柔性關懷的面貌。例如,回覆德輝的信函說道:

> 不佞情懷種種,竟不知有獻歲之樂,展讀賀啟,娓娓祝長年之慶,"上有加餐飯,下有長相思",一何懇懇哉。嗣聞足下有弄璋之喜,佳兒岐嶷,兆於初生之日矣。賀賀![2]

同一時期致庸禮的回函中亦言曰:

> 聞賢契有得孫之喜,嘉祥萃於一門矣。不佞篤老伶俜,寥天孤鴈,行尚與影為儔,倡則有誰為和?視賢契家門之樂,固當霄壤。

文末還憂心故鄉水旱大荒,細數子息、兄長、姪輩等家族以及宗祠之安危,"出入夢寐,無可告語。託身異國,音信難憑。中懷割裂,如何可言",[3] 句句流露出思鄉念親的哀戚。這是朱舜水與奧村庸禮父子以及女婿古市務本所締結的通家之誼,奧村家族生老病死、婚喪喜慶這些活生生的人生戲碼,觸動了向來低調內斂的硬漢的內心深處,使其顯現難得一見的溫情軟弱。

庸禮於《讀書拔尤錄》自序中談到,自追隨舜水探求儒流後,"汲汲黽勉坐作之志,唯在誠敬功夫"。[4] 關於庸禮父子、翁婿在"誠敬"德性上的躬行實踐,可由以下這封舜水《與吉弘元常書》深刻感受到:

> 初三日,某往拜奧村因幡。其子其婿迎於大門之內滴水,因幡屣履於玄關下滴水之外,導而入。交禮畢,其婿及其子,以次交禮。交禮之後,因幡兩手據席不起,談議之間,亦必半為俯僂。直至畢席,皆然。身自舉案,進饌進菜,身自捧遞者三四。其餘食飲,皆其子其婿執事。僕從甚多,羅列兩旁,每事必身親為之。再三辭之,不獲。臨別勤勤致謝,送於大門之外。其子其婿,兩手按地,禮甚恭。次早父子三人,冒雨來謝,各送大刀折紙,着屐於深

---

1 朱舜水《與奧村德輝書》,《朱舜水集》,頁 277。
2 朱舜水《答奧村德輝書》,《朱舜水集》,頁 285。
3 朱舜水《答奧村庸禮書》,《朱舜水集》,頁 270。
4 奧村庸禮《自序》,《讀書拔尤錄》乾卷。

泥之中，跋涉甚難。此皆尊重宰相源公故爾，不然謙虛下士，必不至此。又送三省、弘濟各夏衣一件，縐紗綾壹端，惟台兄詳悉，上達源公為感。[1]

舜水認為奧村一家之所以採行如此高規格的禮數，完全出自對德川光圀的尊重。因此希望奧村家的敬意，能經由侍臣吉弘元常（1643—1694）傳達給光圀知悉。此信可能寫於與奧村家接觸初期，故而有必要讓光圀知道往來情形。值得探討的是，舜水並不認同這種謙卑恭敬的禮數。《朱舜水集》中錄有其對"敬"的詮釋，曰：

敬之時義亦大矣！非謂傴僂曲謹，外貌足恭而已；內以敬其心，外以致其事。孫卿曰："敬職無曠，敬事無曠，敬百姓無曠。"夫敬而至於百姓，其安所往而不敬哉？"能敬必有德"，豈不信然！[2]

又曰：

敬為德之聚，是敬乃德之本也；敬為禮之輿，是禮由敬以行也。[3]

舜水認為過度的禮數將流於卑躬屈膝，發自內心的崇敬勝過一切形式上的繁儀縟節，亦即內敬於心則禮自然行於外。舜水贈德輝之《誠齋》一文中即論及"誠"，曰：

誠者作室之基，培築鞏固，則堂構壹奧，凌雲九層，皆於斯託始焉。……"誠者，天之道；思誠者，人之道"。子其慎思之而可乎？"大人者，不失其赤子之心者也"，非有他道也。[4]

強調的是"純一無為"的赤誠本真。另於說明為女婿取名為"務本"之緣由時，則針對"敬"加以闡釋，曰：

敬身，敬之本也。君子從事於本、敬，功要而行立，操約而用宏；從事於末，則雜施而無緒，勤苦而難成。……事親、守身、敬

---

[1] 朱舜水《與吉弘元常書》，《朱舜水集》，頁290。
[2] 朱舜水《敬》，《朱舜水集》，頁494。
[3] 朱舜水《敬》，《朱舜水集》，頁493。
[4] 朱舜水《誠齋》，《朱舜水集》，頁501。

身之統於一敬,亦猶知、仁、勇之歸於一誠也。[1]

主張 "誠" "敬" 為修身、齊家等諸德眾理之本源,認為捨末節、重本質才能跳脫無謂的羈絆而掌握住核心價值。此處的 "誠敬功夫" 確實已足以令庸禮立為 "汲汲黽勉坐作之志" 的終生課題。

第二節　得意門生古市務本

根據《加賀藩史稿》記載,古市務本(1641—1677)本姓清原,初名胤宗,字季敬,號典學,通稱主計,是奧村庸禮的女婿。"務本讀書力學,受業於水戶朱之瑜。書簡往復,切問近思而不懈,之瑜深稱之。"[2]《朱舜水集》中收有《與古市務本書》六首、《答古市務本書》七首、《答古市務本問》二條、《清原季敬名務本說》、《程明道像贊二首　為古市務本(主計)作》以及《典學齋記》等。

"務本" 是朱舜水決定收清原季敬為弟子時,為其新取的名,並且撰文說明,曰:

> 孟子曰:"事孰為大?事親為大。" "事親,事之本也。" "守孰為大?守身為大。" "守身,守之本也。" 孔子曰:"君子無不敬也,敬身為大。" 然則敬身,敬之本也。君子從事於本、敬,功要而行立,操約而用宏;從事於末,則雜施而無緒,勤苦而難成。故曰:"堯舜之智而不徧物,急先務也。" 清其原,務其本,其德有不成者乎?從事者,務之也;清其原者,知也;務其本者,行也。如是則萬事萬物,均於此橐籥焉。可不知所務乎?事親、守身、敬身之統於

---

[1] 朱舜水《清原季敬名務本說》,《朱舜水集》,頁447—448。
[2] 永山近彰《古市胤重》,《加賀藩史稿》第7冊《列傳》卷十三,頁44b。古市胤重為古市務本之兄。

一敬,亦猶知、仁、勇之歸於一誠也。[1]

務本一開始請益即給舜水留下深刻的印象,他主要針對人性善惡請求釋疑,曰:

> 僕經星霜,向二十餘年,汲汲世事,皇皇職務,而雖不知聖賢之道腴,遂不歸老佛之徒,僅欲尊信王道。然天所賦之性,或為人慾,輒被遮蔽,無由得其全。孟子曰:"性善也。"僕性非善。荀子曰:"性惡也。"且亦非惡。胸次之間,不能解其迷。噫嘻,致"克己復禮"之工夫,則豈不得性之全哉?幸希示焉。

舜水當下作了具體而微的答覆,之後在為務本而作的《典學齋記》中,再次言及上述問答之內容。"清原季敬名務本,初及吾門,遂從其君而西北歸,何以贈之?略舉為學之大意,以道其行云。"[2]這是舜水撰寫《典學齋記》的用意,文中言簡意賅地闡釋為學之地、之方、之時、之具等相關道理,繼而述曰:

> 吾子資質溫淳,學之無有不至。昔者自謂性非善,亦非惡,豈有學焉而為不善人者乎?特患志意未定,當以論學取友,親賢進業為務,其毋納履於鮑魚之肆乎![3]

經過面對面的筆談問答以及書信往來,務本的求學態度與領悟能力,在在博得舜水的讚賞,曰:

> 足下為學未幾,乃能如此筆畫清真,語言條達,是皆用心所致。知能竭力甘旨,意在承歡。又能知前寄誡辭,服膺弗失,則不佞之所願望於足下者足矣。用力精勤,必將月異而歲不同。後來至此,又當刮目相待也。然須知學者以躬行心得為主,而潤色之以文彩;不可以文字為主,而潤色之以德行。能知其本末先後,則庶幾矣。勉之哉![4]

另文亦曰:

1　朱舜水《清原季敬名務本說》,《朱舜水集》,頁447—448。
2　朱舜水《典學齋記　為古市務本作》,《朱舜水集》,頁488。
3　同上注。
4　朱舜水《答古市務本書》,《朱舜水集》,頁333。

> 得足下書，讀之輒喜，剴爽明白，而少塵俗之習，若能充之以學力，此是最好筆氣。[1]

用心學習而又能學以致用，促使務本成為舜水少數嘉許弟子中的一人。相較於務本積極進取而優秀的表現，德輝初期以不善漢文為由，僅捎日文信函表達關懷，羞澀而遲遲不肯作書札。對此，舜水因人施教，除了直接鼓勵德輝外，同時屢次要求務本從旁敦促。可惜得意門生英年早逝，務本於延寶五年（1677）離世，得年僅三十六歲。

第三節　服部其衷與習釋奠禮

服部其衷為加賀藩孺子，幼得奧村庸禮之推介，就學於朱舜水，與五十川剛伯、下川三省、今井弘濟、安積覺同為近身弟子。出身孤苦，因此文獻史料鮮少有相關紀錄。追隨舜水之初期生活情狀，可由舜水《與古市務本書》中之一節約略得知，文曰：

> 服部其衷，年幼身孤，稍為寬假，端陽之後，以脾胃泄瀉，少愈旋復，至今未瘥。或是水土未調，醫者謂脉氣平和，無有他疾。何以久而不愈？明後日當別延他醫療之。讀書之事，俟其瘥可，而後為之也。[2]

字裡行間對於年幼即離鄉背井的其衷之身體狀況甚為擔憂。不過，爾後察覺原來生病只是慧黠頑狡的其衷使出的逃避計謀。因此舜水於《答奧村庸禮書》中拆穿其衷的伎倆，要求奧村家配合其管教，以栽培這資質不差的小頑童，曰：

> 服部其衷前者詐病，意圖遣歸。不佞既不急促，亦不落渠彀

---

[1] 朱舜水《答古市務本書》，《朱舜水集》，頁334。
[2] 朱舜水《與古市務本書》，《朱舜水集》，頁330。

> 中。今計窮而後讀書,已將一月矣。儘能記誦,音聲亦不異唐人之子,甚清亮。近日學語,譬如雛鶯,亦間關可聽,漸能作譯人。但要賢弟不為姑恤,則不佞之嚴厲可施。彼若稍有退步,便不思進步矣。向日不佞以賢弟寬和,且又遠去,此子來,故不肯受。不然何以至此?今幸稍有一線之路,其所以立身者,年幼且生蓬中,未可知也。[1]

足見舜水鬥智博心機,對這位困苦出身而不失聰穎的年輕學子有過一番苦心教導。

寬文十二年(1672)冬天,彰考館落成,光圀請舜水改定儀注,並率儒生詳明儀節、習釋奠禮,讓習禮者得以通曉梗概,是當時日本儒界一大盛事。演練過程中,初習儒生屢出差錯,惟獨其衷從容不迫、表現出眾。舜水在給務本的信函中對此讚譽有加,曰:

> 其衷雖不肖,屢問剛伯云,近來頗佳。至於習禮一節,通場未有出其右者;不但出其右,即多年學禮之儒,亦無有能及之者。從容次第,禮無違錯,不吳不傲,柔順溫私,不謂其遂能及此。彼獨任人之所難為,不擇簡使,若更加之以端詳莊重,雍肅得宜,則大善矣。其他亦有一二事可觀,異日或能長進,亦未可知。[2]

此後,舜水每遇行禮,必以其衷為佐。筆者於九州柳川古文書館發現一封服部其衷寫給朱舜水的書簡,內容如下:

> 晚生其衷頓首,衷加州孤子,僻處海隅,今幸得廁老師宮牆之末,一則不敢忘奧村因幡提拔之恩,而揆厥所由,皆老先生之賜也。老先生高誼,天下有識者莫不聞,而衷日侍左右,老師稱道不一備聞。老先生誼至高、心至篤、行至醇,衷因歎海外小國固自有超今邁古之人,賢才不擇地而生,豈不信哉?老師日夕念念,思得一晤,飲食寤寐未之稍忘,而不能得。……衷雖蒙老師教育,自恨童騃,茫無知識,適如以蠡量海,豈能測其涯涘。惟冀天假遐齡,他日庶可幾及高美之道耳。兩年以來釋奠習儀,進退雍容,禮儀

---

[1] 朱舜水《答奧村庸禮書》,《朱舜水集》,頁273。

[2] 朱舜水《與古市務本書》,《朱舜水集》,頁329—330。

卒度。……賀國（按：加賀藩）多士謂："三代禮儀盡在於斯。"凡觀者無不稱賞歎服曰："不圖禮意之美，廼至於此。"或曰："一至此地，不嚴而肅，憍慢之氣不覺銷鎔頓盡。"其間老成人至有泣下者，此僅老師緒餘耳。[1]

文末注記"仲夏貳拾有貳日　其衷頓首"。從"兩年以來釋奠習儀，進退雍容，禮儀卒度"的內容觀之，推測該文寫於延寶二年（1674）仲夏，舜水七十五歲之際，當年光圀請製明室衣冠。

舜水對於其衷的肯定與感激，於《與五十川剛伯書》中尤其表露無遺，其文曰：

> 服部其衷薪水之費，三四年來屢與足下言之。足下云既已送上，不便返璧。不得已權宜留此，不虞足下竟不為我道明。此子事不佞如事父，朝暮服勤而不倦，一二年來愈加周摯。逆旅孤老而得此，豈不深感顯思（筆者按：奧村庸禮）厚情！至若蔬食菜羹，不佞之力，能與共之，何事復須顯思經營？且不佞老矣，衣食裁足而止，更不須多積金銀。已刻惠來黃金拾貳兩，暫留於此，俟足下至，說明而返之。每年但與質實冬衣一二件，以無失初意已爾。至於夏衣，不佞處甚多，亦不必更賜也。不盡。[2]

庸禮推薦其衷師事舜水，除了日常慇懃問候、酬酢餽贈外，亦長期為其衷支付可能包含束脩在內的衣食住行等生活費用。對此，舜水希望透過同樣來自加賀藩的弟子五十川剛伯傳達其想法，代為婉拒，卻遲遲未能如願中止薪水的收授，所以用相當堅決的口吻逐一剖析，抒發其心意。如此看來，舜水得其衷此一弟子，不但因而順利闡揚釋奠儀禮於日本，更由師生關係升華為父子情誼，由於深受感佩而獲得貼心的服侍，得以安度晚年。當然於此同時，舜水與奧村家的情誼，也因為其衷而更加深厚。

---

[1]　服部其衷《服部其衷寄朱舜水書》，原文藏九州歷史資料館柳川古文書館（第1346號史料）。收錄於拙編《新訂朱舜水集補遺》，頁125—126。

[2]　朱舜水《與五十川剛伯書》，《朱舜水集》，頁339。

結　論

　　晚清立憲派領袖人物、與朱舜水同為浙江出身的湯壽潛（1856—1917），向來主張教學以實用為務，因此贊同朱舜水"經世致用"的學說理論。他在《舜水遺書》的序文中寫道："立橫舍以興教，定廟次以明祭，示以衣冠之式以致文，詔以棺槨之制以厚終。"[1] 這段話頗能說明舜水與德川儒教發展的關係。對普及水戶及加賀藩的儒教內涵而言，舜水融合了古聖先賢諸多學說於一體，將倫理思想與政治理論結合，引導執政者（藩主）、輔政者（藩儒）朝"修己以敬，修己以安人，修己以安百姓"（《論語·憲問篇》）的境地努力。

　　探討至此，可知朱舜水的影響力，除了築基於長崎、江戶、水戶等地緣關係緊密之地，更透過人脈網絡，傳繹其文化思想至120餘里外的加賀藩諸生。包含另文論述過的前田綱紀、木下順庵、五十川剛伯，以及本章探討的奧村庸禮、奧村德輝、古市務本、服部其衷等，從其間往來信函之質與量，不難體認朱舜水對於加賀藩的教化有推波助瀾之作用。綜觀其教化內容，大致可以歸結為以下三大訴求。

一、勤學勵志，興國安邦

　　朱舜水深刻體認到，為政者必須勤讀書並且熟讀史書，多識前言往行，汲取歷史經驗和教訓，以作為興國安邦的基礎，因此建議奧村庸禮精讀《資治通鑑》，因為"一部《通鑑》明透，立身制行，當官處事，自然出人頭地。俗儒虛張架勢，空馳高遠，必謂舍本逐末，沿流失源。殊不知經簡而史明，經深而史實，經遠而史近，此就中年為學者指點路頭，使之實實有益，非謂經

---

[1] 湯壽潛《舜水遺書序》（1912年8月），《朱舜水集》，頁797。

不須學也。得之史而求之經,亦下學而上達耳"。[1]

而對於古市務本的請益,朱舜水答以"先儒謂當官之法,惟有三事:曰清,曰慎,曰勤。知斯三者,則知所以持身矣",並且強調勤學,進而"勤思職業,宣君德,達民隱,訪賢良,察姦慝,卹鰥寡,賙困窮"。[2] 誠如弟子安積覺於日後追懷朱舜水,指出其教人是:"未嘗高談性命,憑虛騖究,惟以孝弟忠信,誘掖獎勵。其所雅言,不離乎民生日用彝倫之間。本乎誠而主乎敬,發於言而徵於行。涵育薰陶,亹亹不倦,務欲成就人才,以為邦家之用。"[3]

二、敏求好古,仁政尊賢

朱舜水對五十川剛伯說:"人君修身尊賢,舉善去讒,治國理民,則一國之中,皆是太和元氣,自無災沴之生。"[4] 對前田綱紀則提及:"天生民而使人君司牧之,蓋將使其明四目,達四聰,日以一心周乎四境也。豈使之耳無聞,目無見,安意肆志,偃然於臣民之上哉?然則無逸維何?教孝教弟,興賢舉善,其大端也已。"[5] 顯見曉諭的對象無論是輔政的藩臣或主政之藩主,朱舜水都將"仁政尊賢"擺在治國平天下之首要。

三、做民之父母,行養民之道

重民、愛民是朱舜水在德川社會推行儒教的核心思想之一,施政必須以民為尊,做民之父母,行養民之道。加賀藩主前田綱紀原名"綱利","綱紀"之名是由大學頭林憨(春常)自十七種文獻中選出,經徵求舜水意見後改定而成。[6] 舜水還建議前田綱紀以"取益"為字,並說明原因如下:

> 今天下人君之所為,取諸其民者皆損也,非益也。取人之財,益在帑藏;取人之善,以為益在一身一國。若夫取天之道,地之

---

[1] 朱舜水《與奧村庸禮書》,《朱舜水集》,頁274。
[2] 朱舜水《答古市務本書》,《朱舜水集》,頁335。
[3] 安積覺《朱舜水先生文集後序》,《朱舜水集》,頁786。
[4] 朱舜水《答五十川剛伯問》,《朱舜水集》,頁365。
[5] 朱舜水《無逸 應賀、能、越三州太守菅公之命》,《朱舜水集》,頁503。
[6] 見拙稿《加賀藩における朱舜水の思想の普及》。

利,則益在萬世,民惟恐其取之不多也。字之曰取益,亦以道之至大者廣之爾。[1]

綱紀身為德川幕府倚重的地方諸侯,也是舜水心目中位高權重的人君,因此,藉字取益說,提醒其為政應取民之財而用之於民,與民為善,為民爭取利益,進而行養民之道。所謂"善取者取之天,善益者益夫天下萬世。即未耜之利,以教天下,本取諸ый;使天下獲耕稼之利,以養萬民,則天施地生,其益無方矣。無方之利,誠天下萬物之綱也已"。[2]

全力推展促使"聖學"在日本流傳,將其內在精神落實在道德培養與教育普及上,這是朱舜水傳學的主要特徵。朱子學、陽明學等諸多學理,經過破除框限的解構程序,繼之以反覆思考、淬煉,而漸次重構成形,朱舜水在德川社會這個殊方異域中,對各種出身背景、社會階層的人士,藉由多元的傳播形式,講述其個人型塑的儒教思想,推展其"敬教勸學,建國之大本;興賢育才,為政之先務"[3]的理念。同時,正因為有德川光圀、前田綱紀兩位深具分量與代表性的諸侯傾心漢學、禮賢下士之人格特質的加持,其思想主張才得以在日本獲得承繼、轉換乃至重生。以下引用朱舜水《答加藤明友書》的一段話作為結語:

今貴國幅員廣大,千倍於滕,而百倍於豐、鎬,而物產又甚饒富,失今不為,後必有任其咎者矣。至若以風物禮義為歉者,則建學立師,乃所以習長幼上下之禮,申孝弟之義,忠君愛國而移風易俗也。[4]

是"天時、地利、人和"的主客觀條件,成就了朱舜水在日本傳揚儒教的思想。

---

[1] 朱舜水《加賀中將菅原綱利字取益說》,《朱舜水集》,頁441—442。
[2] 朱舜水《加賀中將菅原綱利字取益說》,《朱舜水集》,頁441。
[3] 朱舜水《勸興》,《朱舜水集》,頁501。
[4] 朱舜水《答加藤明友書》,《朱舜水集》,頁74。

第六章

從東亞視域看隱元、朱舜水的文化傳播

前　言

　　鎌倉時代(1185—1333)是日本佛教極為盛行的時期,當時中國宋代的理性之學也隨之東傳,而傳播者多為禪僧,他們往往從禪學角度來理解宋學,因此當時的日本社會不免產生流於空談、不切實際的學理。此外,鎌倉時代以還,禪宗僧侶即已開始對武士同時闡述佛教與儒教學說,但對歷經戰國時代生存下來的武士而言,具有深厚倫理色彩的儒教教義,遠比佛教教義更受青睞。

　　十七世紀中葉,中國明清交替的政治變動給周邊國家帶來極大的衝擊,國際貿易交流頻繁的東亞海域隨之掀起陣陣洶湧波濤。昔日邊陲的"夷"(滿)族掌控了中國政權,日本將明清鼎革稱為"華(漢)夷(滿)變態"。明朝滅亡後,中日之間產生了兩種現象,一為諸多晚明遺臣退居東南沿海繼續抗清,二是不食清粟的明末文人、僧侶為避戰亂,越境離鄉,東渡日本者為數不少。鄭芝龍、鄭成功父子曾經多次遣使赴日,請求德川幕府出兵援助抗清,《華夷變態》中,明確記載了幕府高層應對"明清交替"的過程。[1] 難以界定是禪是儒的獨立(戴曼公,1596—1672)早在1653年就已東渡長崎,而黃檗宗隱元(隆琦,1592—1673)禪師於1654年東渡日本是由鄭成功派船護送,京都宇治萬福寺文華殿"黃檗文化研究所"典藏的《唐山諸居士書札》《諸居士書札》《諸和尚書札》等文獻,可証明隱元與抗清明將關係匪淺。[2] 1659年,鄭成功、張煌言策劃的北伐戰敗,參與"南京攻略"的朱舜水決定寓居日本,並策劃向日本"乞師"。1676年東渡日本的曹洞宗

---

[1] 詳見林春勝、林信篤編,浦廉一解說:《華夷變態》,《東洋文庫叢刊第十五(上)》,1971年;石原道博:《明末清初日本乞師の研究》(東京:富山房,1945年)。

[2] 詳見拙稿《隱元禪師與黃檗文化之東傳》,《アジア文化交流研究》第1號(大阪:関西大学アジア文化交流研究センター,2006),頁155—172。

禪僧東皋心越(1639—1695)在《東渡述志》中,隱約提及他在東渡以前曾參與浙東抗清義軍的活動。[1]這些文人、僧侶雖然身份不同,但對自己的政治認同與文化認同各有鮮明的意識。本章旨在探討同一時期東渡日本的隱元、獨立、心越等三位僧侶及以明末遺民自居的朱舜水,在易代之際,於動盪不安、邊陲異域的"越境"時代求生存的過程中,其禪(佛)、儒學立場的轉換及對國家、文化的認同問題。

第一節　外來文化的融合與衝突

一、從神佛習合到神佛分離

德川幕府成立之後,由佛轉儒的林羅山(1583—1657)連續擔任德川家康(1543—1616)、秀忠(1579—1632)、家光(1604—1651)、家綱(1641—1680)等四代將軍的侍講,統轄幕府的學問所,權傾一時,成為德川幕府將朱子學列為官學的關鍵人物之一。林羅山認為佛教存有"非現實性"的思想而加以排除,因此造成德川初期佛、儒爭論不休的社會現象。德川後期日本的思想界則發展成以朱子學(官學)為中心的社會導向,基本上,朱子學遠離佛教世界,以"四書""五經"為儒教經典,創造出儒教之思想體系。為統治國家,德川初期透過教化的功能,將儒教意識形態化,使之成為有利於幕府實施封建統治的思想主軸。

從1691年林羅山之孫林鳳岡(1645—1732)被任命為總管學問之"大學頭"起,此官職即成為世襲制,而反佛則是林家一脈傳承的基本立場。但是,德川幕府對佛教寺社之管理過程複雜,宣揚朱子學之核心學者亦耗費時日才逐漸擺脫佛教的影響,而發展成為獨立之儒學思想體系。德川幕府

---

[1] 詳見拙稿《明清文化對江戶中期日本文化之影響:試論心越禪師之思想變遷》,《中國文學歷史與思想中的觀念變遷國際學術研討會論文集》(臺北:大安出版社,2005年),頁243—289。

自寬永八年(1631)禁止新寺院之成立,並於寬永十二年(1635)設置"寺社奉行",寬文五年(1665)7月下達"諸宗寺院法度"命令,主要目的在排斥"神佛習合(共存)"之說,以振興日本傳統的神道,達到神、佛分離之目的。因此,當時日本社會的佛教活動在幕藩體制中極度受限,難以施展。日本佛教界在禪風萎靡不振之際,期待臨濟宗、曹洞宗等新興的禪學能帶來振衰起敝之效。傳播黃檗文化於東瀛之臨濟高僧隱元隆琦(1592—1673),即在此背景下,於承應三年(1654)應邀東渡日本弘法。

二、佛寺的增加及其問題點

儒教與佛教為東亞各國共同的學問,具有傳統文化的特質。但這兩個領域的深奧學問在經過不同國家的"越境"與"融合"之後,其內容往往產生不同的轉換。由中國經由朝鮮東傳日本的佛教在經歷"應仁之亂"(1467—1477)之後,禪門主流五山十刹受到嚴重損毀,幾大寺院紛紛獨立,彼此對峙。臨濟宗的勢力衰退,禪風敗落,京都的傳統文化遭受到空前的破壞。為重振日本禪宗、復興佛教,德川初期自元和年間(1615—1622)即創立了淨土宗、真宗、曹洞宗、真言宗、日蓮宗、黃檗宗、天台宗等十所佛寺,至寬永(1624—1643)、正保(1644—1647)年間,日本各宗佛寺更增加到二十所以上,且每一宗都有自己的體系和所依歸的經典。換言之,日本自中世紀至德川社會的宗教發展,不但與政治牽扯在一起,與社會、經濟問題更難以切割,其過程相當複雜。德川時代思想界的闢佛論之所以盛行,與諸多學問(學派)思想體系的形成有深厚的關聯,值得一探究竟。此外,德川時代日本儒學思想的盛行,必須與當時的政治、社會、經濟及宗教發展等複雜問題同時探討,方能釐清儒學與宗教的傳統價值及其現代意義。

第二節　德川前期"由佛入儒""從儒闢佛"的普遍現象

藤原惺窩（1561—1619）有"日本近世儒學之祖"之稱，原為京都相國寺的佛教徒，後還俗為儒教的信奉者。他一度企圖前往中國（明朝）修習儒學未果，認為儒教應擺脫佛教之從屬地位，而成為朱子學者，並向豐臣秀吉、德川家康講授儒學，後辭退家康邀請為官，其轉向儒學甚至是受到韓國朱子學的影響。[1] 藤原惺窩的弟子林羅山早年曾在京都建仁寺學佛，但後來卻批評佛教講來世、論虛妄，具有彼岸主義，是逃避現實社會，忽視道德的行為。經藤原惺窩推薦，林羅山成為德川幕府推展儒教的核心人物，他"由佛入儒"，主要認為朱子學遠離佛教世界，以"四書""五經"為儒教經典，講現世及道德主義，是一種合理主義。

另一方面，佛教與德川幕府的政治關係更是密不可分。為了維護統治地位，在"幕藩體制"的運作下，當時佛教寺院陸續頒佈"改變宗門制度"及"寺社請領制度"，掌管人民戶籍，使人民都從屬於寺院，監督人民不能成為"切支丹"（Kirishidan，基督、天主教徒）。一度別立門戶的神、儒兩道，曾經回歸佛教管轄，產生儒者不滿這種"佛上儒下"的爭論現象。特別是佛教擁有權勢之後，僧侶們廣受供養，汲汲爭奪僧官地位，而開始沉淪衰敗，[2] 德川光圀（1628—1700）於1665年下令廢除水戶藩三千"淫祠"的原因就在於此。[3] 這裡我們可以發現，德川初期的知識分子在辯論佛教與儒教"從

---

[1]　佐藤貢悅《江戶儒學思想史中朱舜水的位置》，"朱舜水與東亞文明發展國際學術研討會"發表論文（2010.11.5）。

[2]　辻善之助曾論述日本僧侶之墮落現象。詳見《日本佛教史》（東京：岩波書店，1954年），近世三，卷九。

[3]　德川光圀為配合幕府"諸宗寺院法度"之改革，在寬文五年（1665）12月訂定水戶藩之寺社法令，毀淫祠三千八十八間，1665年4月"毀新建寺院九十七，廢三百四十四寺，僧破戒者為編氓，若古剎廢寺皆修葺興復"，對素行不良的寺社加以整頓。

屬""虛實"的關係時有其深遠的背景,不但各有目的,且佛教與儒教的發展都是維繫德川政權的必要條件,缺一不可。

第三節　隱元渡日的背景及其與鄭氏一族的關係

日本德川初期"鎖國"之後,九州長崎是唯一開放中國與荷蘭商船進入的港口。此際,為防止倭寇在海上橫行,終止多時的中日貿易活動也於明朝萬曆二十九年(1601)重開,東渡日本貿易的明朝商船與日俱增。據《福建史稿》記載,至1620年為止,旅居日本的福建福州、泉州、漳州人以數萬計。隱元隆琦(1592—1673),出身福建福清縣,俗名林曾炳。1621年,29歲在故鄉福清的黃檗山萬福寺剃度出家。1654年,應日本長崎興福寺住持逸然性融邀請,東渡弘法。鄭成功(1624—1662)在福州抗清之際,經常到隱元處參禪而受法於黃檗禪宗。隱元決定東渡弘法時,由鄭成功族兄鄭彩安排到南明的軍事基地廈門,再由鄭成功特派兵船並由其部將張光啟護送至長崎。1997年,筆者曾前往京都黃檗文化研究所調查隱元與鄭成功的相關史料,獲得該所田中智誠和尚的協助,參閱存疑許久的《唐山諸居士書札》《諸居士書札》《諸和尚書札》等貴重文獻,直接證實了隱元與鄭成功的關係匪淺。[1] 德川時代儒學鼎盛,漢詩文為核心學問之一,但對實施鎖國制度的日本禪林而言,黃檗的禪道、戒律思想與規範,更是日本禪僧爭相修行的領域,諸如京都臨濟宗妙心寺的龍溪宗潛、禿翁妙周、竺印祖門、湛月紹円等高僧都受到黃檗文化傳播的影響。

---

[1] 這些珍貴的隱元相關資料委由中國社科院陳智超先生複印。詳請參閱陳智超、韋祖輝、何齡修編《旅日高僧隱元中土來往書信集》(日本黃檗山萬福寺藏,中華全國圖書館文獻縮微複製中心,1995年)。

一、黃檗文化在日本的傳播

　　隱元得到德川幕府第四代將軍德川家綱(1641—1680)賜地，黃檗宗萬福寺於 1663 年在京都宇治市開堂，振興了日本黃檗禪學，也傳播了中國的建築、書法、雕刻、繪畫、醫學等知識和技術。隱元為黃檗文化的傳人，其詩詞優雅，兼具書法長才，聲名遠播於近世日本佛教、文化界。除了喚醒日本禪學之風，普及漢詩與書法的文化交流外，京都萬福寺的造型多屬明代的建築格調，可說是明朝寺院建築技法移植日本最典型的代表。其次，黃檗的佛教禮儀、佛像雕刻、書法繪畫等文化的素養，潛移默化了日本佛教各宗派，豐富了中國禪學的風味。

　　隱元東渡時還帶去一些中國植物種植技術，如在日本民間家喻戶曉的隱元豆(扁豆)、茶的輸入與栽培。黃檗僧人常吃的中國式食品，如胡麻豆腐、隱元豆腐、黃檗饅頭等，也傳入日本寺院和民間。萬福寺前的白雲庵是在日本各地傳佈中國風格淨素烹飪"普茶料理"的發源地，對日本飲食文化產生了深遠的影響。

　　從語言文化角度而言，隱元的《黃檗清規》是以標準的黃檗唐音(南京官話)誦經。由於歷代高僧皆出身福建，其中夾雜著諸多的福州腔調，現存日本記載黃檗唐音的刊本相當多，黃檗文化也影響了當時日本社會的語言文化。[1]此外，卍山道白在曹洞宗的宗門改革中，也以隱元的《黃檗清規》作為重要的參考資料，它影響當時日本禪宗各派宗統、規矩的修正。隱元弘法遍佈日本全國，以後水尾法皇(1596—1680)為首的皇族、以幕府要人為首的各地大名(daimyo, 諸侯)，以及多數商人相繼皈依黃檗宗。隱元等黃檗僧人東渡時，帶去了大批明清名家的書畫真跡，作為黃檗文化的珍品，大多收藏在萬福寺內，使宇治黃檗山成為薈萃中華文物精品的寶庫。在書道文化傳播方面，隱元與弟子木庵性瑫(1611—1684)、即非如一(1616—1671)被譽為"黃檗三筆"，隨著書法繪畫的推展，也推動了日本篆刻和印刷業的進步。隱元的書記獨立性易、高泉性激(1633—1695)等善於篆刻，並

1　詳請參閱徐興慶、劉序楓編《十七世紀の東アジア文化交流 — 黃檗宗を中心に》，《日本學研究叢書》30 (臺北:臺大出版中心，2018 年)。

將技法傳授給長崎高天漪（深見玄岱,1648—1722）等弟子,為明朝文化移植日本作出貢獻。

二、隱元與鄭氏一族的關係

寬永元年（1624）福建萬福寺刊刻的《隱元禪師語錄》舶載傳入長崎,當時除了京都妙心寺派僧侶搶購閱讀外,其他宗派為了修行,也爭相借閱。[1]這是日本佛教界召請隱元的原因之一,而明清戰亂,不利弘法是促使隱元決定東渡的另一主因。[2]前述陳智超等編《旅日高僧隱元中土來往書信集》[3]刊行之後,隱元與明末遺臣及鄭成功一族之交往關係,引起中日學界重新討論,隱元在文化認同之外,其政治立場與國家認同究竟為何？

現藏京都宇治萬福寺之隱元與鄭成功、鄭彩、鄭奏官、張光啟、魯監國東閣大學士劉沂春、隆武政權之兵部尚書唐顯悅等抗清人士的書信往來,令人聯想隱元東渡日本弘法之外,負有重要的政治使命。據吉永卯太郎研究指出,鄭成功駐兵福州抗清之際,經常隨隱元參禪而受法於黃檗宗。承應三年（1654）隱元決定東渡弘法時,即由鄭成功族兄鄭彩安排至南明的軍事基地廈門整裝待發。此外,原為抗清名將、後為隱元弟子的獨耀（法諱性日,俗名姚翼明）、[4]獨往性幽（歐琪）、[5]道岳（鄭彩之婿）、道海以及當時經營商船從事中日貿易的林繼京等人的交往過程,也引起筆者的關注。

---

1 鷲尾順敬《黃檗派の開立と龍溪》1-3,《史學雜誌》,第33篇第10號、第33篇第12號、第34篇第2號,1922—1923年。

2 清軍攻破舟山之後,南明眾多抗清志士紛紛南下避難,皈依佛門者大多具有反清意識,因此清廷對寺廟控制極為嚴厲。此種政局的不安與時勢之轉變,無形中帶給隱元莫大壓力,不利弘法為其決意東渡日本的原因之一。

3 《旅日高僧隱元中土來往書信集》一書,是由中國社會科學院歷史研究所研究員陳智超在萬福寺"文華殿"之協助與同意下,於1994年著手調查整理而成。陳氏詳細考證117封書札之作者、內容、日期以及與隱元往來之關係,同時邀請明史專家韋祖輝、清史專家何齡修共同整理、注釋,並提示相關參考資料,於1995年3月刊行。

4 獨耀性日俗名姚翼明,浙江海寧人。曾與南明將領張名振（1601—1656）一起抗清,魯監國曾授予職方主事,後流亡福建。1652年剃髮為僧,師事隱元。著有《南行草》《黃檗隱元禪師年譜》。

5 獨往性幽俗名歐琪,福建侯官縣人。工詩,擅棋。明亡後曾起兵抗清,後入廣東削髮為僧,1651年師事隱元,之後仍參與抗爭活動。

三、鄭成功致隱元書信

鄭成功在派船護送隱元渡日之後,曾經致函隱元。此信內容對探討鄭成功與隱元的交往關係深具價值,其內容如下:

> 得侍法教,頓開悟門。執手未幾,忽又言別,唯有臨風神想耳。但日國之人雖勤勤致請,未知果能十分敬信,使宗風廣播乎?抑虛慕其名而姑為此舉耶?倘能誠心皈依我佛,自當駐駕數時,大闡三昧。不然不必淹留歲月,以負我中土檀那之願。況本藩(按:鄭成功)及各鄉紳善念甚殷,不欲大師飛錫他方,所以撥船護送者,亦以日國頂禮誠深,不忍辜彼想望之情也。要之,法雨均霑、龍天實相,弘道誠莫分於彼此,審勢自不無先後,唯大師慧炤之。其黃檗叢林弟子,自當丈佛力保護,無庸致慮也。盈盈帶水,神注徒深,屈指歸期,竟知何日?謹啟。法駕榮行,本藩不及面辭。至次早聞知,甚然眷念,愈以失禮為歉。尚帖回拜,謹即附聞。[1]

鄭成功對於隱元東渡,表明其"不欲大師飛錫他方"之態度,期盼隱元赴日會有歸期。至於撥船護送,乃基於"日國頂禮誠深,不忍辜彼想望之情"。僅就書簡內容,難以看出隱元負有重要的政治使命。不過,此信寫於1654年八月,隱元渡日不久,當時鄭成功以福建廈門為基地,轉戰廣東、浙江沿海,多次北伐至長江,確實需要大量軍援,又其父鄭芝龍有多次派員向德川幕府"乞師"之記錄。此外,徐堯輝指出:隱元在興建萬福寺時,於寬文五年(1665)另建了極為隱秘的"威德殿",供早先流亡名古屋的張振甫(明崇禎皇帝三子朱慈烺之化名)作為反清復明之策劃基地,論述隱元是張振甫集團極有力的掩護人。[2] 觀此,隱元週遭不乏反清復明之士,再檢視隱元書簡之內容及其交往對象,確實讓人聯想隱元負有政治使命,且為反清復明之

---

[1] 陳智超、韋祖輝、何齡修編《旅日高僧隱元中土來往書信集》(北京:中華全國圖書館文獻縮微複製中心,日本黃檗山萬福寺藏版,1995年),頁67—70。

[2] 徐堯輝《明太子、福王亡命在日本——化名張振甫、張壽山》(臺北:中華書局,1984年),頁68。徐氏還引名古屋德川美術館蓬左文庫所藏《諸士傳略稿》中"振甫資性朴直,不阿權貴,平生修禪教,從黃檗隱元學,與木庵、即非等研究其道",認為隱元與張振甫集團之結合始於1661年萬福寺興工之際,而策動反清復明之志士在"威德殿"集會,則始於1664年鄭經據臺時代。

政治立場旗幟鮮明的宗教人士,只是未如朱舜水般,將赴日"乞師"付諸行動罷了。[1] 1673 年,隱元在日本圓寂,享壽 82 歲,後水尾法皇封之為"大光普照國師"。

第四節　朱舜水與寺院改革的關聯性

朱舜水於 1659 年冬起居留日本長崎約五年,1665 年 9 月之後應水戶藩主德川光圀禮聘至水戶及江戶講學,這段時間正值德川幕府對其寺社大力整頓、嚴格管理。德川光圀為配合幕府"諸宗寺院法度"之改革,於 1665 年元月即訂定水戶藩之寺社法令,對素行不良的寺社進行整頓,毀淫祠 3088 間,翌年四月毀新建寺院 79 間。當時日本佛教界謂此係德川光圀採納闢佛的朱舜水建言而付諸實行的政策。對此,朱舜水雖然加以否認,但在時間點上非常敏感。筆者針對當時水戶藩與德川光圀及其相關文獻、書簡進行調查分析,目的在釐清朱舜水影響水戶藩宗教政策之真相。

此外,在朱舜水主張反佛的同時,德川前期也出現若干反佛、闢佛的儒者,其中代表古學派的學者伊藤仁齋(1627—1705)、伊藤東涯(1670—1736)父子皆不信鬼神,又斥卜巫之說,就是明顯的例子。伊藤仁齋曾透過安東省菴擬前往長崎求見朱舜水,但朱舜水批評伊藤仁齋的學問"工巧,無益於世用",以"彼之所為之道,自非不佞之道"為由婉拒會面。若干時日後,朱舜水卻又稱讚伊藤仁齋:"策問甚佳,較之舊年諸作,遂若天淵。儻由此而進,竟成名筆,豈遜中國人才也。"(《答安東守約書》)筆者查閱朱舜水全集,發現二人之間並無書簡往來,其間皆由安東省菴居中傳話。朱舜水對於伊藤仁齋學風由批評轉而稱讚,這與伊藤仁齋的學問主張逐漸轉向實學、實用的方向有關。

1　有關朱舜水之"乞師"意識,請參閱拙書《近代中日思想交流の研究》(京都:朋友書店,2004 年),頁 38—45。

朱舜水全集之各版本及筆者於日本搜集之朱舜水原文書簡中，隨處可見其對佛家思想的激烈批評，但鮮見探討朱舜水的佛學觀或比較其與日本儒者對佛學思想主張的論述。朱舜水居留日本期間，恰巧捲入上述佛、儒爭論不休的社會亂象中，增添了傳播中華文化的難度。朱舜水有弘揚聖學之訴求，意外成為德川光圀的賓師，擔當起復興水戶儒教的大任。為逐步完成朱舜水各思想體系的整合研究，筆者透過相關文獻考察朱舜水的佛、儒思想之不同主張，探討其與德川光圀、水戶藩儒者以及黃檗、曹洞二宗禪僧之間的互動關係。

朱舜水究竟是朱子學者或是陽明學者，夙來成為中日學界關注的焦點。邵念魯於《明遺民所知錄》中述及"餘姚朱之瑜闡良知之教，日本於是始有學，國人稱為朱夫子"[1]；《餘姚縣志》（光緒二十五年修）卷二十三《朱之嶼》中亦提及"日本師奉之，為闡良知之教"，都將朱舜水視為陽明學者。但是，朱舜水於《答某書》中云："本非唱明道學而來，亦不以良知赤白自立門戶。"於《答安東守約問》中又云："其（王陽明）徒王龍溪有語錄，與今和尚一般。其書時染佛書語，所以當時斥之為異端。"由此觀之，朱舜水已經解釋自己並非陽明學者，而且明言佛書、佛語之無用，並斥王陽明"援佛入儒"之態度為"異端"。

第五節　朱舜水對佛教與儒教的不同論述

一、朱舜水的闢佛思想

朱舜水的闢佛言論散見於其全集之中。例如《答安東守約問》即述及"不佞以人事為主，其（佛教）恍惚渺茫之事，不入言論"；[2] "天下典籍，除佛

1　邵念魯《明遺民所知錄》傳十七，《思復堂文集》卷三收錄。
2　朱舜水《答安東守約問》，柳川古文書館所藏1311書簡。

經外道之書,盡皆有益"。[1] 又於《答小宅重治書》中指出,"惟佛氏為喪心敗俗,必不可為者也。欲為聖人之道,而以佛氏雜之,是猶烹大牢於函牛之鼎,而投之以鼠矢,誰能食之";[2] "人世間最敗人家國,毀人德性,都是天文圖讖等人"。於《答辻達問》中批評:"作佛事者,俗人之習也。云是超度亡人,早登極樂,脫離苦厄,以愚弄無知者耳。"[3] 朱舜水痛斥佛教的言論是"恍惚渺茫""佛經無益",甚至是"喪心敗俗""敗人家國""毀人德性",認為超度亡魂的習俗是愚弄無知者的行為,對於佛教所謂"地獄極樂說""輪迴轉世說",都採取極為嚴厲的批判態度。森大狂於《朱舜水の學佛說》中稱讚朱舜水為"明朝遺臣,儒林俊傑",又說朱舜水曾對學佛之徒告誡曰:"今人不善學佛,舍卻腔子裡真佛,反去外面尋佛。或曰:真佛如何供養?曰:不用,香華燈燭,止須兩字'真誠'。"[4]

森大狂舉此例嘆曰:"此事實令古今同嘆,必竟這事因缺乏真誠,如古人般無能成一大事。"德川社會倡議儒教者,除主流的朱子學派之外,雖有古學、古文辭學、陽明學等諸多派,但其人數仍無法與佛教的各宗教徒人數相提並論。朱舜水早已察覺,欲於德川社會復興儒教,是一件極為艱難的事。1663年春天,長崎市街遭祝融之災時,朱舜水的住所被燒毀,本人亦被燒傷,於是避難於曹洞宗皓台寺。當時,皓台寺住職月舟宗胡(1618—1696)因佩服朱舜水之學識,曾助其渡過難關。朱舜水轉往水戶發展之後,為感念其恩,曾給月舟宗胡寫了謝函,內容如下:

> 和尚不以為嫌,反於萬眾之中獨為尊禮;⋯⋯午夜挑燈,烹茶酌酒,欵欵隆情,至今時在心目。[5]

據此函啟辭提及"自別芝顏,倏忽間已七載矣",即可推斷朱舜水是在長崎大火發生七年後,亦即1670年時,才由江戶寄出此函。朱舜水何以時隔七年才向月舟宗胡發函致謝,其理由敘述如下:

---

1 朱舜水《答安東守約問》,柳川古文書館所藏1337書簡。
2 朱舜水《答小宅重治書》,《朱舜水集》,頁298。
3 朱舜水《答辻達問》,《朱舜水集》,頁421。
4 森大狂《朱舜水の學佛說》,《禪林佳話》廿(東京:森江書店,1902年,日本國立國會圖書館藏)。
5 朱舜水《答釋月舟書》,《朱舜水集》,頁63。

> 每欲修候，又以道教殊方，恐犯昌黎之誚，把筆而止者數四。
> 近乃慨然自悟，此特魯男子事耳。昔與健老人朝夕起居者十年，
> 彼亦時以其道誘我，此時僕甚貧困，終不為彼所移。[1]

如前所述，朱舜水向來傾向儒教而嚴辭闢佛，但居留長崎之際，不僅與同為浙江出身的黃檗禪僧、長崎興福寺住職逸然性融（俗姓李，1601—1668）及澄一道亮（俗姓陳，1608—1692）等人過從甚密，各宗派的僧侶對其更是照顧有加。因此，朱舜水前往江戶及水戶，一心以普及儒教為志的同時，關於如何與佛教界人士持續往來，佛、儒之間如何界定，其內心有過掙扎，才對月舟宗胡有"道教殊方"的表述。所謂"恐犯昌黎之誚"，是指韓愈（昌黎）原來尊儒、孟，排佛、道，但在仕途潦倒之後，卻自稱"居士"。朱舜水隱喻自己不想重蹈覆轍，雖有四次欲提筆表達感恩之情，卻又與月舟宗胡保持距離，在佛、儒之間劃了一道看不見的圍牆。朱舜水於長崎居留期間曾有一位"健老人"勸他加入佛門，對此朱舜水表示無論如何貧困，都會堅決婉拒。這位"健老人"即是唐通事"獨健"。據《中津日記》[2]記載，獨立以種痘醫師身份前往岩國藩接受吉川家招聘之際，"獨健"皆隨行在側。而勸誘朱舜水入佛門，實為獨立的意思。對此，朱舜水作了如下回應：

> 弟惟靖難時臣極多，惟程詞林□最為艱難，最有始終。今日革除之際□極多，惟弟最為艱難，最為堅忍而尚競競於□□□□□□事始定也。羞辱困苦，分所宜然，總不必論彼時。□□□□□□頭陀誠權宜之計，於理無妨。蓋建文主為和尚也。今日普天下俱剃頭，此事大不可草草。蓋數有相□，弟於祖宗祭祀墳墓，曠絕十七年，罪不可擢髮數，但欲留此莖之髮，下見先大夫於九原耳。前承面諭及之弟□昒不復，而和尚更端，弟亦不究竟其辭，萬一念頭一錯，其所可慮者，翰教之所及，尚未能什一也。尊札懇懇言之，或有他人以游詞相誑者，弟念慮夢想都不及此。……秋冬出關告歸，大是美事，中國叢林儘多，名勝不少。[3]

---

[1] 朱舜水《答釋月舟書》，《朱舜水集》，頁63—64。
[2] 《中津日記》是記錄岩國藩主吉川廣正隱居中津邸一年之藩廳記錄，為吉川家所藏文書之一。
[3] 朱舜水《寄獨立書》，柳川古文書館所藏91書簡。

由"秋冬出關告歸"的內容可知,此信是朱舜水於1662年冬天,獨立自興福寺幻寄山房出關之後寄出。此際,朱舜水仍居留長崎,藉由門生安東省菴分予半俸,過著貧困不安定的生活。朱舜水向獨立表示:"弟於祖宗祭祀墳墓,曠絕十七年,罪不可擢髮數,但欲留此莖之髮,下見先大夫於九原耳。"表現出堅拒皈依佛門的心路。當時獨立亦遭長崎大火之難,前往門人深見玄岱(1648—1722)家及海上船隻避難,持續一段困頓疲憊的生活,令他曾經一度思考還鄉抑或以黃檗禪僧身份繼續留居日本之進退問題。最後獨立決定以"肯定佛教、容認儒教"的圓融立場重新出發,其間卻意外地以種痘醫師的身份獲岩國藩主吉川廣正(1601—1666)之招聘,發揮其文化傳播者的另類角色。獨立晚年回到長崎興福寺、福濟寺終度餘年,其文藝才能跨佛、儒、醫三個領域,書法、刻印、作詩等方面亦給德川社會留下無數文化遺產。而朱舜水則往來於江戶及水戶之間,傾其全力傳播儒教,終至客死他鄉。

獨立曾於1665年3月專程自宇治萬福寺前往北九州的小倉福聚寺,襄助浙江紹興縣出身的黃檗僧即非如一(俗姓林,1616—1671)開堂結夏。之後,小倉藩主小笠原忠真(1596—1667)於山中建一"白雲室"供獨立作為棲身之所,獨立與獨健滯留至八月間才返回長崎。同年夏天,朱舜水前往水戶之際,路過小倉,曾要求與獨立會談,但獨立以開堂結夏為由,未與朱舜水見面,二人關係漸行漸遠,長崎別後未有機會再度謀面。為此,朱舜水於致獨立書簡中提及:

> 前夏路出豐前,相去山中咫尺,和尚不能親來面訣,反引結夏為辭,不能無憾。憾和尚不能率真,多所做作也。……此間有一諸侯,欲延和尚,和尚來此,必不寂寞。但彼以二事相要,託居間者來議。弟意和尚必難允從,故不輕諾。[1]

獨立以結夏為由,以致二人失去再見機會,朱舜水深表遺憾。

二、朱舜水與獨立對佛、儒思想之異見

德川前期的佛教界,在經濟上深受幕府"檀家制度"之保護,因此寺院

---

[1] 朱舜水《與釋獨立書》,《朱舜水集》,頁57。

之數量不斷增加，僧侶們未認真從事宗教活動並蔚為風潮。對此現象，朱舜水在給門人、加賀藩儒奧村庸禮的書信中，作了如下敘述：

> 況不佞儒而日本遍地皆佛。噓佛之氣，足以飄我；濡佛之沫，足以溺我。孰有譽之者哉？不望其譽之也，誰復有諒之者哉？水戶上公尊之信之，亦已至矣。[1]

朱舜水到江戶之後，發現德川社會"遍地皆佛"的現象並無改變。對此於《答釋獨立書》中提及：

> 東武（江戶）戶口百萬，而名為儒者僅七八十人，加以婦女則二萬人中一儒也。而其人又未必不佛。就此七八十人中，又自分別門戶，互相妒忌，互相標榜，欲望儒教之興，不幾龜毛兔角乎？乃欲以此鬭佛，是以蚊撼山也。[2]

朱舜水感受到"遍地皆佛"的風潮，身處這種佛儒之間相互猜忌、標榜的現象中，冀望儒教復興，談何容易？朱舜水對此亂象雖有百般的無奈，但深信所敬重的水戶上公（德川光圀）能助力水戶藩的儒教普及。朱舜水還於《答釋斷崖元初書》中提出應對之策：

> 至若儒釋紛紜之議，舌敝耳聾，不得肯綮，何足復道！彼以削髮披緇者為僧，峨冠廣袤者為儒，互相攻擊，專在此輩。僕謂究其大罪，什七乃在儒者，呫嗶剿襲，嘲風詠月，儼然自命為儒，是豈謂之儒哉？若非叛儒入佛，便思以儒攻佛，遂使佛者撫為口實，亦不自量之甚矣！不知儒教不明，佛不可攻；儒教既明，佛不必攻。何為徒爾紛紛哉！[3]

亦即，從現實面而言，欲消弭佛、儒之爭的亂象，關鍵在於必須明示儒教（聖學）之教義，因此朱舜水以"儒教不明，佛不可攻；儒教既明，佛不必攻"作為應對之策。

眾所周知，宋朝劉謐（靜齋學士）為解決佛、儒之爭的問題，著有《三教

---

[1] 朱舜水《答奧村庸禮書》，《朱舜水集》，頁268。
[2] 朱舜水《與釋獨立書》，《朱舜水集》，頁58。
[3] 朱舜水《答釋斷崖元初書》，《朱舜水集》，頁63。

平心論》，其基本理念在於"儒以正設教，道以尊設教，佛以大設教"之三教教義。各教教化各司其功，同時進行並不矛盾，因此提倡所謂"三教不悖"之實現。對此，朱舜水於致獨立書簡中表達了如下看法：

> 《三教平心論》，其學亦博，機亦敏，舌亦利，以弟愚閱之，未必出於膺作。膺作者無此才，無此識。設使有此才識，又必不肯寄人籬落，必自開壁壘，與人旗鼓相當。即曰以儒攻儒，如以夷攻夷之法，是又不然。久矣，儒教凌遲，釋教橫肆。既已援儒而入於墨，又何必推墨而附於儒？今日即使更有昌黎數輩，恐亦難障東之之百川。其曰靜齋學士者，不必撰文之時自為標置，明乎後日緇流之所增飾。晚世偽儒，多有自攻其所親所宗以為進身之階……劉謐言偽而辨，記醜而博，潤非而澤，行僻而堅，難乎免於君子之誅矣。[1]

春秋戰國以來，墨子提倡以"兼愛、非攻"的教義作為其學問之基礎。從專一的角度而言，本應採"不入於儒，即入於墨"的立場，亦即"非儒即墨"之擇一態度。朱舜水認為《三教平心論》有"援儒入墨"或"推墨附儒"之嫌，其內容雖博學、機敏、舌利，但嚴辭批評劉謐"言偽而辨，記醜而博，潤非而澤，行僻而堅"，無法贊同其"三教不悖"之論點。

三、朱舜水對《三教平心論》的看法

劉謐於《三教平心論》卷下，曾指出韓愈"慷慨激烈，排斥佛教。至於晚年，乃以居士自號"。韓愈於《原道》中曾云："斯吾所謂道也，非向所謂老與佛之道也。"[2] 其遠離佛教的立場極為鮮明，但在仕途失利之後，卻對曾經斥佛教為異端的過當言論表示懺悔。韓愈這種"儒者入佛而不闢佛"的行為，以普及儒教為職志的朱舜水表示斷然無法認同。

高井恭子於其研究中指出，獨立年輕時即以道教為中心，同時研究《易經》及天文學，中年以後出家習佛。因此，獨立對於三教的看法並非均等分配，其修行順序為道教 — 佛教 — 儒教。獨立在其《書論》中，曾簡略述及

---

1 朱舜水《與釋獨立書》，《朱舜水集》，頁 56。
2 《韓昌黎全集》卷十一（北京：中國書店，1991 年）。

三教共通的問題。同時於《有樵別緒自剡分宗記》中，亦述及佛、儒、道三教之間看似無共通之思想，各教共通用語"性""文""理"形態也各有所異，但三教邁向宇宙的目標卻是相同的。[1]

獨立常說："術同道廣，治不視方，濟人及物，內外本行，應機臨變，儒活路，方技又然。"[2] 1672 年 4 月，獨立為專程由中國遠渡長崎探親的兩位孫子寫了《有樵別緒自剡分宗記》，其贈季孫文中提及：

> 汝之慧性天成，解文說字，若出老學，喜造性命之學，無知無爲，縣一心而造道，如止水，如明鏡，如青空，如秋月，不著一塵，活潑發中見皎皎地。此三教聖人一體，同工之實際理地。若以言語文章，各分教別，其何曰天性之道哉。汝父汝母，凡人之知也，困於口腹，自感其知而有生，此浮生也，勞生也。不知汝三子者，各有一氣之超凡，而絕俗自見一斑者也。[3]

從獨立上述談話中，可以窺知其贊同三教一體之傾向。有關三教一體之論述，朱舜水於回覆獨立的書簡中，有如下看法：

> 鴻論深入顯出，切中事機，據理辨駁，雖有利口，無所復置其喙，不偏不徇，當為儒釋立一標準，固不朽之作也。弟謂當函藏石室，今日誠不可懸之國門。昌黎三獨座，有味乎其言之也。何如少俟數年，和尚道成名立，此時出以示人，則建瓴於高屋而下令於流水。今日是非峰起，多一事不如少一事之為愈。和尚以為然否？[4]

書中所謂"鴻論深入顯出，切中事機，據理辨駁，雖有利口，無所復置其喙，不偏不徇，當為儒釋立一標準，固不朽之作也"，係朱舜水閱讀獨立某著作之後的感言，雖無法詳細研判其內容，但很明顯涉及佛、儒的問題。亦即獨立欲將著作公開之前，曾詢問朱舜水的意見，朱舜水答以"函藏石室，今日誠不可懸之國門"，希望獨立在"道成名立"之前，暫勿將著作公之於佛、儒

---

[1] 高井恭子《獨立性易の六義解釈について：王羲之批判を論點として》，《黃檗文華》通號 118（黃檗文化研究所，1998 年），頁 131。

[2] 東條琴臺《先哲叢談續編》卷一。

[3] 同上注。

[4] 朱舜水《與釋獨立書》，《朱舜水集》，頁 57。

混亂的德川社會。有關獨立的流轉人生，本書第八章有詳盡的論述。

第六節　改革及實踐論的闢佛現象

除了朱子學者之外，同樣從反倫理性的角度闢佛者，尚有陽明學派及古學派的代表學者。舉例而言，熊澤蕃山（1619—1691）對於德川社會的百姓爭相出家為佛的現象感到憂心，他說：

> 因亂世而不自由，在寺勤務者可能無法忠於職守，即使萬人之中有百人真正出家，以其法力可救濟今日的飢餓現象嗎？……出家雖無道，但此現象仍然興盛，難道這天命不該毀滅嗎？連這種必然之理都不自知，認為此現象會永遠興盛，真是思慮不足（原日文）。[1]

在日本提及熊澤蕃山"經世致用"的論者有：丸山真男稱讚熊澤蕃山的社會經濟政策乃至其政治家的經綸是偉大的；[2] 源了圓就熊澤蕃山的實學概念、"心法"、"經世論"等作論述；[3] 玉懸博之，[4] 佐久間正從時、處、位論的角度探討近世武家社會及儒者熊澤蕃山的實學理論。[5] 本書第四章已就朱舜水與熊澤蕃山的仁政（民本）論、"言行一致"的實學觀及佛學觀作比較論析，

---

[1]　熊澤蕃山《仏法再興の事》，收入《大學或問》，《日本の思想》17（東京：築摩書房，1970年），頁154。

[2]　丸山真男《日本政治思想史研究》（東京：東京大學出版會，1952年），頁43。

[3]　源了圓《熊沢番山の実学観と経世済民の思想》，《近世初期実学思想の研究》（東京：創文社，1980年），頁419—512。

[4]　參見玉懸博之《熊沢蕃山の思想》，《文化》第40卷第3—4號，1997年，頁95—96。

[5]　參見佐久間正《時、処、位論の展開──藤樹から蕃山へ》，《日本思想史研究》第9號；《熊沢蕃山の経世済民の思想──その基本的構成と社会的機能》，同上第10號；《近世武家社会と儒者熊沢蕃山》，《江戶の思想》3（東京：ぺりかん社，1996年），頁48—74。

在此不再贅述。[1]

以《聖教要錄》批判朱子學的山鹿素行（1622—1685）則說：

> 彝倫之道者，人之自然……釋氏以此為妄為幻，令人同木石……則不可謂實學。天下如此，乃無四民之業，國家頓廢壞去矣（原日文）。[2]

古文辭學派的荻生徂徠（1666—1728）也批評說：

> 宋儒說，"仁為愛之理、心之德"，但此說是墮於佛老（原日文）。[3]

基本上，陽明學者及古學者的闢佛立場有別於朱子學者，不具鮮明的政治色彩，而是以社會改革論或實踐論的角度來批評佛教的反倫理性。德川初期佛、儒爭論不休的社會現象，卻意外地給明清的臨濟黃檗、曹洞禪宗等佛教宗派東傳日本、生根弘法帶來一線生機。

---

[1] 請參閱本書第四章《朱舜水與熊澤蕃山"經世致用"思想的異同》。

[2] 《山鹿語類》卷三十三，收入田原嗣郎、守本順一郎《山鹿素行》，《日本思想大系》32（東京：岩波書店，1973年）。

[3] 西晋一郎《日本儒教精神 — 朱子学・仁斎学・徂徠学》（廣島：溪水社，1999年），頁228。

第七章

朱舜水對科舉制的評論

前　言

　　朱舜水在應德川光圀之聘前往江戶講學之際,與關鍵性人物小宅生順(安之、處齋,1637—1674)對談時,對於小宅呈示《擬興國學書》表達欲積極推薦其擔任教授之師一事,表示"興國學事是國家大典",其間還針對與興學教育息息相關之科舉名詞、內容多有講述。此外,亦可觀察到於《安南供役紀事》《中原陽九述略》或朱舜水與長崎鎮巡、安東守約、德川光圀、人見竹洞、吉弘元常、林春信等德川初期官學界之人物往來書簡中,有諸多述及科舉制度的內容。這些內容源自朱舜水個人的應考經驗,以及"瑜祖、父、兄世叨科甲,世膺誥贈",[1]生於仕宦之家,耳濡目染的心得。此外,何炳棣根據明代(1371—1644)進士的地理分布進行統計,發現朱舜水的出生地浙江省之進士人數總計 3280 人,遠遠超越第二名江蘇省的 2721 人;若再加計清初朱舜水展開海外經營,以至決定居留日本這段時間(1644—1661)浙江省出身的進士人數 301 人,仍然得出總計 3581 人,穩居全中國寶座的結果。[2]換言之,朱舜水關注科舉與他長在一個科舉風氣興盛的地區有關。

　　本章主要針對朱舜水的《上長崎鎮巡揭》《答安東守約書》《答小宅生順書十九首》《答小宅生順問十六條》《答源光國問十一條》《答源光國問先世緣由履歷》《答野節問三十一條》《人見竹洞與朱舜水問答》《答林春信問七條》《答吉弘元常問》及安積覺《舜水先生行實》等相關史料,探討他對科舉制度的見解。內容有中、日對科舉的研究及評價,朱舜水遺文中述及科舉之對象與其內容,朱舜水的科舉經驗(參加科舉、拒絕應考消極抵制

1　朱舜水《上長崎鎮巡揭》,《朱舜水集》,頁 37—39。

2　何炳棣著,寺田隆信、千種真一譯《科舉と近世中國社会:立身出世の階梯》(東京:平凡社,1993 年),表 27、28,頁 224—225。

科舉、批判科舉、拒絕任官)。

有關科舉學,劉海峰作了如下定義:

> "科舉學"是科舉時代的固有詞彙,古代"科舉學"即"科舉之學",一般是指備考科舉的學問,曾包括"文選學""策學"等專學。現代"科舉學"則是指研究科舉的專學,是以中國和其他東亞國家歷史上存在的科舉制度及其運作的歷史為研究對象的一門專學,已逐漸成為一門國際性的學問。"科舉學"不是關於一時一地或一人一書的學問,而是與一千三百年間大部分知名人物、大部分書籍和幾乎所有地區有關的一門學問;不是關於中國傳統文化局部,而是關於中國傳統文化整體的一門專學,又是至今還有相當現實意義並和東亞及西方主要國家的歷史有關的一門專學。[1]

中日學界對於這一門專學至今已累積不少研究成果,有針對歷朝科舉制度的全盤性探討,亦有就單一朝代、部分項目、個別案例之考察。專書部分諸如:狩野直喜《清朝の制度と文学》;宮崎市定《科舉史》《科舉》《科舉:中國の試驗地獄》;何炳棣著,寺田隆信、千種真一譯《科舉と近世中國社會:立身出世の階梯》;李弘祺《宋代學校教育與科舉》;平田茂樹《科舉と官僚制》;高明士《隋唐貢舉制度》;劉海峰《科舉制與科舉學》《科舉學導論》《科舉制的終結與科舉學的興起》《科舉百年祭》;陳長文《明代科舉文獻研究》等先行研究。單篇之期刊論文更是不勝枚舉。

職是之故,本章將不針對科舉制度的內容作深入的探討,而是將焦點鎖定於朱舜水的科舉經驗,包含其參加科舉、拒絕應考乃至批判科舉的心路歷程;並審視朱舜水的遺文,擷取其中論及科舉的對象與其內容,通盤解讀朱舜水對科舉制度的見解以及所衍生的影響。

---

1 劉海峰《科舉文獻與科舉學》,《臺大歷史學報》第32期,2003年,頁269。

第一節　朱舜水遺文中述及科舉之對象與其內容

在朱舜水的相關書簡當中，與日本官學界述及科舉之對象，依撰文年次大致為長崎鎮巡、《安南供役紀事》、安東守約、《中原陽九述略》、小宅生順、源光國、人見竹洞（野節）、吉弘元常、林春信等人。以下就相關內容分別論述。

1651年朱舜水52歲時，上書給長崎鎮巡（長崎奉行）黑川正直（1602—1680，任職時間1650—1665），言及明朝廷奸貪無道，以致民怨，失天下於異虜，自己歷舉明經孝廉，三蒙徵辟，若昧著良心則官職垂手可得，祈盼准以亡國之士暫留日本，未果。其內容如下：

> 辛卯歲十月日，朱之瑜謹揭：敝邑運當季世，奸貪無道，以致小民怨叛，天下喪於逆虜。使瑜蒙面喪心，取尊官如拾芥耳。然而不為者，以瑜祖、父、兄世叨科甲，世膺誥贈，何忍辮髮髡首，狐形豕狀，以臣仇虜？然而不死者，瑜雖歷舉明經孝廉，三蒙徵辟，因見天下大亂，君子道消，故力辭不就，不受君祿。……今瑜歸路絕矣！瑜之師友三人，或闔室自焚，或賦詩臨刑，無一存者矣。故敢昧死上書，惟閣下裁擇而轉達之執政。或使瑜暫留長崎，編管何所，以取進止；或附船往東京、交趾，以聽後命。[1]

1657年朱舜水58歲時，至安南被捕，謁見安南國王，不亢不撓，後化險為夷。朱舜水將其間逐日問答、行略、書札錄為一卷，誌曰《安南供役紀事》。其中有一段即答覆科舉取士之問，顯示安南對科舉制度有一定程度的興趣。雙方對答的內容如下：

> 差官曰："貢士與舉人、進士孰大？"瑜料其意重在進士。先時

---

[1] 朱舜水《上長崎鎮巡揭》，《朱舜水集》，頁37—39。

有進士至彼,曾受其困辱,故迎機逆折之曰:"貴國不知科目之義,故云爾。貢士便是舉人之別名,故稱曰某科貢士。若貢生便與舉人進士有分別矣。至於大小,則不在此論。我朝國初重貢,成、弘以後單重甲科,謂之兩榜。即如貢生,亦有不同:有選貢、有恩貢、有拔貢、有歲貢、有准貢、例貢高下之不等。國初之制,外舍升內舍,內舍升上舍。成均積分,累升率性堂。分數既滿,優者入為宮詹、坊諭,劣者出為科道、諫官。又有稅戶人材、賢良方正、耆儒等名目,除授更優。鄭湜起家為布政,嚴震釋褐拜尚書。進士初授,或為縣佐尉,似未得與之頡頏。惟成化朝以邊儲匱乏,許令博士弟子員及民間俊秀輸粟入成均。後來積分之制遂廢,始單重甲科,即有調停之者,曰'三途並用',終不勝甲科之貴矣。"[1]

有關明朝取士法,朱舜水有如下對答:

或問取士法。答曰:"周官卿大夫察舉,而侯國貢之天子,升之司馬,曰進士;司馬升之司徒,曰俊士。然後考德而命爵,因能而授官,其制尚矣。漢朝以選舉,公車貼大經十道,得五為通,最為近古;故得人為最多,而經術之士,重於朝廷。唐朝試士以甲賦律詩,始為雕蟲小技,有志之士鄙之。宋朝試士以論策,此外各有明經、韜鈐、宏辭、茂才等科。明朝以制義。第一塲,《四書》義三,經義四,合七篇。第二塲,論一首,詔誥表內科壹道。判五道。三塲,策五道。鄉試中式者為解元、經魁、舉人。會試中式者為會元、會魁、進士。廷試策壹道,磨勘進呈,台司讀卷,天子標題。第一甲第一名為狀元,二名榜眼,三名探花。第二甲、三甲為進士、同進士出身。多則四百名,少則三百名。國初亦有中一百名之時。子、午、卯、酉為鄉試四科,辰、戌、丑、未為會試四科。"問曰:"既如此,如何有癸巳科狀元?"曰:"此永樂以虜警親征,皇太子監國於南都,太孫監國於北京,避嫌不敢臨軒策士,故遲廷試之期,原是壬辰科進士。"[2]

---

[1] 朱舜水《安南供役紀事》,《朱舜水集》,頁16。

[2] 同上注,頁16—17。

1645年明朝亡國之後，朱舜水於46歲至59歲之間，曾經六度前往日本九州的長崎，1658年在長崎經潁川入德（陳明德、完翁，1596—1675）介紹，結識福岡藩儒安東省菴（守約，1622—1701），省菴執弟子之禮。該年冬天朱舜水發自廈門的《答安東守約書》（《朱舜水集》，頁169）中，表明有意昌明儒學於域外。1659年朱舜水60歲，該年冬天七度訪日，欲見"貴國主"（《答安東守約書》，《朱舜水集》，頁172），然當時福岡藩主立花忠茂（1612—1675）人尚在江戶，未能如願。此時安東省菴已開始為朱舜水留居日本之事奔走。

第二節　朱舜水的科舉經驗及對科舉制的批評

1659年至1660年，朱舜水居留長崎，其間在他回覆安東省菴之信函中，有一段內容批評科舉制度與利祿及做學問之間的矛盾關係，曰：

> 中國以制義取士，後來大失太祖高皇帝設科之意。以八股為文章，非文章也。志在利祿，不過藉此干進。彼尚知仁義禮智為何物？不過鉤深棘遠，圖中試官已耳，非真學問也。不佞父兄俱緣此得科甲，豈敢自鄙其業，但實見其弊如此。[1]

此外，1661年朱舜水62歲時，安東省菴曾詢問"明室致亂之由"及"恢復兵勢"等問題，朱舜水曾撰《中原陽九述略》一卷，內容與科舉相關者如下：

> 明朝以制義舉士，初時功令猶嚴，後來數十年間，大失祖宗設科本旨。主司以時文得官，典試以時文取士，競標新艷，何取淵源。父之訓子，師之教弟，獵採詞華，埋頭呫嗶，其名亦曰文章，其功亦窮年皓首，惟以剽竊為工，攫取青紫為志，誰復知讀書之義哉！既而不知讀書，則奔競門開，廉恥道喪，官以錢得，政以賄成，

1　朱舜水《答安東守約書》，《朱舜水集》，頁173。

豈復識忠君愛國，出治臨民！坐沐猴於堂上，聽賦租於吏胥；豪右之侵漁不聞，百姓之顛連無告。

其居鄉也，一登科第，志切饞遺；欲廣侵漁，多收投靠。……

凡屬一榜科甲，命曰同年同門；由其決擇取中，是曰門生座師；輾轉親臨轄屬，是曰通家故吏。又有文社甄拔之親，東林西北之黨；插足其中，絲紛膠結。其間豈遂無仁賢廉潔之士？總之，一壺之醪，不能味一河之水；一杯之水，不能熄車薪之火。[1]

文中針對科舉制度與明室頹敗原因多所著墨。

第三節　朱舜水個人或家族的科舉履歷

朱舜水針對其"徵辟不就"之個人科舉履歷及"大明科舉取士法"之問，都有詳盡（篇幅長達 1800 餘字）之說明。首先，針對安東守約問："老師徵辟不就，其義如何？"朱舜水答曰：

不佞事與吳徵君極相類。薦吳徵君者，忠國公石亨，權將也；薦不佞者，荊國公方國安，方擁重兵，有寵於上也。吳至授六品官而辭之；不佞兩次不開讀，而即授四品官，不拜，其間稍異耳。吳徵君時，當國者李相公賢，<small>謚文達。</small>賢相也，英宗復辟之後，賢主也，尚有可就之理。徵不佞時，當國者為馬士英，姦相也。彼時馬士英遣其私人周某，同不佞之親家何不波，<small>進士，名東平，河南解元，即小女之舅。</small>到寓再三勸勉，深致慇懃。若不佞一受其官，必膺異數。既膺異數，自當感恩圖報。若與相首尾，是姦臣同黨也。若直行無私，是背義忘恩也，是舉君自伐也。均不免於君子之議，天下萬世之罪，故不顧身家性命而力辭之。不然，不佞亦功名之士，釋褐即為四品

---

[1] 朱舜水《中原陽九述略》，《朱舜水集》，頁 1—2。

道官,兼京職,監軍四十八萬,與國公大將軍,迭為賓主,豈不煊赫,而乃力辭之乎?要知不佞見得天下事不可為而後辭之,非洗耳飲牛、羊裘釣魚者比也,亦非漢季諸儒閉門養高以邀朝譽也。[1]

此外,針對大明科舉取士法,朱舜水敘述說:

> 前者有人來問射策,余答以試場中策題,雜舉他事甚多,盈篇累牘,其要只在二字四字。譬如射箭,以侯為主,而中者稀,故曰射策。彼曰:"不然,用小弓架矢,對書籍射之,取其書閱之,因曰射策。"余曰:彼認射為弓矢,策為書籍,故強解之耳。大明人至此,強不知為知,強解以誤人,誠亦有之。昔時《廉頗傳》"有頃之三遺矢矣",解作一次射箭,三次落架。又《左傳》"漆智伯之頭以為飲器",彼不知是溲溺之器,解作飲酒之器。如此強解,誤人儘多。不特此也,即刻本音註,亦時有錯誤。前見湯霍林《通鑑註釋》,此名公之書也,其地名遠近不考,事跡錯誤不究,甚有可笑者。何況小儒學究,依樣畫胡盧,訛以傳訛,彼亦誦習之而已,何處知其錯誤?惟獨立高岡之上炤徹遠近,方能知此處是,此處不是耳。射策即是對策,以其東西炫惑人,故命之為射。[2]

又,朱舜水對大明試士的順序、內容,都詳盡地對安東守約作了如下介紹:

> 大明試士。八月初九日第一場,文七篇,《四書》義三篇,經義四篇,謂之制義,亦謂之舉子業。有破題、承題、起講、提股二、小股二、中股二、後股二,謂之八股。結題大結,制藝甚多,舉子三年精力,不足以讀文,所以於古學荒疏。
>
> 十二日第二場,論一篇,詔、誥、表,內科一道。判五道。
>
> 十五日第三場,策五道,所謂第一問、第二問者,策也。因不寫題,故曰一問二問。
>
> 第一場。七夫、七蓋、七甚矣。不寫音註、塗抹,俱貼出。不完貼,無束題貼。
>
> 第二場。表中擡頭差一字便貼,犯諱貼。貼出惟二場極多。

---

[1] 朱舜水《答安東守約問》,《朱舜水集》,頁370—371。

[2] 同上注,頁371—372。

> 第三場。策五道。其貼出者,貼於至公堂,謂之堂貼,外人不得見。
>
> 取中者為鄉試中式舉人。
>
> 子午卯酉四年,為鄉試四科。
>
> 辰戌丑未四年,為會試四科。[1]

對於鄉試、鄉薦,朱舜水則說:

> 試士於鄉,謂之鄉試。巡按監察御史,代天巡狩,同提調副提調,薦之天子,是以謂之鄉薦,即一事也。提調謂之貢舉官。
>
> 秀才今謂之生員,即所謂諸生,即所謂茂才,即所謂博士弟子員,異名而同實也。其中有廩膳,有增廣生,有附學生,有青衣,有社生,五者得科舉。以外更有鄉賢、守祠、工遠、寄學等生,不與科舉之數。
>
> 秀才考中一二三名補糧,謂之廩膳,曰學生。廩膳年滿無過,試中得貢,此遂名挨貢也。更有高者曰選貢生、恩貢生,此合通學廩膳考中者也。二者一同。更高者曰拔貢。此合通學之廩,增附而超拔之者也。三者與計廩歲貢不同。至於貢士,即鄉試中式之舉人也,故曰某科貢士。
>
> 鄉試。縣試士送府,府送督學,取科舉送省鄉試,謂之舉子。
>
> 貢舉官二員,即提調官。
>
> 順天、應天府尹、府丞,浙江、江西等省,布政、右布政。布政者,即古之方伯也。
>
> 監臨官即知貢舉官。巡按監察御史。
>
> 順天、應天各二員,外監臨二員,不在數內。浙江以下,各巡按御史一員。
>
> 考試官。即總裁,即主考。
>
> 順天、應天用大翰林院官二員,如侍講、春坊庶子、諭德之類。
>
> 浙江、江西、福建用翰林一員,修撰、編修、簡討之類。湖廣,

---

1 朱舜水《答安東守約問》,《朱舜水集》,頁372。

翰林編檢一員,部屬官一員。

四川、河南、山東、山西、陝西、廣東、廣西、雲南、貴州,或通用部屬,或用中書評博一員,或用別寺降官。

同考試官。即分考,即房考,即經房,此五經房也。推官、知縣、教諭、教授為之。[1]

有關會試,則描述如下:

貢舉官為禮部尚書侍郎二員。

知貢舉官為御史。

考試官。即總裁官,或大學士,即宰相。或侍郎二員。

同考試官。即分考官。為翰林科中書博士。評士,少者十八房,多時二十房。

大概與鄉試同,但場期在二月初九、十二、十五日。中式者,為會試中式舉人。

三月十五日廷試,又謂之殿試。廷試,策一道。

宰輔讀卷,天子御筆標題。十八日傳臚。第一甲第一名為狀元,第二名為榜眼,第三名為探花。第二甲為賜進士出身。第三甲為賜同進士出身。狀元入翰林為修撰。榜眼探花入翰林為編修。二甲第一名及會元不中鼎甲者,考館入翰林為庶吉士。此鄉試、會試、殿試之大略也。[2]

一、朱舜水與小宅生順的對答

1664年,朱舜水65歲,水戶藩儒臣小宅生順奉藩主德川光圀(1628—1700)之命,於該年夏天赴長崎探訪風聞學識操守均佳的碩儒朱舜水。居留長崎三個月期間,小宅生順試圖透過密切的筆談以深入瞭解朱舜水之品格與學識,[3]當中言及科舉問題者有下列四則史料。

---

[1] 朱舜水《答安東守約問》,《朱舜水集》,頁372—373。

[2] 同上注,頁374。

[3] 詳見拙書《朱舜水與東亞文化傳播的世界》,《東亞文明研究叢書》78(臺北:臺大出版中心,2008年),頁92—97。

其一：

　　僕幼學之時，固有用行之志。逮夫弱冠不偶，彼時時事大非，即有退耕之心。荊妻頗能一德，饒有孟光、桓少君之風，而父兄宗族戚友不聽，不得不勉強應世，實無心於富貴矣。

　　壯年謬膺主眷，起家遠過東山；然國是顛危，艱難十倍典午。是以屢違詔命，依稀蔡道明竟日臨軒，舉朝糾劾，禍將不測，星夜潛踪，自竄海曲。僕素民物為懷，綏安念切，非敢以石隱為高，自矜名譽。但一木之微，支人既傾之廈。近則為他人任過，遠則使後之君子執筆而譏笑之無為也，故忍死不為耳。僕事事不如人，獨於"富貴不能淫，貧賤不能移，威武不能屈"，似可無愧於古聖先賢萬分之一。[1]

其二：

　　座師有二，有大座師，有本房座師。明朝之制，舉子各習壹經，《易》《詩》《書》《禮》《春秋》，分房較士。《易》五房，《詩》五房，《書》二房，或四房、三房。《禮》一房，《春秋》一房。每房各一人主之，謂之本房座師。取中之士，呈於兩總裁。副總裁於大批之後，又批一"取"字；大總裁於大批之後，又批一"中"字；然後登於榜上，謂之中式。二人謂之大座師。此鄉試中式之式也。會試：《易》六房，《詩》六房，《書》四房，《禮》一房或二房，《春秋》一房或二房，大概俱與鄉試相同。

　　明朝甲科之制，及第後有《試錄》，暨《同年序齒錄》，并硃卷刊行其中。[2]

其三：

　　我朝以制義取士，士子祇以功名為心，不務實學，故高貴之文，舉世亦無幾人，多者十餘人而已。非讀書者皆能作文也，然代不乏人耳。[3]

1　朱舜水《答小宅生順書》，《朱舜水集》，頁311。
2　同上注，頁358。
3　同上注，頁408。

此外，朱舜水對小宅生順詢問明朝科舉的相關細節，均一一回答如下：

問：解額何謂也？

答：解試有額，或多或少，如南京每科一百四十八名，而雲南、貴州止四十餘名。

問：分署何謂也？

答：國初各省俱用中書省官治之，為平章事，副之者曰參政，乃參知政事也，故曰"紫薇分署"。

問：京考差何官？

答：南京為應天，差翰林大老二員，順天同。浙江、江西差大翰林一員，科臣一員。

問：房考，房是齋室房局類耶？此任是何官？

答：是經房分考官。《詩經》六房，《易經》六房，《書經》四房，《春秋》一房，《禮記》一房。

問：四名五名何謂也？

答：每經各取一名冠場，合解元為五經魁，第二名為亞魁。

問：兩榜何謂也？

答：言兩次登榜也。

問：十七名何謂也？

答：十八房合會元為十八名。

問：會試廷試何謂？

答：會試在於北京。中式者為會元，其次十七人為會魁。廷試為狀元、榜眼、探花。[1]

二、朱舜水與德川光圀的對答

1645 年朱舜水 46 歲時首度訪日、1659 年 60 歲時決心定居長崎、1665 年 7 月 66 歲時應水戶藩主德川光圀之聘赴江戶闡揚漢學，截至 1682 年 83 歲終老於江戶，朱舜水將畢生學問傳播於東瀛，與德川幕府副將軍、水戶藩

1　朱舜水《答小宅生順書》，《朱舜水集》，頁 415。

主德川光圀交往長達十七年之久。筆者檢視相關書簡,發現德川光圀問了諸多有關中國科舉的事務,朱舜水皆巨細靡遺地回答。首先,有關解試、省試、廷試,朱舜水作了如下說明:

> 古來取士,其道惟漢為備,而得人為最盛,治法為近古。自唐以降,始有解試、省試之名,而廷試起於宋朝。張奭之子,以曳白登科,而題名強半為執政親屬;舉子誼譁,天子始親策之於廷,故曰廷試。此三試者,惟明朝為大備。唐雖設解額,而節度、廉訪、觀察、轉運等使,俱得自辟士,署為幕職,考績而陞為朝官。士子亦得竟詣大學舉進士。進士者,省試也,每年一舉,試者甚少,而得第者亦復寥寥。進士科既已得雋,又復舉博學宏詞等科而後得官,故自不同。宋朝稍近於我明,然分天下為軍。軍府至為煩多,故解額亦自瑣屑。大明分天下為十五國,南、北兩京為天子京畿,故不言省。而十三省乃中書省之分署,故曰省。浙江、江西、福建、廣東、廣西、山東、山西、河南、陝西、四川、湖廣、雲南、貴州為十三省,合南、北二京,為十五國。三年一大比,子、午、卯、酉之年,大集舉子於省會。朝廷差京考二員,就其地考試,而房考則督學官自行聘請閱文。中式者為解元,合次四名為經魁,又次五名為亞魁,又次及末為文魁。鹿鳴設宴,此即禮之賓興,而艱難尊寵過之。省試者,南宮之試也;南宮者,禮部也。禮部尚書侍郎二員為貢舉官,故曰省試,亦仍唐時中書省、門下省、尚書省試士之稱。秘書者,監、郎、丞俱小官,不與此數,或時承乏典試,亦不此以省為名。會試者,會天下之舉子於辰、戌、丑、未之年,而試之於南宮。中式者為會元,餘十七名為會魁,而通謂之進士,瓊林設宴。廷試是天子臨軒策士,宰輔閱卷進呈,對廷讀卷,京兆設歸第宴,故曰廷試,非以翰林院為廷也。翰林院官,特充房考諸官耳。[1]

對於唐、宋、明朝取士內容之不同,朱舜水也作了如下說明:

> 取士,唐朝以詩,或以賦。宋朝以賦、以策。明朝初舉亦甚簡易,後累年更制,定為初場試制義,《四書》義三篇,經義四篇,

---

[1] 朱舜水《答源光國問》,《朱舜水集》,頁345—346。

合七篇。舉子各占一經,不許有兼經者。二場,論一首,詔、誥、表,_{內科一道}。判五道。三場,策五道,而廷試策自為一種,不與射策相同。¹

有關朱舜水是否如傳聞所說為明朝之翰林學士,他向德川光圀敘述如下:

> 初三日,世子介弟就見前朝,謂僕為翰林學士。答曰:"僕非翰林學士,乃明室一書生耳。"介弟刑部君謂上公疑僕有隱情,僕則何敢!不得已,以詔徵一節對之。此二十一年在日本,未嘗一言及之者。今復言僕為狀元,此言不知何來?夫以明朝之制,狀元初授為修撰,十二年考滿為諭德。若或九載陞遷,僅得中允。又三年而為諭德、贊善,又三年而為庶子,又三年而學士,前後已二十年矣。狀元掇英俊之巍科,翰林學士為清華之首選,而人士之冠冕,其舉動係天下觀望,豈敢一毫自輕!若使僕二十年身受皇恩,不能與國存亡,而轉展貴國以偷生旦夕,則與犬豕何異?尚敢靦顏於上公之廷,而視息於人世!即使僕受明朝守令微官,食明朝儋石微祿數日乎,亦不得至此矣。僕以上公為能尊德樂道,故不自揣,而遠涉至此。上公儻能更治善俗,經邦弘化,謹庠序之教,申孝弟之義,而為萬古之光。以僕之所聞於師者,庶或可以贊襄萬一。如以其狀元、學士也,則視僕為非人矣。言此可勝嗚咽,不禁淚下如注,此誠道路之口誤之也。至於同年進士及姓名,所射策數目并策題策眼,僕若作偽,豈不能立構以紿台臺,台臺亦何處覈實,而證其非耶?²

據文中"二十一年在日本"之敘述,推算此文應撰寫於1665年朱舜水66歲時。關於外界對其"翰林學士""狀元"之稱呼,朱舜水嚴正駁斥,表示欲達至掇英俊之巍科的狀元之位,或清華首選、人士冠冕的翰林學士之位,前後需耗時二十年。如身受皇恩二十年,不能與國共存亡,卻苟且偷生,輾轉逃至日本,這種行徑實與畜生無異。強調自己若曾出任明朝任何官職、領取絲毫俸祿,即不可能接受光圀招聘,長居日本。

1　朱舜水《答源光國問》,《朱舜水集》,頁346。

2　同上注,頁347。

對於"狀元"的由來,朱舜水則說明如下:

> 進士以三月十五日廷試,十八日傳臚,天子親筆書第一甲第一名某人等字,屬有黃榜張掛,禮部更有《題名錄》,織縢而付該司收掌,所謂狀也。元即元首之元,所謂"君恩賜狀頭"可證也。"狀"字與"壯"字形聲俱近,寫榜字製端方;韓人之來者無學,或者一時誤對,而固執以飾其非耶?自漢及今,皆云狀元,考之書史,未聞"壯元"之說。韓人亦何所本,而遽以為大魁之號?且三韓小國,何敢創立異名?況壯頭者,天下之褻語耶!必不然已。[1]

有關"甲榜"與"乙榜",朱舜水解釋曰:

> 科舉有甲乙。前朝進士之試,百人之中以一二十人為甲榜,授官從優。二三十人為乙榜,僅得出身。所謂第甲乙者此也,謂品第之也。其餘不及格者,駁放回籍,後試聽其更來。明朝之稱不然,第進士者為甲榜,或言兩榜,或言甲科;中鄉試者為乙榜,或為一榜,或言鄉科,更無幾品與名件。[2]

朱舜水說明其朱姓先世的緣由及朱氏宗親登鄉會榜的情形如下:

> 僕系出於邾,後更為鄒。秦、楚之際,去邑言朱。漢興,流轉魯、魏之間,始祖為朱暈,漢丞相也。後有朱輔、朱穆,亦為三公。穆之直聲震於朝廷,而吏治稱之。入國初,先祖於皇帝族屬為兄,雅不欲以天潢為累,物色累徵,堅卧不赴,遂更姓為"諸"。故生則為諸,及祔主入廟,題姓為朱。僕生之年,始復今姓。僕族人謂寒宗為晦菴先生之系,其子為餘姚令,故留居於此;持其誥勅、畫像、家譜來證。中間惟有一世不明白,舉宗盡欲從之。惟僕一人不許,謂一世不明,其不足據便在於此。且子孫若能自立,何必文公?如其不肖,雖以堯、舜為父,祗得丹朱、商均耳。寒宗入國朝來,登鄉會榜者七十九,如以僕徵聘勅召冠之,則八十矣。[3]

> 先世緣由。前月初八日,伏承面諭,謹將先祖父官階緣由,開

---

[1] 朱舜水《答源光國問》,《朱舜水集》,頁347—348。

[2] 同上注,頁348。

[3] 同上注。

具呈覽:

　　高祖處士,未有官職。曾祖諱詔,號守愚,皇明誥贈榮祿大夫。先祖諱孔孟,號惠翁,皇明誥贈光祿大夫。此外連讓三恩不受,復有二次登極覃恩不列。先父諱正,號定寰,別號位垣,皇明誥贈光祿大夫,上柱國,大□兼太子太□兼□前總督漕運軍門,未任。祖父遭世承平,無所建樹,濫叨國恩,循至大官。今子孫又碌碌,禍當變革,不能闡揚先德,恐清朝傳記,必不序及,承命諄切,腆顏臚列耳。[1]

有關朱舜水的履歷則曰:

　　本年正月初五日,蒙諭開明履歷,謹將履歷緣由,略節開具呈覽:恩貢生壹員朱之瑜,年陸拾參歲,由南直隸松江府儒學生,浙江餘姚人。於崇禎□年□月,蒙提督蘇、松等處學政,監察御史亓□薦"文武全才第壹名",到禮部,禮部貢剳,有"德茂遼東之管"等語。崇禎拾陸年拾月,蒙欽差鎮守貴州等處充總兵官,右軍都督府署都督僉事方某辟監紀同知,不就。崇禎拾柒年,奉詔特徵,不受。弘光元年正月,奉詔特徵,不受。本年肆月即授就家拜官為即授。江西提刑按察司副使,兼兵部職方清吏司郎中,監鎮東伯,旋晉監荊國公方某軍,不拜。[2]

朱舜水撰寫上文自述其先祖及個人之重要履歷,《朱舜水集》以《答源光國問先世緣由履歷》為題,認為是上呈德川光圀的書函。然而,文中"恩貢生壹員朱之瑜,年陸拾參歲"之文句顯示,此文寫於1662年1月,朱舜水63歲時,當時舜水身在長崎,離1664年夏天與小宅生順首次見面尚有兩年半的時間。從時間點研判,朱舜水與小宅生順尚未謀面,遑論呈書德川光圀。再者,朱舜水《答安東守約書》中有一段話,述曰:

　　完翁傳鎮公語,索不佞履歷,并索敕書。此是鎮公詳慎處。不佞即將履歷草上一冊。[3]

因此,前述"先世緣由履歷"應是朱舜水根據潁川入德傳達鎮公之意,上呈

1　朱舜水《答源光國問先世緣由履歷》,《朱舜水集》,頁351。
2　同上注。
3　朱舜水《答安東守約書》,《朱舜水集》,頁177。

給長崎鎮巡（長崎奉行）黑川正直的書函。

三、朱舜水與人見竹洞的對談

人見竹洞（野節，1637—1696）與前述水戶藩儒小宅生順過從甚密，其叔父人見卜幽軒（1599—1670）為水戶藩第一代儒者，從兄人見懋齋（1638—1696）為水戶彰考館第一代總裁，都是與水戶藩相當親近的儒者。人見竹洞與朱舜水交往的情況，可從幕府儒官林羅山之子林鵞峰（1618—1680）的《國史館日錄》中窺知一二。寬文五年（1665）9月7日有如下記載：

> 友元（人見竹洞）甚為仰慕中華文物，屢屢招來朱舜水，二人和睦，依如故人。

朱舜水與人見竹洞針對科舉仕進亦有過深入的談論，當中有一段言及外界謠傳其為"翰林學士""狀元"之事，曰：

> 問：鄒游亦文章之徒乎？
>
> 答：大明之黨有二：一為道學諸先生，而文章之士之黠者附之，其實蹈兩船，占望風色，而為進身之地耳。一為科目諸公，本無實學，一旦登第，厭忌輩公高談性命。一居當路，遂多方排斥道學，而文章之士亦附之。僕平日曰：明朝之失，非韃虜能取之也，諸進士驅之也。進士之能舉天下而傾之者，八股害之也。
>
> 問：先生昔日往南京，往來北京，已經登第，敢問其年科場出何題？
>
> 答：僕困於場屋屢矣，未有登第之事。近忽有翰林學士之言，又有狀元之說，此言胡為乎來？莫知所以。方欲作數字以剖白之，而因病未果，心常怏怏。
>
> 問：所言固然矣。國俗太拙文字，故鄙野之人看華客皆為翰林，或為狀元，不解其稱、其號，勿疑，何至作數字乎？[1]

這與前述朱舜水為文向德川光圀解釋自己絕非明朝之翰林學士或狀元應該是同一件事。對於因病未能撰文向外駁斥胡言以示清白，舜水相當鬱

---

[1] 朱舜水《答野節問》，《朱舜水集》，頁390—391。

悶，似乎久久難以釋懷。

此外，對於考試程序、主考分考官、考科等內容也都有詳盡的說明，曰：

> 舜水曰：近世科舉之法衰弊，而多難解之事。余到南京之科場，來集者數百人，各袖一小硯及筆戔，及其門，衛士使學生每人脫巾解衣按檢之，以禁挾書冊也。若有懷文字者，雖一紙然，奪之。其堂中列桌子數百，各坐之，坐定，有司高捧一牌，徐行桌子之前，牌面書策題，每人或一讀或再三讀，有諳之者，有記其大略者，一過而罷。於是各書其策，翻戔之聲如波濤之起。凡鄉試者，縣試士送府，府送督學，取科舉送省會鄉試，謂之舉子。

> 又：貢舉官二員即調提官，順天、應天府尹、府丞。

> 又：監臨官即知貢舉官、巡按監察御史，順天、應天各二員，外監臨二員不在數內，浙江以下各省各一員。

> 又：總裁即主考，順天、應天用大翰林院官二員。如庶子、諭德之類，浙江、江西、福建用翰林一員，修撰、編修、檢簡之類，科官一員。湖廣翰林編簡一員，部屬官一員。四川、河南、山東、山西、陝西、廣東、廣西、雲南、貴州或通用部屬，或用中行評博一員，或用別寺降官。

> 又：分考官，此五經房也。

> 又：八月初九日，初場試四書義三篇，本經義四篇，合七篇。謂之制義，亦謂之舉子業。七夫七蓋、七甚矣。不寫音註，塗抹俱貼出不完貼，無束題。貼有破題、承題、起講、提股二、小股二、中股二、後股二，謂之八股。結題大結，制藝甚多，舉子三年精力不足以讀文，所以於古學荒疎。

> 又：十二日二場，論一首，詔誥表（內判一道）中臺頭差一字，便貼犯諱貼貼出，惟二場極多。

> 又：十五日三場，策五道，其貼出者貼至公堂，讀之堂貼，外人不得見。所謂第一問、第二問者，策也。因不寫題，故曰一問、二問。子、午、卯、酉四年為鄉試四科。辰、戌、丑、未四年為會試四科。

又：會試貢舉官為禮部尚書侍郎二員，知貢舉官為御史總裁官，或大學士（即宰相），或侍郎二員，分考官為翰林科中書博士、評士，少者十八房，多時二十房，大概與鄉試同，但場期在二月。中式者為會試中式舉人。

又：三月十五日廷試，又謂之殿試。廷試策一道，宰輔讀卷，天子御筆標題。十八日傳臚。第一甲第一名為狀元，第二名為榜眼，第三名為探花。第二甲為賜進士。出身狀元入翰林為修撰，榜眼、探花入翰林為編修。二甲第一名及會元不中鼎甲者，考館入翰林為庶吉士，此鄉試殿試之大略也。

又：鄉試鄉薦者試士於鄉，謂之鄉試。巡按察御史代天巡狩，同提調、副提調薦之天子，是以謂之鄉薦，即一事也。提調謂之知貢舉官，秀才今謂之生員，即所謂諸生，即所謂博士弟子員，異名而同實也。其中有廩膳，有增廣生，有附學生，有青衣，有社生五者。得科舉以外更有鄉賢、守祠、工遼、寄學等生，不與科舉之數。秀才考中一、二、三名補糧謂之廩膳，曰學生。廩膳年滿無過，試中得貢，此遂名挨貢。更有高者曰選貢生、恩貢生，此合通學廩膳考中者也，二者一同。更高者曰拔貢，此合通學之廩增附而超拔之者也。三者與計廩歲貢不同。至於貢士，即鄉試中試之舉人也，故曰某科貢士。凡策中射策者，試中策題雜舉他事甚多，盈篇累牘，其主要只在二字、四字。譬如射箭以侯為主，而中者稀，故曰射策，即對策也。及明季大失太祖高皇帝設科之意，以八股為文章，非文章也，志在利祿，不過藉此干進，非真學問也。[1]

以下為朱舜水描述其胞兄朱啟明1625年中進士後，因忤逆閹官遭彈劾，後雖兩度奉旨洗刷冤情，卻因不肯行賄權要而遲遲無法任官，竟招來殺身之禍，經友人力救仍身陷囹圄，生死未明。

僕遭國難而不能致死，苟免而遠去海外，以有所思也。然今違初心，有愧斯女也。兒子大成隱居教授，館穀足以餬口。子若孫，今日之前均未有就夷虜有司考試者。大咸前年已物故，無子。

---

[1]《人見竹洞與朱舜水問答》，收錄《新訂朱舜水集補遺》，頁224—226。

胞兄啟明號蒼曙，乙丑進士，因忤閹官，妄為所劾。雖兩奉明旨昭雪，家貧如洗，無以賂權要，十年不得復，最後漕運缺，屢推皆不點。先帝御筆親除，因流寇破北京，未得到任。回南京，另補新設洋務軍門缺，理應家兄推補。姦輔為馬士英，惟賂是圖，又起姦党阮大鋮為兵部侍郎，以為羽翼，突推巡撫劉安行為之。家兄依前損落，但奉朝請而已。逆虜強之作官，不就。部院陳錦欲殺之，以操江唐際盛力救得免，後錮於南京屏居灌園，今不知存亡。僕在崎港，仄聞猶居南京。項日僕夢與家兄分袂相別，覺後思之，自疑既沒也，僕黯然而嘆焉。[1]

此外，另有林春信（1643—1666）有關明朝實行科舉，有無"巨儒鴻士"出現的問題，朱舜水答覆如下：

> 問：崇禎年中，臣儒鴻士，為世所推者幾人？願錄示其姓名。
> 答：明朝中葉，以時文取士。時文者，制舉義也。此物既為塵飯土羹，而講道學者，又迂腐不近人情。如鄭元標、高攀龍、劉念臺等，講正心誠意，大資非笑。於是分門標榜，遂成水火，而國家被其禍，未聞所謂巨儒鴻士也。巨儒鴻士者，經邦弘化，康濟艱難者也。[2]

吉弘元常（子常，1643—1694）問漢朝"鄉舉里選"的方法為何，朱舜水答覆說：

> 某人榜及第，以狀元為主；某人下及第，以考試官為主。榜本用板為之，後世俱用大紙；鄉試、會試用白紙。廷試用黃紙，故曰黃榜。上書第一甲第一名，某人某處，如言南直隸華亭學生，習《詩經》是也。漢試大經十道，得五為通。唐試詩。宋試論策。明朝第一場試《四書》義三篇、經義四篇；二場論一首，詔誥表，內科一道。判五道；三場策五道。廷試策一道，所謂舉子業也。[3]

---

[1] 《人見竹洞與朱舜水問答》，收入《新訂朱舜水集補遺》，頁230。
[2] 朱舜水《答林春信問》，《朱舜水集》，頁383。
[3] 朱舜水《答吉弘元常問》，《朱舜水集》，頁419。

第四節　朱舜水對科舉制的批判

一、拒絕應考,消極抵制科舉

朱舜水在答覆小宅生順的書簡中曾說:

> 僕幼學之時,固有用行之志。逮夫弱冠不偶,彼時時事大非,即有退耕之心。荊妻頗能一德,饒有孟光、桓少君之風,而父兄宗族戚友不聽,不得不勉強應世,實無心於富貴矣。[1]

朱舜水表示他弱冠之際,時局已大不如前,而有不參加科舉、不入仕途,退隱務農之心。這種想法獲得妻子的贊同,但父兄宗族戚友不聽,舜水只得勉強應付世俗,"以瑜祖、父、兄世叨科甲,世膺誥贈"。

朱舜水門生安積覺在《舜水先生行實》中亦述及恩師自弱冠之後,即"絕進仕之懷",其內容如下:

> 初為南京松江府儒學學生,所謂秀才也。少抱經濟之志,動輒適禮。宗族及鄉先生,多以公輔相期。弱冠,見世道日壞,國是日非,慨然絕進仕之懷,而有高蹈之致。每對妻子云:"我若第一進士,作一縣令,初年必逮係。次年三年,百姓誦德,上官稱譽,必得科道。由此建言,必獲大罪,身家不保。自揣淺衷激烈,不能隱忍含弘,故絕志於上進耳。"鄉黨每有疑難,先生片言折之。……
> 年至四十,欲棄舉子業,退安耕鑿;諸父、兄弟,愛其器度可大用而不許。於是每逢大比,徒作遊戲了事而已。或有勸顯達者,則恬然不省。[2]

---

[1] 朱舜水《答小宅生順書》,《朱舜水集》,頁 311。
[2] 今井弘濟、安積覺《舜水先生行實》,《朱舜水集》,頁 613。

二、批判科舉

中國明清時代，科舉的答案以制義為文體，以八股為文章。對此，朱舜水批評說：

> 中國以制義取士，後來大失太祖高皇帝設科之意。以八股為文章，非文章也。志在利祿，不過藉此干進。彼尚知仁義禮智為何物？不過鉤深棘遠，圖中試官已耳，非真學問也。不佞父兄俱緣此得科甲，豈敢自鄙其業，但實見其弊如此。[1]

朱舜水對於明朝以制義、華麗文章舉士，不知讀書為何事，敗壞社會風俗，曾感憂心。他說：

> 明朝以制義舉士，初時功令猶嚴，後來數十年間，大失祖宗設科本旨。主司以時文得官，典試以時文取士，競標新艷，何取淵源。父之訓子，師之教弟，獵採詞華，埋頭咕嗶，其名亦曰文章，其功亦窮年皓首，惟以剽竊為工，掇取青紫為志，誰復知讀書之義哉！既而不知讀書，則奔競門開，廉恥道喪，官以錢得，政以賄成，豈復識忠君愛國，出治臨民！坐沐猴於堂上，聽賦租於吏胥；豪右之侵漁不聞，百姓之顛連無告。[2]

又說：

> 其居鄉也，一登科第，志切饜遺；欲廣侵漁，多收投靠。……
>
> 凡屬一榜科甲，命曰同年同門；由其決擇取中，是曰門生座師；輾轉親臨轄屬，是曰通家故吏。又有文社甄拔之親，東林西北之黨；插足其中，絲紛膠結。其間豈遂無仁賢廉潔之士？總之，一壺之醪，不能味一河之水；一杯之水，不能熄車薪之火。[3]

此外，朱舜水對於不務實學、追求利祿者痛恨至極，認為明朝滅亡最主要的原因是受八股取士之害。他在答小宅生順問時曾說：

---

[1] 朱舜水《答安東守約書》，《朱舜水集》，頁173。
[2] 朱舜水《中原陽九述略》，《朱舜水集》，頁1。
[3] 同上注，頁2。

> 我朝以制義取士，士子祇以功名為心，不務實學，故高貴之文，舉世亦無幾人，多者十餘人而已。[1]

又在答野節問時批評說：

> 大明之黨有二：一為道學諸先生，而文章之士之黠者附之，其實蹈兩船，占望風色，而為進身之地耳。一為科目諸公，本無實學，一旦登第，厭忌輩公高談性命。一居當路，遂多方排斥道學，而文章之士亦附之。僕平日曰：明朝之失，非韃虜能取之也，諸進士驅之也。進士之能舉天下而傾之者，八股害之也。[2]

也對人見竹洞說：

> 近世科舉之法衰弊，而多難解之事。……及明季大失太祖高皇帝設科之意，以八股為文章，非文章也，志在利祿，不過藉此干進，非真學問也。[3]

三、拒絕任官

朱舜水剛到長崎之際，曾向當地的幕府直轄長官鎮巡（長崎奉行）提及他在中國雖三蒙徵辟，但力辭不就的往事。他說：

> 使瑜蒙面喪心，取尊官如拾芥耳。然而不為者，以瑜祖、父、兄世叨科甲，世膺誥贈，何忍辮髮髡首，狐形豕狀，以臣仇虜？然而不死者，瑜雖歷舉明經孝廉，三蒙徵辟，因見天下大亂，君子道消，故力辭不就，不受君祿。[4]

朱舜水也向小宅生順提及：

> 壯年謬膺主眷，起家遠過東山；然國是顛危，艱難十倍典午。是以屢違詔命，依稀蔡道明竟日臨軒，舉朝糾劾，禍將不測，星夜潛踪，自竄海曲。僕素民物為懷，綏安念切，非敢以石隱為高，自

---

[1] 朱舜水《答小宅生順問》，《朱舜水集》，頁408。
[2] 朱舜水《答野節問》，《朱舜水集》，頁390。
[3] 《人見竹洞與朱舜水問答》，收入《新訂朱舜水集補遺》，頁224—226。
[4] 朱舜水《上長崎鎮巡揭》，《朱舜水集》，頁37。

矜名譽。但一木之微,支人既傾之廈。近則為他人任過,遠則使後之君子執筆而譏笑之無為也,故忍死不為耳。僕事事不如人,獨於"富貴不能淫,貧賤不能移,威武不能屈",似可無愧於古聖先賢萬分之一。[1]

朱舜水舉明代山東淄川出身、著有《石隱園藏稿》八卷之畢自嚴(1569—1638),以及曾經蒙晉穆帝竟日臨軒的蔡謨(字道明,生卒年待考),與自己的處境相映照,強調積弊難返,當國家政局顛危時,縱使是忠義名臣,亦難以力挽狂瀾,僅能辭官避難於他鄉。

結　論

安積覺在《舜水先生行實》中述及"時天下大亂,憲綱蕩然,先生雖有志於匡救,而時事不可為,故累蒙徵辟十有二次,前後力辭"。朱舜水在《答源光國問先世緣由履歷》也說明他"通計徵召薦辟除擬,除亓院疏薦外,凡壹拾貳次,始終不受"。今將朱舜水辭官之詳情表記如下:

1	崇禎某年(十一年？)	1638年,39歲	提督蘇松等處學政,監察御史亓某,名闕	舉"文武全才第一名",薦於禮部,有"德茂遼東之管"等語,然未獲官職
2	崇禎十六年癸未十月	1643年,44歲	欽差鎮守貴州等處充總兵官,右軍都督府署都督僉事方某	辟為監紀同知
3	崇禎十七年甲申	1644年,45歲	奉詔特徵	
4	弘光元年乙酉正月	1645年,46歲	奉詔特徵	

1　朱舜水《答小宅生順書》,《朱舜水集》,頁311。

5	弘光元年乙酉四月	1645年,46歲		即授江西提刑按察司副使,兼兵部職方清吏司郎中,監鎮東伯,旋晉監荊國公方國安軍
6	隆武三年丁亥 永曆元年	1647年,48歲	招討大將軍威虜侯黃某	承制授昌國縣知縣
7	隆武三年丁亥 永曆元年十月	1647年,48歲		題請監察御史管理屯田事務
8	隆武三年丁亥 永曆元年十月	1647年,48歲		聘請軍前贊畫
9	監國魯王五年正月 《行實》作六年壬辰 * *《朱舜水集》編者朱謙之按:此年代誤,應為永曆四年庚寅	1649年,50歲	安洋軍門劉世勳	疏薦監紀推官
10	監國魯王五年	1649年,50歲	吏部左侍郎朱永祐	擬兵科給事中旋改吏科給事中
11	監國魯王五年	1649年,50歲	禮部尚書吳鍾巒	擬授翰林院官
12	監國魯王五年三月	1649年,50歲	巡按直浙監察御史 掌河南道印王某	薦舉孝廉
13	監國魯王九年三月	1653年,54歲	欽差敕特召	

據《答源光國問先世緣由履歷》《舜水先生行實》製

第八章

"儒、釋、道、醫"的獨立與中日文化交流

第八章 "儒、釋、道、醫"的獨立與中日文化交流　145

前　言

　　杭州出身的獨立性易(1596—1672,本名戴觀胤,更名戴笠,字曼公,號荷鉏、天閒老人),自1653年58歲時東渡日本,至1672年逝世為止,將近二十年的時間,以儒、釋、道、醫的身份,在德川社會烙下其縱橫八千里路的中日文化交流足印。知名岩國儒士宇都宮由的(遯庵,1633—1709)稱獨立性易"為人博覽洽聞,涉獵儒書,出入佛乘,能書法,知醫術,最長者詩賦也"。[1]而水戶藩儒小宅生順(1637—1674),則於記錄其至長崎尋訪碩儒經緯的《西遊手錄》中表示,"有學者,獨有朱魯璵而已",[2]獨立性易僅是"略解文字者三四輩"中的一人,二者評價大相逕庭。

　　戴笠(獨立性易)身處中國時,正值明清交替、戰亂頻仍,勞碌營生但求溫飽;乘桴羈旅日本之後,苦難雖多,卻也得以展現個人才華。本章主要依據在日本各公私立圖書館、鄉土史料館、寺院取得的新史料,[3]追尋其生涯軌跡,深入考察戴笠在中國時的"鄉里營生時期"(1596—1653);東渡日本後,初始的"尋求出路時期"(1653—1654),以及皈依成為獨立性易後的"侍僧時期"(1654—1658)、"閉關時期"(1659—1662)、"行醫時期"(1663—1672)等五段時空。希望循序漸進地考證戴笠(獨立性易)在不同身份、不同時空下的事蹟與交遊情形,以釐清其人格特質及思想轉化,進而闡明其在

1　宇都宮遯庵《獨立遺稿跋》,錄自藤田葆編《獨立遺事》(1889;岩國徵古館藏,史料編號05050b0078)、《獨立遺藻》(1889;岩國徵古館藏,史料編號05050b0079)抄本。另收入桂芳樹《宇都宮遯庵》(山口:岩國徵古館,1978年),頁192—193。

2　本文錄自小宅生順於寬文四年(1664)11月17日撰寫完成、現藏於水戶彰考館之《西遊手錄》稿本,輯錄其與朱舜水、陳三官、陸方壺、獨立之筆談內容。《西遊手錄》曾以附錄的形式,隨彰考館編《朱舜水記事纂錄》(東京:吉川弘文館,1914年)刊行於世,不過僅刊出小宅與朱舜水筆談部分,其餘皆刪除未錄。因此,獨立與小宅之筆談內容,僅能透過《西遊手錄》稿本窺得一斑。

3　本章因篇幅有限,無法將截至目前搜得的史料一一全文揭示,詳請參閱拙編《獨立性易全集》上下冊。本書述及戴笠(獨立性易)之相關文獻記錄及珍貴史料。

中日文化交流史上的歷史定位。

根據《長崎圖志》"永祿初，明人浮舟來聘，其舟巨大，貨財萬積，竟達於京"的記載，[1]明嘉靖年間（1522—1566）中國商人在日本的經貿活動相當熱絡，已頗具規模。其後德川幕府雖數次頒布"鎖國令"，但是仍然開放長崎，允許中國、荷蘭商船渡航，並透過對馬與朝鮮維繫往來關係。十七世紀中葉，中國"明清交替"的政權變動，帶給周邊國家極大的衝擊，國際貿易交流頻繁的東亞海域，隨之掀起波濤。昔日邊陲的"夷（滿）"族掌控了中國政權，日本將明清鼎革稱為"華（漢）夷（滿）變態"。從《華夷變態》一書中，[2]德川幕府對當時泊靠長崎的船隻巨細靡遺地盤問之記錄，以及《唐船風說書》[3]中有關中國政經情勢的記錄內容，即可窺知日本面對中國局勢的審慎態度。明朝滅亡後，當時的知識分子迫於情勢，選擇遠離家國者眾，所謂"越境""遷移"蔚為風潮。隱元隆琦（1592—1673）、朱舜水（1600—1682）、東皋心越（1639—1695）等"反清復明"人士移居日本，為德川社會帶來了文化技藝、宗教以及學術思想的交流，活絡了東亞文化圈之互動。

第一節　戴笠的鄉里營生時期

近年來中日學界對於近世中日文化交流史著力甚深，尤其在人物、思想交流等層面，累積了相當豐碩的研究成果。但是針對1653年（日本承應二年）東渡長崎的戴笠之相關研究，寥寥可數。

1　純心女子短期大學長崎地方文化史研究所編《長崎圖志》(長崎：純心女子短期大學，1992年)，頁43。永祿為日本室町時代的年號之一，指1558年至1570年間。

2　林春勝、林信篤編，浦廉一解說《華夷變態》三冊，收入《東洋文庫叢刊》15（東京：東洋文庫，1958—1960年）；松浦章《海外情報からみる東アジア：唐船風説書の世界》（大阪：清文堂，2009年）。

3　無關乎朝代，日本對於來自中國的人事物，習慣冠以"唐"字，諸如唐人、唐僧、唐船、唐墨等。

一、生平傳略

　　中國方面的文獻，得見戴笠相關最早的記錄，是徐秉元、仲弘道於康熙十七年（1678），亦即戴笠逝世六年後成書的《桐鄉縣誌》中的記載，曰：

> 戴笠，字曼公，杭州人。博學能詩，兼工篆隸，不欲以儒術顯，乃潛究《素問》[1]諸書，懸壺濮里。崇禎中，楚蜀擾亂，公慨然曰："此非君子避世時耶！"遂從番禺人乘桴入海，後不知所終。[2]

其後，則有孫岳頒（1639—1708）的《佩文齋書畫譜》，云：

> 戴笠，字曼公，杭州人。博學能詩，兼工篆隸。崇禎中，從番禺人乘桴入海，後不知所終。[3]

以及盛楓（1661—1706）的《嘉禾徵獻錄》，記曰：

> 戴笠，字曼公，錢唐人。能詩，兼工篆隸，為諸生，潛究《素問》諸書，寓秀水之濮院。[4]崇禎末，楚蜀盜起，笠知時事方艱，有塵外之志，慨然曰："此非君子避世時耶！"遂從番禺人航海入日本，不知所終。[5]

基於上述三段記錄是目前筆者查閱可信度較高的中國文獻所見，雖然載述內容皆概略而大同小異，仍逐一列出，以利對比。這些內容主要指出，戴笠博學能詩，兼善篆隸，鑽研醫術並懸壺營生，隨粵人出海後音信杳然。正因為中國方面關於 "杭州" 出身的戴笠的事蹟線索非常少，以致部分日方文獻誤引朱彝尊（1629—1709）《明詩綜》《靜志居詩話》中所載吳江出身的戴

---

[1] 《素問》與《靈樞》合稱《黃帝內經》，是春秋戰國前醫療經驗和理論知識的總結，為現存最早的中醫理論著作。

[2] 〔清〕徐秉元修，仲弘道纂《桐鄉縣誌》（康熙十七年刊本；臺北故宮博物院館藏善本古籍），卷四，頁19。

[3] 〔清〕孫岳頒等輯錄《佩文齋書畫譜》，收入《文津閣四庫全書》子部第823冊（北京：商務印書館，2006年據中國國家圖書館藏本影印），卷四十四，《書家傳・戴笠》，頁65a。

[4] 濮院，今浙江省嘉興桐鄉市，地處杭嘉湖平原中心，距離杭州約65公里，自宋即以絲綢業發展成江南大鎮。

[5] 〔清〕盛楓《嘉禾徵獻錄》，收入劉俊文等輯《四庫全書存目叢書》史部第125冊（臺南：莊嚴文化出版公司，1996年據上海圖書館藏稿本影印），卷四十七，《隱逸・戴笠》，頁8b。

笠（初名鼎立,字則之,更字耘野）的錯誤內容,而產生張冠李戴、以訛傳訛的問題。這部分容後詳細論述。

關於戴笠在杭州的出身、經歷,可以從散存於日本各地的史料得知。首先,是其現存於福岡縣九州歷史資料館柳川古文書館的手稿,內容如下:

> 世居越之山陰,祖遷於杭,賤名笠,字曼公,別號荷鉏,志為農也。今遊日東,流寓亡歸,別字號曰萍,寄以一萍之浮大川耳。近聞黃檗東來,意將從事佛奴,又在變名易字間矣。
>
> 生自二月十九日,即觀音菩薩降生之日,始名觀胤。以丙辰日生,字曰子辰。因遊帝京,友人相勸從仕,笠以志在閒適,無意冠冕,故易名曰笠,矢以荷鉏戴笠之愚,謝其勸駕云爾。[1]

此手稿無標題,亦無鈐印落款或年月注記。從內容研判,應是戴笠於赴日翌年,亦即承應三年（1654）農曆十二月八日在長崎東明山興福寺皈依隱元隆琦之後不久寫的。德川時代雖然開放長崎為通商港口,但是在日唐人的居住及行動,均受到幕府配置的長崎最高行政長官"長崎奉行"[2]之嚴格監管。戴笠這份簡歷,可能即是因應當局身家調查需求,用以上呈奉行的"由緒書"或"略歷上申書"。如前揭中方文獻所載,戴笠擅長書法。現藏於早稻田大學圖書館的《獨立禪師寶帖》,錄有其遁入佛門後,說明去國、居留長崎、皈依經緯的詩文。曰:

> 獨立,法名性易,俗名戴曼公,年六十歲,係大明國浙江杭州府學秀才。恥以虜陷明庭,人心盡死,棄儒隱醫,偕子與妻居鄉者九載。其奈馬蹄鼠尾,痛心慘目,暫附舟至日本交易,以遠觀聽。險涉大川,於癸巳年三月,舟到長崎,時荷鎮主着通事查考同舟來歷,知某業儒知醫,保留在崎,醫緣自度。竊念髮白身孤,計莫終老,幸遇黃檗隱元和尚東來,願皈依為座下弟子,志參禪理,以畢終命。就甲午年十二月初八日,稟明鎮主,染薙為僧,隨行杖履。今同和尚應普門寺請,附寓懷詩一絕上呈:"六甲年週行改僧,踈

---

[1] 九州歷史資料館柳川古文書館藏,史料編號1346。

[2] 長崎奉行,江戶幕府的地方官職名稱,負責管理長崎之行政、貿易、船舶,並搜羅外國資訊、監控海防。

疎散散任無能。相隨瓢衲因緣地,願作宗門一唯曾。"[1]

根據這兩份自述可以得知:戴笠,本名觀胤,字曼公,號荷鉏,又號萍,萬曆二十四年(1596)二月十九日生於浙江杭州。年輕時習儒,勤練書法,無意仕途,志在務農。經歷戰亂和國亡巨變後,被迫放棄儒士生活,舉家避居鄉間,改以行醫度日。順治十年癸巳(1653)三月,58歲時搭船抵達長崎。據此可知,前揭《桐鄉縣誌》《佩文齋書畫譜》《嘉禾徵獻錄》中述及戴笠於崇禎年間(1628—1644)赴日之說,實為訛誤。抵達長崎後,戴笠所稱"鎮主"亦即當時的長崎奉行,[2] 透過唐通事的翻譯,知其兼通儒業、醫業,於是准予居留。在憂心年老體衰、生計難維的考量下,戴笠於翌年十二月八日剃度為僧,道號獨立,法諱性易。八個月後並隨侍隱元離開長崎興福寺,入住大阪的慈雲山普門寺。

論及戴笠皈依後的事蹟時,原本應該改以釋名"獨立性易"稱之,但是基於隨後將探討兩戴笠問題,為避免雜亂混淆,仍暫時以原名號表記。

除上述史料外,目前得見最能翔實介紹戴笠生平的,應屬其《有諗別緒自剡分宗》一文。《有諗別緒自剡分宗》的原件不知所藏何處,但是目前留存有兩種完整抄本以及一種部分節錄的抄本。部分節錄之抄本,收入東條琴臺《先哲叢談續編》[3]卷一"戴曼公"之項下,筆者以"東條抄本"稱之,以利區別。而兩種完整抄錄版,一是抄者、抄錄年月不詳,現藏於東京"靜嘉堂文庫"的"靜嘉堂抄本";一是大田南畝(1749—1823)於文化二年乙丑(1805)六月十日在"崎陽[4]岩原之綠陰借廬"抄寫,並收入其《瓊浦遺佩》上卷,[5] 現藏於日本國立國會圖書館的"大田抄本"。至於二抄本之間是否有

---

[1] 《獨立禪師寶帖》,早稻田大學圖書館藏,史料編號"チ 0604743"。本文獻是萬治元年(1658)九月一日,獨立隨隱元寄寓普門寺期間,以草體書寫《千字文》,並附一詩文,主要自我簡介,說明居留日本之經緯。九十年後的寬延元年(1748)九月,此一藏於普門寺的《千字文》字帖,經大阪靈龜山久島院第十三代住持淨芳,邀華洞管雲一起撰寫識文,以摺本形式刊刻付梓,題名《獨立禪師寶帖》。

[2] 係指黑川與兵衛(正直,1602—1680,任期1650—1665)、甲斐庄喜右衛門(正述,任期1651—1660)二人。

[3] 東條琴臺《先哲叢談續編》(東京:千鍾房,1884年;日本國立國會圖書館藏)。

[4] 崎陽、瓊浦都是長崎的地名舊稱。

[5] 大田南畝《瓊浦遺佩》上下二卷,稿本,1809年;日本國立國會圖書館藏)。《瓊浦遺佩》上卷中,另錄有獨立撰《重建清水寺紀緣》、玄岱《婺山師帖》以及安東省菴的手書等。

任何關聯,則尚待考證。

《有譙別緒自剡分宗》之內容可細分為三部分,包括署名"禿頂漢獨立撰",於"康熙十二年歲在壬子首夏日",寫給長孫戴善的《有譙別緒自剡分宗》;署名"禿頂漢獨立漫筆",於"康熙十二年姤月之望",寫給長孫戴善和次孫戴龍的《聊爾爭分》《風還古道》;以及署名"禿頂漢遺世獨立手筆",於"康熙壬子四月中澣",寫給三孫戴喜的家書。首先值得留意的是,歲次壬子應是 1672 年,也就是康熙十一年而非十二年,"靜嘉堂抄本"及"大田抄本"的兩處紀年顯然是誤植。"東條抄本"雖作康熙十一年,然而是東條琴臺發現原文錯誤而主動更正,抑或原文本來即正確無誤？戴笠一向以干支紀年,本史料首次見其使用清朝康熙的年號。換言之,誤植有可能源自原文,也可能是抄錄時受到壬子時值日本寬文十二年(1672)的慣性作用影響。端看兩種抄本都寫作"康熙十二年"時,似乎誤植出在原文的概率較大,但是倘若兩種抄本其實源自同一系統,則結果將大不相同。這些疑問有待一一考察,暫無結論。

其次,關於原史料的去向,"大田抄本"的文末寫道:"右一卷借抄于田邊龜遊(作八年)家,是獨立禪師自筆本,而高玄岱先生徵于東都時,所留贈田邊氏之祖桑溪(方業)者也。"[1]高玄岱(1648—1722)是戴笠的弟子,因新井白石(1657—1725)的薦舉,獲聘成為幕府儒員,寶永六年(1709)十二月,自長崎往赴江戶。而"東條抄本"文末亦指出,"斯真蹟今存于崎嶴田邊某家"。二者言及的田邊氏應是同一家族。歸納上述內容可以得知,《有譙別緒自剡分宗》在 1709 年經由高玄岱留贈給長崎田邊氏的祖先; 1805 年出借給大田南畝;之後又借給東條琴臺抄錄,東條並於 1884 年刊出。不過,據今關天彭於 1931 年發表的《日本流寓の明末諸士》一文,[2] 1921 年左右今關人在東京,某日夜晚造訪明治大文豪森鷗外(1862—1922)時,曾獲示一橫軸,是戴笠的作品。今關指出,該橫軸即是《有譙別緒自剡分宗》,森鷗外因價高而未能收購,後來轉由東北某人家收藏。如果所指為同一史料,換言之,在長崎田邊家保存二百餘年的《有譙別緒自剡分宗》,已於 20

---

1 括號內的文字是原文獻的注記。
2 今關天彭《日本流寓の明末諸士》,收入氏著《近代支那の學藝》(東京:民友社,1931 年),頁382—414。

世紀20年代轉藏於日本東北某處了。

戴笠離鄉當年，長孫戴善年僅六歲，在失聯超過19年之際，突然代父漂洋至長崎尋親，並轉告祖母已經去世的消息。"譙"是地名，址在今安徽省亳縣；"剡"指浙江省紹興市之剡溪，一名"戴溪"。文題"有譙別緒、自剡分宗"，意味著戴氏宗族自"譙""剡"二地分宗別緒，開枝散葉。"以紀一源之序，分衍千世之承"，[1]協助子孫追本溯源、延續宗親血脈，是其撰寫本文的目的。文中記錄其世族譜系、遷徙軌跡、成長背景乃至心路歷程。言及萬曆四十八年（1620）25歲時，父親戴朝卿去世；次年遭逢杭州大火，生活頓時陷入困境，被迫捨棄文事。政局動亂，家國變色，49歲時幾至無立錐之地，幸好曾經研習醫術，得以離鄉至浙江省桐鄉縣、離杭州約五十公里處的語溪行醫，謀求一家溫飽，前後歷時九年，直到58歲離開中國。記錄戴笠赴日前生平事蹟的史料非常少，《有譙別緒自剡分宗》寫於康熙十一年（1672）四月，是距離其同年十一月六日逝世約半年前的作品。在拋妻棄子、離鄉去國近二十年的垂老之際，代表血脈延續的親族突然越海來訪，回顧一生的千觸百感盡皆表露於字裡行間。該文寫於皈依之後，所以署名皆使用道號"獨立"；為了在中國生活的子孫而寫，一改長年用干支紀年的原則，首次使用清朝康熙的年號。本史料等同戴笠的回憶錄，有助於填補其年譜中諸多空白處，更可藉以探究其思維脈絡與人生理念。

上述戴笠親筆的第一手史料以外，高玄岱於享保三年（1718）撰寫的《明獨立易禪師碑銘并序》，[2]以及玄岱之子高有鄰（1691—1773）於明和八年（1771）委託幕府儒官源良弼（1706—1777）起稿的《天外一閒人髮齒碑

---

1 文見第一部分獨立寫給長孫戴善的《有譙別緒自剡分宗》。
2 《明獨立易禪師碑銘并序》，刻於平林寺（今東京琦玉縣）所藏"明獨立易禪師碑"上之銘文。由碑銘內容可知，玄岱為緬懷先師，徵得金鳳山平林寺住持靈峰禪師與其師默雲和尚的同意，於寺境內興建"戴溪堂"，並於正德六年（1716）三月七日竣工。兩年後的享保三年（1718）四月，由越智直卿將玄岱起草題寫的銘文，篆刻於藤原通顯所捐贈的欅木（東條琴臺《先哲叢談續編》誤作石碑）上，在玄岱三子高有鄰、弟子年江直美等人協同下，立碑於"戴溪堂"之側。標題"明獨立易禪師碑銘"以篆隸體橫書，碑銘本文則採楷書直寫；木碑總高191.0厘米、寬155.2厘米，黑色底漆，文字平雕。現移置於"戴溪堂"內，以利收藏。文可參閱石村喜英《深見玄岱の研究：日中文化交流上における玄岱伝と黃檗独立禅師伝》（東京：雄山閣，1973年），頁258—261。以下簡稱石村氏專書。

記》,[1] 也是探討戴笠赴日後之知見行履的重要根據。

高玄岱[2]於慶安二年(1649)生於長崎,日本姓深見,13 歲即至興福寺幻寄山房師事時已皈依、正在閉關中的戴笠,學習儒、醫、書法和篆刻;其後曾經一起經歷長崎大火的苦難,並幾度陪同遠赴岩國(今山口縣)行醫。十二三年的師徒情誼相當深厚,因此在戴笠逝世 50 周年將屆之時,玄岱積極設法於埼玉縣金鳳山平林寺興建"戴溪堂"、立碑撰銘、籌辦祭典,以緬懷師恩。戴笠去世後,玄岱轉赴京都遊學,師事幕府儒官木下順庵(1621—1698)。37 歲時,受聘擔任薩摩藩第二代藩主島津光久(1616—1695)之"侍讀",並教授書法。玄岱往來於薩摩、長崎、江戶之間,因工詩文,與黃檗、曹洞宗僧侶多有交遊。1709 年十二月,離開長崎往赴江戶任幕府儒員,並於翌年三月謁見第六代將軍德川家宣(1662—1712)。其後與室鳩巢(1658—1734)、荻生徂徠(1666—1728)、三宅觀瀾(1674—1718)等知名漢學家均有深交。編著有《養生編》(1680)、《正德和韓集》(1711),以及 1746 年被築地大火焚毀的《天外老人集》十五卷等書。玄岱的學問深受戴笠影響,是德川時代在日本傳播中華文化的優秀知識人之一,[3] 其與戴笠之師徒互動將另文探討。

言及戴笠的日本文獻可概略分為兩大類,一是將其活動事蹟幾乎同步登載於冊的官方記錄,一是後人有感而發的文章著述。官方記錄有:長崎的《唐通事會所日錄》,以及岩國方面的史書《中津日記》《上の御土居日記》《御取次所日記》《岩國藩御用所日記》《御音信帳》《岩邑年代記》

---

[1] 《天外一閒人髮齒碑記》,明和八年(1771)十一月六日,高有鄰於東京東叡山護國院設立石碑,上有源良弼(德力龍潤)撰述、橘勵齋(隆棟)篆刻的碑記,以誌有鄰未能遵循父親玄岱之遺願,將獨立遺稿《天外老人集》順利付梓之經緯。碑高 181 厘米、寬 59.1 厘米,正面以篆隸題"天外一閒人髮齒碑",左、右、後之三面則採楷書平雕。石碑現已遷移至東京多摩靈園內編號"3 區 1 種 32 側 9 番"的深見家墓區。文可參閱石村氏專書插圖 38,頁 477—478。

[2] 高玄岱的祖父高壽覺,原為明朝福建的儒醫,福州、廈門是德川初期中國與日本海上交通的主要港口,因此高壽覺經常往來於福建與薩摩(今鹿兒島縣)之間。玄岱之父久兵衛,是高壽覺的養子,1618 年 16 歲時歷訪中國之金山寺、華嚴寺等名山大川長達 11 年,1629 年 27 歲時搭乘中國商船返回長崎,1632 年接受首任薩摩藩主島津家久的招聘,爾後經長崎漢醫穎川入德向長崎奉行所推薦,成為"唐通事"。久兵衛曾為隱元禪師東渡日本奔走盡力,1659 年 57 歲時皈依佛門,追隨木菴性瑫,法號"大誦"。1665 年六月隨木菴赴江戶,謁見第二代將軍德川家綱。據石村氏專書,頁 1—38;李獻璋《長崎唐人の研究》(佐世保:親和銀行ふるさと振興基金,1991 年),頁 214—219。

[3] 石村氏專書對其人其事有最翔實精闢的論述。

《岩國沿革志》等。而個人撰著方面，捨去三言兩語的極短敘述，大致依年代先後排序，則有：卍山和尚《示素立禪者偈并序》、無著道忠《雙岡齊雲紀談》、六如《葛原詩話》、南山道人《諸家人物誌》、市河米菴《米菴墨談》、西島長孫《坤齋日抄》、神田實甫《南宮詩鈔》、賴襄《賴山陽實甫帖》、山崎美成《古今名家略傳》、山田青門《巖山金玉集》、藤森天山《書獨立瀟湘八景詩卷後》、東條琴臺《先哲叢談續編》、東正純《評藤田葆編〈丘壑画談〉》等。

二、戴笠同名異人考

20世紀前葉，戴笠以一介德川時代初期流寓日本的明末遺士身份，依序出現於今關天彭《近代支那の學藝》、辻善之助《日支文化の交流》、木宮泰彥《日華文化交流史》等中日文化交流相關研究論著中。[1] 後兩篇文章的內容流於簡略概述，木宮泰彥甚至也出現"張冠李戴"的問題。不過，今關天彭的論文則提出幾點值得參考的評析。首先，指出前揭東條琴臺《先哲叢談續編》一書中的明顯訛誤，包括將"杭州戴笠"與"吳江戴笠"之事蹟混為一談；將杭州戴笠於承應二年抵達長崎的時間，誤認定是承應三年。而更重要的是，另考究出兩戴笠都曾經是"驚隱詩社"成員的關聯性，指出乾隆年間陳和志修、倪師孟等纂《震澤縣志》的驚隱詩社成員名單中，前有杭州"戴笠曼公"，後有吳江"戴笠耘野"名列其間。

關於被誤引的戴笠耘野（1614—1682），其摯友潘檉章（1626—1663）的《松陵文獻‧隱逸傳‧戴笠》中，有較朱彝尊等的文獻相對精闢鮮明的人物描述，曰：

> 戴笠，字耘野，初名鼎立，字則之。祖天敘，見《孝義傳》。笠，孤貧力學，為諸生。文行炳著，渾厚篤誠，與人居溫溫終日而志節凜然，非其義，一芥不苟。乙酉後，入秀峰山為僧，得禪學宗旨，久乃返初服。教授自資，勤於著述。謂明亡於流寇，綜其始末，以月日為次，作《寇事編年》。采輯明末死義諸臣事蹟，作《殉國彙編》，

---

[1] 今關天彭《日本流寓の明末諸士》，收入氏著《近代支那の學藝》，頁382—414；辻善之助《江戶時代に於ける支那文化の影響》，收入氏著《日支文化の交流》（大阪：創元社，1938年），頁196、203；木宮泰彥《來朝並びに歸化明清人と文化の移植》，收入氏著《日華文化交流史》（東京：富山房，1955年），頁697、706—707。

自將相至布衣,無不詳載。別紀烈女為《骨香集》,後死者為《耆舊集》,為《發潛錄》。又有《聖安書法》《文思紀略》《魯春秋》《行在陽秋》等書,共數十卷。居同里之朱家港,土屋三間,旁穿上漏,炊煙時絕,略不關懷。惟孜孜編纂,雜采朝報、野史,參之見聞、口訊、手鈔,老而不倦,海內著述家服其精博,惜多散佚不傳。[1]

而江蘇崑山三賢之一的朱用純(柏廬,1617—1688)於康熙十二年(1673)撰寫之《戴耘野先生六十壽序》中,則言及:

> 吳江戴耘野先生,其抗節尤高者也,三十年來不入州府,微獨當世之人莫或窺其顏面,即我徒亦罕得見之。而壬子秋,扁舟載酒,過訪於玉峰之陽、婁水之陰。杓石程子、重其袁子為之導,葵園呼子為之主。吾邑同志之士仰其風者,幸得親見,相與賦詩投贈,以為勝事。
>
> 明年癸丑,程子、袁子又以先生六十告予;予以告吾邑之得見先生者,皆欣然謀將壽之。或曰先生之德盛而能下;或曰先生著書扶植倫常,以垂後世。或又曰昔者蔡邕多識漢家故實,而志節闕如;陶潛不忘晉室,而不聞紀載當時遺事,先生兼之。是皆可述而為文以壽也。[2]

此外,亦可參閱《蘇州府志》《國朝先正事略》等文獻的記述。[3] 綜合這些文獻的內容可知,戴笠,字耘野,初名鼎立,字則之。高風亮節,曾經出家為僧,其後還俗,隱居在吳江縣同里鎮朱家港,教書營生,行事非常低調,力學而勤於著述。

接著需要釐清的是兩戴笠與"驚隱詩社"的關係。首先,《震澤縣志》對於驚隱詩社的記述如下:

---

1 〔清〕潘檉章《松陵文獻》,收入《四庫禁燬書叢刊》史部第7冊(北京:北京出版社,2000年據清康熙三十二年潘耒刻本),卷十,《隱逸傳·戴笠》,頁12。

2 〔清〕朱用純《戴耘野先生六十壽序》,收入氏著《朱柏廬詩文選》(南京:江蘇古籍出版社,2002年),頁56—57。

3 〔清〕李銘皖等修,馬桂芬等纂《蘇州府志》,收入《中國方志叢書·華中地方》第5-5冊(臺北:成文出版社,1970年),卷一〇六,《人物》33,頁8(總頁2508);〔清〕李元度《國朝先正事略》,收入《近代中國史料叢刊》第111—114冊(臺北:文海出版社,1968年),卷四十七,《遺逸》,頁4b(總頁1912)。

太湖葉桓奏，鼎革後隱居唐湖北渚古風莊，有煙水竹木之勝，與嚴蔂吳東籬兄弟並為驚隱詩社領袖（驚隱詩三字，葉集作逃）。時同社之來唐湖歲率數至，至必賓主聯吟，為望海潮詞，先後凡百篇。……國初，吾邑之高蹈而能文者，相率為"驚隱詩社"。……跡其始起，蓋在順治庚寅。諸君以故國遺民，絕意仕進，相與避跡林泉，優游文酒，芒鞋箬笠，時往來於五湖三泖之間，而執法之吏不相誰何，國家文網之寬，諸君氣誼之篤，兩得之矣。其後史案株連，同社有罹法者，社集遂輟。[1]

又，根據楊鳳苞《書南山草堂遺集後》一文，驚隱詩社的成立"始於庚寅，終於甲辰"。[2] 換言之，明清改朝換代之初，一群以葉桓奏及吳東籬兄弟為首、講求氣節風骨的故國遺民，於順治七年（庚寅，1650）在唐湖（即唐家湖）古風莊成立驚隱詩社，藉由放歌吟詠、縱情山水，以逃避現實社會的紛亂，所以又稱"逃社"。後因潘檉章、吳炎等主要成員受莊廷鑨《明史》案牽連，慘遭殺害，詩社被迫於康熙三年（甲辰，1664）解散。[3]

周于飛《"驚隱詩社"成員認定過程考論》一文，[4] 在針對包含上述兩種文獻在內的11種文獻之驚隱詩社相關論述進行考究後，梳理出一份依籍貫區分的成員名單共50人。筆者參考其研究成果，大致循《震澤縣志》原排序重新整理如下：

湖州：范風仁（梅隱）、沈祖孝（雪樵）、陳忱（雁宕）

嘉興：金甌（完城・宵武）、顏俊彥（雪曜）、朱臨（載揚）、鍾俞（琴俠）、顏祁（子京）、金始垣（公觀）、鍾歟立（賓王）

---

[1] 〔清〕陳和志修，倪師孟等纂《震澤縣志》，收入《中國方志叢書・華中地方》第20-3冊，卷38，《舊事二》，頁1334—1336。括號內的文字是原文獻的注記。

[2] 〔清〕楊鳳苞《秋室集》，收入《續修四庫全書》集部第1476冊（上海：上海古籍出版社，1995年），卷一，《書南山草堂遺集後》，頁15b—17a（總頁10）。

[3] 關於驚隱詩社的研究，詳參謝國楨《明清之際黨社運動考》（臺北：臺灣商務印書館，1978年），頁208—213；謝國楨《明末清初的學風》（北京：人民出版社，1982年），頁205—225；謝崇熙《清初明遺民的"屈陶"論述》（臺北：臺灣師範大學歷史研究所碩士論文，2008年）；周于飛《驚隱詩社研究》（杭州：浙江大學人文學院博士論文，2012年）等。

[4] 周于飛《"驚隱詩社"成員認定過程考論》，《廈門教育學院學報》第13卷第3期（2011年8月），頁9—12。

> 杭州：戴笠（曼公）
>
> 崑山：歸莊（元恭）、顧炎武（甯人）
>
> 無錫：錢肅潤（礎日）
>
> 長洲：陳濟生（皇士）、程棟（杓石）、施譚（又王）
>
> 吳江：吳珂（匡廬）、吳宗潛（東籬）、吳宗漢（南村）、吳宗泌（西山）、吳炎（赤溟）、周燦（闇昭）、周爾興（機高）、周撫辰（其凝）、周安（安節）、顧有孝（茂倫）、顧樵（樵水）、朱明德（不遠）、戴笠（耘野）、鈕明儒（晦復）、鈕榮（蓀如）、王錫闡（兆敏）、潘檉章（力田）、吳寀（北窗）、吳在瑜（曜庚）、吳南杓（融司）、葉世侗（開期）、葉敷夏（康哉）、沈永馨（建芳）、吳宗沛（芳時）、葉繼武（桓奏）、朱鶴齡（長孺）
>
> 不明：李受恒（北山）、王礽（雲頑）、沈泌（彥博）、沈嘉楠（石城）、錢重（鍾銘）、金成（耳韶）、金廷璋（彥登）

誠如今關氏論文所述，兩戴笠皆出現在驚隱詩社成員名單中。

關於戴笠耘野與驚隱詩社的關係，從其為葉桓奏作《高蹈先生傳》；[1] 與潘檉章相約合撰史書而完成《寇事編年》《殉國彙編》；又，潘檉章的《松陵文獻·隱逸傳》中收有其傳記；潘耒撰《戴耘野先生六十壽序》；[2] 顧炎武《亭林詩集》中收有《酬歸祚明、戴笠、王礽、潘檉章四子韭溪草堂聯句見懷二十韻》《送李生南歸寄戴笠、王錫闡二高士》等詩作；[3] 以及《亭林文集》中收有《與戴耘野》之書函等，[4] 諸多與驚隱詩社重量級成員的詩文往來，足以顯示戴笠耘野在詩社中的地位。

但是，杭州戴笠這方面則苦無線索可資印證。直到筆者在日本國立公文書館內閣文庫，得閱其成書於丙申年（明曆二年，1656）二月晦日的詩

1　戴笠《高蹈先生傳》，收入〔清〕淩淦輯《松陵文錄》（全12冊24卷，同治十三年刊本；"中央研究院"歷史語言研究所傅斯年圖書館藏），卷十七，頁4a。

2　〔清〕潘耒《遂初堂集》，收入《四庫全書存目叢書》集部第250冊（臺南：莊嚴文化出版公司，1997年），卷十，《戴耘野先生六十壽序》，頁3—4（總頁64）。

3　〔清〕顧炎武《亭林詩文集》，收入《四部叢刊初編》（上海：商務印書館，1919年據上海涵芬樓影印康熙刊本），《詩集》，卷三，頁6b—7a；卷五，頁21b—22a。

4　〔清〕顧炎武《亭林詩文集》，《文集》，卷六，頁20。

集，才有進一步的突破。詩集由上題《東矣吟　性易自筆本》[1]的後人裱裝的封面保護著。原書外題《東矣韽》，"韽"為"吟"的異體字。其內首頁是一篇五百餘字的《自紀》，開宗明義地說明："是篇紀予東來萍寄、未脫白時吟草也。""脫白"是佛家語，意指剃度出家。主要述及成書經緯，並落款"天外一閒人書并題"，鈐印"荷鉏人"。隨後，內題《東矣吟》，署名"天外一閒人著"，並鈐"獨立""性易"二印。其下共收錄"自癸巳春初出江城浮東之吟稿"一百一十五首，而"甲午仲春望後，俱不及錄"。換言之，戴笠隨隱元入住普門寺半年後，將其在中國期間以及赴日後的第一年，亦即剛滿59歲、尚未皈依前所吟詠的詩作115首，輯錄成詩集《東矣吟》。經逐一審閱詩作後，發現明確注記酬唱對象的作品中，出現驚隱詩社領袖"吳宗潛（東籬）"以及"金甌（完城）"的名號。詩作分別是：

寄懷東籬野老

逃世難能逐世多，羨君終日閉門歌。

秋來釀得黃花酒，白社吟招我莫過。

寄完城社長

野渚扁舟幾共攜，江天逋客跡今迷。

一行念與論交濶，東海灘頭浙水西。

如此一來，對於杭州戴笠赴日前的事蹟，可以有比較具象的掌握。首先，杭州戴笠是驚隱詩社成員一事獲得佐證，驚隱詩社成立、存在時間為1650年至1664年，而杭州戴笠在1653年三月即已抵達長崎，因此加入詩社的時間最長不過剛成立時的前三年。杭州戴笠離開中國之前的九年間，主要在桐鄉"語溪"行醫謀生，該地距離詩社聚會所在地、吳江"唐湖古風莊"六七十公里，距離戴笠耘野隱居的吳江"朱家港"五六十公里，二人的活動範圍是相近的。

1　《東矣吟》，日本國立公文書館藏，史料編號"漢10693"，函號"313-312"。卷首除獨立原鈐印"茆茨"外，另有專蓋於表示是毛利高標（1755—1801）舊藏並上呈幕府的典籍之"佐伯侯毛利高標字培松藏書畫之印"，以及"淺草文庫""日本政府圖書""內閣文庫"等共五枚鈐印。卷末則捺有"獨立""性易""昌平坂學問所""日本政府圖書""內閣文庫"等五印。基於獨立於《自紀》之後，題曰"東矣吟"，因此筆者將統一稱本詩集為《東矣吟》。

综合以上的资料，可以归纳出：两戴笠年龄相差18岁，出生地不同，但是时代相近、重叠，活动范围均在苏杭一带，皆是惊隐诗社的成员，也都曾经出家为僧。其实，早在今关天彭之前，清朝殷增在其《松陵诗徵前编》卷八中，即已述及两戴笠事蹟被混淆之事，曰：

> 国初高士有两戴笠，吴江戴笠字耘野，浙西戴笠字曼公，俱能诗。当时已有传闻互讹者，耘野曾作《答或问》一篇辨之，刻入梁溪钱十峯肃润《文澂》。[1]《明诗综》以曼公为耘野别字；且《诗综》所入之诗，亦是浙西曼公之作，非耘野诗也。[2]

根据殷增提供的线索，查阅同是惊隐诗社成员的钱肃润（1619—1699，础日）辑评之《文澂初编》，得见吴江戴笠为消解同名所造成的困扰而撰写的答辩文，题曰《答或问》。文章虽略嫌冗长，但是内容相当重要，因此揭示其全文如下：

> 或有问于予，曰："子初名鼎立，今潜其鼎，而以竹加立者，何？"曰："志隐也。"或又曰："越之中，有与子同姓而字曼公者，其名亦曰笠。是一时有两笠也，子得无混其名乎？"曰："曼公之名，定名也。予之名，更名也。"因历举古今之同姓名者，以告之。或又曰："唐虞之伯夷与商周之伯夷，犹曰此时代之相悬也。纯孝之曾参与杀人之曾参，犹曰此淑慝之不同也。今吾耘野与曼公，生同时，业同儒，吴越相望不数百里而近，安知耘野之笠不讹而为曼公之笠乎？"曰："曼公，越之名士，长余数年，工书法，吴越间寺额碑文多出其手，书名传于海外，有戴书之目。予仅守先人一编，坐以忘老，惟是旁及释典，方外衲子时相过从，有迦庐之名。安能如曼公之声价不胫而走哉！"或又曰："近闻有以遗事祈曼公采辑者，曼公骇曰：客误矣，此必吴中之笠也，而非我。又闻有持缣索书于耘野，耘野亦骇曰：客误矣，此必越中之笠也，而非我。即此二事，

---

1 戴笠《答或问》，收入〔清〕钱肃润辑评《文澂初编》，收入《四库禁燬书丛刊》集部第173册（北京：北京出版社，2000年），卷二十，页22—23a（总页708—709）。

2 〔清〕殷增编次《松陵诗徵前编》（全4册12卷，光绪九年吴下重刊本；"中央研究院"历史语言研究所傅斯年图书馆藏），第3册，卷八，页19。

若兩相借而兩相違也。其如後世何?"予又答之曰:"嘗考漢史,同時有兩龔遂而俱為賢郡守,有兩京房而俱明《易》道,其各不相嫌如此,余復何嫌於曼公!"或唯唯而去。既而曼公卒海外,於是吳中故人或乘車而出,遇我於山巔水涯之際,相對而揖之,曰:"笠來笠來,舍我其誰哉!"予遂以更名為定名云。

戴笠的文章之後,另附有錢肅潤的評論,曰:

> 耘野高風,當今罕匹,豈一時遂有兩賢相遇耶!兩相借而兩相違,而又各不相嫌,其曠達也如此。此篇機鋒相對,正足相當,文情更在客嘲賓戲間,讀之快甚。

由此可知,兩人姓戴名笠雖然相同,但是別字各自為耘野、曼公。《明詩綜》"戴笠"項下,以曼公為耘野別字,顯然是一誤記。吳江戴笠是"戴耘野",而杭州戴笠則是絕無僅有的"戴曼公"。兩戴笠被混淆誤認的問題之大,已經到了當事者必須撰文澄清的地步。而且從文意上研判,二人彼此知道對方的存在,卻不曾直接接觸。

殷增同時還指出《明詩綜》以所列詩句為耘野作品是錯誤的。以下是《明詩綜》述及戴笠的全文:[1]

> 戴笠二首。笠,初名鼎立,字則之,改今名,更字耘野,又字曼公,吳江人,縣學生。《詩話》曼公,谷隱巖耕不入城府。句如:"愁邊細雨孤舟遠,夢裏青山故國春。""夜雨聲中流水急,東風陌上野花開。""眠鳧夢裏誰家地,啼鴂聲中故國秋。""大有孤山處士遺韻。"
>
> 《秋望》:
> 晴空浩無垠,一碧淨千里。有似至人懷,澄泓湛秋水。
> 寒鴉起半山,孤飛不能已。蕭然萬感集,四顧蒼茫裏。
>
> 《有感》:
> 老大徒傷事事非,三年客裏故山違。
> 涼風動地迷衰草,白露侵人透葛衣。

---

[1] 〔清〕朱彝尊《明詩綜》(清康熙四十四年六峰閣刊本;早稻田大學圖書館藏),卷七十九,頁13。

江漢數行鴻鴈斷，天涯幾箇友朋歸。
憑闌盡日思佳句，西北遙瞻是落暉。

　　截至目前多方搜得的戴曼公的詩作中，與《秋望》《有感》二詩相同的詞句，只見於《橫秋風雨三十韻》[1]的引文之"涼風動地"四字。基於明朝袁中道（1575—1630）的《龍君超招飲章台，賦得看花台三韻》曾有"炎極且登台，涼風動地來"之詠，因此無法據此斷言《有感》詩是出自戴曼公之手。不過，詩集《東矣吟》中的《有慨》詩，曰："愁邊細雨孤舟遠，夢底青山故國新。無那極天戎馬路，回頭羞問釣魚人。"以及收入其與良衍性派（1631—1692）合刊的詩集《一峰雙詠　附西湖感懷草》[2]的《西湖懷感三十韻有引》第二十六首，曰："慘淡湖波寒不流，亂雲零落兩峰頭。眠鼃夢裡誰家業，啼鴂聲中故國秋。"顯然與《詩話》所錄內容相同，證明這部分的詩句誠如殷增所言："是浙西曼公之作，非耘野詩也。"

　　考究至此，得到的結論是，朱彝尊《明詩綜》《靜志居詩話》中的"更字耘野，又字曼公"之誤記，應該就是引發一連串張冠李戴問題的導火線。中方文獻受其誤導者眾，此處不再一一列舉。而前揭言及戴笠的日方文獻，從成書時間先後研判，誤引朱彝尊敘述以致張冠李戴的情形，首見於市河米菴的《米菴墨談》，其後西島長孫的《坤齋日抄》、東條琴臺的《先哲叢談續編》，乃至岩國藤田葆的《獨立遺事》《獨立遺藻》，皆因未能詳加考證，而造成以訛傳訛的結果。除了今關天彭撰文糾正這項錯誤外，1956 年梁容若以

1　詩軸《橫秋風雨三十韻有引》，以"讚出秋聲卷"為名，現藏於日本東京國立博物館，史料編號 B-2869，可自該館網頁 http://webarchives.tnm.jp/imgsearch/show/C0035603 取得部分影像。本詩軸是獨立於寬文二年（1662）八月三日清秋夜雨中完成，寫給良衍性派之三十首五言律詩。卷首以篆體書寫"譜出秋聲"四大字，東京國立博物館以此為題名，"讚"字實為"譜"字之訛。良衍性派（良演、南源性派），生於福建省福清縣，俗姓林。幼時入黃檗山無淨瑋公門下為沙彌，未幾，參禮隱元，隨侍多年後，同行東渡日本。寬文八年（1668），開創華藏院，營建慈光堂。寬文十一年（1671），隱元密付偈頌、拂子。延寶元年（1673），隱元寂，遂為隱元廣錄，並修年譜。元祿元年（1688），重興東大寺大佛殿，設千僧會，任法會導師。元祿五年（1692），歸黃檗山，隱栖於高壽軒。同年六月示寂，世壽 62 歲。著作有《鑑古錄》30 卷、《芝林集》24 卷、《南源禪師藏林集》6 卷等。
2　《一峰雙詠　附西湖感懷草》，現藏於日本國立國會圖書館鶚軒文庫，封面印記原史料編號為"鶚 詩文 125"，另有"こ第卅七号"之手寫編號。全書由獨立題識、獨立與良衍各詠十首七言律詩之《題富士山十律有引》，以及獨立題識、獨立吟詠三十首七言律詩之《西湖懷感三十韻有引》兩部分構成。詩集前半部亦即所謂"一峰雙詠"，收錄獨立、良衍二人對日本名峰富士山之詠歎，識文記於明曆三年（1657）中秋時節。

《明季兩戴笠事蹟考》一文，[1] 1978年謝國楨以《顧炎武與驚隱詩社》一文，[2] 發表考證結果。而京都宇治黃檗宗大本山萬福寺文華殿所藏"吉永文庫"中，也收藏著吉永雪堂(1881—1964)的未刊稿本《戴笠同名異人考證》。稿本首頁"目次"部分列舉了考證項目，筆者於參照內文後，補足文意、加注標點符號，揭示如下。希望透過原書架構的呈現，傳達作者引用例證以釐清兩戴笠之別所作的努力。

　　一、明·陳文沂《移情集》《病眼訪戴山人》
　　一、澹軒之歌《懷戴子曼公負笈向日東不歸歌》（未得）
　　一、《桐鄉縣志》之一節
　　一、《明詩綜》：《秋望》《有感》
　　一、《顧亭林詩文集》卷六補遺《與戴耘野》
　　一、《亭林詩集》卷五《送李生南歸寄戴笠、王錫闡二高士》
　　一、《顧亭林先生年譜》"康熙十五年丙辰六十四歲"
　　一、大正五年八月十六日森鷗外寄編者書函抄本一份
　　一、蓬萊會詩偈獨立性易《送良者之日本》
　　一、《葛原詩話》：《在長崎逢舊友贈詩》
　　一、《大清一統志》卷五十七
　　一、天雨陳人抄錄文、種竹山人識文
　　一、獨立之詩作二首

吉永氏嘗試多方徵引，以佐證戴笠同名異人問題。其中若干文獻並未順利取得，原稿尚處於構思列綱、搜集資料的初步階段，但是單從目次所列內容，不難看出其探究方向是適切的。

　　基於兩戴笠問題之考證告一段落，以下的討論也多環繞在赴日，尤其是皈依以後的事蹟，因此將以釋名"獨立性易"中的道號"獨立"表記之。同

1　梁容若《明季兩戴笠事蹟考》，收入氏著《中國文化東漸研究》（臺北：中華文化出版事業委員會，1956年），頁94—113。在此之前梁氏曾以異名發表同一議題、內容大同小異之文章於期刊，分別是：梁繩褘《戴耘野與戴獨立》，《朔風》第13期（1939年10月），又載於《國學叢刊》第13期（1943年8月）；梁盛志《明季兩戴笠事跡考》，《師大學刊》第1卷（1942年6月）。

2　謝國楨《顧炎武與驚隱詩社》，《中華文史論叢》第8輯（上海，1978年10月），頁423—444；後收入其專著《明末清初的學風》，頁205—225。同

樣,文中第二次言及的僧名,原則上也將以道號簡稱。其他人物則視情況,以姓氏或字號稱呼。

三、相關先行研究

繼今關天彭之後,真正對獨立進行脈絡性考察、深入探析而成的研究成果,應屬1961年吉永雪堂出版的《天閒老人獨立易公紀年》。[1]吉永雪堂,本名卯太郎,福岡縣北九州市人,熱衷鄉土史研究,尤其專注於黃檗宗歷史及中日文化交流史之鑽研。晚年竭盡心力於"門司鄉土叢書"之編纂,因而榮獲福岡縣文化功勳獎。吉永氏將其畢生遊歷日本各地搜集而來的黃檗相關文獻資料,捐贈給京都萬福寺。寺方因而成立"吉永文庫",連同吉永氏數量龐大的親筆抄稿,都妥善保存於寺內文華殿。《天閒老人獨立易公紀年》是第一本刊行於世的獨立研究專書,立足於宗教文化的視域,以編年體裁記錄其交遊、涉獵等生平事蹟,並且對應直接、間接相關的時代背景,達到從時空脈絡形構獨立圖像的效果。在萬福寺文華殿得見吉永氏親筆抄錄的十三冊獨立相關稿本,可以深刻感受到本年譜實成就於其走訪四方的毅力與深厚學養之間。

在吉永氏開啟端緒之後,得近距離接觸真跡珍藏之便,岩國古文書、鄉土史學家桂芳樹(1913—2008),陸續發表了《長崎に渡来した独立禅師の岩国における資料》以及《僧独立と吉川広嘉》等研究成果,[2]首度將岩國徵古館以及吉川史料館所藏獨立的墨寶品項和內容,作系統性的公開介紹。獨立共四度應聘往赴岩國,為領主吉川廣正(1601—1666)、廣嘉(1621—1679)父子治病。旅居岩國的時間,四次合計長達一年七個多月。除了上呈廣嘉的信函之外,其與岩國文人雅士酬唱的詩稿墨札,更是數量驚人。桂氏的研究素材,不是獨立的真跡手稿,就是絕無僅有的第一手抄稿,包含用以佐證論點的文獻也都是藩政記錄,諸如《御取次所日記》《岩國藩御用所日記》《御音信帳》等官方史料。這些史料多為古文書,數量龐大。此外其

---

1 吉永雪堂《天閒老人獨立易公紀年》(下關:門司圖書館,1961年)。

2 桂芳樹《長崎に渡来した独立禅師の岩国における資料(上、中、下)》,《長崎談叢》第44—46輯(長崎:長崎史談會,1966—1967年)。桂芳樹《僧独立と吉川広嘉》(岩國:岩國徵古館,1974年),以下簡稱桂氏專書。岩國徵古館另收有其單篇手稿《独立の略歷》,史料編號05050b0466。

研究成果中，尚有一項難以超越的論述，即是針對獨立是否擅長痘疹醫療，是否與自稱獲得其真傳的池田嵩山（正直）、池田瑞仙有過任何交集，甚至是否真有池田嵩山其人等課題的評析。當以"戴曼公"為關鍵字，進入日本各大學術研究機構的網站檢索時，會出現許多題名類似《戴曼公痘疹治術伝》的醫學古籍，日本國立國會圖書館即收有 12 種。坊間流傳的相關醫書，為數亦不少。但是桂氏充分運用其在地優勢，深入考察探究，最後得到的結論是查無實證，並無文獻足以證明池田其人、曾師事獨立其事真實存在。[1]類似的研究結果，也出現在石村喜英的《深見玄岱の研究：日中文化交流上における玄岱伝と黃檗独立禅師伝》一書中，認為獨立與痘疹醫療、與池田家息息相關等之記載，是穿鑿附會、浮誇不實。[2]有鑑於尚無新事證可以推翻兩位碩學前輩的論見，同時《戴曼公痘疹治術伝》這類醫書的內容，皆局限於症狀及施藥方針的專業敘述，無關乎文藝創作，因此不在本章討論之列。

桂氏論文聚焦於獨立在岩國的事跡，有別於吉永氏以年譜全面性條列記事，除了坊間可見的詩稿書幅外，更讓壓箱三百餘年的信函內容、官方記錄得以公之於世，披露獨立與岩國人、事、物的互動實態，加上對於池田家系與痘疹醫療之縝密解析等，其學術參考價值自不待言。只是，桂氏專書中部分有關戴笠生平之敘述，依然出現同名異人的兩戴笠問題。[3]而且引用獨立之作品，尤其是針對草書進行解讀時，出現若干誤讀、誤植之情形。解讀錯誤的問題，同樣存在於石村氏專書，以及其他諸如吉永氏、藤田葆（1829—1921）、宇都宮圭齋（1677—1724）等先進的抄本中。例如，"年"的異體字"秊"，往往被誤讀作"季"。此外另有一項普遍存在，並且已經造成某種程度困擾的漢字問題。那就是日文中不使用"閒"這個字，因此當落款為"天閒獨立""天外一閒人"時，往往會被寫成"天間（閑）獨立""天外一間（閑）人"。這種現象倘若發生在專有名詞或慣用詞彙時，尚且容易辨識而得以修正；若出現在抄本的詩句中，而且在原史料佚失、無從校對的情況下，就會造成

---

[1] 相關論述首見於桂芳樹1950年發表的《独立と池田瑞仙との関係について》一文，本文爾後以附錄形式，收入桂氏專書頁89—104中。此外，另見於1967年的論文《長崎に渡来した独立禅師の岩国における資料 下》之結論部分。

[2] 詳參石村氏專書，頁442—448、頁478—490。

[3] 桂氏專書，頁9—11。

判讀上的疑慮。例如,吉永氏抄本《戴曼公獨立遺草附二十四節並晝夜漏刻》中的七言絕句:"五年消得作僧間,萬里隨方行未還。貼肉汗衫都着破,被他寒燠摸衰顏。"根據石村氏專書揭示的圖版十八,[1]可以確定兩位先進都將"閒"字寫作"間";而石村氏另將"摸"字解為"挾",應該加以修正。但是,另一首同樣收入上述吉永氏抄本中的七言絕句:"無無無處原無垢,無着無中絕一塵。打併間間風與月,從空覓得自家人。"從字義上研判,"間間"二字似乎應作"閒閒"。然而,在無原史料或圖版可資印證的情況下,部分存疑的詞句將留存疑慮,先依照抄本忠實收錄其文,等待日後校正。從現存於萬福寺"吉永文庫"的眾多抄本,可以深切感受吉永雪堂對於獨立的研究著力極深,可惜多未能公之於世。這使得石村喜英成為當今研究獨立,廣博精專之最、無人能出其右的學者。石村氏於1969年發表《黃檗独立禅師交遊の一側面》,[2]是其相關研究最早的作品。而1973年的《深見玄岱の研究》,則是集大成之作,尤其書中第八章《戴曼公独立禅師の偉績》之內容,主要論及獨立的生平、學藝創作,及其與朱舜水、安東省菴、中日黃檗僧侶、岩國人士的交遊關係,論述詳盡而剖析精到。筆者得以在近四年內順利搜得獨立八成以上的作品,有很大的成效即是來自按圖索驥,循書中提供的線索,由點而線而面,逐漸掌握散存於日本各地的文獻史料。

　　1980年以降,除了透過書道專刊,可以看到獨立的墨跡參雜在"黃檗三筆"[3]的介紹篇章中被披露以外,另有若干深入探討其書風、書論的研究結果,陸續發表於學術研究期刊及專書,其中尤以高井恭子的成果最為豐碩。

1　《自懷》詩,錄自石村氏專書圖版18,頁527—528。石村氏注記本詩幅藏於長崎崇福寺。但是吉永氏抄本中注記為編者,也就是吉永雪堂本人所藏。或許內容相同的作品有兩幅,尚待進一步考察。

2　石村喜英《黃檗独立禅師交遊の一側面》,《仏教史研究》(大正大學史學會編輯出版)通號4(東京,1969年12月),頁141—165。後收入其專書《深見玄岱の研究》中。

3　"黃檗三筆"指書法出眾的黃檗僧隱元隆琦、木菴性瑫、即非如一。

截至目前得閱的論文,若單純就議題區別,可分為書道相關[1]、佛教及文化交流[2]兩大類。至於書道或黃檗宗相關專刊、雜誌中,曾經登載獨立的書幅

---

[1] 依發表先後順序揭示,有:(1)中村幸彥《独立の臨池述意》,初出《田山方南先生華甲記念論文集》(東京:田山方南先生華甲記念會,1963年10月),頁582—588;後收入中村幸彥《漢学者記事》(東京:中央公論社,1982年),頁367—374。(2)米田彌太郎《独立禅師の真蹟書論》,《日本美術工芸》(日本美術工藝社編輯出版)第519號(東京,1981年12月),圖頁8—11、文頁15—22。(3)高井恭子《独立性易の書と学問:明書風受容の背景》,《黃檗文華》(黃檗文化研究所編輯,黃檗山萬福寺文華殿出版)第116號(宇治,1996年12月),頁96—114。(4)福島市教育委員會《黃檗僧独立禅師と高泉和尚の墨蹟》,《福島市の文化財》(福島市文化財調查報告書第38集,1997年3月),頁1—5。(5)高井恭子《独立性易の六義解釈について:王羲之批判を論点として》,《黃檗文華》第118號(宇治,1999年5月),頁130—137。(6)高井恭子《明末帰化中国僧の学識について》,《印度学仏教学研究》(日本印度學佛教學會編輯出版)第49期第1卷(通號97)(東京,2000年12月),頁251—253。(7)高井恭子《書道思想における道家思想の一端について:王羲之から黃檗僧独立性易まで》,《黃檗文華》第124號(宇治,2003年4月),頁53—64。(8)大野修作《独立の"斯文大本"と"臨池述意"》,《書法漢學研究》(書法漢學研究會編,アートライフ社出版)第5號(大阪,2009年7月),頁15—23。

[2] (1)山田重正《独立性易とその医学について》,《黃檗文華》第17號(宇治,1975年4月),頁2。(2)宮田安《独立禅師示寂の広善庵》,《黃檗文華》第69號(宇治,1983年5月),頁4。(3)山崎清子《独立禅師の足跡を訪ねて》,《黃檗文華》第76號(宇治,1984年7月),頁4—6。(4)塩原はる《戴曼公独立禅師の日本淹留》,《黃檗文華》第76號(宇治,1984年7月),頁6。(5)李經緯主編《中國醫學家赴日傳播學術》,《中日醫學交流史》(長沙:湖南教育出版社,1998年),頁166—176。(6)高井恭子《黃檗僧独立性易の経史批判の特色:唐朝における正史整備事業と仏教の関係》,《東海仏教》(東海印度學佛教學會編輯出版)第46期(名古屋,2001年3月),頁30—44。(7)辻田登美子《独立禅師(黃檗山万福寺)と中国医学》,《黃檗文華》第126號(宇治,2005年6月),頁73—81。(8)南炳文《明末流亡日本二遺民朱舜水、戴笠生平考二則》,《東北師大學報(哲學社會科學版)》2008年第2期(長春,總第232期),頁5—9。(9)拙稿《獨立禪師與朱舜水:文化傳播者的不同論述》,收入拙著《朱舜水與東亞文化傳播的世界》(臺北:臺大出版中心,2008年),頁247—289。(10)拙稿《日中文化交流の伝播と影響:德川初期の独立禅師を中心に》,《比較日本学教育研究センター研究年報》第7號(東京:御茶水女子大學,2011年),頁167—174。

或作簡略介紹者,亦累積至少有 25 處篇章。[1]

第二節　從戴笠到獨立性易

綜觀獨立近二十年的日本旅居生活,扣除乍到時的"尋求出路時期"(1653 年三月至 1654 年十二月),依照其主要活動性質,大致可以分為幾個階段:1654 年十二月皈依,至 1658 年十二月離開普門寺的"侍僧時期"(承應三年十二月至萬治元年十二月);1659 年二月移居興福寺,至 1662 年秋冬的"閉關時期"(萬治二年二月至寬文二年);1663 年三月長崎大火,至 1672 年十一月逝世的"行醫時期"(寬文三年三月至寬文十二年

---

[1] (1)倉光大愚編《高僧遺墨集》第 11 輯(東京:柏林社,1930 年)。(2)長崎史談會編《長崎名勝圖繪》第 4 卷(長崎:長崎史談會,1931 年 4 月)。(3)高野辰之、佐佐木信綱合著《江戶文學史》中卷(東京:東京堂,1935—1938 年)。(4)墨美社編《墨美》第 113 號,特集黃檗墨蹟(京都:墨美社,1961 年 12 月)。(5)下中邦彥編《書道全集》第 21—23 卷(東京:平凡社,1965 年 6 月—1968 年 12 月)。(6)奧田行朗等編《黃檗遺墨帖》(宇治:黃檗山萬福寺、全日本煎茶道連盟,1967 年 11 月)。(7)林雪光編《黃檗文化》(京都:墨美社,1972 年 3 月)。(8)中田勇次郎主編《日本書道史》,書道芸術別卷第四(東京:中央公論社,1973 年 4 月)。(9)近世禪林墨蹟刊行會編《近世禪林墨蹟》(京都:思文閣出版,1974 年 4 月)。(10)小松茂美編《日本書蹟大鑑》第 18、19 卷(東京:講談社,1978—1980 年)。(11)林雪光編《黃檗美術》(京都:思文閣出版,1982 年 3 月)。(12)小松茂美主編《唐樣》,《日本の書》第 12 卷(東京:中央公論社,1983 年 4 月)。(13)古筆學研究所編《過眼墨宝撰集》第 4、6 集(東京:旺文社,1989 年 3 月、1991 年 8 月)。(14)長崎市立博物館編《長崎市立博物館資料図錄 VI》(長崎:長崎市立博物館,1992 年 3 月)。(15)別府節子主編《出光美術館藏品図錄・書》(東京:平凡社,1992 年 7 月)。(16)成田山書道美術館編《江戶時代の書蹟:館藏品を中心として》(千葉:成田山書道美術館,1993 年 10 月)。(17)京都國立博物館編《黃檗の美術:江戶時代の文化を変えたもの》(京都:京都國立博物館,1993 年 10 月)。(18)增田孝《日本近世書跡成立史の研究別冊史料図錄》(東京:文獻出版株式會社,1996 年 11 月)。(19)小松茂美《日本書道史展望》(東京:旺文社,1997 年 5 月)。(20)大槻幹郎編著《祥雲山慶瑞寺:龍溪禪師三百三十年忌記念》(高槻:祥雲山慶瑞寺,2000 年 4 月)。(21)大槻幹郎《文人畫家の譜:王維から鐵齋まで》(東京:ぺりかん社,2001 年 1 月)。(22)木村得玄《黃檗宗の歷史・人物・文化》(東京:春秋社,2005 年 9 月)。(23)楊儒賓、吳國豪主編《朱舜水及其時代》(臺北:臺大出版中心,2010 年)。(24)計文淵編《舜水流風:中日古代書畫遺珍》(香港:中國美術出版社,2012 年)。(25)釋月真主編《明末清初禪宗高僧墨跡展特集》(北京:中國書店,2012 年 10 月)。

十一月）。

其間獨立執筆的諸多詩稿翰墨，隨其在日本的足跡，散存於九州、山口、大阪、京都、東京等地。目前得知的收藏地由南至北，寺院方面即有：長崎縣諫早市天佑寺、長崎市聖壽山崇福寺及平戶市瑞雲寺；山口縣下關市光禪寺、岩國市龍門寺及岩隈八幡宮；大阪府高槻市祥雲山慶瑞寺、京都府宇治市黃檗山萬福寺、福島縣福島市黑岩山滿願寺、栃木縣大田原市雲巖寺、埼玉縣金鳳山平林寺等。公私立典藏機構或學術研究單位則有：長崎歷史文化博物館、柳川古文書館、九州大學、岩國徵古館、吉川史料館、神戶市立博物館、京都國立博物館、禪文化研究所、早稻田大學、國立公文書館、國立國會圖書館、東京靜嘉堂文庫、東京國立博物館、水府明德會彰考館、福島美術館等。以下將透過這些詩文的內容，剖析從戴笠到獨立性易、轉換人生跑道的動機以及歷程，希望能鮮明地呈現其每一階段的生活實態，以具體勾勒其人物圖像。

一、尋求出路時期

皈依後的戴笠寫於明曆元年（1655），連同其1658年九月手錄的千字文一併收入《獨立禪師寶帖》中的詩文云：

> 恥以虜陷明庭，人心盡死，棄儒隱醫，偕子與妻居鄉者九載。
> 其奈馬蹄鼠尾，痛心慘目，暫附舟至日本交易，以遠觀聽。[1]

除此以外，明曆二年（1656）二月底結集而成的詩集《東矣吟》中的《自紀》，亦表述其漂洋渡日的動機以及心境，曰：

> 慨自漢月胡塵，十年慘目，馬蹄鼠尾，萬里傷心，是爾曳杖出門，向天獨笑，竟渡東海東邊，放形託跡，可謂一往有情深矣。時幸守崎有道，假一面而乞閭與留，寄斯萍跡。噫！予豈避世也，然哉！君讐親殖，慘切同捐，家室兒曹，生死頓棄。噫！予豈得已也，然哉！惟此一情，遂我遠舉銷憂，以若是之可從，非所謂避世，非所謂得已也云爾。[2]

---

[1] 《獨立禪師寶帖》，史料編號"チ 06 04743"。

[2] 《東矣吟》，史料編號"漢 10693"、函號"313-312"。

"荷鋤戴笠"志在為農,是其原來的生涯規劃。無奈國難當頭、戰亂頻仍之際,世人或專志不仕、守正不阿,或挺身力搏、奮起反抗,或隨波逐流,或逃避隱遁。而被迫與家人遠走他鄉,靠行醫餬口九年之後,戴笠索性遠離祖國,選擇眼不見、耳不聞以避煩憂,於1653年三月東渡長崎,寓居於陳明德(1596—1674)之宅邸,時年五十八。

陳明德,字完我,號入德,幼年習儒,科舉屢試不中,因而改學醫術。據《長崎實錄大成》記載:

> 浙江金華府人　醫師　陳明德
> 右ハ寬永四年渡来リ、長崎住居ヲ願ヒ、姓名ヲ改テ潁川入德ト名付、醫業ヲ勤ム、今二至テ子孫長崎町醫ト成ル。[1]

可知與戴笠同樣是浙江出身的陳明德,於寬永四年(1627,明熹宗天啟七年)32歲時赴日,其後獲准定居長崎,成為擁有居留權、固定住所的"住宅唐人",之後更歸化為日本人,改名潁川入德。

《長崎實錄大成》另外針對1689年為便於集中管理唐人而興建的住宅區"唐人屋敷"完成之前,中國商船停靠長崎期間的船員住宿等問題作了說明,主要言及唐船入港之後,只要依照行情支付費用,可透過指定或配給的方式,獲得"船宿"所提供的膳宿、船隻維修管理、貨物存放以及買賣斡旋等各項服務。由於利益可觀,每當唐船靠岸時,"船宿"經營者會爭相派出小船洽接生意。寬文六年(1666)以降,為消解利益過度集中的弊端,當局下令"船宿"改採行輪流制。[2]而根據《通航一覽》卷一五六引《古集記》所載,"船宿"的經營者,多為寬永十一年(1634)第二次鎖國令頒布以前定居長崎的"住宅唐人"。抵達長崎的唐船商賈,基於語言溝通無礙、生活習慣相近,容易取得符合心意的服務之考量,往往以鄉親(親朋好友、同鄉)經營的"船宿"為優先選擇。[3] 戴笠即在此"唐人"政策的背景之下,入住潁川入德宅邸。

---

[1] 田辺茂啓編,古賀十二郎校《長崎實錄大成》(長崎:長崎文庫刊行會,1928年),卷十,《長崎渡來儒士醫師等之事》,頁362。

[2] 田辺茂啓編,古賀十二郎校《長崎實錄大成》,卷十,《唐人船宿並宿町附町之事》,頁359—360。

[3] 林復齋等編《通航一覽(四)》(全8冊;東京:國書刊行會復刻版,1967年),卷一五六,《長崎港異國通商總括部十九》,頁275。

第八章 "儒、釋、道、醫"的獨立與中日文化交流 169

　　戴笠寓居潁川宅數月後的秋天，結識入宿同處的朱舜水，直到當年冬杪，共同生活長達六個月，當時朱舜水仍奔走於舟山、安南、長崎之間。三人初識時，可能只是浙江同鄉的宿主與船客之商業關係。其後戴笠、朱舜水因潁川入德與安東省菴家屬的醫病關係，進而認識安東省菴。

　　朱舜水爾後的人生際遇，因此有了極大的轉變。[1] 戴笠也因潁川入德是招請隱元赴日弘法的重要檀越之一，而間接促成後來的剃度皈依。潁川入德是引導戴笠、朱舜水、安東省菴三人結識的關鍵人物。戴笠還於結識近八年後的寬文元年（1661）五月初九日，以出家人獨立性易的身份，撰文記錄此一良會善緣，曰《千載一會》。[2]

　　根據戴笠於萬治元年（1658）寫給朱舜水的信函："始者弟以無意東遊，突留此土，寄食健翁之門，思致不便，終非了計，及欲還唐，求不可得。適逢本師和尚東來，因而有出世之感。"[3] 亦即戴笠借宿潁川入德宅邸一段時日之後，曾經移居寄食於健翁之門。健翁，即是慶長十五年（1610）赴日的浙江省紹興府人陳九官（1592—1671），歸化後改名潁川官兵衛，擔任過唐通事（在職時間 1632—1643、1658—1661）。與潁川入德同樣是招請隱元赴日弘法的重要檀越之一，1655 年繼戴笠之後出家，釋名獨健性乾。即便戴笠於寬文四年（1664）在長崎與水戶藩儒小宅生順筆談，被問及來日經緯與出家動機時，其答覆亦仍是："偶有友人摯同東來，少避穢跡。癸巳年偶荷甲斐庄、黑川兩公[4]與留。每有鄉思，欲還故國，可從僧服為便，是歸黃檗住下。"[5]

　　歸納戴笠的幾次說法，漂洋到長崎是臨時起意，是為遠離慘不忍聽睹的亡國亂世，居留日本與否，其實是且走且看、見機行事，甚至剃度為僧、棄儒入釋，竟也是在寄人籬下、勉強靠行醫維生一年八個月餘後，"竊念髮白身孤，計莫終老，幸遇黃檗隱元和尚東來，願皈依為座下弟子，志參禪理，

1　詳參拙著《朱舜水與東亞文化傳播的世界》。
2　依據吉永氏抄本《戴曼公獨立遺草　附二十四節並晝夜漏刻》載錄，原文獻為"龍潭氏"所藏，目前僅能憑藉抄本，一窺其內容。
3　錄自小宮山楓軒《耆舊得聞》抄本（共 13 卷，國立國會圖書館藏數位影像），卷 8。
4　指時任長崎奉行的甲斐庄喜右衛門、黑川與兵衛二人。
5　錄自前揭小宅生順《西遊手錄》稿本。

以畢終命"[1]而作的抉擇。戴笠出家的動機,在時隔十五年後的寬文九年(1669)五月,寫給岩國領主吉川廣嘉的信中,依舊自我表白當年只因"煢煢六旬,老命莫可依存,乃至皈僧"。[2]戴笠雖有"及欲還唐,求不可得"的說法,但是鎖國政策下的長崎,有唐船往來貿易的自由,對於長期居留則相對嚴格管控。因此,如果戴笠決意返回中國,應該不致受到阻擾。這從朱舜水七次進出長崎,相對自由往來於中國、安南、日本之間的事實,即可印證。

換言之,在偶然的機緣下,戴笠航海到異邦開啟眼界。因為通曉醫術,竟獲准居留長崎。然而日益年邁體衰,為求流寓生活之庸安溫飽,於是剃度為僧成為其新出路。

二、侍僧時期

戴笠於1654年十二月初八日皈依,成為同年七月率領僧俗弟子三十餘人入住長崎興福寺的隱元之座下弟子,釋名獨立性易。翌年二月十九日六十歲生日時,曾獲隱元《示獨立禪人六旬初度》詩,曰:"錯過孃生六十春,於今更莫惹纖塵。撞頭磕額如麻葦,獨立乾坤有幾人。"[3]

獨立以詩文、書法見長,因而成為主事文書工作的侍者之一。[4]當時,隱元身邊除了赴日時的隨行弟子獨知(慧林)性機擔任記室、良演(良衍、

---

1 《獨立禪師寶帖》,史料編號"チ 06 04743"。

2 文見《明朝遺臣天間獨立書牘(四)》第五封函。《明朝遺臣天間獨立書牘》計4卷,為獨立呈寄吉川父子23封書牘裱褙而成的卷軸,現藏於吉川史料館,皆納入史料編號44。卷軸外題作"天間獨立",又,裱裝時並未依照信函撰發日期先後排序。

3 平久保章編《新纂校訂隱元全集》(東京:開明書院,1979年),卷六,頁2812。

4 關於禪僧之位階執掌,住持以下設有"首座、西堂、後堂、堂主、書記、知藏、知客、知浴、丈侍、監收等為西序,都寺、監寺、維那、副寺、典座、直歲、悅眾、客堂主、耆舊、居士等為東序。禪林中,侍者依所任職務性質之別,而有不同之稱謂。若隨侍僧堂所安置之聖僧,稱為聖僧侍者。隨侍住持身邊者,稱為方丈侍者。於方丈侍者中,隨侍記錄上堂、小參、普說、開室、念誦等法語者,稱為燒香侍者,又稱侍香;負責有關住持之書函、文書等事者,稱為書狀侍者;應接住持之賓客者,稱為請客侍者,又稱侍客;專司住持飲食方面之事者,稱為湯藥侍者,又稱侍藥;掌理住持所有之資財者,稱為衣鉢侍者,又稱侍衣。以上稱為五侍者。其中,燒香、書狀、請客三侍者,合稱為山門三大侍者。此外,或以巾瓶、應客、書錄、衣鉢、茶飯、幹辦等為六侍者。又燒香、書狀、請客、湯藥各侍者,於修法會之際,列於西序頭首之次,稱為立班小頭首;而堂頭侍者(方丈侍者)、聖僧侍者、延壽堂主、爐頭、眾寮寮主等,稱為院中小頭首。又在侍者寮(侍司、擇木寮)無擔任定職者,稱為不釐務侍者。其他尚有秉拂侍者(聖僧侍者兼任)、侍真侍者(服侍德高之亡靈)等"。據釋慈怡主編《佛光大辭典》(北京:北京圖書館出版社,2004年),頁6466。

第八章 "儒、釋、道、醫"的獨立與中日文化交流　171

南源）性派擔任侍者外，另有正實（齊雲道棟，1637—1713）[1]、獨照性圓（1617—1694）、惟徹道徵、獨妙性微（1604—1671）[2]等日僧，慕名參謁隱元後，相繼入門隨侍在側，各自發揮其特殊專長。相較之下，晚年出家、不曾有修行參道經歷的獨立，不免成為異類。原先透過柳川古文書館已公開的獨立致安東省菴、朱舜水之信函，[3]大致可窺得其與同門有嚴重的人際糾葛、省籍情結問題。筆者在獲准閱覽萬福寺文華殿珍藏的吉永氏抄本《戴曼公獨立書簡集（一）》後，不但得以掌握與獨立發生齟齬的具體人物、事由；對於多數先行研究言及獨立隨隱元一行遠赴江戶後，因受幕府老中松平信綱（1596—1662）[4]的賞識，曾經應聘往赴金鳳山平林寺客住之論述等，亦可依據新史料進一步釐清事實真相，提出更正。

《戴曼公獨立書簡集（一）》共收錄二十二紙獨立執筆的書簡。前十七紙中，有十一紙明確注記致函對象為竺印祖門（1610—1677）；三紙致函對象為竺印祖門、脫宗[5]、萬拙知善（？—1697）[6]三人並列；以及三紙未注明致函對象，且闕漏像其他書簡中具備的啟事敬辭、文末署名等基本格式，疑似為致竺印祖門書簡的部分段落。後五紙則分別寫給隱元、大眉性善（良

1　正實，生於大分縣大分市，俗姓富成。13歲時出家，受業於臨濟宗大智寺雪徑正峰。承應三年（1654）進興福寺參謁隱元後，因通曉漢語，隨即入門成為沙彌，並改道號為惟梁，法諱道棟，別號齊雲。後以侍者身份隨行至慈雲山普門寺，並隨侍至隱元歸寂為止，前後長達十九年。正德三年（1713）示寂，世壽77歲。

2　獨妙性微，生於宮崎縣，俗姓轟。隨法兄獨照性圓至興福寺參謁隱元，因擅長張即之風格的楷書，而奉命就任記室。寬文十一年（1671）示寂，世壽68歲。

3　《獨立致安東省菴函》，柳川古文書館藏，史料編號1367；《獨立致朱舜水函》，柳川古文書館藏，史料編號1244。分別收入拙編《新訂朱舜水集補遺》（臺北：臺大出版中心，2004年），頁143、220。

4　松平信綱是大河內久綱的長男，五歲時成為松平正綱的養子，才氣縱橫，深受德川家光的器重。元和九年（1623），隨家光至京都，敘任伊豆守。寬永十年（1633）三月，與包含三浦正次在內的五位重臣奉命專司將軍府政務；五月升任老中，成為幕政最高行政首長之一，並與井上政重出巡大阪等近畿地區。翌年，成為川越藩首任藩主。逝世後葬於金鳳山平林寺。

5　脫宗之生平不詳。

6　萬拙知善是臨濟宗妙心寺塔頭大雄院第三代住持。承應三年（1654），慕名赴長崎參加隱元之結制，其後並隨侍在側。萬拙與獨立情誼的建立，應是開始於獨立皈依初期入長崎興福寺，以至二人隨隱元移住大阪普門寺這段時間。萬治二年（1659），妙心寺派僧侶的宗統意識抬頭，萬拙隨而與黃檗宗派逐漸疏離，但是持續與獨立保持詩文往來。

者性光,1616—1673)、關新內、安東省菴。[1]

竺印祖門,生於山口縣長門市,俗姓多田。嗣法臨濟宗妙心寺退藏院之千山玄松。與龍溪性潛(1602—1670)[2]、禿翁妙宏(1611—1681)[3]同為促成隱元赴日本居留、普門寺住山、謁見幕府將軍德川家綱的關鍵人物。[4] 1656年成為龍華院開山祖,萬治元年(1658),與龍溪等人因意見不和分道揚鑣。寬文十一年(1671)成為妙心寺住持,獲賜紫衣。

獨立與竺印之結識經緯尚待考察,二人的往來書信,原件不知所藏何處,目前僅能藉由吉永氏抄本內容,究明獨立向竺印投訴其踏入僧門後境遇的經過以及內容。獨立選擇竺印這位較其年輕14歲,但是輩分與本師隱元相同,近期剛因理念相左而脫離團隊的妙心寺派日籍僧侶,作為控訴同門的對象。以下揭示之書簡,篇幅或顯冗長,但其內容對於關涉人物具體臚列,指摘事項歷歷如繪,有助於瞭解獨立遁入佛門後的生活實態,因此不採用節錄方式,盡量維持全文引用,以呈現原貌。同時,本節論述核心以外諸多人物,僅於注釋作簡略介紹,以避免模糊焦點。

首先,是抄本中的第一封書簡,主要述及獨立於1655年九月隨隱元遷居普門寺,以至1658年九月同行赴江戶時的經歷。在龍溪的極力奔走下,1658年七月隱元獲邀前往江戶謁見德川家綱。一行人於九月六日自普門寺出發,九月十八日抵達江戶,入宿湯島天澤寺麟祥院,回程於十一月

---

1 吉永雪堂於《戴曼公獨立書簡集(一)》之目次頁右下角,加注說明抄錄的時間及地點,前竺印相關的十七紙為"大正四年三月於京都",後五紙為"大正十四年正月於門司"。

2 龍溪性潛,生於京都,俗姓奧村。16歲於慈雲山普門寺出家,法諱景琢。受業師籌室玄勝去世後,隨伯蒲慧稜參禪,改名龍溪宗潛。曾任普門寺第九代住持、妙心寺住持,獲後光明天皇賜贈紫衣。明曆元年(1655)與湛月紹円、禿翁妙宏、竺印祖門等人積極擁立隱元,迎其入普門寺。萬治元年(1658)與禿翁、良寂道明伴隨隱元謁見將軍德川家綱。寬文二年(1662),重整景瑞庵,改名祥雲山慶瑞寺。1664年嗣法隱元,改法諱為性潛。翌年一月正式成為隱元之嗣法弟子。1669年四月八日獲隱元遣使贈源流法語、法衣。同年九月獲後水尾法皇賜號"大宗正統禪師"。1670年八月二十三日遇水難示寂,世壽69歲。遺偈"三十年前恨未消,幾回受屈爛藤條。今晨怒氣向人噀,喝—喝!卻倒胥江八月潮"。

3 禿翁妙宏,日本臨濟宗僧侶,俗姓不詳。隨泰叔玄昌出家,初名介周、妙周。遍歷諸方後,寓居於妙心寺大雲院。承應元年(1652),開創仙壽院。此時因購讀1642年開版的《黃檗隱元禪師語錄》二卷,而仰慕其人。萬治二年(1659)六月,隱元獲賜宇治以創建萬福寺,隨即繼竺印祖門之後,與隱元、龍溪分道揚鑣。1662年奉敕入妙心寺,成為第196代住持。延寶九年(1681)五月七日示寂,世壽71歲。

4 相關歷史,詳參拙書《朱舜水與東亞文化傳播的世界》,頁173—175。

二十八日動身、十二月十四日返抵普門寺。其間幕府方面派老中(伊豆守)松平信綱擔任特使、寺社奉行(河內守)井上正利(1606—1675)[1]從旁協助。本函應是寫於 1659 年正月。

啟事曰：載中多荷道誼，珍重。孤雲之跡，良有夙緣，至蒙骨肉之深，豈一言謝可伸其意哉。弟處今日，為六十四歲矣。歷事不為淺見，所愧虛負儒名。當此國破家亡之日，飄流日本，吻為同衣。始自披剃，意在了我末後一著。豈知一作同群，便為浙、福二字起限，小人從中唆哄，以逸然[2]及我，不曰法道可依，日以是非莫辯。至普門後，逸然禍不能自生，而弟無故中被小人唆發長崎者屢屢，惟有日本國法不敢越。是時，有以煩道誼求稟還崎為遠辱也。及逸然幸得生還，而弟亦得少安。

丙申[3]九月中，無上至普門，而照、徹與小人極意奉承，以希其幸。是有道駕，亦不能自安其位。冬日結制，弟亦不望為侍者，此和尚自立以充其隊，惡等唧與同群，無日不加排難。竊思為儒三十年，居浙江省會中，何官不見，何事不經，而希此一侍者之榮哉。逸然念弟身孤無侍，侍著[4]明心[5]隨無上至普門，留弟寮一二日，極為安貼。獨知意叫自警[6]日日騙誘，彼至不堪，今無[7]竟已用為侍者，出家人奸險如此，豈成大善知識位下撫法之人哉。弟因

1　井上正利，為橫須賀藩第二代藩主，爾後加俸成為常陸笠間藩首任藩主。萬治元年(1658,明曆四年七月二十三日改年號為萬治元年)七月初就任寺社奉行，專司全國寺廟神社以及僧職、神職人員之管理，寬文七年(1667)十二月卸任。

2　逸然性融(1601—1668)，浙江省杭州府錢塘縣人，俗姓李，道號逸然，法諱性融、性會、獨融，別號浪雲庵主、煙霞道人、烟霞比丘。寬永十八年(1641)至長崎買賣藥種。寬永二十一年(1644)隨長崎興福寺默子如定出家。翌年，繼默子成為興福寺第三代住持。承應三年(1654)七月成功招聘隱元至日本弘法。明曆二年(1656)將住持之位讓予澄一道亮，隱居幻寄山房。寬文八年(1668)示寂，世壽 68 歲。葬於興福寺後山，並於萬福寺萬松岡設塔。

3　丙申為明曆二年(1656)。

4　著，疑應作 "者"。

5　明心，生平不詳。

6　自警，生平不詳。

7　此處疑闕一 "上" 字。

其忌嫉，去冬改充書記，則彼當自安矣。因大眉兄[1]上京養病，回寺云："京中每見人，必問獨立，不知有西堂[2]、無上之名。"自此一言之後，又聳聞和尚，云弟亂寫字，騙人銀子，是有獨戒弟書，其中日日藏奸作害，不可勝言。

道駕久居京中，是未有一聞也。七月聞江戶信無上、獨知、照、徹四人假傳和尚要弟回長崎，去合[3]禿翁相識者四五次。禿翁復云："江戶人盡知獨立，若不同去，恐人生疑，反有不便。"及龍溪回，又以此議。八月初六，幸長崎鎮主[4]發書，囑三位監寺云："聞獨立有病，若可行走，可勸他同江戶去。"至初九日開單，和尚竟寫弟名在內，無上見之，自覺羞慚無語。一路同行人，各有一行者、一箇小使，獨弟絕無。每夜必欲弟在外與雜役同宿，人聞之無有不心慘者。及抵麟禪[5]院，四人居內，十箇行者忙忙奉承。弟居外寮，止三席而門外臨，走路身心不安，且不出院門。

有江西五雲子來，僅一面，彼亦以病痰，不出門戶。十一月十六，邀弟看脈。至廿一日來云："我昨日出狀，保留和尚在江戶，已赴九處衙門。廿五日，伊豆相公約入朝公議。"是日，弟政[6]在嘔病復發，曰："日夜不睡。"廿五日，又以轎接弟，去到他家，乃云："我留和尚，出狀。伊豆相公云：將軍令出，不能挽回，或者獨

---

1 大眉性善，生於福建省泉州府晉江縣，俗姓許。16歲隨隱元出家。1653年奉命渡日至長崎，實地瞭解逸然招聘隱元赴日之經緯。翌年隨隱元赴興福寺、崇福寺、普門寺，爾後同行至江戶。1660年因病寄寓興福寺休養。翌年夏天，病癒返回普門寺後，奉命與悅山道宗共同經營新黃檗，職掌庶務。1673年示寂，世壽58歲，著有《東林大眉和尚夢語》1卷。

2 西堂為佛教僧職之一，地位僅次於住持，負有教化僧眾、宣講開示的責任。此處西堂係指獨知（慧林）性機。

3 合，疑應作"會"。

4 係指時任長崎奉行之黑川與兵衛、甲斐庄喜右衛門二人。

5 禪，應作"祥"。

6 避明朝諱字，"政"原應作"正"。

立可留。儞¹即往見井上筑後守²、黑川與兵衛³,說:我意如此,叫他去見和尚說。"其夜,五雲子又恐有變,再往相公府中,問明筑後守,即出書與黑川與兵衛殿。和尚問知,無上激發大怒,即煩美濃守公⁴入朝勸伊豆相公而止其。弟即同還,一路怒目,弟亦覺無顏,路上發出一身瘡,未至普門,又見和尚多怒,命幾欲絕。今幸而覺有回生意,在正月初六日,回崎養病去。是此聞上,兼有小律二首,以志別懷。久荷慈愛,不能將報,慙愧可知,從此一別,不可再見,念之淒然,不盡不盡。

竺印禪師道誼

衣弟性易和南上

道茂、吉齋二居士,不及面謝,乞叱意。令徒輩,俱乞叱意。

先是關於擔任隱元侍者一事。函中言及"冬日結制,弟亦不望為侍者,此和尚自立以充其隊",意指隱元主動進用獨立成為侍者。此事在隱元語錄中可以得到印證,題曰《侍者獨立請》:

每嘆虛空太窄,不容此老橫眠,默觀芥子能寬,廣含法界無邊。圓融一念,耀後光先,匪寬匪窄,愈鑽愈堅,赫殺虛空,落地杖頭,血濺梵天,果曾與麼一回,許君獨立其前。⁵

獨立本函旨在控訴遭到排擠,蒙受的羞辱包括:被迫由擔任隱元侍者調降改任書記;未能公平配得照料起居的侍僧;被誣巇賣字騙財而禁筆;江戶之

1　儞,意同"你"。
2　井上政重(1585—1661),或作"正"重,是井上清秀的四男,生於靜岡縣。先後輔佐德川秀忠、家光,1627年敘任筑後守,1640年升任俸領一萬石的大名。奉派赴長崎負責取締外國商船、壓制天主教,本身卻是當時一流的西洋科學受容者。1658年閏十二月辭去官職,1660年七月讓出家督,過隱居生活,號幽山。
3　黑川與兵衛,初名重正,又名正直。慶安三年(1650)十一月受命擔任長崎奉行,翌年六月到任,寬文五年(1665)三月卸任,其間輪流駐守於長崎、江戶兩地。1652年黑川參與逸然招聘隱元赴日弘法事宜,此後即與黃檗宗結下不解之緣。死後葬於黃檗山萬松岡。
4　稻葉正則(1623—1696),稻葉正勝的次男,生於江戶。4歲時,母親過世,由祖母春日局撫養長大。父親過世後,繼承俸領,成為小田原藩主,並敘任美濃守、老中等要職。隱元一行人赴江戶謁見德川家綱期間,即投宿於春日局之菩提寺"麟祥院",稻葉在協助隱元留居日本一事上,貢獻極大。爾後皈依隱元的法嗣鐵牛道機。
5　平久保章編《新纂校訂隱元全集》,卷五,頁2535。

行受到阻擾；被誤解私下運作，企圖居留江戶等等。並且指出種種欺壓是來自"無上、獨知、照、徹"四僧。以下簡略介紹這四位僧侶的相關履歷，以利參考。

無上性尊（1631—1660），生於福建省福清縣，俗姓石。順治四年（1647）隨隱元出家後，即服侍左右。承應三年（1654）因病未能隨師東渡長崎。明曆二年（1656）四月，奉命帶著催促隱元返鄉的書信，偕同惟仁渡日，宿居長崎分紫山福濟寺。同年九月至普門寺參謁隱元後，留下來成為侍者。萬治三年（1660）五月十六日於普門寺示寂，世壽三十。有詩文之才，著有《竹巖集》。

獨知性機（慧林性機，1609—1681），生於福建省福清縣，俗姓鄭。順治六年（1649）師事隱元，翌年即成為記室。隨師赴日，於長崎崇福寺、興福寺仍持續擔任記室、維那之職。至普門寺後，1656年冬升任西堂。寬文元年（1661）成為攝州富田佛日寺第二代住持。延寶八年（1680）繼席萬福寺第三代住持。翌年示寂，世壽七十三。

以上二僧皆出身福建，正是獨立口中"為浙、福二字起限"的"小人"。至於"照、徹"所指何人，就現有史料多方查證下，其中的"徹"無疑是指"惟徹道徵"；而"照"則可能是惟徹道徵之師"獨照性圓"，也可能是"惟照道用"。

惟照道用（梅谷道用，1640—1701），生於長崎，俗姓中村，後改以別號梅谷為道號。慶安四年（1651）12歲時隨逸然性融出家。1654年逸然招聘隱元至興福寺後，隨即奉師命服侍隱元至其圓寂。延寶二年（1674）成為大雲山福清寺住持，元祿二年（1689）成為海龍山王龍寺開山祖。元祿十四年（1701）示寂，世壽六十二。

獨照性圓（1617—1694），生於滋賀縣近江市，俗姓富田。11歲出家。正保三年（1646）秋，於京都嵯峨結庵，名"沒縱庵"。[1] 1654年攜弟子惟徹道徵至興福寺參謁隱元，不久即成為香燈侍者，並隨侍至普門寺。1659年普門寺冬安居時，成為書記，此後與龍溪同為隱元之日本居留奔走。1660年隨隱元新黃檗晉山，1663年冬安居升任後堂。寬文十一年（1671）正式嗣法。元祿七年（1694）示寂，世壽七十八。

惟徹道徵（月潭道澄，1636—1713），生於滋賀縣彥根市。慶安四年

---

[1] 1659年春天，隱元受邀造訪時，賜改庵名為"直指庵"。

（1651）16歲時出家。1654年隨師獨照性圓參謁隱元，從此隨侍隱元至其圓寂。能詩善文，著有《禪悅集》《龍巖集》等。正德三年（1713）示寂，世壽七十八。

惟照道用、獨照性圓、惟徹道徵三位日僧中，應數已自擁庵寺的獨照性圓年齡最長、資歷最高，就黃檗系譜上之輩分而言，與獨立相同。根據《黃檗文化人名辭典》記載，[1] 獨照性圓曾被薦舉為萬福寺第五代住持，但以老疾為由堅辭；惟照道用屢受高僧、檀越託付要職重任，均一一謙讓而不為所動。另一紙研判應是寫於1662年五月中旬的獨立致竺印函，言及竺印難得親自南下長崎興福寺幻寄山房造訪，"奈因緣之不偶，何此會却遇惟照在此，逸兄言語之門，不無竇漏，回到黃檗，必有一番是非，累及師父矣"，[2] 擔憂不巧遇見同時間也來此的惟照道用，可能經由其師逸然性融口中得知一些事情，而在返回萬福寺後搬弄是非、興風作浪。雖然不能據此武斷獨立所指的"照"者，即是惟照道用其人，可是這無疑足以視為一項有力的研判線索。

至於在江戶之行一年半後突然去世，被獨立痛罵"奸險如此，豈成大善知識位下撫法之出家人"的無上性尊，在他人眼中的評價又是如何？

前揭與獨立詩文往來頻繁，曾經合作刊行詩集《一峰雙詠　附西湖感懷草》的良衍性派，是獨立在同門中屈指可數的摯友。無上以30歲之年驟逝後，良衍為其整理遺稿，集結成《竹巖集》付梓，並且撰寫序文以誌其事，曰：

> 兄少承庭訓，世以詩禮傳家，壯負大志，直以此道為期。既脫塵鞅，徑入檗山，從老人剃度，服勤左右，矢志靡移。禪晏之暇，每以師道法門為念，較諸范文正公先天後天之言，合出一轍，豈非法社之梁棟歟。及老人東渡，兄適負恙在躬。丙申之夏，繼蹈萬里鯨波，專來省候，以盡師資之誼。可謂堅勇之至，始終一節。故其律身也，不以夷險而易其操；其接物也，不以貴賤而二其質。一履

1　大槻幹郎、加藤正俊、林雪光編著《黃檗文化人名辭典》（京都：思文閣出版，1988年），頁274—276、300—301。

2　吉永氏抄本《戴曼公獨立書簡集（一）》，京都黃檗山萬福寺藏。

乎正途，不違乎繩尺。故老人常以大器期之。[1]

據此可知，良衍對於無上的評價是：尊師重道，志節堅勇，處事不畏艱難，待人不分貴賤；堪稱媲美耿介不阿、先憂後樂的范仲淹。與獨立的看法相去甚遠。現階段很難評斷誰是誰非，不過值得留意的是，良衍的籍貫和無上、獨知一樣，都是福建省福清縣，省籍糾葛似乎並未波及良衍。此外，序文中"及老人東渡，兄適負恙在躬。丙申之夏，繼蹈萬里鯨波，專來省候，以盡師資之誼"這段話，明確指出隱元東渡日本當時，無上因病未能同行，直到明曆二年（1656）四月才專程蹈海探訪，藉此應可修正《天閒老人獨立易公紀年》《黃檗文化人名辭典》以及其他諸多文獻資料中，認為"無上隨侍隱元東渡，先行返回中國後，再度赴日"的說法。[2]

以下將探討獨立致竺印函中，關於因"江西五雲子"而挑起的紛爭事端。根據鏑木雲恭《五雲子之碑》所記：

> 五雲子者，姓王氏，字寧宇，江西建昌府人也。其為人雄健壯氣，超過於群。崇禎三年（日本寬永九年壬申），與僧如定者俱避亂航海至日本，寓于長崎。居數年，奔走東西，經歷諸州，留蹤武刕，方技為業，為諸侯及士大夫士被寵遇。其名鳴東都，門人、受業者往往被辟召為大醫令。万治三庚子歲四月二十有六日，年七十三以壽，葬芝三田廣布山。[3]

江西五雲子，本名王寧宇（1588—1660），早在寬永九年（1632）即與默子如定（1597—1657）渡日，寓居長崎。其後，默子如定成為長崎興福寺的開山祖。而醫術高明的五雲子，則培養了諸多受重用的高徒，行醫惠及四方而聲名遠播。

獨立於萬治元年（1658）九月十八日起客居江戶，據其函中敘述，與五

---

[1] 南源性派著，道曜、道周編錄《南源禪師藏林集》（洛中：田原仁左衛門，延寶三年孟秋吉日；同志社大學藏本），卷5，頁17b—18b。

[2] 吉永雪堂《天閒老人獨立易公紀年》，頁6；大槻幹郎、加藤正俊、林雪光編著《黃檗文化人名辭典》，頁347。

[3] 磯ケ谷紫江《墓碑史蹟研究》（東京：後苑莊，1927—1935年），卷九，頁1417—1418。括號內的文字是原文獻的注記。又，依據桂氏專書頁26記載，1653年六月以降，吉川廣嘉曾於江戶接受五雲子之診治。

雲子見過一次面後，在十一月十六日受託往診，二十一日隨即獲五雲子來訪，並得知為促成其居留江戶一事多方奔走，已與幕府派任的特使伊豆守松平信綱約定於二十五日入朝商議。二十五日當天被迎至五雲子住處，得知經一一打點相關人士的結果，居留江戶之事已大致成局。不料，隱元、無上在獲知此事後，大發雷霆，並且火速出面阻止。後續發展在獨立寫給竺印的第二紙書簡中，交代得相當詳盡，函曰：

> 十五日，和尚散眾上堂告暇。[1] 弟於十六日告暇，還崎養病，并見梅子。初，囑託至寒家，回復妻與子，幸和尚點首，三拜出方丈。十九日，晚課，搭衣辭和尚。不意西堂、無上二人，久欲推我出寺，辱我暗中詆毀和尚不知多少惡語。和尚云："你謀伊豆留江戶，如何先不稟我，這等可惡。"弟復云："五雲子廿五日以轎接去商議，方知有此事。廿六日早回，和尚已大怒。知事不成，何用再言。且日本一字說謊不得的，請和尚發書去問伊豆守公，即便明白。"遂被惡罵不止。又云："今日又為一箇臭老婆回崎，這等可惡。"弟言："請和尚息怒，若性易今為弟子，任憑打罵。妻子遠在唐山，無端辱罵，恐非和尚所為。"罵之不已，辨不已。大眉扯弟出方丈。
>
> 次早，弟下大阪，眾送出普門街，龍溪叫虎斑送至性印[2]家。弟欲上京，性印言："攝州守不容亂走的"，是不得走龍華會師耳。昨道茂丈至普門，附上瑠璃鞍襪二雙、拙詩一章，聊存別意。胸中有萬千欲言事，難以筆紙傳聲，惟師垂照，是荷。
>
> 賤體甚憊，恐怒氣下泄必有病。發一手札於小倉開善寺住持，消歇一二日，然後可任鞍馬之勞。足佩師誼，始終珍重遠國之人也，不勝感格。外有藏王燈最統板的茶屋吉左工門借弟《本草綱目》二本。茶屋七兵衛適來普門，約於昨日持此書過龍華，便中寄來，不知來否？便付與來人，萬萬。弟在廿四日下船矣。此達

1　暇，同"假"字。

2　勝性印（1598—1671），大阪商人。初以長崎為據點，進出中國從事經貿活動，後遷回大阪吳服町（別稱錦町，現大阪市中央區大手町）。承應三年（1654）成為隱元之在家白衣弟子，法名心月性印。即非如一、獨知（慧林）性機、高泉性激等都曾寄宿其大阪宅邸心月軒。

竺印師 蓮座

衣弟性易和南上

依時序重新梳理事情的經過,換言之,十一月二十六日自五雲子住處返回麟祥院時,隱元等人已獲報而勃然大怒,獨立自覺事既不成,多說無益。十一月二十八日眾僧自江戶啟程,十二月十四日返抵大阪普門寺。獨立以返回長崎養病為由,於十二月十六日告假;十九日辭行時,隱元對其私下運作、意圖居留江戶之舉表達不滿。對此,獨立辯駁自己當時也是前一天(十一月二十五日)"方知有此事"。不過,這顯然與其前函所述內容相左,實難以自圓其說。其間另針對打算聯繫家鄉妻兒之事,師徒二人激發口角,不歡而散。翌日(十二月二十日),獨立被送進南下普門寺約20公里遠的勝性印宅邸暫住,行動受到限制。函中言及二十四日下船,並未交代月份或路線、地點等,如果循當年由長崎往赴普門寺的途徑,則是乘小舟沿淀川下至大阪江口後,改搭大船經瀨戶內海航抵下關,再走陸路途經小倉開善寺以至長崎。

高玄岱於其《明獨立易禪師碑銘并序》中,記述這段事蹟如下,曰:

> 萬治元年戊戌九月,侍國師東朝武城。宰官長者,莫不嘆師才之德之美,出於時輩之右。執政源君信綱,暨有司源正重,欲師住錫,事阻不果。[1]

此處的"執政源君信綱""有司源正重"[2],即是"伊豆守松平信綱"以及"筑後守井上政(正)重",意指才德出眾的獨立曾經有機會受邀住錫,但是受到阻礙,未能實現。同一段事蹟在東條琴臺《先哲叢談續編》中亦有載述,曰:

> 萬治元年九月,從隱元朝參江戶。當是時貴紳高官見曼公者,莫不嘆慕。執政河越侯信綱(松平伊豆守)、參政臨江侯正次(三浦志摩守)皆欲請住于此,事沮不果,無幾歸崎。[3]

內容大致雷同,但是,欲留獨立住錫的高官,其一作"參政臨江侯正次",並

---

[1] 詳參石村氏專書,頁258—261。

[2] 松平信綱立於平林寺的墓碑上,即是刻著"河越侍從松平伊豆守源信綱"。而井上政重在家系祖譜上,歸屬於三河井上氏,是源滿實的子孫。正,同"政"字。

[3] 詳參東條琴臺《先哲叢談續編》,頁11—12。

且加注"三浦志摩守",這是致竺印函中不曾出現的人物。而且志摩守三浦正次,是三浦"正重"的長男,生於慶長四年(1599),卒於寬永十八年(1641),不可能參與萬治元年(1658)之事。此處顯然又是一項張冠李戴的訛誤。

又,吉永雪堂《天閒老人獨立易公紀年》的"萬治元年戊戌"項下,針對十二月十四日獨立隨隱元返回普門寺之內容,進一步注解說明:

> 此行於江戶會明朝歸化醫五雲子。又,雖蒙松平伊豆守、三浦志摩守等懇留,然因腳病辭之。(碑銘序、獨立書簡)[1]

文中標點符號是筆者為便於閱讀所加。而括號內文字,則是書中既有的注記,以示典據。換言之,這段說明是吉永氏參閱《明獨立易禪師碑銘并序》以及獨立書簡後,精簡整理而成的內容。所謂"獨立書簡",應即是指包含前揭二紙致竺印函在內,同由吉永氏於大正四年(1915)三月抄錄的《戴曼公獨立書簡集(一)》所收羅的信函。然而這段說明卻與上述《先哲叢談續編》引文一樣,出現"三浦志摩守"之錯誤。同時,獨立因足疾而婉拒慰留的說法,與其抄錄的書簡所呈現的事實,亦相去甚遠。何以竟會有如此結果,實在令人不解。

將獨立、高玄岱師徒研究得最專精透徹的石村喜英,在其《深見玄岱の研究》書中,對於獨立的江戶行也有所闡述。礙於篇幅的關係,茲以中文簡明扼要地揭示其旨如下:

> 獨立因才德備受激賞,獲得松平信綱的聘留而脫離團隊留在江戶,並未隨侍隱元於十一月二十八日啟程返回普門寺;其間客住於金鳳山平林寺,而且正是這段法緣,促成日後高玄岱在平林寺內,建戴溪堂、立碑撰銘、安奉雕像,以緬懷師恩;雖然承蒙松平信綱、三浦志摩守正次等幕府重臣屢屢勸其留在川越住錫,無奈事與願違,留居數月後,即因足疾,於萬治二年正月底隻身返回長崎。[2]

其後石村氏還強調此間之相關事蹟,《明獨立易禪師碑銘并序》《先哲叢談

---

[1] 吉永氏專書,頁9。原日文,譯文文責在筆者。
[2] 石村氏專書,頁412—413。

續編》皆有記載；而"事阻不果"的原因，除了足疾以外，尚有遭受欺壓排擠等問題。

在閱讀過獨立致竺印函之後，可以發現石村氏所述部分內容與之並不相符。而《先哲叢談續編》錯解《明獨立易禪師碑銘并序》中"有司源正重"之真實身份，致使其後之研究被誤導而以訛傳訛。不過，先行研究中，桂芳樹的《僧独立と吉川広嘉》雖然未能明確指出"源正重"是何許人，但也清楚表示並非"三浦志摩守正次"。[1]

獨立在長崎開展的侍僧生活，至此前後整整四年，其中皈依翌年九月至1658年底在普門寺的三年三個月期間，從前述致竺印信函內容不難窺知獨立實處於身心兩困頓的狀態。考量老後生計而選擇的出家之路，出乎意料地不順遂。於是趁江戶之行，透過五雲子另求發展。不料消息走漏，非但前途受阻，連後路也一併截斷，被迫脫離團隊，南下長崎自謀營生。

在這段侍僧前期生活中，獨立除了後來被禁筆的字書外，比較具代表性的詩文創作，依序有：為狩野安信（1614—1685）[2]繪製的"富士山圖"而寫的《題安信高士畫師二十二絕句》，現以《黃檗獨立詩書帖》之形式流傳於世；[3]以及前文介紹過的詩集《東矣吟》《一峰雙詠　附西湖感懷草》等。

三、"幻寄山房"閉關時期

獨立與黃檗同門關係惡化之後，於1659年二月南下返抵長崎，並且獲興福寺住持逸然性融收留於幻寄山房，[4]同年，致朱舜水函中，獨立針對其

---

[1] 詳參桂氏專書，頁15。

[2] 狩野安信，號永真、牧心齋，出身京都。狩野孝信之三男，狩野探幽、狩野尚信之弟。為德川時代狩野派的御用繪師，代表作有大德寺玉林院之障壁畫等，對於後代的繪畫製作影響深遠，著有《畫道要訣》（1680）。

[3] 獨立性易書，星野直翁複製《黃檗獨立詩書帖》（大阪：星野直翁，1913年；日本國立國會圖書館藏版）。原書軸藏於大阪慶瑞寺。

[4] 幻寄山房，原名"東盧庵"，是長崎興福寺第二代住持默子如定興建於寬永二十年（1643）的庵室。正保二年（1645）默子讓席逸然，截至1657年十一月三十日示寂為止，前後長達十三年的隱居生活，皆在東盧庵度過。後沿襲默子之"幻寄道人"的稱號，通稱東盧庵為"幻寄山房"。由三間茅屋構成的幻寄山房，爾後成為逸然的隱居住所以及獨立的閉關地。從諸多以幻寄山房為題的詩作看來，僧侶雅士經常聚集此處談文論詩。據宮田安《長崎唐寺の末庵》（宇治：黃檗山萬福寺文華殿，1990年）之記載，原址現成為長崎女子商業高校之學生宿舍。

生活景況有很深刻的描述,曰:

> 今此六七唐僧,協八閩之同風,忘負薪之往,歎鄉心互結,嫉才忌能,妄出非心非行之誚。是爾春日還崎,以遠非心非行之攻,以一人而不敢觸羣機,以一浙而不敢忤羣福,以一老而不敢當羣少。明暗相欺,隱顯莫測,蓋可以識僧行之有從,法道之有本矣。二月中,幸至幻寄山房與逸然兄一體同仁,兩衷不隔。不意其請僧費竭,揭債屢千,日食交煎,無能自計,良莫□其痛心焉。今者來僧各各囊括多金,幣帛厚味而猶慮其不給,倩人賣字以廣其籲,不思疇昔之負薪窮谷以俾日夕者為何如哉。痛切兩人身居幻寄,境有餘而情不足,形苟安而心殊勞。視今日之勢者強親、富者賕禮,營營相競。至我兩人、兩病、兩老、兩僧煢煢無告,咄嗟其天。適者猶可強力出門行乞於市,若至一着枕席,猶不勝其嗟吁仰屋矣。[1]

除了唐僧的省籍糾葛外,更有現實生活問題。函中言及逸然為了招聘隱元赴日弘法,已經債臺高築、自身難保,因此幻寄山房景致雖好,衣食卻成問題,兩老僧只落得貧病飢寒的窘困處境。不過即使避居長崎、遠離普門寺,依舊難以抑止無中生有的謠言,獨立於是考慮閉關以杜絕是非。在同年初冬發函向竺印求救,表示:"意欲結茅,坐一死關,苦無檀越相濟,是以在此日夜思惟,倘得天助因緣,使白頭安心入道,不知人緣之有無何如如?"[2] 雖然無從得知竺印如何回應這項請託,但是由1659年十二月八日皈依滿五年之際,正式閉關千日之既存事實來看,應該是順利獲得資助了。

針對獨立閉關之舉,隱元題"梅花關主"四字相贈,而即非如一(1616—1671)、木菴性瑫(1611—1684)、蘊謙戒琬(1610—1673)等黃檗同門也分別以詩作嘉勉。千日閉關期間,獨立雖然不得外出,但是先後有安東省菴、朱舜水、竺印祖門等人來訪,以及諸多詩文酬唱與信函往來。例如:贈予安東省菴的《孟夏十有三日,喜晤省菴道社先生》五言長律、[3]《寄懷》詩扇;[4] 為

---

[1] 九州歷史資料館柳川古文書館藏,史料編號1244;收入《新訂朱舜水集補遺》,頁219—220。

[2] 吉永氏抄本《戴曼公獨立書簡集(一)》所錄。

[3] 九州歷史資料館柳川古文書館藏,史料編號1366。

[4] 九州歷史資料館柳川古文書館藏,史料編號1357。

朱舜水的《安南供役紀事》一書撰寫跋文；[1] 寫《千載一會》記述與朱舜水、安東省菴之往來事蹟；撰寫《書論》以闡述其書學理論；與南下長崎養病的良衍（南源）性派、大眉性善的詩作唱和；致函竺印，持續投訴其心中種種不滿和鬱悶。再者，收高玄岱為入門弟子，亦是在此閉關期間。據《先民傳》高玄岱項下記載："幼有淑質，從邑之岩永宗故學。年舞勺，[2] 復事杭人戴曼公（名笠），即僧獨立也。曼善書，兼精醫學。岱兼通其藝。"[3] 換言之，高玄岱於 13 歲、亦即寬文元年（1661）時，開始跟隨獨立學藝。

與此同時，有兩件事值得留意。一是閉關約莫半年時，獨立眼中的奸險人物無上性尊於普門寺驟逝。在 1661 年八月二十日致竺印函中，獨立曾感嘆此事曰："回念忌者、妒者，用心何在，總不出一場顛倒夢想，今安在哉！即存者，亦不出一紀兩紀，還歸閻老。"[4] 一是隱元獲幕府賜贈京都宇治寺地，而開創新黃檗萬福寺。

《書論》是獨立極具代表性的著作之一，全書由署名"明天閒野衲"、寫於辛丑年（1661）四月十五日的《自敘》，署名"天外一閒人獨立氏"、起筆於庚子年（1660）九月的《斯文大本》《六義原本》《書法原本》，署名"梅花關老衲獨立氏"、寫於辛丑年伏暑的《自跋》，以及署名"天閒野老"的《再跋》等構成。換言之，是在本文完成之後，才先後撰寫自敘與跋文。

《書論》現藏於金鳳山平林寺。封面經後人富岡鐵齋（1837—1924）[5] 親題書名為"獨立禪師真蹟書論"。書末另附鐵齋繪"戴溪堂"圖，其上款識曰"戴溪堂所安置獨立禪師木像也，在武藏騎西郡野火留金鳳山平林寺中。鐵齋居士略寫"；以及"明獨立易公之塔"圖，其上款識曰"獨立禪師塔，在山城黃檗山內，獅子林後山。鐵齋老人寫""獨立和尚墓，在黃檗山內，獅子

1　獨立性易《跋安南供役紀事》，收入《朱舜水集》，頁 35。

2　《禮記‧內則》："十有三年學樂，誦詩，舞勺。"見〔漢〕鄭玄注，〔唐〕孔穎達疏《禮記》（臺北：藝文印書館，1965 年據清嘉慶二十年南昌府學刊本影印），《內則》，頁 538。

3　盧千里著，原念齋校《先民傳》（江戶：慶元堂，文政二年），上卷，頁 2b。括號內的文字是原文獻的注記。

4　吉永氏抄本《戴曼公獨立書簡集（一）》所錄。

5　富岡鐵齋，京都人，名百鍊，字無倦，號鐵齋，別號鐵人、鐵史、鐵崖等。為明治、大正時期知名文人畫家、儒學家，以"讀萬卷書，行萬里路"為座右銘，並且身體力行。曾先後在私塾立命館、京都市美術學校擔任教師。

林後山"。

獨立於《自敘》中開宗明義指出："字繇[1]一畫之始，文成六義之中。一畫具而萬象出，六義析而變化通。則字者，文之本、理之源、心之聲、言之用、義之至也。"強調"文""字"與"六義"的意義及重要性。於《斯文大本》回顧其一生經歷種種至此，希望藉由書學、書法的傳述，喚起對六義的重視，則"不啻斯文之有在，可冀吾道之逢源"。於《六義原本》詮釋六義之意涵，解析文字的淵源與義理。於《書法原本》教授臨摹、運筆等書寫訣竅，並且介紹書法用具。於《自跋》抒發長年對書藝的經驗心得。而《再跋》則除了重申六義旨趣，舉實例說明因糾正他人文字形義而遭受打壓，針對備受質疑的醫術提出辯白以外，更於文末表露對《書論》此一著作的期許。石村喜英認為本書道盡了獨立流寓日本後的各種磨難。[2]

承前所述，竺印曾於離閉關千日屆期約三個月前的寬文二年（1662）五月至幻寄山房造訪獨立，其間事跡可由吉永氏抄本《戴曼公獨立書簡集（一）》所錄書簡得知。這些書簡顯示，獨立因竺印嘗試為其安排出關後的出路之事受阻，而引爆一連串的情緒抒發。以下僅針對涉及前述"五雲子"事件的第一封書簡內容進行探討：

> 弟與師父相別四年，即有數次伸候，惟是感情所致，未有他意希望。不期關門重會，如在夢中。聞十四日見黑川後云云，皆出高誼，非弟有賴而然，皆黑川公素所見信。次日，又煩逸師傳言及弟，云以諫早閱藏，散心遣情，深以為幸。可謂君子一言，今古是重。
>
> 聞昨黑川公變遷其說，言不旬日，何竟不同如此。弟想戊戌[3]五雲子告狀留弟，彼以仁左衛門為彼莫逆世交，先露其意。臨事時，五雲子接弟去議，彼即深夜合龍溪去見美濃守，入朝阻伊豆之留，可謂鬼神莫測之機，以合福州鄉黨之義。前日諫早閱藏語，想師赴仁左之齋，念在交至，必及此書。是彼夙受毒龍之囑，兼及福州一鄉。次日，丞見黑川公，假言和尚以止其事。必即有書以復

---

1 避明朝諱字，"繇"通"由"。
2 石村氏專書，頁477。
3 "戊戌"為萬治元年（1658）。

毒龍，言弟煩師謀畧而然，此確然可見之事，無可他疑者也。間之毒龍，必以師為不善之人矣。

弟想當年留弟之時，十年准約通事，現在甲斐庄雖沒，[1] 黑川公豈忘之耶！人之還鄉，一家團聚，天地亦在垂祐，豈曰日本獨能斷絕其理。出關後，必求還鄉，說和尚，不說和尚，非仗此語以厄人耳！不識以為可乎。

竺印禪師 座前

衣弟性易和南上

諫早，位於長崎東北約 25 公里處，隸屬佐賀藩。明曆元年（1655），諫早的第四任領主（豐前守）藤原茂真，邀妙心寺僧無門原真入住水月庵，擔任《大藏經》請藏願主，其間並由退藏院千山玄松、智勝院洞屋玄呂以及龍華院竺印祖門三僧協助執行，後於寬文八年（1668）三月起進行抄經工作。基於這層關係，竺印有意安排獨立出關後，前往諫早閱藏。

竺印於五月十四日向轄區主管長崎奉行黑川與兵衛報備、徵詢後，初步取得同意。不料十天不到，事情有了變卦。獨立認定此事和當年五雲子安排其居留江戶之事如出一轍，都是被彭城仁左衛門（1633—1695）暗中阻擾而無法如願。彭城仁左衛門，生於長崎，父親劉一水，福建省福州府長樂縣人，母親高原氏。中國名劉宣義，字耀哲，號東閣，法名道詮。1658 年六月奉任小通事，翌年十月升任大通事。博學、善詩文、能書，與林道榮（1640—1708）並稱唐通事雙璧。據《普照國師法語》所載：

道銓劉通士，係長樂閣部魯菴公之從弟也。余與魯菴公方外交有年，乙未秋應請京都，崎陽鎮主特選相從助揚法化。其才貌、辭氣俱備，兼精進斯道，有日新之功。追隨將及二載，朝昏謹俟無失，傳譯機語如流，真為老僧挂杖子通事舍人，抑見崎主擇人手眼有徵矣。愧余老矣，接機遲鈍，加以聰敏，以禪吾拙，則禪語圓全，非唯發醒今時，亦以壽於將來，則般若之功曷可磨也。雖然同吾舌、同吾語無異無別，聊通一半消息，只如未開口前通一線來，不惟為吾挂杖子通事舍人，敢保三世諸佛、歷代祖師、天下老和尚，

1　甲斐庄喜右衛門於 1660 年長崎奉行任內，在江戶逝世。

舌頭俱已串過矣。[1]

可知隱元對於劉道詮,亦即彭城仁左衛門的才智讚譽有加,賦予高度的信任;而且,明曆元年(1655)選派其擔任隱元赴普門寺之隨行通譯者,正是長崎奉行黑川與兵衛、甲斐庄喜右衛門。仁左衛門與長崎奉行、隱元等之密切關係,自不言而喻。

包含後續的幾紙信函以及片段,內容皆環繞在獨立認為無論是江戶居留、諫早閉藏,甚至回歸家鄉與親人團聚等事,都是黑川於第一時間知會仁左衛門後,祖籍福建的仁左衛門夥同"毒龍"龍溪性潛等人假借隱元之名,出面阻擾破壞。激烈的文句將其憤恨情緒表露無遺,與同門的關係更加惡化。

三個月後,獨立閉關期滿,即非特以《贈獨立禪德出關小糸》表達嘉許慶賀之意:

> 獨立禪德出關小糸云:梅花破雪,風竹敲窗,觀聽分明,未透聲色。直須於見聞俱泯處,踏翻路頭,撥轉關棙,迴出威音前,高超毘盧頂。顯大機,發大用,建大法幢,始與瞎驢氣分相投。亦不虛幻寄,活埋一番。茲者千日期圓滿,即且置作麼生是?透關一句:明星當午現,梅燦一枝春。[2]

獨立出關後,持續寄居興福寺。但是,從翌年初春致函竺印揭發諸多醜聞來看,其對興福寺住持逸然性融也累積了相當程度的不滿。由於尚無相關史料可資參考、佐證,此處暫不加以討論。

興福寺雖令人不滿,起碼是個遮風蔽雨的棲身之所,卻在獨立出關約莫半年後的寬文三年(1663)三月八日長崎大火中焚毀。獨立先是逃到玄岱家中,後因火勢猛烈,被迫退至海上船隻避難。部分下落不明的史料,尤其是來自僧俗知友的手札書牘,可能就是在這場災難中化為灰燼了。獨立賦《癸卯焚餘草》詩,描述當時的心情,而詩前序文則記錄了火災始末,云:

---

[1] 隱元隆琦語,釋性杲等編《普照國師法語》下卷,收入《大正新脩大藏經》,經號2606,冊82,頁763。錄自大藏經テキストデータベース研究會監製《大正新脩大藏經》電子資料庫(東京:東京大學大學院人文社會系研究科次世代人文學開發中心,2012年版,http://21dzk.l.u-tokyo.ac.jp/SAT/)。

[2] 平久保章編《新纂校訂即非全集》(京都:思文閣出版,1993年),卷一,頁178—179。

歲在癸卯三月八日，禺中時，忽聞寺鍾¹急叩，曳履登高，望崎之西南火發，煙縷拖雲，風聲撼地，浩浩蕩蕩，飛馳北嚮，中裂東分，迴南四合，函蓋一統。勢如龍驤，奮迅席捲，火怒風號，赤潑光中，莫可撲滅。日迫西斜，海斷山空，一島立盡。老幼驚魂，赤露條條，慘無投地。何有囊藏可挈、喘息可休。予居山房，亦被飛焰作爐。兩手抱佛，踰垣而出，顧此同人，慘剝靡遺，四大劫因，無容智避。計街聚者七十二町，獲免災者三百餘室，被焚死者五十三命。於時號號男婦，露地團頭，炊求無粒，破難熱，急切饑遑，絕無一點生氣。感得主鎮仁君，同出燼亡，慘憐生命，疾炊飲食，分給饑桴。飛書各郡，招來菽粟，以慰斯民，全安噍類，致使焦頭爛額，復作依棲於一艸茅蓋下，何異再生。予荷分紫主人款留，頓絕雨䏻莫遣，偶成三十絕，以傷世外窮災之一遇。²

　　這場大火，使長崎市中心幾成焦土，包含奉行所都被燒毀。獨立獲得分紫山福濟寺住持蘊謙戒琬的收留，而免於餐風露宿之苦，此後只能投注更多心力於醫業，以餬口維生。正因為行醫累積了相當程度的診治成果，獨立的醫術獲得肯定，而聲名遠傳至岩國。

四、行醫時期

　　長崎海雲山皓臺寺的住持月舟宗林（1614—1687），是引導獨立行醫生涯邁向另一境地的關鍵人物之一。月舟宗林，周防（今山口縣）出身，九歲出家，師事曹洞宗雪山鶴曇，俗姓朝枝，是岩國第三任領主吉川廣嘉的家臣朝枝喜兵衛（？—1686）之兄長。喜兵衛於萬治三年（1660）七月奉命赴長崎學習蘭醫中的外科金創療法，並於寬文元年（1661）九月中旬返抵岩國，其後隨侍體弱多病的廣嘉赴京都就醫療養。1663年九月，長崎大火半年後，再度赴長崎持續學習蘭醫外科療法。1665年三月結業，正式取得蘭醫資格。

1　據文意，"鍾"字應作"鐘"。
2　錄自藤田葆編《獨立遺藻》（1889），岩國徵古館，史料編號05050b0079。抄本中僅錄有十三首七言絕句，而非三十首。有可能是抄錄時的筆誤，也可能只節錄了原詩作的部分內容。

岩國（今山口縣），是慶長五年（1600）關原戰役之後，德川幕府分封給吉川家的領地，年俸三萬石。第三任領主吉川廣嘉，父親為吉川廣正，[1]母親是長州藩藩祖毛利輝元的女兒竹姬。廣嘉生於長州荻（今山口縣荻市），幼名長松，元服後改名為廣佳、廣純、廣嘉，承應二年（1653）謁見將軍德川家綱後，改稱號為監物。廣嘉自幼體弱多病，慶安三年（1650）首度自外地招聘名醫為其看診，1653年曾接受五雲子的診治，此後也曾遠赴京都接受多位名醫之治療，病情始終時好時壞，未能根治。

據桂芳樹研究指出，月舟可能經由其弟喜兵衛得知領主吉川父子健康狀況不佳，因此主動薦舉獨立這位小有名氣的漢醫。於是，吉川父子派遣侍醫佐伯玄東（？—1708）於1664年二月下旬，南下長崎向獨立說明病情症狀，以請教診治方法。當時並無招聘獨立的打算。佐伯於三月十二日返抵岩國覆命，而四天後月舟也隨後趕到，當面建議廣嘉延請獨立至岩國出診。就在月舟積極居間協調下，徵得長崎奉行黑川與兵衛的同意，獨立於同年四月十三日，由月舟、喜兵衛、佐佐木彌左衛門以及獨健性乾、高村作兵衛陪同，順利抵達岩國，寄宿橫山永興寺。[2]此後五年間，共四次前往岩國看診，獨健皆隨行前往。而岩國侍醫佐伯自此與獨立於公於私往來密切，除醫術上有師徒傳承關係以外，另有詩文之酬唱往來。

記錄獨立與吉川父子往來情形的史料，除了官方文獻，另有現藏於岩國的吉川史料館，由二十三紙獨立上呈吉川父子的書牘裱褙而成的卷軸《明朝遺臣天閒獨立書牘》四卷。[3]題名部分，獨立在中國不曾擔任官職，因此稱其為明朝"遺臣"並不符實，而"閒"字寫作"間"，則是另一普遍存在的訛誤。

獨立首次應聘至岩國，為期約四個月，於同年八月十七日返抵長崎，居留岩國期間，備受禮遇，除了自己頸部長瘤，而中止為吉川父子看診，移居錦見別館療養以外，診治備藥之餘，便是琴棋書畫詩酒花茶，生活過得相當

1　獨立執筆的詩稿書牘中，吉川廣正的"正"字，皆避明朝諱字，寫作"政"。

2　詳參桂芳樹氏專書，頁15。

3　抄錄《明朝遺臣天閒獨立書牘》四卷而成的稿本，計有：岩國徵古館藏宇都宮圭齋抄本《獨立詩文》（史料編號1204000171）、《天閒獨立書牘寫》（史料編號502000452）以及黃檗山萬福寺藏吉永氏抄本《戴曼公獨立書簡集（二）》。

優雅閒逸。而對於廣嘉而言,健康狀況逐漸好轉的同時,更因為一次與獨立的閒談,讓長年困擾岩國的造橋問題,意外得到解決的方法。

基於軍事防禦等因素的考量,岩國的官署主要蓋在橫山地區,低階武士與平民的聚落則集中於錦見地區,中間隔著一條寬約二百米的錦川。每逢洪流來襲,錦川上的橋梁便被沖毀,嚴重阻絕了中央與地方的交通,對於政經發展當然產生負面的影響。於是建造不會被洪流沖毀的橋梁,成了當務之急。而這項要務,誠如獨立執筆的《鈔存西湖志題辭》所記,在其與廣嘉的故鄉話題中,有了始料未及的發展,曰:

> 忽一日,於在門何遠侯[1]齋頭,得閱先達田藝衡《西湖志》,[2]方一展卷,起我生懷,如醒昨夢。……一日登堂,歡然色笑,如沃世交,若忘言外,垂問生緣,以及西湖之概,有聞是志,可盡觀瞻。即命傳書至崎,郵寄將來,展同指顧,居士見圖,擊案大喜,合得會心奇處,亟作鈔存并加繪圖一新,把翫用遣病懷,可曰"會心處政[3]不在遠也"。

亦即閒談時,獨立被問及出身地,他從西湖的景致風光,聊到何遠侯的書齋藏有《西湖志》這套書,進而發函到長崎商借。爾後書籍送達岩國,當廣嘉翻閱至書中附圖,看到架設在一座座小島上的拱橋時,興奮得不禁拍案叫絕。拱橋圖讓廣嘉獲得啟示,頓然開悟,於是下令抄錄《西湖志》,同時更交代相關技術人員研發拱形橋梁,並於獨立逝世翌年的寬文十三年(1673)六月底正式動工,同年十月完成首座架設在錦川上的拱橋。雖然第一座拱橋不到八個月就被洪水沖垮,但是其後一再改良,終於成就了今日佇立在

---

[1] 何遠侯(?—1686),名兆晉,字可遠,號心聲子,日本名何仁右衛門。是寬永五年(1628)自福建移居長崎、日後擔任唐通事的何高材(毓楚)之長子。據《譯司統譜》記載,何可遠於1658年被拔擢為小通事。宮田安《唐通事家系論考》(長崎:長崎文獻社,1979年)亦有詳盡的記述。1665年六月,朱舜水應德川光圀招聘之際,由何可遠(舜水以"可侯"敬稱)擔任傳譯,隨行至江戶。佐賀縣鹿島市祐德稻荷神社"中川文庫"所藏《舜水問答》一書中,即錄有朱舜水致何可侯函二紙,述及相關事宜。詳參《新訂朱舜水集補遺》,頁100、209、328。

[2] 《西湖遊覽志》24卷,實由明末清初錢塘人田汝成(叔禾,1503—1557)輯撰而成,詳細記錄西湖湖山勝跡。另有《西湖遊覽志餘》26卷,則載錄南宋遺聞軼事。田藝衡,字子藝,為汝成之子。獨立誤以為田汝成、田藝衡為同一人。

[3] 避明朝諱字,"政"原應作"正"。

岩國錦川上的"錦帶橋",是一座名符其實的文化交流的橋梁。《西湖志》抄本分為上、中、下三冊,共製作了兩套。目前分別珍藏於岩國徵古館及吉川史料館。徵古館藏本應是第一套抄本,於上冊表頁背面錄有將近百字的識文,曰:"此志出田芸衡之始撰也,板刻百廿年矣,由故家所藏而得存。今者重修《西湖遊覽志》,與《杭州府志》相埒,有四五倍廣與此刻矣。安得求重修者,以快海外之臥遊耶。偶游巖國,乞假何遠侯所藏,自長崎郵寄得觀。甲辰六月十三日。天閒野老識。"甲辰即是寬文四年(1664),換言之,本識文寫於長崎的《西湖志》送達岩國當時,不過是由抄錄者於抄本製作完成時補錄,並非獨立的筆跡。至於吉川史料館藏本,則於上冊首頁錄有獨立親筆的《鈔存西湖志題辭》,全文約2000字,文末注記日期為"寬文之重光大淵獻林鐘月朔",亦即寬文十一年(1671)六月一日,是配合第二套抄本製作完成而撰寫的。

獨立於1664年八月十七日返抵長崎,結束首次岩國出診之旅。隨後即與水戶藩儒小宅生順見面,並透過筆談,交換對詩文等的看法,訪談內容記錄於《西遊手錄》中。小宅是在同年閏五月,奉藩主德川光圀之命,至長崎查訪碩儒耆德。[1] 三個月居留期間,曾與數十人接觸,但是留下記錄的筆談對象,僅有朱舜水、陳三官、陸方壺以及獨立四人。《西遊手錄》完成於同年十一月十七日,文末言及:

> 予今年承君命西遊紫陽長崎,棲遲三月,公務之暇,況交蕃客,以欲得異聞,往往拈筆代譯,所交雖及數十輩,而有學者,獨有朱魯璵而已,於是採錄與朱魯璵應酬者,以為冊子,名曰《西遊手錄》。又有略解文字者三四輩,其筆語亦附後,不足慰眼下而備他日之證云。

又,根據小宅寫道:"僕在東武聞隱元禪師寓天澤寺,老師亦同在焉,欲與一二友生同拜奉台顏,而有故障,不果。今年卻至邂逅于此,不亦奇乎。"[2] 可知早在隨隱元赴江戶之際,獨立的名號實已傳入其耳。當獨立尚在岩國

---

[1] 關於小宅生順奉德川光圀之命赴長崎尋訪碩儒一事,詳請參閱拙書《朱舜水與東亞文化傳播的世界》,頁92—97。

[2] 引文出自小宅生順《西遊手錄》稿本。

時，小宅已經先和朱舜水幾度會面。最終認定"有學者，獨有朱魯璵而已"，對獨立的評價止於"略解文字者三四輩"中的一人。因此決定朱舜水為招聘至水戶的碩儒人選。

　　吉川父子接受獨立的診治後，病情獲得控制，尤其是廣嘉健康狀況好轉至足以在半年後的1665年二月底繼承家督，正式成為岩國第三任領主。同年三月中旬，獨立擔任記室、獨健擔任侍譯，連同化林性偀（1596—1667）等，一起協助即非如一於廣壽山福聚寺（今北九州市小倉）開山結夏。獨立因為這個機緣，獲小倉藩主小笠原忠真（1596—1667）以名為"白雲室"[1]的庵室相贈；同時也得到隱元的肯定，以《示獨立徒》書面表達嘉勉之意，曰：

　　　　獨立禪徒閉關幻寄山房三載，期滿而出，又逢火難。近聞參謁廣壽，可謂因難成其志，抑見益壯之風猶存也。乃述偈三章以示之。

　　　　打破牢關獨悄然，一毫透脫樂如仙。有時格外嘲風月，不覺空花落漫天。

　　　　火坑迴脫豈尋常，拶入禪林心自涼。老得安閒增廣壽，更添法喜愈風光。

　　　　老當休歇勿狂顛，錯入塵勞最可憐。業累一迷無量劫，盲龜出孔待驢年。[2]

福聚寺開山結夏期間，獨立與六月即將應聘往赴水戶的朱舜水曾有書信往來，但是終究以不便會客為由，未能晤面。對此，朱舜水在日後致獨立函中，表露了不滿。[3] 二人因情誼生變而漸行漸遠。

　　離結束岩國首次出診返抵長崎整整一年後，經由當時的長崎奉行島田久太郎（忠政，1624—1699，任期1662—1666）核准，獨立二度應聘，在使者朝枝喜兵衛、銀遣長和市介以及獨健、祖命、高村作兵衛的陪同下，於1665年八月中旬自福聚寺出發，八月二十七日抵達岩國，入宿淨土院。九月下旬至十月上旬之間，獨立曾由喜兵衛伴隨，一度趕回福聚寺，與即將往赴江

1　長崎歷史文化博物館藏獨立詩書卷中，錄有《過白雲室》詩，曰："雲出四櫓空，雲歸一室白。無着野雲心，相忘而莫逆。茆爛穿見天，泥脫譬三竹。空空一室中，歸雲傍篔宿。"

2　平久保章編《新纂校訂隱元全集》，卷八，頁3887。

3　朱謙之編《朱舜水集》，頁55—56。

戶的即非見面,並在回岩國途中,順道至防府,為吉川家的姻親毛利主膳看診。[1] 此次應聘獲准停留約兩個月,原本預定同年十一月一日離開,結果延期至翌年二月八日才啟程,二月十七日返抵長崎,前後居留了將近半年,嚴重超出核准期限。

第二次應聘期間,獨立除了看診備藥,仍有許多機會受邀參加雅集遊宴,與儒臣、侍醫、鄉紳雅士們詩文酬唱,過著相當愜意的生活。尤其值得留意的是,此行獨立為吉川家撰寫了不少卜易星相方面的文章,諸如《釋中》[2]《青芝記》《開門崇正說》[3] "御館御門所替之件" [4]等,正好印證其致竺印函中的自述,曰:"弟讀四十年書,命、相、醫、卜、文章、詩學、書法、仙道,俱有實授,未嘗說與他知。" [5] 展現在天文曆算、堪輿風水等數術方面的廣博涉獵。

原定歸期已屆,岩國高層以仍需借重獨立醫術為由,發函申請延期,只有高村作兵衛一人先行返回長崎。不料在此同時,另一位長崎奉行稻生正倫(七郎右衛門,1626—1666,任期 1665—1666)病重,奉行所方面其實希望獨立能盡速返長崎往診。據《唐通事會所日錄》記載,[6] 稻生病情急轉直下,所方分別於 1666 年正月二十八日、二月十一日、二月十五日三度發出緊急召喚,要求獨立速回。但是,就在二月十七日獨立終於返抵長崎當日,稻生已病入膏肓而去世。

同年五月五日,健康狀況曾一度好轉的吉川廣正逝世。相同時期,獨立也正臥病療養中,只能遣使僧正哲前往岩國弔唁。六月、七月,新任奉行松平甚三郎(隆見,生卒年不詳,任期 1666—1671)、河野權右衛門(通定,1620—1692,任期 1666—1672)先後抵達長崎。

獨立即使人在長崎,與岩國方面仍舊保持密切聯繫,主要透過侍醫瞭

---

1 詳參桂氏專書,頁 50—56。

2 《釋中》,現藏於岩國吉川史料館,史料編號 442。

3 《青芝記》,岩國徵古館藏,史料編號 02010a0007;《開門崇正說》,岩國徵古館藏,史料編號 02010a0008。

4 "御館御門所替之件",岩國徵古館藏,史料編號 1118000742。檔案中收有一紙無題圖文,內容與官邸正門方位問題相關。

5 吉永氏抄本《戴曼公獨立書簡集(一)》所錄。

6 東京大學史料編纂所《唐通事會所日錄》(東京:東京大學出版會,1955 年),卷一,頁 40。

解病情發展，以利持續提供藥劑和養生建議。八月，朝枝喜兵衛來訪；九月，藤村與市左衛門帶來廣嘉饋贈的黃金五十兩，資助其建造庵室，日後建成"就老菴"；十一月，佐伯玄東來訪。

並且，在距離前次招聘後未滿一年的 1667 年一月中旬，廣嘉派使者轉達第三度招聘獨立的意願。岩國方面、獨立與長崎奉行之間的協商，一向是透過唐通事的傳譯，三方此後的交涉在《唐通事會所日錄》有較前兩次更加詳細的記載。[1] 首先，面對岩國的第三度申請，所方答應放行，但是另外採取了因應措施如下：

> 次に文左衛門殿被仰候者、是八御意にて被仰付候に者無之、内證にてあまり永逗留不仕候樣に申候へと被仰付候に付、則其段獨立に内證にて申含候、獨立も相心得申候由に被申候。[2]

這段記錄顯示，所方曾派文左衛門私下與獨立溝通，強調不希望再發生滯留不歸的情形。新任奉行對於獨立前次幾度被催促速回，仍延誤歸期長達三個半月，其間還攸關一位現職奉行的生死問題，顯然已經留下不好的印象。

第三次應聘，獨立在獨健與岩國使者的陪同下，於 1667 年二月七日抵達，入宿綿貫權右衛門之宅邸。並且隨即參與已故領主吉川廣正之墓塔修建，撰寫《葬日詳正》[3] 一文；勘測岩國城門方位，撰寫《開門定向》[4]，具體建議修改項目、動工時辰等。據桂芳樹《僧独立と吉川広嘉》所錄《好問隨筆》之記載："閏二月朔日、巳の刻、御骨納り候。一番に浄性院樣（広正）御骨納り候に付て、洞泉寺一宗。高玄院樣（広正夫人）御骨の時、光寿院一宗。其後、独立．独健御燒香也。御塔場の文字、独立これを書く。"[5] 意指，於閏二月一日為廣正夫婦舉行納骨儀式，墓塔上的文字是獨立的筆跡。在岩國，其醫術以外的能力也深受重用。

---

1 東京大學史料編纂所《唐通事會所日錄》，卷一，頁 40—46。
2 同上注，卷一，頁 41。
3 《葬日詳正》，現藏於岩國吉川史料館，史料編號 443。
4 《開門定向》，收於前揭岩國徵古館藏"御館御門所替之件"檔案中。
5 桂氏專書，頁 60。括號內的文字是原書的注記。

第八章 "儒、釋、道、醫"的獨立與中日文化交流 195

獨立居留岩國將近四個月後,使者菅甚兵衛於五月三日奉派至長崎,向河野奉行提出延後獨立歸期之申請。[1] 又,據《唐通事會所日錄》記載,佐賀藩主(松平丹後守)鍋島光茂(1632—1700)於五月二十八日向所方提出延聘獨立往診的申請。獨立接獲通知後,於六月九日自岩國啟程,前往肥前(今佐賀市)看診,並在八月二日返抵長崎。但是無暇休息,當日即被召至奉行所報到,並被轉知小倉藩主小笠原忠真之往診要求。隔天八月三日隨即動身。不過,小倉藩主終究不治,於十月十八日病逝。

1668年一月十二日,獨立向奉行所提出前往京都萬福寺探望木菴的申請,並且獲准。這是結束江戶行、與隱元等在普門寺不歡而散以來,時隔十年後,首度希望實現前往京都宇治與黃檗同門眾僧見面的願望。同時這也是一趟單程約750公里的長途旅行。申請雖獲批准,獨立卻因痼疾復發而延期至二月二十六日才啟程,途經筑後久留米時身體不堪負荷,曾就近寄宿於淨土宗的善導寺休養,等待病情略見改善後,再度動身。其後行至筑前遠賀郡,到底不敵舟車勞頓,被迫折返,於三月十四日回到長崎。此行來回四百公里的奔波,對於夙有腳疾的73歲高齡老者而言,其辛勞可見一斑。結果獨立終其一生,無緣再登宇治萬福寺與隱元等僧會面。

同年九月底,廣嘉派香川竹庵、武安喜右衛門向河野轉達第四次招聘獨立之意願。其後,在獨健、祖命、玄岱與岩國使者的伴隨下,一行人於十月十三日出發、十月二十五日抵達,同樣入宿綿貫宅邸。十二月初,岩國方面再度提出獨立的延歸申請,並央請更高層級的大膳大夫,亦即長州藩二代藩主毛利綱廣(1639—1689),同時寄去表達相同旨趣的信函。河野雖然批准所請,但是派專人專函轉告獨立,務必在過年後盡速返回長崎。結果,此次岩國出診結束於翌年1669年一月二十一日,二月一日晚間始返抵長崎,翌日上午八點多至奉行所報到。獨立不顧轄區主管的三申五令,一而再、再而三延誤歸期的作為,其實早已悄然醞釀著風暴。獨立與河野之間的衝突,可以從其致廣嘉函以及《唐通事會所日錄》中,窺得各自的立場與主張。

基於篇幅的考量,僅摘錄《唐通事會所日錄》的相關內容簡要說明。首

---

[1] 桂氏專書,頁61。

先，針對未能遵照囑咐速回長崎的質問，獨立答以被異常大雪困住，並進而說明原訂正月十一日啟程，卻因七日、八日天降大雪而順延至十六日，不料大雪未停、道路受阻，又被迫延到二十一日才成行。對於這份說辭，河野駁斥其延滯不歸在先，專人專函告知年後速返的附帶條件下，批准了延歸，後續即使有正當理由，也應該善盡呈報之責，既不遵守規定，又不呈報，實在可惡至極。獨立將受到河野斥責一事，寫在由護送使者井尻傳右衛門帶回岩國的致廣嘉函中，曰：

> 及覆河野，其情狂戾，總是初得人身，盡其自大自暴。衲之一身異國，只有盡命聽天，狂且之狀不足以加我衰老孤僧，若有人心者，決不裝此狂態也。[1]

僅僅言及河野的狂妄無禮，事情的經過應該是透過使者作了口頭報告。因為根據岩國官方記錄，廣嘉曾於二月十四日遣朝枝喜兵衛專程攜函南下，向河野作補救說明。[2]

然而，獨立與河野之間的衝突並未因而化解。三月二十九日，獨立被召至奉行所，告以久留米藩主有馬賴元（1654—1705）的家臣患病，希望他前去診治。獨立當場拒絕。對此，河野提出"拒絕在地需求，卻允諾外地邀約；行醫未能貧富貴賤不分，恐有失儒、佛之道"的質疑。獨立答辯說，體力尚好時，經得起四處奔波，近二三年來腳疾嚴重、不良於行，以致無法盡如人意，一旦拒絕出診，便招致怨恨，甚至引來看診對象有富貴貧賤之分的非議，岩國出診實在礙於盛情難卻，今後將拒絕一切邀約，終止醫業的心意已決。從此，《唐通事會所日錄》便不再出現獨立相關記錄，除了顯示其自此沉寂、停止外出之外，與河野的關係無疑已降至冰點。這從同年五月下旬託取藥使者轉呈廣嘉的信函，也可得到印證。函曰：

> 忽今主鎮河野公，雖曰儒教，不過日本自恃之一得者。若至河圖理數之源、致中一性之學，曩亦從儒門而竊嘗之，可無忝於道矣。今年七旬有四，豈能效奔奔市井之醫客，冬荷臺下降召，便有許多狂據，依約而返，又出許多妄命。即已，復其決不為醫，是致

---

[1] 錄自《明朝遺臣天間獨立書牘（一）》第三封函。
[2] 桂氏專書，頁65。

> 閉門抱命，以致一憤之感。更於歸途，獨健妒我筑後交期，把持要自肥前渡海，變出許多巧言佞舌，何為有道年老之僧。時其子彌左衛門云，肥前更多換馬途長，顏慼而止。想病之由作，無出此二氣而已。四月朔，又有遠國投書，河野來召，衲以力疾復之。通事復來，如不去，黃檗不能往矣。衲答云："今日一步不能出門，更何再言黃檗。"[1]

獨立不但與擁有唐通事家族背景、四度伴隨其往赴岩國的獨健發生齟齬，河野所下的最後通牒，更讓與黃檗這條因緣路也斷了。

獨立行醫對象是否真有貴賤貧富之分，獨厚岩國主君？從岩國官方記錄可以得知，四次往診居留過程中，獨立一行人不分上下確實備受禮遇。包含：往返皆有專人接送，打點途中食衣住行等一切所需；看診施藥後，經常接受茶點或佳餚款待；專人陪伴遊山玩水，或相偕以琴棋書畫詩酒花茶遣興怡情；回程均可獲禮金、布帛、美食等豐厚的餽贈。而派人至長崎取藥時，也都禮數周到，甚至慷慨捐金興建庵室。[2] 除此以外，另有一事值得關注的是，首次應聘的寬文四年（1664）閏五月下旬，獨立曾因頸部長瘤而自橫山永興寺移居錦見別館療養。六月伏日病情好轉時，以詩文向廣嘉表達謝意，寫道："巖國主君，時時遣問，聽夕不息，情篤乎辭，勒深千古。"[3] 換言之，對人生境遇坎坷、長年不得志的獨立而言，來自岩國的種種禮遇不只有物質，在精神層面上，他更是深切感受到尊重、關懷以及對其能力的肯定。所謂"盛情難卻"，指的或許就是這份勒深千古的情。

影響獨立晚年至深的河野權右衛門，究竟是什麼樣的人物，實有必要進一步考證。長年致力於近世日本荷蘭貿易史、長崎奉行等相關領域，已

---

1 錄自《明朝遺臣天閒獨立書牘（四）》第五封函。

2 桂氏專書，頁39—66。

3 本文獻以《獨立詩書"有焦記"》為題，現藏於岩國吉川史料館，史料編號440。詩文開頭第一句為"有焦氣抑"，而"記"日"氣"日文發音均作"き"，因此題名之"記"字應為"氣"字之誤植。自夏至後第三庚日起，每十日為一伏，有三伏，共三十日，稱為"伏日"，是一年中最熱的時期。

累積不少學術成果的鈴木康子，對於河野有深入的研究。[1] 以下扼要介紹河野之生平事蹟與人格特質。鈴木氏於其專書《長崎奉行：等身大の官僚群像》中，形容河野是一"仏と閻魔の顔を持つ男（兼具佛祖與閻魔面向的男人）"。再據《幕府時代の長崎》人物篇"河野權右衛門"項下之記載：

> 諱ハ通定第二十二代長崎奉行ナリ任ニアルコト約七年、拮据經營頗ル治蹟アリ、人ト為リ謹嚴方正儉素自ラ率ヒ、前代ノ弊習ヲ排シ良風ノ助長ニ專心ス、當時長崎ノ地秩序未ダ完カラズ、外國貿易盛ニシテ市人奢侈ニ流レ、節義ニ疎ク、内外人混住シテ風俗頗ル紊ル、權右衛門來ルニ及ビ上下肅然タリ、時人稱シテ河野先生ト云フ。[2]

其文意是：河野權右衛門，名通定，擔任第 22 任長崎奉行前後約七年，拮据經營而頗有政績。為人謹嚴方正，以儉素自率。專心致力於排除積習弊陋，助長善良風氣。當時長崎之社會秩序未盡完善，國際貿易興盛，而市民多流於奢侈、疏於節義，本地、外國人混居雜處，風俗紊亂。權右衛門上任後，促使上下肅然，因此時人尊稱其為"河野先生"。

而綜觀幕府設置長崎奉行的二百六十餘年間，先後共有 121 位奉行任職，其中，深受庶民尊崇愛戴而主動為其留下記錄的只有兩位。一位是大森時長（1690—1761，任期 1732—1734）的飢饉對策記錄，另一位便是河野的"言行錄"。前者僅記述飢饉對策，並未言及大森之為人處事或相關事蹟。後者則羅列河野基於清廉公正、勤儉自律的原則，所訂定的規範與政策。"言行錄"經後人抄錄，至今仍流傳多種版本，目的都在於希望將這位"万人超出せる賢士（超乎萬眾的賢士）"的風範記錄下來，以為後人明鑑。而這份被後人傳誦的河野先生言行錄的內容，參閱鈴木氏整理分類結果，可以歸納成以下六大項：一、嚴格規範市民，端正社會風氣；二、秉持恩威

---

[1] 包括專書：《長崎奉行の研究》（京都：思文閣，2007 年）；《長崎奉行：等身大の官僚群像》（東京：筑摩書房，2012 年）。以及期刊論文：《長崎奉行河野權右衛門通定の"言行錄"》，《花園史学》30（京都：花園大學史學會，2009 年 11 月），頁 40—62；《長崎奉行河野権右衛門通定と寛文期の長崎》，《花園大学文学部研究紀要》42（京都：花園大學文學部，2010 年 3 月），頁 20—45。

[2] 荒木周道原著，福田忠昭增補訂正，長崎市役所編《幕府時代の長崎》（京都：臨川書店，1973 年），頁 254—255。

並施原則,親自處理訴訟、裁決案件;三、排拒外來文化,嚴禁外國人送禮、攀附權勢;四、積極獎勵讚揚忠孝事蹟;五、樸素勤儉自持,禁止下屬濫用權勢;六、個人生活作息嚴謹而規律。[1]

身為德川幕府唯一對外門戶的官吏,河野掌控著龐大的貿易利益,卻能夠深得民眾敬畏推崇,除了以身作則以外,其威信的樹立與堅持之重要可見一斑。相對於此,岩國出診四次中,延誤歸期的不良記錄多達三次,甚至還有請出高層施壓之嫌,其間責任是否該由獨立概括承受,當然有待商榷,只是結果在在都挑戰了河野的公信、公權力,無怪乎僅能見識到閻魔的那一面。

獨立雖然宣稱終止醫業,但與岩國之間依舊密切聯繫,維持每年二至三次的藥劑提供與健康諮詢。而寬文十一年(1671)三月起,也為一向與其關係良好、臥病於崇福寺的即非如一悉心診治,但同年五月二十日,即非仍病重不治。獨立曾作《奉輓聖壽即老和尚有引》七絕八首、《舍利塔》以及《聖壽和尚闍維得設利詳略》,表達悼念之意。[2]

河野於寬文十一年九月卸任,獨立被迫沉潛了近三年之後重燃希望,在寬文十二年早春託豐田玄東[3]上呈廣嘉的信中,表示已委託木菴間接向新任奉行牛込忠左衛門(勝登,1621—1688,任期1671—1681)打探核准其赴萬福寺覲見隱元、趁便先至岩國的可能性。根據獨立於同年四月底的致廣嘉函,得知牛込奉行業已批准所請,不過正當積極為遠行作準備時,"三月廿六日忽有唐船至,家中持着小孫來省。廿年方外之老祖孫相見,悲歡色色。去冬老妻身逝,數年潦旱菑屯。言之雖曰無着,然而親親一念,惟作痛忍消之。是爾,不得不俟還唐而卜就造,以慰數年夢寐之思耳。自憶東來廿載,海防遷徙無人者一十四年,鄉書莫寄,而生死流離者,各居一方。從是一面,七十七歲之孤貧方外,永不得見矣。孫之所以其來,哀哀殊切者,自何心哉"[4]。長孫戴善代父渡海尋親,捎來家人訊息的悲喜之情躍然字

---

[1] 鈴木康子《長崎奉行河野權右衛門通定の"言行錄"》,《花園史學》第30期,頁40—62;同氏《長崎奉行河野權右衛門通定と寬文期の長崎》,《花園大學文學部研究紀要》第42期,頁20—45。

[2] 平久保章編《新纂校訂即非全集》卷四,頁1395—1396。

[3] 佐伯於寬文十一年(1671)十月一日獲賜改姓豐田。據桂氏專書,頁50。

[4] 文見《明朝遺臣天閒獨立書牘(四)》第三封函。

裡行間。這封信送達岩國之前，正好取藥使者已在南下長崎途中，因此，五月上旬又回覆了約定"仲秋望後，束裝嚴行徒御，先謁慈容，方拜本師老人杖下"的信，[1]連同三十五劑藥，於五月十六日送抵廣嘉處。[2]

　　獨立在享受天倫之樂的同時，執筆寫下《有譾別緒自剡分宗》，以記其家族源流。至於長孫戴善離開長崎、返回中國的確切時日，則尚待考證。其後，相當於農曆七月的首秋時分，獨立詩文寄答以誌與安東省菴十九年相交相知之情。[3]而超過仲秋望後約定時期的八月二十五日，使者兒玉九郎右衛門自長崎獨立處取回藥劑，但是並未如慣例附有致廣嘉函。因此桂芳樹研判，該時期獨立恐怕已經臥病在床。[4]這也意味著，其人生階段中的"行醫時期"就此畫下句點。

五、千秋一堆土，月照冷乾坤

　　"壬子孟冬"，亦即寬文十二年（1672）十月，獨立寫下《病中五首》，曰：

　　　　二十一年天地空，七十七歲老命窮。誰曰不生不死可，以挽天地之大雄。

　　　　雞皮老翁一百七，白髮頭陀七十七。二百四十七年中，[5]顛倒春風共狼藉。

　　　　曾聞老翁有子復有孫，如今出家老空門。大開雙眼笑乾坤，一任滄江變海市。

　　　　把火燒身痛不知，和身脫却冷相思。本來只合消殘夢，去任前頭沒一詞。

　　　　白白償他去，清清斷了魂。千秋一堆土，月照冷乾坤。[6]

1　文見《明朝遺臣天閒獨立書牘（三）》第三封函。
2　桂芳樹《長崎に渡来した独立禅師の岩国における資料（下）》，《長崎談叢》（長崎：長崎史談會，1967年），第46輯，頁122。
3　九州歷史資料館柳川古文書館所藏，史料編號1365。收入拙編《新訂朱舜水集補遺》，頁142。
4　桂氏專書，頁72。
5　明朝立國年數為二百四十七年。
6　《病中五首》，現藏於京都萬福寺。

根據高玄岱之《明獨立易禪師碑銘并序》所記，十一月五日，獨立病情惡化，請來千呆性侒交代後事。十一月六日，顫筆寫下《遺偈》，曰："鑿鑿塵塵傍海村，不忘殘夢繞空軒。咄！任他凍折梅花影，接卻江南白玉魂。壬子仲冬六日。臨命手筆。禿頂漢老獨立。"[1] 即於聖壽山崇福寺廣善庵圓寂，享年七十七歲。千呆性侒作《為立公大德掩龕》[2]，並遵照遺囑，由弟子慧明將遺骨護送至萬福寺，納骨於萬松岡"明獨立易公之塔"。隱元作《輓獨立徒》以表悼念，曰：

> 獨立徒寄居崎陽，日常注想檗山不已，奈老足所欺，不能如願。近聞歸寂，令人不勝嗟嘆，乃述伽陀二章以挽之。
>
> 世諦漚花一掃休，乘桴浮海恣優游。投師脫白離塵網，入道參玄邁眾流。歲月暗遷真可惜，死生數定豈能留。幸逢啟發開心眼，舉足便登古岸頭。
>
> 老得平常一味休，無思無慮更何求。棄儒入釋能追本，撒手歸家得自由。大道頓空諸色相，當仁不讓是良謀。蓮臺九品須親證，果熟香飄億萬州。[3]

其他尚有木菴性瑫[4]、獨吼性獅[5]、南源（良衍）性派[6]、悅山道宗[7]、月潭道澄[8]等同門輓詩憑弔。而與獨立堪稱忘年之交、夙有諸多詩文唱和的南源，基於"公之生緣出處，予頗諳其詳，故述文告之，以為死生一別"，同時撰寫了祭文，云：

1　《遺偈》，現藏於京都萬福寺。
2　吉永氏抄本《示寄獨立公法語等集》、長崎歷史文化博物館渡邊文庫"ヘ11-127"所藏古賀十二郎抄本《獨立》均有收錄。吉永注記原文出自《聖壽千呆語錄》卷四，"秉炬"，頁22。
3　平久保章編《新纂校訂隱元全集》（東京：開明書院，1979年）卷十，頁4964。
4　平久保章編《新纂校訂木菴全集》（京都：思文閣，1992年）卷七，頁3362、3493—3494。
5　收入吉永氏抄本《示寄獨立公法語等集》。吉永注記原詩出自獨吼性獅《五雲集》卷一，頁26。
6　南源性派著，道曜編《芝林集》（24卷，京都：村上勘兵衛，貞享三年、1686年，日本國立國會圖書館鶚軒文庫）卷四，頁10a。
7　收入吉永氏抄本《示寄獨立公法語等集》。吉永注記原詩出自悅山道宗《谷雲集》卷二，頁12。
8　同上注。吉永注記原詩出自月潭道澄《禪悅集》卷四。

嗚呼！公乃晉載¹安道先生之後裔也，世居會稽之山陰，繼遷杭郡之仁和。生而超卓，性復穎敏，刻志古人，博極群籍，天文性理之學，曆數醫卜之秘，靡不究其精微。既登郡鬢，徧涉江湖，三吳軒冕之士，咸知有曼公之名。此公擅才華之富，負行誼之高，故人之所以樂從也。

迨乎虜變中原，明鼎革遷，痛君父之仇莫報，嗟塵海之波日翻。狼烟四起，風鶴夜驚，乃易姓名，乘桴東出。適我黃檗老人，應化是邦法緣，際會千載一時，而公徑裂青衿，皈心座下。此公壯志不移，知儒入佛之美也。繼隨老人象駕上洛，為掌記室²，星霜六易，尋復南還，閉關幻寄。迨老人開山，太和物象一新，而公屢興省覲之懷，一皆不果。今春，尚致簡云："鯨川脩阻，老步雖艱，未敢一日忘於師恩也。"此又見公向風注念之勤也。然是年公之德臘，已登七十有七矣。予竊意公之是來，必作歸休之計。逗³至臘月朔日，接逆旅主人書，知公已於十一月六日棄世矣。⁴

強調獨立才華橫溢、涉獵廣博，於天文性理、曆數醫卜等數術方技，均能究測精微。高玄岱於獨立逝世四十六年後完成的《明獨立易禪師碑銘并序》，則推崇其師的詩文"清新自然，洗盡糟粕，不襲人語"，書法"正鋒逼古，神氣含光"，行醫則"術同道廣，治不視方，活潑施藥，闔國稱神"。

回顧獨立一生，萬曆二十四年（1596）二月十九日生於浙江省杭州府仁和縣，本名戴觀胤，字子辰。十六歲開始接觸書道。二十五歲父親去世，二十六歲遭遇杭州大火，不得不放棄誦讀，放遊西湖，另謀生計，志在閒適務農，所以改名戴笠，字曼公，別號荷鉏。三十歲，應友人要求，首次嘗試作詩，此後藻思泉湧。致力書道三十載後，四十六歲時因病而廢。四十九歲遭逢國難，帶著家人離鄉至語溪，行醫維生，前後共九年。五十八歲，隨廣東友人渡海航抵長崎，寄寓潁川入德處，結識朱舜水。翌年初春與安東省菴結為

1　載，應作"戴"字。
2　記室，意同"書記"。
3　逗，應作"迨"字。
4　南源性派《芝林集》卷二十四，頁 7a—8b。

詩友；冬末於興福寺薙髮，皈依隱元門下，法諱性易，道號獨立，別號天外一閒人、天外老人。六十歲，隨隱元遷住大阪普門寺，前後約三年三個月，認為受到無上性尊、獨知（慧林）性機、惟照道用、惟徹道徵等同門排擠打壓。六十三歲，隨隱元往赴江戶，透過五雲子尋求留在江戶的機會，未果而與同門關係急遽惡化。只好於翌年初春回到長崎，幸蒙逸然性融收留，避居興福寺幻寄山房。在此與木菴性瑫、即非如一、南源性派等建立良好關係。同時也以妙心寺竺印祖門，作為遭受不當待遇的投訴對象。同年臘月初八皈依滿五年之際，決定閉關千日以避紛擾。閉關期間收高玄岱為門徒。六十五歲起稿《書論》，闡述其長年著力書道的心得。六十六歲撰寫《千載一會》，以誌與朱舜水、安東省菴之情誼。六十七歲秋冬出關。六十八歲遭逢長崎大火，以致居無定所、生活困頓，決定重執醫業。六十九歲首度接受岩國招聘，為領主吉川父子看診。居留期間，備受禮遇。因與吉川廣嘉聊及故鄉杭州和《西湖志》一書，竟意外促成岩國錦帶橋的興建。返回長崎後，曾與小宅生順筆談。七十歲，協助即非如一於小倉福聚寺開堂。結夏期間，錯失與前往水戶藩應聘的朱舜水之最後見面機會。其後獲岩國第二度招聘，近半年居留期間，長崎奉行稻生正倫病重，奉行所曾三度發出緊急召回令，仍滯留不歸直至年後。七十一歲，五月於長崎臥病時，傳來吉川廣正去世消息；九月獲廣嘉出資興建菴室。七十二歲，獲岩國第三度招聘，參與故領主夫婦墓塔營造、祭祀等事宜。再次延誤歸期。六月回程途經佐賀，為藩主鍋島光茂之母親看診。返抵長崎當日即被告知，必須於翌日前往小倉，為藩主小笠原忠真看診。七十三歲，年初擬赴京都萬福寺探望木菴，因腳疾復發，被迫於半途折返。八月赴柳川拜訪安東省菴。十月中旬第四度赴岩國應診，新任奉行河野權右衛門派人私下轉告不得延滯逗留。十二月初，岩國領主、長州藩主先後向奉行所提出延歸申請，河野核准所請的同時，要求必須過完年後速歸。七十四歲，二月一日回到長崎，因逾期未歸、未盡呈報之責，受到河野怒斥，三月底明言停止醫業。七十五歲，自我沉潛。七十六歲，五月痛失同門摯友即非，六月為岩國《鈔存西湖志》題辭。妻子於故里逝世。七十七歲，三月底長孫自中國搭船來訪。五月中與廣嘉約定，仲秋望後往赴萬福寺時，將順道前去岩國。十月作《病中五首》。十一月六日執筆寫下《遺偈》後，病逝。

第三節　夾縫中的思想轉化

　　審視獨立的人生境遇至此,其人格特質已經相當鮮明。自幼學儒、勤練書法,二十五六歲連續遭逢喪父和火災磨難,捨儒、務農不成而學醫、廣涉數術,這是獨立為求生計的人生首次抉擇。青壯中年時期即靠著行醫餬口,同時也參與詩社等藝文活動,是"命、相、醫、卜、文章、詩學、書法、仙道,俱有實授"的醫、儒、道並行的階段。五十八歲時為逃避亂世而航赴日本,因擅長醫術而獲准居留,這是獨立人生的第二次抉擇。一年後為確保年老體衰後的生計,決定捨儒、棄醫,以歸釋為其人生的第三次抉擇。不料情況並不如意,在大阪苦於同門的排擠,到江戶另謀出路不成,不得不黯然南下長崎,隨後決定閉關,窘麼度日以遠離紛擾。出關後再次遭遇祝融之災,只得面對人生第四次抉擇,棄釋行醫以立生計。結果,醫名揚世,包含數術方技等能力,尤其受到岩國領主的肯定,物質及精神生活均因而大獲改善。這是執醫為主,兼行道、儒,偶爾參與佛事的階段。但是也因為幾度滯留岩國行醫不歸,違反規定而觸怒長崎奉行,憤而做出中止醫業的人生第五次抉擇。煎製藥材,賦詩為文,沉寂度日。其後長孫漂洋來訪,享受短暫親情,聊解長年鄉愁。但是無意返回中國故里,直到過世前,仍計劃再訪岩國,準備上黃檗山送老,然而人生的最後抉擇終究未能如願以償。

　　如此一步步躓蹭戴笠──獨立性易七十七年的人生軌跡,不難感受其面臨夢想與現實的衝突時,一再流轉於儒、釋、道、醫之間。青少年時期學經習儒、鑽研書論筆法以怡德養性;其後為謀營生而專攻醫業、涉獵道術,乃至將佛釋也納入其人生規劃之選項。境轉、念轉、心轉,基本上多以維持生計為首要考量。即使如此,儒、釋、道、醫悉皆修習,廣博涉獵的結果,倒也促使其留下浩繁的詩文、書法、篆刻等作品。

无论在待人接物、为学态度、治病施药乃至宗教信仰，独立似乎颇能权衡局势、因时因地因人而制宜，不拘泥在既有的框架中，但求于夹缝中求生存，是个典型的机会主义者。这与宁死不屈、始终坚持个人理念，甚至几近性格洁癖的朱舜水之人格特质截然不同，立身行世之价值取向迥异，似乎正是二人日后渐行渐远、终至形同陌路的症结所在。而二人在儒释的抉择分歧，其实也反映了明末清初文人雅士大规模出家，亦即所谓"逃禅"特异现象之一端。

满汉改朝换代对明遗民而言，是黄宗羲（1610—1695）口中的天崩地解，是政治经济翻盘、社会伦常等各种价值体系骤变扭曲的失序时代。不甘仿效多数普罗大众成为顺民的孤臣孽子中，有如张煌言（1620—1664）、史可法（1601—1645）拥立共主，力图挽狂澜于既倒；有如朱舜水海外乞师，蹲踞待起以至亡命天涯，最后弘扬"前期水户学"于东瀛；有如王铎（1592—1652）醉生梦死，寄情书艺；亦有如觉浪道盛（1592—1659）、方以智（1611—1671）遁入空门，期以学术救国者。廖肇亨于《天崩地解与儒佛之争：明清之际逃禅遗民价值系统的冲突与融合》一文中指出："在明遗民种种人生抉择当中，一个极明显、也极不易为后人理解的现象，便是士人大规模出家此一文化现象，例称遗民逃禅。"而出家"同时具有隐遁与抗议政治现实的双重含意，于是成为明清之际的士人面对政治非常变局时的习惯反应之一"。[1] 由于动机、行世修为之不同，"逃禅遗民"这个统称其实衍生出相当多样的形态，而检视的向度不同，加诸其身的评价与定位自然也呈现异趣。

在如此的时空背景下，独立先是逃避至日本，随后又逃禅入黄檗宗。黄檗宗所形成的黄檗文化在德川社会是相当受重视的，这与当时实施"寺社请领制度"以及严禁洋教息息相关。十七世纪初期，中国商人不断前往长崎从事经贸活动，为了证明自身并非西洋教徒，纷纷依据出身地缘关系兴建"唐寺"以表归属，诸如兴福寺（三江，1624年）、福济寺（漳、泉州，1628

---

[1] 廖肇亨《天崩地解与儒佛之争：明清之际逃禅遗民价值系统的冲突与融合》，收入香港浸会大学编《人文中国学报》（上海：上海古籍出版社，2007年）第13期，页409—455。"逃禅遗民"相关研究另可参阅廖肇亨《明末清初遗民逃禅之风研究》，台湾大学中国文学研究所硕士学位论文，1993年；何冠彪《生与死：明季士大夫的抉择》（台北：联经出版事业公司，1997年）；谢仁真《试论明末清初遗民儒学中的伦理挣扎》，发表于台湾华梵大学"儒家伦理学之反思"学术研讨会，2006年。

年)、崇福寺(福州,1629年)等。這些唐寺具備庇佑航海安全、仲裁貿易糾紛、祭祀、喪儀法要、語言溝通、資訊交流以及敦親睦鄰等多重功能,也是日本人接觸明清文化的重要平臺之一。尤其在隱元赴日開堂弘法之後,追隨的黃檗禪僧多能兼備琴、棋、詩、畫、書、篆刻等藝文修養,有所謂"黃檗三筆"讚譽隱元、木菴、即非的書蹟,或者"六長所"稱頌隱元的德、木菴的道、即非的禪、南源的詩、悅山的書、逸然的畫。黃檗僧成為嚮往中華文化的文人、武士爭相學習的對象,進而使得相關寺院成為文化傳播的重要據點。[1] 獨立的詩軸墨寶也隨之水漲船高,成為藏家收集的對象。賣字取財的謠言,自是由此傳開。

獨立的定位應該如何評斷?從《書論》的《自跋》云"於時復有小人,承歡眾意,從中極口詆予醫學。余笑曰:我儒也。偶避氈穢,放觀釋憒,以至日本偶成寓跡,以至披衣求出世也",可以看出他給自己的定位是一介儒士;"且予之[2]醫學,親得隔垣見臆之傳。……醫書藏本揷架,從此道究心三十餘載,豈一方、一藥、一醫學,入門為工而已耶",對於自己在醫術上的鑽研也深具信心;而基於"以出世心求出世行,何物自秘而不可公諸世耶"之理念,撰寫《書論》,"自一紀聖賢始作之因,并予所聞所見,出之師承者,為公同好云",顯示其在書道上的自我評價甚高。因此,儒士、醫者、書家是獨立對自己的定位。

而從《東矣吟》《一峰雙詠 附西湖感懷草》等詩集,《獨立禪師寶帖》《書論》《臨池述意》等書道相關著作來看,應不愧有詩人、書家的稱號。再者,就長崎奉行稻生正倫病重,奉行所曾連下三道緊急召回令;除岩國吉川領主以外,佐賀藩主、小倉藩主、荻藩主、久留米藩主等尊貴人士都爭相要求往診的事實研判,擠身名醫之列當屬無疑。因此,詩人、書家、名醫是筆者對獨立學藝、醫術的肯定。至於儒學造詣,則誠如小宅生順的見解,似乎遠遠不及朱舜水。不過為避免流於筆者自說自話,有待獨立詩文全面公開後,再進行相關論述。

---

[1] 錦織亮介《黃檗禪林の絵画》(東京:中央公論美術出版,2006年),頁290—291。

[2] "之"字,點去。

代結語　一腳踏破虛空，乃得遺形天地

　　本章藉由中日兩地典籍文獻，以及戴笠 — 獨立性易留在日本的史料，考察其生平，同時解析《有譙別緒自剡分宗》三種抄本的相關問題。進而釐清出現於中日文獻、先行研究中的戴笠同名異人問題，依據考究"杭州戴笠曼公"與"吳江戴笠耘野"之事蹟被混為一談的經緯，證明兩戴笠都曾經是"鷲隱詩社"成員。最後得到的結論是：朱彝尊《明詩綜》《靜志居詩話》中的"更字耘野，又字曼公"之誤記，是引發一連串張冠李戴問題的導火線。而爾後參考朱彝尊文章的相關論述，則皆因未能詳加考證，造成以訛傳訛的結果。

　　論述戴笠 — 獨立性易的方法，除了檢討相關先行研究的內涵、論點，以及普遍存在的史料解讀訛誤問題之外，隨著戴笠 — 獨立性易在日本的足跡，筆者跑遍長崎、福岡、小倉、岩國、大阪、京都、東京、埼玉等地，搜得其散存於各地的諸多詩稿翰墨，歷時約四年之久。在起稿、釋文解讀之後，嘗試透過這些詩文的內容，瞭解從戴笠到獨立性易，其間轉換人生跑道的動機與歷程，希望能鮮明呈現其東渡日本後的生活實態，進而具體勾勒出人物圖像。

　　筆者追循其生涯軌跡，主要根據戴笠在中國時的"鄉里營生時期"（1596—1653）、初至日本後的"尋求出路時期"（1653—1654），皈依成獨立性易後的"侍僧時期"（1654—1658）、"閉關時期"（1659—1662）、"行醫時期"（1663—1672）等各階段的作品進行析論。從早稻田大學所藏《獨立禪師寶帖》和日本國立公文書館所藏《東矣吟》中的《自紀》，探討戴笠漂洋渡日的動機以及心境；從與小宅生順的筆談內容，檢視其赴日經過和出家因素。從萬福寺文華殿所藏吉永氏抄本《戴曼公獨立書簡集（一）》，分析其向妙心寺竺印祖門投訴的內容，瞭解無上性尊、獨知性機、惟照道用、惟徹道徵等同門施予的所謂不當待遇之具體事由,評斷前因後果以及背後蘊含的意義。另外就"江西五雲子"居間運作,試圖促成其居留江戶一事的來龍去脈,詳加檢視。結果得以根據史料,釐清事實真相。諸如受松平信綱賞識,曾客住平林寺等相關論述的多項訛誤,經逐一舉證辨析後,提出修正的見解。

接著從獨立致朱舜水函,瞭解其南下長崎閉關前後的生活景況。從桂芳樹的研究成果以及吉川史料館所藏《明朝遺臣天間獨立書牘》,考察岩國招聘始末與其間的經歷。藉由《唐通事會所日錄》的記載、鈴木康子的研究成果,檢視長崎奉行河野權右衛門的人物像,並闡述河野與獨立的衝突所在。最後,揭示南源性派的祭文、高玄岱的《明獨立易禪師碑銘并序》,綜述獨立摯友、愛徒對其一生的總評。

獨立近六年的行醫生涯,除了四次往返岩國外,幾乎走遍了日本九州北部,換算成直線距離共移動了五千多公里。如果加上 1655 年至 1658 年隨隱元僧眾遠赴江戶之行程,行腳距離居然長達八千公里。六七十歲高齡又有腳疾的老者,在三百五十年前的交通狀況下,如此過人的行動力與毅力,著實令人欽佩讚嘆!

獨立一生困頓、顛沛流離,迫於情勢,在儒、釋、道、醫之間游走,做了一次又一次的轉折。其思維對於涇渭分明、習慣以各種界限劃分自我他者的人而言,恐怕是難以理解,並且多數傾向給予負面評價。不過所謂境轉、心轉、念轉,是試圖突破瓶頸、在逆境中尋求新天地的努力,也總是隱含著柳暗花明又一村的期待。誠如其《東矣吟》之序文所表達的,身處異國,有口如瘖,有耳如聾,縱有滿腹學識、理想、悲悵、憤懣、思念,亦無可向人言,無可索人解聊。在這種處境之下,以詩寄情、以文會友,自然是最佳出口。

獨立因而留下許多書簡、詩軸墨寶以及金石篆刻。然而,除了日本京都國立博物館、長崎歷史文化博物館、柳川古文書館有展示若干收藏品;岩國徵古館、平林寺出版之圖錄,以及《近世禪林墨蹟》《書道全集》等書法專書略有介紹以外,絕大多數的作品尚未能公之於世。筆者全力搜集相關文獻史料,業已完成解讀,並出版《天閒老人獨立性易全集》上下冊(2015),以饗同好。期待全面披露之後,能促進學界對於獨立學藝精義的探究,讓中日文化交流的史例更添一章。

第九章

《本朝通鑑》及《大日本史》史觀演化

前　言

　　日本人編撰歷史書可以追溯到他們關注中國或朝鮮對日本或日本人的記載事項，以對外交涉史的視野來考察日本的外國史傳。例如京都儒醫松下見林（1637—1703）的《異稱日本傳》[1]、國學者本居宣長（1730—1801）的《馭戎慨言》[2]（寬政八年、1796）、伴信友的《中外經緯傳》[3]，以及水戶彰考館的儒學者小宮山楓軒（1764—1840）根據日本史書整理外國人事跡編纂的《西州投化記》（寬政六年、1794）等。這些對外交涉的歷史書，自古代至近世，涵蓋對邪馬台國、倭五王、九州博多志賀島出土金印、神功皇后三韓進出、遣隋使、遣唐使、元寇、倭寇等史蹟的記載。

　　日本的史書編纂，古代即有《日本書紀》《續日本紀》《日本後紀》《續日本後紀》《日本文德天皇實錄》《日本三代實錄》等六國史，中世紀則有《吾妻鏡》[4]等史書，而這些歷史書多是為支持特定的政治勢力而寫。日本真正貫通歷史的史書，最早為出現在德川前期的《本朝通鑑》，它是江戶幕府命令的官撰歷史書。還有延寶九年（1681）山鹿素行（1622—1685）編纂的《中朝事實》以及水戶藩德川光圀（1628—1700）自1657年開始編纂的

---

[1]　《異稱日本傳》是元祿三年（1693）出版的一部彙編作品，共三卷十五冊，將散見於中國書籍中關於日本的記載彙編而成。

[2]　《馭戎慨言》計二卷四冊，敘述自日本古代及豐臣秀吉出兵朝鮮的外交史。

[3]　《中外經緯傳》是天保九年（1838）由伴信友撰寫，共六卷，收錄在《伴信友全集》第三卷。其中提到日本在1592年的萬曆援朝之平壤戰役中的軍力及兵器。這則史料雖然誇大了日本的出兵人數，但基礎的軍事武器卻少有造假，在其他的史料中也能得到印證。

[4]　《吾妻鏡》，又稱《東鑑》，是編年體史書，"吾妻"是日本關東地方的總稱。全書五十二卷（缺第四十五卷）。記載始於1180年，以仁王的令旨傳至伊豆的北條館，終於1266年，主要內容涵蓋治承‧壽永之亂與平氏政權的滅亡、鎌倉幕府的成立、承久之亂、執政之始。全書以編年體記述、如日記的文體，是變體漢文的一種，也稱為"吾妻鏡體"。

《大日本史》[1]。這三類史書都是在鎖國時期東亞國際的華夷思想及歐洲諸國東漸的壓力下，重新審視日本歷史的產物。

本章以《本朝通鑑》及《大日本史》的編纂背景與內容為視野，探討兩種史書的史觀演變及為政者的儒教受容之異同、人倫主義之內涵，進而從武家政治到文治政治的社會轉換與動向，論析兩部史書對南北朝正統論的經緯與異同及其與日本近代化、明治維新的關聯性。

第一節 《本朝編年錄》《本朝通鑑》編修的緣起與背景

《本朝通鑑》的編纂可上溯到慶長九年（1604）藤原惺窩（1561—1619）與林羅山（1583—1657）的對談，間接影響了林羅山編纂史書的動機。林羅山十七歲開始立志學朱子學，傾讀《史記》《漢書》《後漢書》，更熟讀《通鑑綱目》，且身受其歷史觀、正統論之影響。他效仿朱熹（1130—1200），為日本著成《國朝綱目》。五十歲之後的林羅山再熟讀《資治通鑑》，理解《綱目》以朱子學的立場批判《通鑑》之經緯，其焦點圍繞在正統論、正閏論的相關問題上。

《本朝通鑑》初名為《本朝編年錄》。關於《本朝通鑑》的名稱，林鵞峰（春勝、春齋，1618—1680）提及："寬文甲辰（1664）之秋，今大君幕下，命僕修續篇，而並先人所編，賜名《本朝通鑑》。"[2] 原為效仿中國宋代史書《資治通鑑》及朝鮮的《東國通鑑》而更改為《本朝通鑑》。林羅山的《本朝編年錄》起草自寬永二十一年（1644）至寬文十年（1670），除了參照《舊事記》《古事記》《日本書紀》之外，還參酌公家的日記、野史、和歌及中國史書記載的日本事蹟，達七十餘種資料。可惜《本朝編年錄》於明曆三年（1657）的大火中

1　同屬御三家的尾張藩主德川義直（1600—1650）也根據菅原道真（845—903）的《類聚國史》編纂了一部《類聚日本紀》。

2　林鵞峰《本朝通鑑》（東京：日本國立國會圖書館所藏，1920 年），首卷，頁 5。

燒毀。[1]寬文二年（1662）十月之後，經由林守勝[2]、林鵞峰、林春信等官學三代執筆，[3]寬文三年（1663）八月，幕府老中（大名家臣擔任要職者）的聯署奉書下達了幕府的許可，於上野忍岡[4]的林邸啟開了自神武天皇至持統天皇的編年錄編纂。日本並無延喜年以後的正史，史料收集等編史事業停滯了許久，林鵞峰曾說："延喜以來至冷泉帝，則國政多是出藤氏（藤原氏族）；自後三條帝至近衛帝，則多是太上皇之政也。保元以後政權移於武家，此是國家之變，操筆者不可不知焉！"[5]提示往後的日本，政權會由朝廷轉向幕府。因此，寬文四年（1664），編史之初，林鵞峰即向老中酒井忠清（1624—1681）請求收集古記錄等必要的援助。同年七月，大名永井尚庸（伊賀守，1631—1677）被任命為編輯奉行，奉命提出諸大名、朝廷、寺社等所藏的各種記錄。同年八月，由幕府編列預算，決定在林邸建造國史館（弘文院）作為編纂場所。全書於寬文十年（1670）完成，除了向將軍家呈送稿本（中書本）之外，定稿（清書本）收藏於"紅葉山文庫"[6]及日光東照宮。又，《本朝通鑑》共抄寫五部，除上述三部外，另有足立學校及林家藏本。當時的國史館又稱"弘文院"，有其歷史背景，"弘文院"原為平安朝時代的大學別名，主

---

1 林羅山奉幕府命令編纂的《本朝編年錄》（記述神武天皇至宇多天皇，但年代不詳，推測是擔任家康官職時期完成。之後由林鵞峰增修作為《本朝通鑑》正編），詳請參考安川實《本朝編年錄の研究》，《歷史教育》第10號（1962年），後收錄在安川實《本朝通鑑の研究 — 林家史學の展開とその影響》（東京：言叢社，1980年）。調查研究認為是已燒毀的內閣文庫草稿藏本，發現林羅山《本朝編年錄》的內容，與林鵞峰修改的《本朝通鑑》正編，非同一版本，且林羅山在神武至宇多的記述幾乎照著六國史等的記述。

2 林守勝，林羅山之四男，林鵞峰的弟弟，又號讀耕斋，為江戶前期儒學家。正保三年（1646）成為幕府的儒官，創立第二林家。著作有《讀耕先生全集》。

3 林鵞峰擔任總編輯之外，長男梅洞（二十二歲）、次男鳳岡（二十一歲）、林羅山門人且與朱舜水深交的人見竹洞（1637—1696）以及儒者坂井伯元（1630—1703）等四人分擔不同時代的執筆，下設諸生、侍史、筆吏等編輯員，再下設十四名備書，總計編輯成員達三十人之多，皆由幕府支薪。詳見揖斐高《林家の危機 — 林鵞峰と息子梅洞》，《成蹊國文》第48號（2015年），頁5。

4 上野山在日本戰國時代時被稱為"忍岡"，原是江戶城裡人口較少的地區。1603年，德川幕府建立之際，忍岡是旁系諸侯藤堂高虎的宅邸，德川將軍修建為寬永寺，在神社、寺院的門前設立門前町。又因此地與藤堂家領地伊賀國上野的地形相似，寬永寺附近被改稱為"上野"。由於寬永寺是歷代將軍墓地所在，因此門前町的上野備受德川幕府的保護。

5 《本朝通鑑》編輯方針是林鵞峰在1664年十一月朔日所作，見林鵞峰《國史館記並條例》。

6 德川時代，幕府在江戶城內紅葉山設置的藏書文庫。源起德川家康於慶長七年（1602）六月在城內富士見亭收藏的古今漢籍、和書、古記錄，又稱"駿河御文庫本"。明治之後改稱"紅葉山文庫"，持續典藏歷代將軍的重要藏書，現為內閣文庫的一部分。

要在向朝廷宣示幕府的權威。林鵞峰在 1663 年講授五經之後獲得"弘文院學士"[1]的稱號,此後順利繼承其父林羅山統領日本儒教政策發展的身份,進而明示他在朝廷公家的領導地位,之後林家即以"大學頭"的身份掌管了湯島聖堂。[2]古代唐朝在門下省早就設有"弘文院"從事史書的編纂,林家沿用這個稱謂,有跡可循。

《本朝通鑑》內含提要三十卷、附錄五卷、前編三卷(神代)、正編四十卷(神武天皇—宇多天皇)、續編二百三十卷(醍醐天皇—後陽成天皇)、《國史館日錄》十八卷,全三百二十六卷,歷時二十六年完成。全書為抄本,並無印刷本問世。《本朝通鑑》,至宇多天皇(867—931)時代稱為《本朝通鑑》,之後稱為《續本朝通鑑》,終於後陽成天皇(1586—1611 在位),總稱《本朝通鑑》。

坂本太郎指出《本朝通鑑》是日本萌芽期的歷史,修史事業與歷史觀、思想有著密不可分的關係,日本學術界自 20 世紀 60 年代以降,開始研究《本朝編年錄》及《本朝通鑑》的內涵,認為林家父子在思想上有所不同。[3]《本朝通鑑》要各級武士與人民向被盛譽為"神君""大君"的德川家康政權盡忠。[4]因此,《本朝通鑑》也是幕府企圖用以政治宣傳的歷史書。當時的幕府老中阿倍忠秋(1602—1675)曾說,若此書"成於當世,則大君之美之譽也"[5]。實際上,《本朝通鑑》的編纂工作始終受到幕府決策群的關切,不但

---

[1] 有關日本的弘文院學士,請參照高橋章則《弘文院学士の成立と林鵞峰》,《東北大學日本語學科論集》第 1 卷(1991 年),頁 147—159。

[2] 湯島聖堂是林羅山於寬永九年(1632)在上野忍岡創設的孔子廟,現位於東京文京區,元祿年間由幕府第五代將軍德川綱吉下令遷移,之後一直延續至今。湯島聖堂在明治時期曾作為學校、議院與教育博物館之用,但在大正十二年(1923)關東大地震時,木造大門與正殿均遭燒毀。昭和九年(1934)由日本著名的建築家伊東忠太,以鋼筋混凝土仿木構造重建,入口取名"入德門",本體由"仰高門""杏壇門""大成殿"及"東西廡"組成,與一般中國傳統的孔子廟空間類同,而庭園中更立有孔子雕像,聖堂立有"日本學校教育發祥地"的石碑。

[3] 藤實久美子《"本朝通鑑"編修と史料収集:対朝廷・武家の場合》,《史料館研究紀要》第 30 號(1999 年),頁 116。

[4] 坂本太郎《日本の修史と史学(日本歷史新書)》(東京:至文堂,1966 年),頁 158。

[5] 林鵞峰《寬文二年(1662)十月三日條》,《國史館日錄》卷一,抄本(東京:日本國立公文書館內閣文庫所藏),請求記號 862-127,コマ 5。

派出官吏監督編寫,老中們也時常過問,經常到史館取走稿本審閱。[1]

一、林鵞峰與德川光圀對史書編纂理念的異同

在《本朝通鑑》籌劃編纂期間,鵞峰與光圀之間屢屢針對編輯方針交換意見,《國史館日錄》寬文甲辰年(1664)十一月二十八日有幾則相關記事,限於篇幅,以下僅就幾項關鍵的對話進行分析:

(一)

余以兼約,故赴水戶參議(光圀)邸,及秉燭詣參議(中略)。參議曰:今度通鑑編為國為家為後世,文物盛時何以加之。珍重!珍重!其編輯之趣如何?余具陳之。參議曰:通鑑之名固重,伊賀守頗志文字之效也。余曰:此非所望,執政窺台命決之,然其發言者,伊賀守志也。然世人或以溫公、文公之例,於我輩為太過,余於馬、朱二公不可企望焉。然元、明之間所修稱通鑑者多,且朝鮮亦有通鑑,彼等何必以馬、朱二公自比乎!唯是當時相應之,才傚先輩,例記實事則善惡自知,以為勸懲,則此亦通鑑而已。[2]

這裡多處出現的"伊賀守"即前述的大名永井尚庸,他被任命為《本朝通鑑》的編輯奉行,舉凡過去中國、朝鮮已經編纂的通鑑,都在他們討論、參考之列。

(二)

然凡稱《通鑑》者,文段有議論,此度不有教命則不加議論,非無遺恨。然編修功成則傚胡氏管見之例,聊擬范氏《唐鑑》之例,表出件件,雖議論之亦不為難乎。參議曰:然抑安德西狩之後,正統猶在安德乎!然平氏之所立則以在洛帝為正統乎!後醍醐不傳位,高時立光嚴,尊氏立光明,此等之所孰以為正統乎!余(鵞峰)曰:此是本朝之大事,然非微意,先父曾於大友・天武事亦有所

---

[1] 《本朝通鑑》編寫期間,幕府派官員松信重監之,見林鵞峰《國史館記並條例》。有關老中們經常過問並隨時將稿本取之閱讀的記錄,散見於林鵞峰的《國史館日錄》中。如寬文八年(1668)十一月二十九日、同年十二月二日以及十二月三日,幕府老中前後到史館詢問進度並閱讀原稿。

[2] 林鵞峰《寬文四年(1664)十一月二十八日條》,《國史館日錄》卷一,抄本(東京:日本國立公文書館內閣文庫所藏),請求記號862-127,コマ63。

> 思，然上覽之書非無遠慮，故以大友不為帝，唯不準叛臣之例，亦馬子弒逆，厩戶不逃其罪，先父想可記，厩戶弒天皇，其事見文集，然於上覽之書則不能如意。今於某亦然，曾私修治承以來百餘年之事，於安德未崩之時，繫正統於此，分註記元歷年號，若夫於吉野事則未決考，帝統二流之本則光嚴・光明為嫡，後醍醐為庶，然光嚴・光明即位出賊臣之意則熟思以定之。[1]

"胡氏管見"指的是《讀史管見》，[2] "范氏《唐鑑》"指的是范祖禹的《唐鑑》，這些中國史書的編纂模式，都在當時仿效的參考之列。參議是指光圀，他點出日本的北朝、南朝何者為正統，是編史的重點，當然是《本朝通鑑》編纂會談的大事。光圀詢問過鵞峰如何在編史時，處理安德天皇（1178—1185）及後鳥羽天皇（1180—1239）東西兩立及南北二朝共存的相關問題。針對光圀的提問，鵞峰並非沒有考慮過，述及先父羅山曾經思考過大友與天武（壬申之亂）之事，但考慮到史書乃進獻將軍的上覽之書而無法將大友視為天皇或叛臣。至於安德天皇與後鳥羽天皇的問題，鵞峰曾私修自源賴朝舉兵以來百餘年之事，將安德未崩之前視為正統，後鳥羽則以元歷為年號，分別注記。鵞峰也提及光嚴、光明兩帝為嫡流，但皆以賊臣的意圖即位，後醍醐為庶流，表示會好好思考再做決定。從《本朝通鑑》的首卷觀之，鵞峰重後鳥羽天皇，稱之為"新帝"，而輕安德天皇，稱之為"先帝"，原因是支持安德天皇的平氏被源氏打敗，傾向以北朝為正統，是皇統移往北朝系統之故。[3]

（三）

> 馬公以曹魏為正統，其論世儒以為不正，然今所修妄以當時帝王之祖為僭，以南朝為正，則書出之後未知朝議以為奈何，是非公命則所難私議也。若夫國老執政如君侯（光圀），知倭漢先例則

---

[1] 林鵞峰《寬文四年（1664）十一月二十八日項下》，《國史館日錄》卷一，抄本（東京：日本國立公文書館內閣文庫所藏），請求記號 862-127，コマ 64。

[2] 《資治通鑑綱目》是朱熹和其門人共同編纂的中國傳統史書（後文稱《通鑑綱目》），它結合《春秋》經傳與編年體的"綱目體"史書形式。《通鑑綱目》卷一到卷三十五以胡寅史評論贊為研究對象（亦即"胡氏曰"之下的史評文字），分析《通鑑綱目》是如何透過重新揀擇、剪裁、組織胡寅的《讀史管見》，展現一個理學家所欲追求的意義世界。

[3] 武田祐樹《林家の学術と歴史書の編纂》，《国際日本文学研究集會會議錄》（東京：国文学研究資料館，2014年），頁7、13。

余亦可開口，今以如此事妄與權臣議，則此度編修半塗廢亦不可知也。某自年少好倭朝事，而世人所不知者非無所發開，今幸承此命，欲使七百年來之治亂興廢以著于後世，故聊記事實以傚《通鑑》之體，於筆誅謹嚴之事則未能太快。然書成而如君侯之人見之，則或夫知某所有微意乎！參議完爾！又告曰：近世事者直書則有障，曲筆則有意者嘲之，不如與伊賀守議而留筆於百餘年以前而可也。余對曰：官議決以後陽成讓位為限，則今難辭焉！且當時事嫌憚亦非無先例，唯記實事則必無妨乎！參議默然！……參議曰：本朝文粹所載者，雖記於《通鑑》可也。續文粹以後稍劣，用捨而可也。[1]

鵝峰說明司馬光以曹操之魏為正統，但世間儒者並不認同其史觀。現今編纂史書若妄以當今天皇的祖先（北朝）為偽，而以南朝為正統，此史書問世之後未知朝議會是如何。私議有其難處，建議此事必須公議。復說明自己承命編纂七百年來治亂興廢的修史工作，會仿效《通鑑》的體裁，多少會根據史實編纂，至於道德上嚴格筆誅之事則尚未考慮。整編問答隨處可見鵝峰在乎且受制於老中、執政等干涉修史的無奈。羅山、鵝峰父子之所以無法明確地倡議南朝正統論，是因為無法找出其理論依據的必然性。

針對此事，雙方的對談持續了好幾年，《國史館日錄》[寬文九年(1669)五月七日]仍可找到如下記載："相公在焉。先進膳，而談《本朝通鑑》之事，疑問數條，聊辯解之。相公快然。其餘或及漢朝歷代事，論高祖光武優劣，或辯曹操劉備正偽，或議韓、柳、宋元明文章，或談本朝神道佛者事，或竊及當時事。其中有相合者，或有執拗者，是此公之癖也。"足見二人的史觀是有所不同的。

《本朝通鑑》卷一三二，自後醍醐天皇（1288—1339）逝世，曆應三年（1340）開始寫起，述及視北朝為正統的內容如下：

> 按後醍醐帝延元元年遷幸吉野。自是有南朝、南帝之稱。然後醍醐無讓位之儀。光明帝為尊氏被立。則終後醍醐之世，乃帝

---

[1] 林鵝峰《寬文四年（1664）十一月二十八日項下》，《國史館日錄》卷一，抄本（東京：日本國立公文書館內閣文庫所藏），請求記號862-127，コマ64。

統之正可在吉野。至後村上則不可無都鄙之辨，況北帝運傳至今日哉。故至此，以北朝為止，附南朝於其間。

後醍醐天皇（1288—1339）為實現皇權的統一，歷經多次倒幕運動，被稱為日本歷史上最剛毅不屈的倒幕天皇。他在鎌倉幕府結束後實施"建武新政"，由於足利尊氏的反叛而南狩大和吉野，建立南朝政權（又稱吉野朝廷），成為南朝第一任天皇，但他並未讓位給足利尊氏支持的光明天皇，因此可說成正統的天皇仍在吉野。後村上天皇（1328—1368）[1]繼任南朝第二任天皇之後，歷史上對其正統性即有不同的詮釋，在現實面，南朝屬於地方政權，但北朝仍然統治全國。有鑑於此，《本朝通鑑》以後醍醐天皇一代為正統，之後即以北朝為正統，成為"兩統"併記的歷史書。

二、《本朝通鑑》採用"吳太伯論"的真相

第四代將軍德川家綱（1641—1680）於寬文十年（1670）六月十二日就任之際，將御三家的水戶光圀、紀伊（今和歌山）光貞、尾張（今名古屋）綱誠等諸侯召進將軍府，討論正史並無記載之日本的國祖吳太伯是否為神武天皇的相關問題。根據北畠親房（1293—1354）的《神皇正統記》（1343），太伯為日本祖先之說，在應神天皇時隨《晉書》傳入。[2]林羅山、林鵞峰父子肯定"吳太伯論"雖是事實，但這僅止於個人意見，從結果看來，幕府的修史事業並未採用"吳太伯論"。林羅山述及："聞太伯可謂至德，則仲尼之語也。後世執簡者，以為本邦為其苗裔，俗所稱東海姬氏國之類，何其誕哉！本邦元是神靈之國也。何故妄取而為祖乎！（原漢文）。"[3]換言之，德川時代的知識分子大部分只接受太伯是中國聖人，不相信他與神靈之國或日本皇室有任何關係。林家的"吳太伯論"引起其他儒學及史家派系的不滿，確是一個事實。其中以兵學家山鹿素行（1622—1685）反對最為強烈，他說："如佛教

1　後村上天皇為日本第九十七代天皇，也是南朝第二任天皇。初名義良，後改憲良。他是後醍醐天皇的第七皇子，為阿野廉子所生。明治四十四年（1911），日本政府確認南朝朝廷系統的天皇為正統，後村上天皇被當作日本歷史上的第九十七代天皇。
2　北畠親房著，佐藤仁之助校訂《新註神皇正統記》（東京：青山堂書房，1927 年），頁 45—46。
3　林羅山《太伯》，收入京都史蹟會編《林羅山文集》（東京：ぺりかん社，1979 年），卷三十六，頁 408。

者，徹上徹下，悉異教也。……天下終息染不如其異教，牽合附會以神聖為佛之垂跡，猶腐儒以太伯為祖。"[1]他認為以太伯為日本神武天皇者是"腐儒"的行為。此外，崎門及水戶學派的反應亦為強烈。山崎闇齋（1618—1682）及其崎門學派歌頌太伯的德行，但否定他與日本皇室的關聯性。[2]針對吳太伯與日本神武天皇的關聯性問題，水戶學派的藤田東湖（1806—1855）亦提及德川光圀有如下看法：

> 公（光圀）嘗與尾（尾張）、紀（紀伊）二公在幕府，適有撰一史請刊行者，公繙閱，至於以吳太伯為神州始祖，大駭曰："此說出於異邦附會之妄，我正史所無。昔後醍醐帝時，有一妖僧倡斯說，詔焚其書。方今文明之世，豈可使有此怪事，宜命速削之。"二公左袒其議，遂停刊行。（原漢文）[3]

德川光圀認為幕府編纂的《本朝通鑑》採諸多無稽之說，若普及於天下，將貽誤萬代，史書的刊行則成為德川將軍家之恥，此國醜將流傳異國，[4]當著林鵞峰及諸多幕臣面，指出編輯內容有誤，建議修正。林鵞峰在寬文九年（1669）《本朝通鑑》神代紀跋文亦提及："若夫少康，泰伯之事，則異域之所傳稱，今不取焉！"[5]否定了"吳太伯論"。相對於此，內藤燦聚、內藤耻叟、栗田寬、木村正辭等學者認為是德川光圀批判了"吳太伯論"，《本朝通鑑》才將之刪除。吳偉明指出："吳太伯在德川日本的地位特殊，不但被接納為中國古代聖人，部分日本人甚至認為他是日本皇室的祖先。這種與中國不同的價值取向正反映吳太伯傳說是在日本風土下發展及挪用的論述，而非原封不動從中國輸入的外來文化。"[6]認為"'吳太伯論'的本質，發現不論支持或否定日本太伯傳說的人，其實均利用此論述肯定作為日本人的身份認同，充滿強

---

[1] 山鹿素行《中朝事實》，收入廣瀨豐編《山鹿素行全集》（東京：岩波書店，1941年），卷十三《附錄・或疑》，頁370。

[2] 吳偉明《日本德川前期吳太伯論的思想史意義》，《新史學》第二十五卷第三期，2014年9月，頁156。

[3] 藤田東湖《弘道館記述義》，收入菊池謙二郎編《東湖全集》（東京：博文館，1941年），頁175—176。

[4] 村上元三《水戶光圀》（東京：學陽書房，2000年），中卷，頁215—216。

[5] 林鵞峰《本朝通鑑》（東京：日本國立國會圖書館所藏，1920年），卷三，頁45。

[6] 吳偉明《日本德川前期吳太伯論的思想史意義》，頁146。

烈的自國本位主義色彩"[1]。呂玉新則指出："林家編纂《本朝通鑑》另有一個重要目的，即要讓它成為各級武士習儒的範本，主要在培養武士忠君盡責的精神，在編寫綱領中，顯現了他們的儒學觀點。《本朝通鑑》對於神教和京都朝廷曾當作國教的佛教，對於神社、寺廟等諸事，不予重視，能略則略。"[2]

張崑將則指出："以吳泰伯為神武天皇之始，最早不是儒學者，反而是佛學者，而且以後陸續有私家修史者一直以吳泰伯為日本之神武天皇。提及僧人中巖圓月（1300—1375）曾修《日本紀》（《日本書紀》），觸犯日本神國禁忌而被燒毀，引發日本學術界探討中國至德之人取代神武天皇的修史事件，認為此事若為真則喪失日本文化的主體性，是難以發生的事情。"[3]《本朝通鑑》完成後，林鵝峰說明："余曰中華《通鑑》名聞於世，朝鮮亦有《東通鑑》，則我國之史，稱通鑑而可也，先父謙而假稱《編年錄》，今若官議決而稱通鑑，則先父之志也。"[4]完成了林羅山生前的遺志。這部編年史在修史體例、修史文字、武家權力變遷的史觀、史論等方面，為後世日本史學的發展提供了參考借鑑，是德川時代官方修史中最具影響力的編年體通史，亦是引導近世日本史學由萌芽走向繁榮的經典史書。

林鵝峰在《本朝通鑑》完成後十年，延寶八年（1680），六十三歲病逝。林家第三代林鳳岡（春常、信篤，1645—1732），三十七歲繼承"家督"，並任大藏卿法印、弘文院學士。受到第五代將軍德川綱吉（1646—1709）的信任，元祿四年（1691）四十八歲接受"大學頭"之職，進而擴充湯島聖堂及上野忍岡的家塾，綱吉令他為殿中諸士講授儒學。第八代將軍德川吉宗（1684—1751）繼位後，林鳳岡再度受到信任，參與幕府文書行政，並負責接待朝鮮通信使。

---

[1] 吳偉明《日本德川前期吳太伯論的思想史意義》，頁146。

[2] 呂玉新《政體、文明、族群之辯：德川日本思想史》（香港：中文大學出版社，2017年），頁72—73。如林鵝峰在編史條例（共十條）中指出："一、執柄並諸廷臣行實，據事直書，則其跡之善惡自見焉。善以可勸，惡以可懲者，雖小官可置焉。……一、學校之興廢並儒家之博覽文藝詩才，及達倭歌者可載之。忠臣、孝子、貞女，雖微賤不可漏焉。一、神社、佛閣之經營及僧徒之事，其大者載之，其小者可略之。"

[3] 張崑將《日本德川時代神儒兼攝學者對"神道""儒道"的解釋特色》，《臺大文史哲學報》第58期（2003年），頁153。

[4] 林鵝峰《寬文四年（1664）十月十九日條》，《國史館日錄》卷一，抄本（東京：日本國立公文書館內閣文庫所藏），請求記號862-127，コマ11。

第二節 《本朝通鑑》儒教思想的內涵

眾所周知,《古書記》《日本書紀》均記載儒家思想約在五世紀初即傳入日本,百濟人王仁更早於應神天皇十六年(285)即將《論語》及《千字文》帶入日本。對日本而言,儒教思想原本是外來文化,與傳統的神道文化互有排他性,但中世紀以降,兩種文化磨合的結果,產生了和平共存的意識形態,進而出現了"和魂漢才"的概念,而儒教思想在日本的發展也隨著時代的變遷產生了質變。尤其在1185年鎌倉幕府成立之後,日本由於武士階層的崛起而儒學的政治倫理獲得了極大的發展,中國傳統的儒學強調長幼尊卑、忠誠服從的社會秩序,成為幕府大將軍鞏固自己政權,設定階級統治制度的翻版,到了德川時代更將朱子學列為國家學問的官方哲學,前述藤原惺窩及林羅山師徒即是扮演日本儒學發展承先啟後的重要推手。

藤原惺窩曾以宋明理學的"理一分殊"理論,說明封建制度的合理性,提倡君臣各盡其責,各守其職。他曾說:"日本之神道以正我心、憐萬民、施慈悲為奧秘,堯舜之道亦以此為奧秘也。唐土曰儒道、日本曰神道,名變而心一也。"[1]強調二者名不同而心一致的重要性。林羅山曾說:"我朝神國也。神道乃王道也。……或問神道與儒道如何別之?曰:自我觀之理,一而已矣。王道一變,至於神道。神道一變,至於道。道,吾所謂儒道也,非所謂外道也。"[2]論析儒道非外道的特質。如前所述,林羅山模仿朱熹的《資治通鑑綱目》編纂《本朝編年錄》,為的是宣傳上下階級的重要性。

---

1 藤原惺窩著,林道春編《惺窩文集》(京都:田原仁左衛門尉出版,1654年),卷四。
2 林羅山著,京都史蹟編《林羅山文集(下卷)》(1918年平安考古學會版、1930年弘文館社復刻版,東京:(平仮名)ぺりかん社,1979年),卷六十六,頁804。

一、鎌倉時代儒家的德治論

　　日本鎌倉時代中期以降，宋學入傳日本，大量中國宋儒的經典被中國禪僧和日本僧人帶進日本。中國禪僧帶動了日本儒學的傳播及其發展。鎌倉時代南北朝和足利氏時代（室町時代）占統治地位的社會關係，原本並不要求把儒學作為統治的意識形態，而僅僅是將它同神道及老莊思想一起保存下來作為從屬於佛教的一種教養而已。但"承久之亂"[1]後，儒家政治論是由有德者為君、治世安民論、易姓革命等概念建構而成，亦可稱之為儒家德治主義思想。"承久之亂"時，傳統的公家勢力與新興的武士勢力之間以武力對決，結果由武士階級獲勝，致使被認為是神孫的天皇，以及過去以天皇為中心，牢不可侵的公家政權之神話崩潰，爾後儒家的德治主義得以在日本社會取代"神孫為君說"的窠臼，開始發揮其功能。

　　從東亞儒學的整體發展而言，儒學本來就與教育問題密不可分，儒學東傳日本之後，德治主義對日本社會的影響亦相當深遠。在後嵯峨天皇（1220—1272）之後，皇統分為後深草天皇系統的持明院統與龜山天皇系統的大覺寺統兩派，交替接續皇位。[2]過程中，兩統必須能夠施行"正確政道"，同時要推動積極性的善政才能尋求皇統繼承的資格。因此龜山院、伏見院、後伏見院、後宇多院，均決定改革、整備院政組織。幕府及武士政權則藉由吸收儒家思想，以施政於天下而施民於善政，作為政權存立的依據，此時期的當政者多以儒家的德治思想為基礎，致力於君德涵養的普及。舉例而言，花園天皇（1297—1348）在《花園天皇宸記》正和六年（1317）三月三十日的條目中述及："朕隨分稽古，學雖不至，勵心勤德施仁，若此一得纔叶天意歟！"展現出身為儒家德治主義為政者的自覺。[3]

---

[1]　承久之亂，是日本鎌倉時代承久三年（1221）後鳥羽上皇為打倒鎌倉幕府，舉兵討幕的一場戰爭。朝廷失敗，後鳥羽上皇遭配流隱岐。結果確立幕府的優勢，朝廷權力受到限制，幕府在京都設置監視朝廷的六波羅探題，甚至擁有決定皇位繼承等的影響力。

[2]　後嵯峨天皇禪位予其子後深草天皇後，又因愛幼子而反悔，廢長立幼，逼退了後深草天皇，立了另外一位愛子恒仁為龜山天皇，造成兩系皇統對立，後深草天皇子孫稱為持明院統，龜山天皇後裔稱為大覺寺統，雙方在鎌倉幕府的調停下，決定兩系皇室分別繼任天皇，史稱兩統迭立。

[3]　花園天皇《花園天皇宸記》正和六年（1317）三月三十日條目。

二、室町時代儒家思想的演化

　　建武三年（1336）成立的室町政權在與南朝大臣公卿北畠親房（1293—1354）及北朝二條良基（1320—1388）時期，儒家德治思想的政治理念並非全盤接受，而是以承認天皇作為君主形式，亦即存在於武士政權之上的"有德者執政論"之形式，來接納儒家的德治思想，以"有德者執政論"來合理化室町政權的存在。換言之，南北朝時期，藉由透過幕府推動儒家德治思想的相關法令，以合理化初期室町政權的存立。

　　另一方面，在北畠親房撰寫的《神皇正統記》（六卷）中，三神器之鏡子、勾玉、寶劍各自被視為正直、慈悲、智慧的象徵性代表物品，這三德是作為君主必備的條件，亦即君主具備這三德後，始能被稱為君主。強調日本是神造國家，王室是神統，其他國家並無此例，論述了南朝的正統性，對院政和武家政治持批判態度，對後世的歷史觀、國體觀產生了很大的影響。

　　日本至戰後以降，有不少研究均將《神皇正統記》的歷史觀定位為道德史觀，亦即天與人相互交涉的儒教歷史觀，但玉懸博之持有不同的看法，他認為北畠親房所強調的是神與人相互交涉而展開的歷史，因此親房的歷史觀應該稱為神道史觀。[1]此外，南北朝初期有一本軍事物語《梅松論》（二卷，作者未詳，1349年），記述自北條氏執權、南北朝動亂至足利尊氏、直義成立幕府的經過，主要彰顯初期室町政權的正當性，標榜相關武士的功績，有別於彰顯南朝政權的《太平記》。

　　《梅松論》的"政道論"雖然同時承認"有德者為君說"的撫民仁政主義及"神孫為君說"的血統主義，但主要從德治主義的立場反抗朝廷並釐清"承久之亂"的始末，要求為政者具備德性以實現安民，對於無法合乎此要求的為政者，主張強制更換，《梅松論》被認為是具有歷史觀及天意歷史觀兩種特質的史書。[2]對武士政權而言，儒家的德治思想成為對抗公家政權的武器則是不爭的事實。玉懸博之認為，君德論及安民論構成北畠親房的政道論，與儒家的政治論、德治主義思想極為相似。親房在合理化武家政

1　玉懸博之《日本中世思想史研究》（東京：ぺりかん社，1998年）。

2　同上注。

權的同時，也藉此形成擁護公家政權的政治思想。作為北朝最高公家階級的二條良基，一直以來都被認為在政治思想上較無定見，但也積極地採納儒家德治主義思想。[1]

寬文六年（1666）六月，林鵞峰門生筆錄的《史館餘話》[2]中，對於南北朝並存的問題，林鵞峰在這個時間點僅私下表示"二帝無輕重"，並未正面表示何者為正統。而德川光圀則認為足利尊氏在鎌倉反叛後醍醐天皇，後來又攻入京都流放天皇，將他列入逆臣之中，而視南朝為正統。"南朝正統論"作為日本明治維新的尊王斥霸思想，否定了北朝政權的正統性，其理由有二。其一，前述後醍醐天皇之吉野朝廷並未讓位給光明天皇。其二，德川光圀一脈相承的水戶學派人士咸認為足利尊氏對後醍醐天皇的叛逆行為極端霸道，故視之為叛臣，以凸顯水戶學彰顯大義名分儒家倫理思想之重要性。

第三節　《大日本史》的編史背景及核心史觀

《大日本史》是一部以漢文編纂的紀傳體史書，起草於御三家的水戶藩第二代藩主德川光圀。他因明曆三年（1657）大火小石川藩邸燒失，而將其遷至駒込別邸，在此設立史局開始編纂事業。1672年再將駒込別邸之史館遷回小石川本邸，並命名為"彰考館"。[3]爾後，光圀集水戶藩儒佐佐十竹、栗山潛鋒、三宅觀瀾、安積澹泊等人進行編纂。在編纂過程中派遣佐佐十竹等人赴京都、奈良等地博搜古文書、古記錄等史料，有些史料檔案收藏在

---

[1] 玉懸博之《南北朝期の公家の政治思想の一側面－北畠親房・二条良基における儒教的德治論への対応をめぐって－》，《日本中世思想史研究》（東京：ぺりかん社，1998年），頁176。

[2] 林鵞峰《本朝通鑑》，（東京：日本國立國會圖書館所藏，1920年），首卷，頁159—161。

[3] "彰考"語出《易‧繫辭下》："夫《易》彰往而察來，而微顯闡幽。"孔穎達疏："往事必載，是彰往也；來事豫占，是察來也。"高亨注："彰往，表明往事也。察來，觀察來事也。"

寺廟，如"高野山文書"[1]"東大寺文書"和朝廷"公家"（kuge），他親自寫信請求給他的調查員提供方便，借閱抄寫相關史料，對相關的內容進行嚴謹的校對。

《大日本史》用漢文撰寫，光圀去世後，由朱舜水的弟子安積澹泊（覺，1656—1738）繼續主導編纂，第三代藩主德川綱條（1656—1718）將這部史書命名為《大日本史》。正德五年（1715），《大日本史》本紀七十三卷、列傳一百七十卷、目錄四卷總計二百四十七卷的謄寫本（又稱"正德本"）供奉於德川光圀的墓前。享保五年（1720），校正完成的本紀七十三卷、列傳一百七十卷，加上序目、修史例、引用書目共計二百四十卷獻給幕府，稱為"享保本"。天明六年（1786），《大日本史》的編纂事業再度展開，在塙保己一（1746—1821）[2]的協助下，對"本紀""列傳"進行校對，於嘉永二年（1849）向幕府與朝廷獻上本紀七十三卷、列傳一百七十卷的出版物。相當於制度史的"志""表"至幕末、明治時期，以豐田天功（1805—1864）、栗田寬（1835—1899）為中心的學者繼續編纂，完成了十志（神祇、氏族、職官、國郡、食貨、禮樂、兵、刑法、陰陽、佛事）與五表（臣連二造、公卿、國郡司、藏人檢非違使、將軍僚屬）等編纂事業。《大日本史》涵蓋七十三篇本紀、一百七十篇列傳、一百二十六篇志、二十八篇表，共三百九十七卷，起至神武天皇，終於南北朝結束的1392年。全書於明治三十九年（1906）完成，計四百〇二卷二百三十一冊，編纂過程長達二百四十九年之久。

一、德川光圀的核心史觀

德川光圀主編《大日本史》期間，主要完成了"本紀"與"列傳"部分，即以記述傳記為中心，從儒家道德觀對歷史人物進行評述。光圀在自傳《梅里先生碑文》中說道："正閏皇統，是非人臣，輯成一家之言。"亦即該書將光圀自己的主張，藉以歷史敘述的形式加以表述。《大日本史》的三大特筆是：其一，將神功皇后列入《皇妃列傳》；其二，認定大友皇子的即位，並將

---
[1] 久保田收《高野山における歷史研究》，《密教文化》1956年，第36—37號，頁22—42。
[2] 塙保己一是活躍於德川時代後期的全盲學者。他擁有驚人的記憶力，完成了日本的大文獻集《群書類從》（666冊）的編纂工作。

之列入本紀，成為大友天皇本紀一篇；其三，以南朝為正統，將南朝諸帝列於本紀之中。[1]

此外，光圀於寬文元年（1661）接替水戶藩第一代藩主德川賴房（1603—1661），成為第二代藩主。但其上有兄松平賴重（1622—1695），光圀越過兄長繼承藩主，內心一直感到愧疚，即於寬文十一年（1671）六月，立其兄之子綱條（1656—1718）為養嗣子，並於元祿三年（1690）十二月將家督（藩主）讓位給綱條，有還政於長兄，將"嫡脈"的正統血統歸還水戶家系的意涵，而成為水戶藩讓位德政的佳話。此外，光圀"長幼有序"的道德規範也反映在他編纂《大日本史》承認南朝為正統的思想脈絡上。因此，三大特筆、"長幼有序"以及對君主忠誠、絕對服從的道德規範也代表了光圀的核心史觀。

二、安積澹泊"論贊"的史觀

寬文五年（1665）朱舜水受聘抵江戶之際，安積澹泊（1656—1738）僅十一歲即入其門下，天和三年（1683），澹泊以編輯的身份進入彰考館，承光圀之意協助編纂《大日本史》，元祿六年（1693）至正德四年（1714）成為彰考館總裁，其間完成了《大日本史》紀傳的編輯。澹泊在光圀去世之後的寶永五年（1708），適度增補了光圀生前未曾認同的"將軍傳"，承認將軍的特殊地位，將軍雖非南朝所任命，但他將足利尊氏、義詮父子納入將軍傳。其目的是將這部標榜紀傳的歷史書順利上呈朝廷及幕府，反映了澹泊的折衷思想。

安積澹泊執筆的"論贊"中，兩系皇統的對立過程，將持明院統初代的後深草天皇（1243—1304）對比聖人周文王，評價很高，[2]而對大覺寺統皇

---

[1] 《大日本史》史臣以南朝擁有三神器為正統，但南北二帝都有皇室血脈，因此以南朝天皇入本紀，並在實現南北統一的後小松天皇本紀開篇附入北朝天皇的記載，稱北朝為"帝"以有別於南朝天皇。但是，所謂"三大特筆"並非光圀的創見。林羅山在《羅山文集》中已經提出否認女帝以及承認大友的即位為正統，只是未徹底承認南朝而已。詳請參閱安川實《本朝通鑑の研究 — 林家史学の展開とその影響》（言叢社，1980 年），頁 35—38。

[2] 詳請參閱安積澹泊《後深草天皇紀の贊》，《大日本史贊藪》，收入松本三之介、小倉芳彥校注《近世史論集》，《日本思想大系》（東京：岩波書店，1974 年），卷四十八，頁 62—63。

系始祖龜山天皇(1249—1305)[1]即認為其德不足,評價較為嚴苛。[2]表面上,光圀以大義名分為信念,承認南朝為正統,但整體而言道德規範較為優越的持明院統(北朝)本來就是正統的皇統。吉田俊純指出:道德上優越的北朝歸一皇統,確立武家政權不會動搖是《大日本史》編史的結論。亦即光圀在《大日本史》編纂學問上的目的,是在名分上本來不應該有的武家政權之成立過程中,光圀以名分論的立場將之合理化。[3]光圀之所以承認南朝為正統,在於現職的後醍醐天皇為了恢復朝權不惜率先奮戰,並未讓位給持明院統,這是在名分論、對君子忠誠上的認同。此外,以後醍醐天皇在出逃時帶走代表天皇權威的三種神器(八尺鏡、瓊曲玉、草薙劍)的所歸為基準,南北朝對立時,三種神器在南朝手中,故南朝較具正統性。但從前述光圀"長幼有序"的道德規範而言,北朝正統論與光圀的信念形成矛盾。自己將家督(藩主)讓位給兄長之子,理應不會承認弟家的南朝大覺寺統,只能說光圀在此時間點上是信念勝於理論了。[4]

安積澹泊的修史觀念雖含有光圀以來儒教普遍主義的思維,但這樣的思維在以歷史過程為依歸的編史脈絡中,仍然存在著矛盾的問題。光圀到了晚年,其嚴謹的名分論有趨於緩和的跡象,原因就在於南北朝承認的矛盾問題。亦即表面上,基於日本式的道德觀念承認南朝為正統,但潛伏在內心根柢的儒教道德觀則必須承認北朝為正統,這個矛盾如何調和與表現則是光圀的一大難題。[5]對此,吉田俊純再指出,所謂"儒教正統論"來自正確的道德行為及大一統,亦即國土的安定與統一等兩項要素,但當時兩統並無國土爭奪戰的問題,因此就無需考慮大一統的問題。[6]

---

1 大覺寺統(南朝)是鎌倉時代後期日本皇室的一個家族,與建立北朝的另一支家族持明院統形成對立局面。大覺寺統的皇室為第九十代龜山天皇的子孫。也由於兩個家族的紛爭,開創了日本南北朝。
2 前揭安積澹泊《龜山天皇紀贊》,《大日本史贊藪》,頁63—64。
3 吉田俊純《德川光圀の"大日本史"編纂の学問の目的 — 北朝正統論をめぐって》,《東京家政學院筑波女子大學紀要》第2集,1998年,頁2。
4 同上註,頁12。
5 同上註。
6 同上註,頁8。有關大一統的要素,林家的《本朝通鑑》將後醍醐天皇為止視為南朝的正統,以後作為北朝的正統,即為正統論的論證事例。

此外,《大日本史》記述對象起自神武天皇,終於南北朝合一,是繼承《神皇正統記》的精神,前述北畠親房[1]在後醍醐天皇崩之後,持續與足利幕府的賊軍苦戰,在吉野維護正統的王朝,可以窺知光圀是被他復興王朝的道義精神感化。光圀之所以重視《神皇正統記》,與以朱子學解釋神道教思想,推動尊皇的山崎闇齋學派有關,因其啟用的水戶藩編史人才如鵜飼真昌、栗山潛峰、三宅觀瀾等皆為崎門俊秀,[2]與林鵞峰的編史人員的皇國史觀理念大相逕庭。皇國史觀是日本以天皇為中心,評斷歷史人物、事件之於天皇屬於忠誠或是叛逆之觀點而出發的思想。其筆始者為日本南北朝時期,隸屬南朝的北畠親房,他為了發揚南朝之正統性而著作《神皇正統記》。《大日本史》繼承其觀點,設立叛臣、逆臣傳,瘩罰謀逆之人。如《大日本史·逆臣》傳序"弒逆,人神所共憤,而天地所不容也。一有弒逆之臣,則人人得而誅之。其得保首領、老死牖下,乃幸而免耳。異邦之史,臣弒其君者,歷世不絕"。[3]忠誠或叛逆的行為成為判準是否為正統的指標之一。

三、《大日本史》南北朝正統、閏統的史觀

　　日本自鎌倉時代以降,實際統治全國政權的並非天皇或朝廷,而是武家(幕府)。對這個歷史過程的論述,如何具有理論且一貫性,是前述林家《本朝通鑑》及水戶家《大日本史》等修史者必須面對的課題。德川光圀在

1　北畠親房出自村上源氏庶流,祖先是鎌倉初期的源通親。後醍醐天皇繼位時,吉田定房、萬小路宣房和北畠親房計劃復興皇室,推翻鎌倉幕府,被稱為後醍醐天皇近侍後三房。正中三年(1326),後醍醐天皇將次子世良親王託付給親房教導。然而世良親王突然病逝,親房因此引咎出家,法號宗玄。元弘三年(1333),鎌倉幕府滅亡後,後醍醐天皇回到京都,任命北畠顯家為陸奧守,親房也去鎮守東北地區。足利尊氏發動叛亂,南北朝開始,親房提出"東國經營"。之後親房轉戰關東各地。興國四年(北朝康永元年,1342),親房被迫回歸吉野,跟隨後村上天皇。正平九年(北朝文和三年,1354)病歿,享年62歲。明治四十一年(1908)九月九日,追贈正一位。

2　詳見名越時正《水戶藩における崎門学者の功績》,《水戶光圀とその餘光》(東京:錦正社,1985年),頁163。此外,內田周平《崎門学者と南朝正統論》,收入平泉澄編《闇齋先生と日本精神》(東京:至文堂,1932年),頁97—178;鳥巢通明《大日本史と崎門史学の関係》,日本學協會編《大日本史の研究》(東京:立花書房,1957年),頁235—280,一併參照。

3　栗山潛峰執編的部分為保元至建久年間的列傳及他最尊敬的北畠親房傳。栗山潛峰當時熟讀《神皇正統記》抄本,將與"國體"相關的內容點入朱批,現存"手澤本"藏於東京大學圖書館。另請參閱名越時正《北畠親房と水戶学の道統》,收入平泉澄監修《北畠親房公の研究》(東京:日本学研究所,1954年),頁417—448。

世時,《大日本史》編纂的主要重點在"百王本紀"（起自卷一神武天皇,終於卷七十二後小松天皇）,此時期自光圀三十歲時在江戶小石川創立"彰考館"開始至寬文年間將完成的"享保本"呈獻幕府、元文二年（1737）"元文本"完成為止,形成了"前期水戶學"。寬政以降,德川幕末、明治時期為止的二百數十年,稱為"後期水戶學"。其間,面對"南朝政統論"的修史編纂,前後期即有很大差距,而《本朝通鑑》及《大日本史》對南北朝何者為正統,在認知上亦大相逕庭。

中日學術界一般認為《本朝通鑑》編史的史觀脈絡是仿效《資治通鑑》,而《大日本史》則根據《通鑑綱目》編纂,但栗原茂幸則認為《大日本史》仍然依照《資治通鑑》進行修史,其憑據是藤田幽谷的《修史始末》卷之下引用的安積澹泊所述"日本史是參用實錄及《資治通鑑》的體裁"。[1]因為安積澹泊是前期水戶學編纂《大日本史》的核心人物。但問題在於《大日本史》是採用"南朝正統論",波田永實認為《大日本史》承認南朝為正統,此與《通鑑》將魏視為正統無法連成一條直線。《大日本史》將被逼迫到吉野一隅,處於頹勢的後醍醐、後村上、長慶、後龜山等南朝天皇視為正統,這是採用了《綱目》的觀點。但為何正統的皇統其王權都是衰萎或滅亡？而不正的武臣擁護的皇統則可存續至今？這個問題必須論證。亦即,當時安積澹泊、三宅觀瀾、栗山潛峰等使臣之間的共識係以《易經》"積善之家,必有餘慶,積不善之家,必有余殃"的邏輯判斷其過程作為歷史的敘述。[2]換言之,《大日本史》承認南朝天皇為正統是以儒家"積德累仁"的觀點作為判斷的基礎。

四、《大日本史》為何以漢文撰寫？

德川光圀為何不使用和文撰寫《大日本史》？眾所周知,光圀主導編纂《大日本史》以"正閏皇統,是非人臣"為目標,其主軸思想即是尊王,因此,水戶學被認為是實現明治維新、王政復古、尊王攘夷運動的思想原動力。

---

1 詳請參照栗原茂幸《德川光圀の政治思想》,《東京都立大學法學會雜誌》第18卷第1、2合併號（1978年）,頁196—198。
2 波田永實《国体論形成の歴史的前提 — 近世儒家史論における正統論の位相・"本朝通鑑"と"大日本史"を中心に》,《流經法學》第17卷第2号（2018年）,頁29。

而後期水戶學的主要人物藤田幽谷[1]（1774—1826）、東湖（1806—1855）父子和會澤正志齋（1782—1863）等人以國家論的形式呈現其政治經濟思想的特質，影響到幕末尊王攘夷運動的思想體系，一度獲得日本社會的高度評價。[2]而日本在近代化的過程中，天皇制國家的意識形態助長了"國體論"的飛揚，因此《大日本史》並非容易理解且通俗的史書。

德川幕末，隨著文字的普及，讀書風氣日趨盛行，出版業也變得興榮，能確實使用漢字、漢文書寫的公卿、貴族甚至武士等知識分子越來越多。因此不以庶民階層與女性為對象，而是以精通漢字、漢文的貴族階級、領導階級的男性為主要讀者，具有階級性與偏袒性。在德川漢學盛行的時空背景下，《大日本史》除了給日本高層的知識分子閱讀之外，還扮演了對外宣傳史觀的角色。

五、《大日本史》的編纂與朱舜水有關嗎？

寬文五年（1665）三月二十八日朱舜水抵達江戶的水戶藩邸之後，光圀與鵞峰再次面談詢問了《本朝通鑑》的編寫進程，鵞峰還記下光圀的感嘆："本朝聖堂以本朝儒者為配位而可也。然本朝無真儒，唯藤原惺窩、林羅山而已。以二人神主為配位。"[3]同年七月朱舜水到水戶之後，光圀對於學問的發展以及編史的方向有了新的想法。朱舜水門生安積覺提及："文恭（朱舜水）好看《陸宣公奏議》《資治通鑑》。及來武江，方購得京師所鋟《通鑑綱目》。至作文字，出入經、史，上下古今，娓娓數千言，皆其腹中所蓄也。"[4]

寬文七年（1667）七月十四日晚，鵞峰應光圀之請，赴水戶邸。"君問國史編輯幾代，幾年成。余詳陳其趣。……"爾後，光圀向林鵞峰展示了由光

---

[1] 藤田幽谷為東湖之父，水戶藩儒學者。早年隨立原翠軒學習，15 歲入彰考館，18 歲著《正名論》。曾主持彰考館，致力於《大日本史》的編纂。其立足於朱子學，宣導大義名分、尊王、加強海防等思想，為水戶學的創立打下基礎。著有《修史始末》《勸農或問》。

[2] 詳請參照本鄉隆盛《藤田幽谷〈正名論〉的歷史地位——水戶學研究的現況》，收入張寶山、徐興慶編《德川時代日本儒學史論集》（臺北：臺大出版中心，2004 年），頁 203—242。

[3] 林鵞峰《寬文五年（1665）三月二十八日條》，《國史館日錄》卷二，抄本（東京：日本國立公文書館內閣文庫所藏），請求記號 862-127，コマ 61-63。

[4] 安積澹泊《朱文恭遺事》，收入朱謙之編《朱舜水集》（北京：中華書局，1981 年），頁 625—626。

圀授意，小宅生順執筆的《常陸國風土記》。[1] 此書經朱舜水批注而成，體裁也模仿《大明一統志》。朱舜水還對此書的綱目及體裁提出修改意見，目的是讓日後水戶藩編纂史官採擇。[2]

《水戶義公年譜》，延寶元年（1673）（光圀四十六歲）有如下一段記載：

> 公（光圀）將造大成殿於府下，假設殿堂於江戶駒籠別莊。使臣僚就舜水習釋奠、啟聖公祭及祠堂墓祭儀節。又使梓人受舜水說，摹倣闕里之制，自殿堂廊廡，至門牆器物，約而刻之，藏諸府庫，使有志於製作者取法焉。《行實》。公曰：邦設學校，三代之遺法，而王道之本也。講書弘道，訓蒙化俗，莫善於斯。今諸侯府城下，營建聖廟，設庠序，招儒士，下令勸督，有二業成行立者一，褒諭進其品秩。[3]

朱舜水曾經大嘆當時的日本社會並未行孔子聖學之道，因此對水戶藩的漢學教育及孔子學說，舉凡釋奠、禮儀，聖廟之營建，尤其是"設庠序，招儒士"幾乎是全面性的推動，光圀表露出對舜水學風的看法，明顯是受到它的影響。特別是朱舜水曾經帶領水戶藩的儒臣武士，行先秦禮制學習釋奠，以正禮樂之秩序，[4] 但並不贊揚春秋之後的一些聖主明君。[5] 而安積覺以先秦儒家的是非觀編寫"論贊"，讚揚或批判歷代天皇的行為也是受到朱舜水教化的影響。"尊王敬幕"及"大義名分"是光圀史觀的核心思想，在水戶藩漢學教育普及的潛移默化過程中受到了深遠的影響。有關朱舜水、光圀的

1　林鵞峰《寬文七年（1667）七月十四日條》，《國史館日錄》卷八，抄本（東京：日本國立公文書館內閣文庫所藏），請求記號862-127，コマ14-15。

2　朱舜水《批常陸國誌》，收入朱謙之編《朱舜水集》（北京：中華書局，1981年），頁554。

3　小宮山昌秀《水戶義公年譜》，收入常磐神社、水戶史學會編《水戶義公傳記逸話集》（東京：吉川弘文館，1978年），頁296、304。

4　朱舜水《答加藤明友書二首》，收入朱謙之編《朱舜水集》（北京：中華書局，1981年），頁74。

5　拙著《朱舜水與東亞文化傳播的世界》，《東亞文明研究叢書》78（臺北：臺大出版中心，2008年），頁105—116。

水戶史觀以及水戶學編史方針的確立,拙書、[1] 錢明 [2] 及呂玉新 [3] 皆有詳細的論述,本文不再贅述。

結　論

日本學術界關於南北朝正閏的爭論,自 1910 年以降即浮出檯面。林羅山、林鵞峰父子兩代所孕育而成的德川儒學教育系統,無疑長期受到幕府的保護。德川時代的日本社會,在朝在野都講究儒學理論,是做學問或發展文化事業不可或缺的氛圍,而《本朝通鑑》的編纂必須順應德川幕府老中、執事們的要求進行。論述至此,可以窺知林家父子能自我論述史觀的空間是有限的。羅山、鵞峰父子在意識形態上為何無法徹底承認南朝為正統?原因在於北朝為當時皇室的祖先,持明院統是皇統的嫡流,兩統更迭之後,大覺寺統的後醍醐天皇拒絕讓位給持明院統的量仁(光明),而接受皇位的後村上天皇理應為正統的天皇,但南朝卻偏安吉野,有如南宋的亡命舟中政權,此為羅山對此問題的看法。羅山認為南朝正統來自朱子學的正統論,也同情南朝,但對《綱目》史觀下的正統政權無法給予正面的評價,為了解決此一自我矛盾的問題,接受《通鑑》的史觀成為羅山決定的要素,[4] 卻也留給之後鵞峰在編史史觀上難以抉擇的課題。

對光圀而言,羅山為其師,鵞峰是其前輩,是年齡相近的親友。但在寬文三年(1663)"武家諸法度"改正後,《本朝通鑑》編輯作業進行的過程中,光圀與鵞峰屢屢會談,涉及對"儒者"理念的認知、史觀或對學問的根本

1　詳見拙著《朱舜水與東亞文化傳播的世界》,頁 105—116。

2　詳請參照錢明《勝國賓師:朱舜水傳》(杭州:浙江人民出版社,2008 年),頁 205—212。

3　詳請參照呂玉新《政體、文明、族群之辯:德川日本思想史》(香港:中文大學出版社,2017 年),頁 80—100、頁 152—167。

4　波田永實《国体論形成の歷史的前提 — 近世儒家史論における正統論の位相・"本朝通鑑"と"大日本史"を中心に》,頁 8。

態度都難以妥協，致二人對編史的理念大相逕庭。南朝正統論，源自南北朝時期的北畠親房《神皇正統記》及德川光圀的《大日本史》史觀。作為尊皇斥霸、強調儒教的正統思想的南朝正統論是明治維新的主軸思想之一，其否定北朝正統的邏輯有二。其一，後醍醐天皇並未讓位給足利尊氏支持的光明天皇。其二，近代水戶學派所指足利尊氏是極端惡霸、無道，是為叛臣，此大義名分的忠臣、服從等思想充斥著後世的日本社會，關鍵還是在面對教育如何解讀的問題上。

《本朝通鑑》與《大日本史》最大的不同在於，林鵞峰編史不加入自己的意見，不批判歷史。此在《本朝通鑑》首卷"續本朝通鑑序"述及：

> 若夫一字褒貶、勸善懲惡，則非所企望。然據事直書，其義自見，則豈其不為後代之鑑戒哉。由是觀之，則治世之盛事，洪業之餘烈，不在茲哉。[1]

即可得到印證。

《本朝通鑑》被視為是德川幕府的正史，為的是提高將軍聲譽、肯定幕府合法性，以達到鞏固政權的目的。盛讚諸侯的領頭人將軍，將其視為最高權威，成為《本朝通鑑》的主旨，它反映出十七世紀日本武家社會演進的歷史描述是不爭的事實。換言之，《本朝通鑑》仿效《資治通鑑》，所強調的核心思想是歷史事實的優先主義，它並非以道德的價值判斷或客觀的事實來編纂史書，而是透過幕府的協助與主觀的要求編纂而成，主要的閱讀對象是將軍，其目的在輔佐幕府的政治運作與宣傳，進而為其歷史定位背書，是展現出武家權力所在的一種史書。

反觀水戶藩編纂《大日本史》，其目的主要以"藩"政的立場為考量，與水戶學的發展息息相關，強調的是以大義名分為依歸的核心思想與尊皇論的主軸思想，有別於以展現幕府政治目的為前提之《本朝通鑑》。劉曉峰、龔卉指出："水戶修史前期，主要出身於日本朱子學的史臣仍以中國傳統為圭臬去構建日本的國史，因此在搜集整理各地史料的基礎上強調日本也

---

[1] 林羅山、林鵞峰《續本朝通鑑序》，收入《本朝通鑑》（東京：日本國立國會圖書館所藏，1920年），首卷，頁5。

有中國式的正史傳承。"¹換言之，可以隱約窺知《大日本史》的内涵是沿用司馬光的《資治通鑑》及朱熹的《資治通鑑綱目》兩種史觀的思維模式。其編史的態度是採取記其治亂，陳其善惡，備勸善懲惡之典，以春秋之筆法，尊道義為上。善即善，惡即惡，以為後世之明鏡，強調的是水戶藩獨特的學風。光圀給綱條的詩文中提及："治國必依仁，禍始自閨門，慎勿亂五倫。朋友盡禮儀，旦暮慮忠臣。古謂君雖以不君，臣不可不臣。"²主張廢除儒者，明定主從關係，否定主從是一體的，而是落實仁、義等五倫思想的教育，進而昭告後世天下治史必須以倫理為依歸。

呂玉新指出，《大日本史》以孔子的《春秋》作為編史的理論指導，而孔子著《春秋》則是藉此書闡明他提倡克己復禮，實際是為了鞏固"尊虛王"封建制的政治主張。³此外，《大日本史》後期的編纂也受到古文辭學派荻生徂徠（1666—1728）思想的影響。對於林家強調的"儒者"，徂徠在給朱舜水門生安積澹泊的回信中指出：

> 西山先侯（按：光圀）首革儒者陋習，且曰：有民人焉，有社稷焉，寡人亦儒者也。是自非常之君所見，迥踰流俗萬萬，因又憾時相及而遇不及，怳如異代，徒為之悵望已。不佞經術，亦由聖人之道，即人君之道起見，是其根本也。雖宋儒豈不然哉！。⁴

徂徠的思想脈絡，雖曾師從林鵞峰及其兒子林鳳岡，但最終卻打破了當時程朱理學在日本的統治地位。他指出德川幕府的封建制度並非神授，而是由人創立的，"理"並非神創，而是由聖人建立的。他所指的聖人之道，必須想到人民，想到社稷，並以蒼生為念，此與光圀改革儒者陋習，以人民、倫理為依歸的理念前後輝映。

德川光圀去世後，《大日本史》對後期水戶學仍影響深遠。而"南朝正統論"在水戶學的前期與後期的發展過程中產生了諸多變化，曾任彰考館

1　劉曉峰、龔卉《江戶時期日本對中國傳統史學的吸收與改造——以〈大日本史〉編纂為例》，《南開學報（哲學社會科學版）》2019 年第 2 期，頁 63—70。

2　安積澹泊《桃源遺事》卷之二，收入常磐神社、水戶史學會編《水戶義公傳記逸話集》（東京：吉川弘文館，1978 年），頁 112。

3　呂玉新《政體、文明、族群之辯：德川日本思想史》（香港：中文大學出版社，2017 年），頁 95。

4　荻生徂徠著，平石直昭編《徂徠集·徂徠集拾遺》（東京：ぺりかん社，1985 年），頁 304。

總裁的藤田幽谷亦深入研究德川光圀的學問與制度,對林家所謂"儒者"的說詞與行徑不以為意。他曾於"封事"中言及"儒者之談道,迂闊腐爛",批判當世日本的儒者曰:

> 以為讀書學古,無補當世之物,修身慎獨,不能格君心之非,小廉曲謹,沽名釣譽,使人謂儒者獨善其身,而無益國家,是可羞也。[1]

藤田幽谷認為,沽名釣譽、獨善其身非"儒者"之道,強調的是光圀堅持為學須有益於國家社會的核心思想。

藤田幽谷曾經開設私塾"青藍舍",他的門生會澤正志齋(1782—1863)提及幽谷"十八歲著《正名論》言君臣大義,其教子弟以忠孝者本於此也"。又說:"先生恒言,學者學為君子,非學為儒者,故《論語》以君子二字始終之,又言道者成人之道,非儒者之私業"[2],"後學者當以成人自期,不必要為儒者,學而為君子,是則孔門之學也"。[3]會澤也提及義公(光圀)諭士臣曰:"士不可以不學道,知人倫之義,匹夫之勇非所貴學道知義,雖寡人亦儒也。此以儒自處,似不與先生之意同。"[4]主要闡明幽谷"非學為儒者、非儒者之私業"之教育理念,也述及光圀勸士大夫做學問主要在明人倫之道,其精神有別於以私業為主的儒者行為。[5]這裡也可以明顯看出藤田幽谷的教育理念是延續德川光圀明人倫之道的核心精神。

水戶藩第九代藩主德川齊昭(1800—1860)在成立藩校"弘道館"時,曾經在"弘道館記"中揭示如下教育理念:

> 嗚呼!我國中士民,夙夜匪解,出入斯館,奉神州之道,資西土之教,忠孝無二,文武不岐,學問事業不殊其效,敬神崇儒,無有偏

---

[1] 藤田幽谷《丁巳封事》,收入今井宇三郎、瀨谷義彥、尾藤正英校註《水戶學》,《日本思想大系》,第53卷(東京:岩波書店,1973年),頁375。

[2] 會澤正志齋《及門遺範》,收入雄山閣編《日本學叢書》(東京:雄山閣,1938年),第八卷,頁37—90。

[3] 會澤正志齋《及門遺範》,頁37—90。

[4] 同上註。

[5] 有關會澤正志齋的"道"論,請參閱藍弘岳《會澤正志齋的歷史敘述及其思想》,《"中央研究院"歷史語言研究所集刊》第89本,第1分(2018年),頁165—200。

黨，急衆思，宣群力，以報國家無窮之恩。[1]

"神儒一致、忠孝無二、文武不岐、學問與事業一致"，為"弘道館"的校訓，而今天"弘道館"的遺跡內仍留有鹿島神社，保存了日本建國神話的傳統，同時也可以看到孔子廟及相關的祭祀禮儀，持續傳播自古以來的聖人之道，水戶藩"敬神崇儒，無有偏黨"，繼承光圀"神儒兩道"並存的國民教育有其脈絡可循。

此外，德川光圀與林家史學所不同的是堅持前述"三大特筆"的史觀，加上集崎門學派的人力與背景，特別在本紀部分的開篇，重新詮釋了一條垂直的天神傳承序列，醞釀成萬世一系的國體以及尊皇的思想體系，作為國家歷史發展的根基。《大日本史》受中國傳統史學影響，也以神道的思維建構"皇國"史觀，不但影響了德川幕末的日本思想界，也喚醒了明治維新的動力，至今依然影響著歷代天皇對日本歷史書的改編。波田永實質疑，至20世紀40年代太平洋戰爭為止，牽制日本國民的"國體論""皇國史觀"雖已被否定，但此意識形態為何仍然維持到現在？日本的學校教育，在學習上，南朝的天皇為後醍醐、後村上、長慶、後龜山等歷代天皇（大覺寺統朝廷1336—1392，五十六年）。[2] 南北朝何者為正統？從教育的角度而言，為何不能明白告訴學生，"南朝就是正統"？長期以來日本小學的國定教科書、教師用教科書的記述，均採"兩朝並立論"的說法。[3] 換言之，日本的南北朝對立，至1392年，持明院統（北朝，明德三年）、大覺寺統（南朝，元中九年）才回歸統一。南北朝分裂期間，何者為正統是各說各話，懸而未決。此一正統的認定問題一直延至現代，才由擔任日本歷史教科書編纂的負責人喜田貞吉，從歷史學的公正判斷，公布以"兩朝並立"表述。但這種說法卻遭到日本中學教師及在野黨的反對，認為"兩朝並立"的表述是"偏向教育"，日本政府才於明治四十四年（1911）正式公布南朝為正統，使爭議多年的南北朝史觀演化之認定落幕。[4]

1　水戶市史編さん委員会編《水戶市史・中卷（三）》（茨城：水戶市役所，1976年），頁940—942。
2　波田永實《国体論の形成 I — 南北朝正閏論争からみた南朝正統観の歴史認識》，《流經法學》，第16卷第2号（2017年），頁16。
3　同上注。
4　小島毅《天皇と儒教思想 伝統はいかに創られたのか？》（東京：光文社，2018年），頁195。

第十章

《大日本史》與日本"水戶學"的重建

前　言

如前章所述，水戶藩第二代藩主德川光圀時代即開始編纂《大日本史》，主要是以朱子學的道德理念為基礎建構日本史觀。在光圀去世之後，水戶藩仍強調倫理道德及尊皇的立場，持續進行。其間，水戶史館人員希望將《大日本史》定名為《皇朝新史》，但最後由第三代藩主德川綱條（1656—1718）於正德五年（1715）裁定為《大日本史》（正德本），正式公之於世。正德本完成之後，修史事業仍然持續進行，朱舜水弟子安積覺（澹泊，1656—1738）於享保年間完成《大日本史》（享保本）。但繼"本紀""列傳"之後，"志""表"的編纂懸而未決，澹泊死後，修史事業已呈現停滯的狀態。天明六年（1786）成為彰考館總裁的立原翠軒（1744—1823）在光圀百年忌日之後，再度進行紀傳的校訂及公刊，當時水戶藩出身的史館館員長久保赤水、藤田幽谷、高橋坦室等人加入《大日本史》編纂的行列。

日本學術界論述的"水戶學"（又稱"水府學"），泛指自天保年間（1830—1844）以降水戶藩形成的學問，內容涵蓋儒學、神道、國學（日本學）等範疇，通稱"後期水戶學"，其思想形成與德川幕末外國勢力逼近日本息息相關。立原翠軒於1787年6月向幕府老中松平定信（1759—1829）提出日本三大危機，為了嚴格維持君臣上下的名分及安定社會秩序，藤田幽谷（1774—1826）以尊王理論為基礎寫《正名論》（1791），並於1797年企圖將《大日本史》更名為《史稿》。幽谷之子藤田東湖（1806—1855）在天保八年（1837）的《弘道館記》述及：

> 我東照宮（按：家康）撥亂反正、尊王攘夷、允武允文，以開太平之基。吾祖威公（按：賴房）實受封於東土，夙慕日本武尊之為人，尊神道、繕武備。義公（按：光圀）繼述，嘗發感于夷齊，更崇儒教，明倫正名，以藩屏於國家。爾來百數十年，世承遺緒，沐浴

恩澤，以至今日。則苟為臣子者，豈可弗思所以推弘斯道、發揚先德乎！此則館之所以為設也。

不難看出，"後期水戶學"仍以儒教的名分論為基礎，繼承賴房的尊神道、光圀的尊王（皇）思想的圖式，但如前所述，《大日本史》的史觀也存在著諸多與敬幕思想矛盾的問題。本章主要針對《大日本史》與水戶學的形成、水戶學與古學的關係、前後期水戶學的連貫性及相異性、徂徠學與水戶學的相互關係，以及究竟"中期水戶學"存不存在等問題，探討水戶學對近代日本歷史發展的意義。

第一節 《大日本史》與水戶學

《大日本史》的編纂起於1657年，全書397卷，至明治三十九年（1906）才全部完成，歷時長達249年。這套史書集合了龐大的資源、史料與深厚的學識，不但為光圀立下不朽的聲譽，同時水戶藩的世代家臣孕育了日本人的國家意識，以及以天皇為核心的忠誠心及政體制度的基礎。對後世日本的歷史學家而言，"水戶學"與其說是指光圀及其後繼者對歷史書的不朽的編纂事業，不如視為日本明治維新前兆的新思想形成來得恰當。"水戶學"在德川幕府體制崩壞的過程中起了一定的作用，這是學術界公認的事實，但是對"水戶學"的功能如何評價，各家卻仍有不同的看法。

日本學術界將"水戶學"以時代區分為"前期水戶學"及"後期水戶學"。"前期水戶學"的《大日本史》，是以儒教的歷史學為核心所編纂，理論上注重道德的批判；考證上，光圀實施全國的史料調查，正確解讀史料的內容，這個水戶藩的優良傳統一直持續到明治初期。吉田俊純指出："前期水戶學"的核心思想除了弘揚"尊王論"之外，也含有敬幕的意涵。《大日本史》主要以儒教理論解釋日本的武家政權何以成立，敘述的重點將平安中期以降的天皇,定位為安定政權的宗教權威、祭祀王,而非以政治上的君主觀之。[1] 光圀在《大日本史》中敘述歷史的構想,集中在將神功皇后列入后妃,[2] 將大友皇子作為天皇列入本紀,[3] 視南朝為正統等三件大事。雖然《本朝通鑑》視北朝為正統,但光圀以象徵天皇權威的三種神器(鏡、玉、劍)所歸為基礎,在南北朝對立時,三種神器在南朝手中,故將南朝視為正統,在三神器交給北朝的後小松天皇(1377—1433)之後,皇統即歸北朝,故南北朝統一後,再為北朝的後小松天皇立本紀。對此,含安積覺在內的史館館員曾有反對意見,但光圀表示:"天下後世雖有罪我者,但大義存焉,吾豈能曲筆。"問題在於光圀一方面從儒教的立場將帝王定位為政治上的君主而提倡"南朝正統論",實際上卻又支持"北朝正統論",這從《大日本史》編纂起於神武創業,而結束於1392年日本南北朝統一即可看出端倪。流亡之後滅北條政權的後醍醐天皇(1288—1339)首創朝權回復運動,其"建武新政"表面上看似復古,實際上是傾向中國的天皇專制,這也是光圀支援南朝為正統的理由。若從"儒教正統論"的立場觀之,應該視道德血統是否正當,亦即不可違反長幼有序的倫理原則,北朝持明院統的後深草天皇(1243—1304)為兄,南朝大覺寺統的後代龜山天皇(1249—1305)[4]為弟,因此從儒教的理論,邏輯上"南朝正統論"無法成立。光圀之所以支持南朝為正統,是想實踐對君主絕對忠誠的武士思想,並透過儒教理論研究日本的歷史與文化。"後期水戶學"即是繼承了光圀此一"和漢折衷"矛盾思想的難題。

一、《大日本史》的國體觀

若說日本國體觀的核心思想是弘揚忠臣孝子的道德思想,那麼至少可追溯到1703年"赤穗四十七士"的忠臣藏故事。但從光圀的立場與感受,

---

[1] 吉田俊純《水戶学と明治維新》(東京:吉川弘文館,2003年),頁13—14。

[2] 相對於《本朝通鑑》將神功皇后稱為"神功天皇",《大日本史》因神功皇后未曾正式繼位為天皇,不為其立本紀,而列入后妃。

[3] 671年,天智天皇死後,大友皇子繼任為"弘文天皇",但隨後發生"壬申之亂",大友皇子被迫自殺。因為《日本書記》未立大友天皇紀,《大日本史》以重名分而不以成敗論正閏,為其立本紀,歸入正統。

[4] 龜山天皇為第90代日本天皇(在位1259—1274年),他是後嵯峨天皇的第七皇子,大覺寺統皇室始祖。

《太平記》記述楠木正成、正行父子的《櫻井訣別》(1336)忠孝行為最能襯托出水戶藩所要發展的國體核心思想。換言之，光圀編纂《大日本史》之目的在"正閏皇統，是非人臣"，亦即以大義理念作為編纂的基準，用意在端正名分秩序。針對"南北朝正閏問題"，明治四十四年(1911)日本的國會在第二十七次會議中曾經引起很大的爭論，甚至延伸至學術界廣泛探討。爭論的核心在於：承認"北朝正統論"即能以萬世一系、始終一貫的立場擁護國體，但如此又當如何看待楠木父子為南朝的忠誠行為？為了後世日本人的道德教育，忠誠的國民道德情操之培養亦是日本政府必須深入考慮的核心問題。因此，光圀在湊川為楠木正成的忠誠精神立碑，朱舜水為此寫《楠公碑陰記》，伸張楠木正成的"忠"，也襯托出光圀的"義"，獲得多數後世日本人的贊同。[1]

德川綱條在《大日本史》序文中開宗明義提及"百王一系，天地無窮"，即是光圀國體思想的具體表現。彰考館總裁青山延于(1776—1843)在《武公遺訓》中也提及："就算將軍家有理，與天子為敵即是不義，吾等不能遵從將軍家的不義行為。"這個尊皇的行為涵蓋了忠誠的精神，亦即水戶藩的思想家法。清原貞雄甚至認為水戶藩此一思想家法是明治維新之際，"救我帝國累卵"的精神。[2]

光圀的國體精神，至後期水戶學達到最高峰，德川幕末有許多志士擁護國體，其結論即是明治維新。一言以蔽之，他們論述的國體觀念即是"尊王攘夷"的思想。國體的本義是將天皇親政視為正當，否定武家政治，但在現實面，日本一直存在著幕府權力高於天皇，或是看似雙方妥協的"公武合體"制度。[3]1853年，美國培里艦隊叩關日本之後，幕府實力衰退，日本被迫門戶開放，憂心日本未來的幕末志士認為國體的本義首在回復天皇親政，應該去除"公武合體"制度，以確立尊王思想的基礎。以國體觀念為基

---

[1] 詳請參閱拙稿《朱舜水對東亞儒學定位的再詮釋》，收入鄭吉雄編《東亞視域中的近世儒學文獻與思想》(臺北：臺大出版中心，2005年)，頁292。

[2] 清原貞雄《日本國體新論》(東京：育芳社，1937年)，頁198。

[3] 所謂"公武合體"制度，是德川幕末的一種政治理論，旨在聯合朝廷(公家)和幕府(武家)改造幕府權力。此政論獲得幕府和部分大藩屬的支援，主要目的是要結合朝廷的權威，壓制當時的尊王攘夷運動，以避免幕府倒台和進一步強化幕府的地位。

礎形成尊王攘夷思想體系者即為水戶學派,代表學者之一的藤田幽谷具有修史傳統思想,在闡述"國體論""皇統一系"的特殊性中,提出君臣的"名分";會澤正志齋(1782—1863)[1]提出"忠孝";藤田東湖[2]則提出"仁厚義勇之風",再建構出國體論。水戶藩身為"御三家"之一,相較於諸藩,突顯出日本國族主義的濫觴與先驅地位。水戶藩的國體論本來不具有反幕府要素,但因盡忠物件為天皇,故與幕府之間存在著緊張的關係,成為學界持續關注之問題所在。

二、《大日本史》與中國儒家思想

一般對南北朝史觀的理解是,德川的征夷大將軍由北朝朝廷任命,北朝若非正統,則德川的征夷大將軍亦非正統。所以室町幕府至北朝(持明院統)才是正統,這是江戶時代的歷史學家林羅山、新井白石等人的解讀。但如前所述,《大日本史》以儒教的正統架構"北朝正統論",再以個人道德(光圀的信條)說明對日本的君主絕對服從的立場,強調"南朝正統論",所以《大日本史》的編纂以南朝年號記載。這種南朝正統史觀受到《太平記》及朱子學歷史思想影響。具體而言,光圀承認鎌倉時代後期至南北朝時代之公卿。後醍醐天皇時代活躍的公卿源親房(又稱北畠親房,1293—1354)著有《神皇正統記》,內容為尊重國體的皇國史觀。但是親房曾經以公卿社會的立場批評天皇的獨裁體制(建武體制),且在政治路線上與後醍醐天皇曾經有過對立。親房在足利政權內亂之際,接受足利尊氏(1305—1358)

---

[1] 會澤正志齋,水戶藩士,寬政三年(1791),十歲進入藤田幽谷的私塾"青藍舍"就讀,針對幽谷的教育內容編纂《及門遺範》。寬政十一年(1799),以書寫生的身份進入彰考館修史局編纂《大日本史》。正志齋向來關心俄國的南下政策,曾經搜集俄國國情與國際關係資料,于享和元年(1801)編輯《千島異聞》一書。天保三年(1832)開始輔佐德川齊昭的藩政改革,天保九年(1838)擔任"學校造營掛",著作《學制略說》,致力於藩校教育內容的研究,對於弘道館教育及水戶學的發展發揮了貢獻。文政七年(1824)正志齋在水戶藩領大津村接見上陸要求補給食料的英國捕鯨船員,記錄了《暗夷問答》,翌年針對尊王攘夷論,撰寫具有思想體系的《新論》,上呈給藩主德川齊修,因內容過於激烈,並未公開出版。

[2] 藤田東湖為水戶學者藤田幽谷之子,曾任彰考館編輯、總裁,與戶田忠太夫並稱水戶藩的雙璧,加上武田耕雲齋則稱"水戶三田"。東湖為天保十一年(1840)德川齊昭致力藩政改革的重要智囊,也是後期水戶學及尊攘思想的核心人物。1853年培里叩關日本之際,齊昭擔任幕府的"海防參與、海岸防禦御用掛"(國防大臣),東湖則擔任他的輔佐官。

形式上的投降,亦即 1351 年的"正平之統一",此時南朝接收北朝,1392 年,足利義滿(1358—1408)再以北朝接收南朝,當時北畠家以南朝公卿的立場繼續擔任室町幕府的守護大名,進而轉向戰國大名。親房遊走南北朝之間,但水戶學及之後的皇國史觀均將親房定位為"建武中興＝後醍醐天皇重新繼位的忠臣"。親房去世之後,光圀信奉其"日本古來,萬世一系""大覺寺統(南朝)才是正統天皇",將之繼承為歷史的真理。《大日本史》遵循親房的路線,水戶學者曲解了親房的思想,描述自神武創業至南北朝合一(南朝滅亡),百代帝王治世的歷史。足利尊氏成為逆賊,親房與楠木正成則被稱讚為忠臣。王家驊認為《神皇正統記》以有德者繼承為正統的觀點,是受到了中國儒家思想的影響。[1] 親房寫作《神皇正統記》主張南朝正統說時,南北朝尚未合一,但是南北朝合一後,繼承皇統的卻是北朝,因此也有人贊成北朝正統說。

第二節　水戶學與古學的關係

一、山鹿素行與朱舜水

　　山鹿素行(1622—1685)為德川初期的儒學者、兵學家,被譽為山鹿流及古學派之祖。他初學幕府林家的朱子學,至 39 歲仍無法領悟宋儒所說的心性宗理之學,認為此異端之學背離聖人之道,遂在 1666 年,45 歲時出版《聖教要錄》一書批評朱子學。當年朱舜水正好應聘到江戶講學,素行曾經直接受教於朱舜水,"素行"的字即是朱舜水授予。朱舜水也為素行作《子敬箴》,內容提及:

　　　　問學如何? 征乎素行。素行如何? 希賢希聖,匪敢潛逾,勉承
　　　來命。堯舜可為,人皆此性,儒道非難,養至德聖。懿美內涵,閒

---

[1]　王家驊《儒家的修史觀與日本古代的史學》,《日本研究》1998 年第三期。

望外令,文武張弛,維人無競。溫恭誠允,端莊靜正,不在他求,是在子敬。[1]

朱舜水告訴素行,弘揚儒道,在養至德聖。

二、山鹿素行與德川光圀

素行曾將《聖教要錄》贈給光圀,光圀閱讀後認為其內容回到探討古來周公、孔子的聖教原典,有違幕府建構朱子學思想體系化的目標,建議刪除對朱子學的批判,但遭到素行拒絕。[2] 素行與光圀之間的個人情感,可用惺惺相惜來形容,但提到做學問則各有執著,難有妥協。光圀知道素行是一位可以襄助自己的優秀之才,但礙於水戶藩必須堅持朱子學的祖法學問,不容批評,只能讓素行黯然離開水戶藩在江戶的"屋敷"。此事,朱舜水看在眼裡,深覺遺憾。

素行在《聖教要錄》序文中提及:

> 漢唐之訓詁,宋明之理學,各利口饒舌,而欲辨惑,惑愈深,令聖人坐于塗炭,最可畏也。……予者師周公孔子,不師漢唐、宋明之諸儒。學志聖教,而不志異端。行專日用,不事灑落,知之至也。[3]

又說:

> 及周衰,天生仲尼,自生民以來,未有盛於孔子也。孔子沒而聖人之統殆盡。[4]

顯見素行為學不師漢唐、宋明諸儒,以周公孔子之道為準繩,至於"行專日用,不事灑落"的態度則與朱舜水訴求的"日用之學"同道。對於作詩,素行的看法是:

> 後之學作詩,巧言奇趣,其所言皆虛誕也。故詩人者天下之閒人也,佚樂遊宴之媒也。

---

1 朱舜水《子敬箴》,朱謙之編《朱舜水集》(北京:中華書局,1981年),頁578。
2 冲方丁《光圀傳》(東京:角川書店,2012年),頁561。
3 山鹿素行《聖教要錄》小序,《山鹿素行集》第六卷(東京:國民精神文化研究所,1941年),頁167—168。
4 前揭山鹿素行《聖教要錄》小序,頁167。

這一點也與朱舜水批評詩作的態度不謀而合。[1]

素行又說：

> 及宋周程張邵相繼而起，聖人之學至此大變，學者陽儒陰異端也。道統之傳至宋竟泯沒，況陸王之徒不足算，唯朱元晦大功聖經，然不得超出餘流。噫，道之托人，行世皆在天，其孰強與於此乎！[2]

他主張德川社會要恢復聖教，必先將"陽儒陰異端"的學問排除。此話一出，惹來當時奉宋學為圭臬的幕府林家嚴厲的批判。但素行的弟子們不畏權勢，不讓朱子學一派獨大，挺身贊曰：

> 先生勃興二千載之後，垂跡於本朝，崇周公孔子之道，初舉聖學之綱領，身也、家也、國也、天下也。于文于武，其教學聞而無不通，為而無不效，先生之在於今世，殆時政之化乎。[3]

關於自己的學問主張受到批評，素行反駁說："罪我者，罪周公、孔子之道也。我可罪而道不可罪，罪聖人之道者，時世之誤也。"（《配所殘筆》）強調未來德川社會的學問發展若排斥周公孔子的聖賢之道，是違背時勢所趨。接著復說：

> 聖學何為乎，學為人之道也。聖教何為乎，教為人之道也。
> 人不學則不知道，生質之美，知識之敏，不知道其蔽多。

認為"學唯學古訓，致其知而施日用也"（《聖教要錄》上《聖學》）。指出聖人之教無須多言、奇說，簡單地告知百姓民生日用即可，批評宋儒"弄精神，認心性，乃道遙遠"（《聖教要錄》下《道原篇》）。素行鼓吹的日用之學，即是朱舜水在日本一直宣導的實學思想，素行還將實學思想延伸到義利之辨，論述道德與經濟之間的關係。素行說：

> 君子以義為利，小人知利不知義，君子之利能亨，小人之利不全，義利不支離，利者義之和也。義之所有，利隨之。（《聖教要

---

[1] 詳請參閱拙稿《朱舜水與安東省菴之思想異同》、《獨立禪師與朱舜水：文化傳播者的不同論述》，收入拙書《朱舜水與東亞文化傳播的世界》（臺北：臺大出版中心，2008年）。

[2] 山鹿素行《聖教要錄》上卷《道統》，《山鹿素行集》第六卷（東京：國民精神文化研究所，1941年），頁178。

[3] 前揭山鹿素行《聖教要錄》小序，頁177。

錄》上《知至》)

說明義利之道德理念為經濟之基礎,二者並行不悖。

山鹿素行對朱舜水行弟子之禮,且其思想形成受到朱舜水的影響,而荻生徂徠學多少也受到山鹿素行思想的影響。[1]換言之,朱舜水的思想直接、間接影響日本古學派的儒者是有跡可循的。關於朱舜水與日本古學派之間的關係,已有諸多論文探討,本章不再贅述。[2]

第三節 徂徠學在水戶藩的萌芽

一般學術界多將水戶學視為朱子學發展的一環,也將朱舜水的學問思想與朱子學畫上等號,或說朱舜水的學問傾向陽明學,但朱舜水曾說:"宋儒之學可為也,宋儒之習氣不可師也。至若陽明之事,偶舉其說'良知是赤的',以為笑談耳。故曰'良知豈是赤的來',非僕宗陽明也,幸勿深疑。"[3]朱舜水的弟子安積覺在答徂徠的書信中提及"禮"的相關問題,曰:

> 先侯(光圀)嘗問朱文恭以五廟之制,文恭不采《家禮》,其言曰:"《家禮》乃庶士官司之禮,豈所以施於諸侯者哉?庶士官司之禮,尚不得以施之士,況得以施之大夫、施之諸侯乎?"[4]

就五廟之制,朱舜水認為:"朱子謂凡廟之制,前廟以奉神,後寢以藏衣冠,但失之粗率,亦非鑿鑿謂前廟奉主也。"[5]明顯與朱子的想法有異。對於太

---

[1] 岩橋遵成《朱舜水の学風とその影響》,《徂徠研究》(東京:關書院,1934年),頁40。

[2] 詳請參閱藤澤誠《朱舜水の古学思想と我が古学派との關係》,《東京支那學報》第12號,1966年;潘朝陽《古学取向的朱舜水》,《家園深情與空間離散:儒家的身心體証》(臺北:臺灣師範大學出版中心,2013年),頁243—298;拙稿《東アジアの視野から見た朱舜水研究》,《日本漢文學研究》2(東京:二松學舍大學,2007年),頁357—396。

[3] 朱舜水《答加藤明友問》,《朱舜水集》,頁382。

[4] 安積覺《答荻徂徠書》,《朱舜水集》,頁768。

[5] 同上注。

夫人配廟之議,朱舜水說"程子以翁婦為嫌,欲為別廟別祭,於禮固為支離",所以安積覺說"文恭不專尚程、朱,往往此類是也"[1]。可見朱舜水在日本的學問發展不拘泥於程朱學或陽明學,其思想主張與德川幕府儒官木下順庵(1621—1698)[2]、山鹿素行、荻生徂徠倡議的古學派內涵息息相關,他回避性理之學的空理空論,進而主張與政治、經濟相關的實學主義。

在荻生徂徠(1666—1728)學問普遍受到重視之後,日本學術界無論是對清朝整體的評價或對明末儒學、清初儒學內涵的理解都產生諸多的變化,且廣泛滲透到各個知識階層。徂徠心目中的"聖人之道"是指中國古代傳授詩、書、禮、樂的聖人,具體而言是指自伏羲、神農、黃帝至堯、舜、禹、湯、文、武、周公、孔子等人所制定的安天下之道,與上述素行的學問主張,方向是一致的。徂徠在《辨道》中提及:"以禮樂刑政作為'仁'之本體,先王之道是以'仁'至大。"在《辨名(上卷)》中對"仁"又做了詮釋,曰:"仁者謂長人安民之德也,是聖人之大德也。天地大德曰生,聖人則之,故又謂之好生之德。"這裡可以解釋徂徠的"安天下之道"是以最大的道德"仁"為基礎,以養人安民為目標,而安民的根本即必須發展國民的經濟。換言之,徂徠關注歷史,作為政治學的徂徠學是以古文辭學作為方法,研究儒教經典的諸子百家,將禮樂刑政制度的聖人之道與政治、經濟的發展相互聯結,搜集多元的資訊並加以活用。這種方法是受到素行論述道德與經濟之間互有關係之影響,而有別於將"道"作為己物而自成聖人的朱子學思考模式。[3]

一、一元到多元學問的發展

徂徠學對後期水戶學及《大日本史》的編纂究竟有無影響?日本學術界夙有爭論。徂徠嚮往前期水戶藩學風的反面,後期水戶學究竟有無受到徂徠學的影響?若有影響,其過程及內容為何?這是需要釐清的問題。德

---

[1] 安積覺《答荻徂徠書》,《朱舜水集》,頁768。

[2] 朱舜水與日本古學派的關係,請參閱拙稿《朱舜水思想の日本文化に対する影響—孔子の形象の伝播を中心に》,《臺大日本語文研究》第26期(臺北:臺灣大學日本語文學系,2013年),頁183—215。

[3] 田原嗣郎《素行學・仁齋學・徂徠學》,《德川思想史研究》(東京:未來社,1967年),頁491—517。

川社會從十七世紀開始以朱子學為核心，摻入了朱舜水追求實用的民生日用學問，衝撞了德川官學的合理性。十八世紀之後，陸續出現伊藤仁齋倡議古義學、荻生徂徠倡議古文辭學，素行、仁齋與徂徠三人都排斥宋儒，希望恢復原始的儒教，站在日本意識的立場，將傳到日本的儒教發揮孔子的聖教精神。素行與徂徠更進一步提倡團體道德的倫理及功利學說，獎勵兵學研究，力說國家主義，認為學問必須以道德為基礎，注重政治與經濟的發展。這一點與光圀認為"先生（朱舜水）是真的經濟學問……先生從詩書禮樂至稻田耕作、家屋造樣、酒食鹽醬皆細密究得"[1]，稱讚朱舜水為學不忘論及實務經濟的層面有異曲同工之妙。當時德川社會的思想界還有以中江藤樹、熊澤蕃山為首的日本陽明學，到集國學（日本學）思想之大成的本居宣長（1730—1801）等人的學問，都促使德川社會從朱子學的一元學問往多元的方向發展。

徂徠與朱舜水的弟子安積覺交往之前，即接觸過朱舜水的學問，通過吸收朱舜水的思想，完成了以"六經"結構為核心的思想，此與朱舜水"書理只在文本，涵泳深思，自然會有。注腳離他不得"[2]的提法相近。高悅再度考證朱舜水思想對荻生徂徠造成影響，格外引人關注。[3] 此外，就日本兵學的淵源而言，徂徠稱讚前述南北朝時代的武將楠木正成（1294—1336）是"我邦中古兵學的第一人"，楠木與光圀都是他崇拜的先賢者。[4] 徂徠在給安積覺的書信中首先提及：

> 西山先侯（按：光圀）首革儒者陋習，且曰有民人焉、有社稷焉，人亦儒者也，是非常之君所見，迥逾流俗萬萬，因又憾時相及而遇不及，恍如異代，徒為之悵望已。（《徂徠集》卷二十八）

徂徠尊敬光圀，是從改革儒者陋習、心中有人民和社稷等多角度出發的，認為未遇光圀是一大遺憾。又說：

---

[1] 詳請參閱德川真木監修，徐興慶主編《日本德川博物館藏品錄Ⅱ：德川光圀文獻釋解》序章（上海：上海古籍出版社，2014年）。

[2] 朱舜水《答安東守約問》，《朱舜水集》，頁369。

[3] 詳請參閱高悅《朱舜水對荻生徂徠思想影響之再思考》，《外國問題研究》2016年第1期（總第219期），東北師範大學，2016年3月，頁39—42。

[4] 岩橋遵成《徂徠研究》（東京：一誠社，1934年），頁444。

> 不佞茂卿,自少小仄聞大邦之風,私心嚮往者尚矣。恭惟西山先侯,以親藩之尊,為柱石斯文,天縱之資,追蹤異代,乃間平不嘗已。其好士下賢之盛,熿燁一世,則先明遺民,有若朱舜水先生,暨僧皐(按:心越)之屬,遙覽德輝,翩然來集,自余文學之士,從遊如雲,亦皆梁苑之選也。(《徂徠集》卷二十八)

對於光圀禮賢下士、招聘朱舜水等形成水戶藩獨特的學風,徂徠素有嚮往之心。

二、徂徠學有無影響水戶學

最早關注徂徠學與水戶學相關問題的尾藤正英引用《水戶市史》(中卷之二)的相關記載,持以下肯定的看法:

> 水戶學從前期到後期的思想變化中,並非只是水戶藩內部的問題,其背景須與江戶中期思想界的動向一起思考。前期的編纂事業(《大日本史》)之所以立足于朱子學,是因為當時朱子學為儒學世界的主流。但從元祿時代開始,伊藤仁齋、荻生徂徠對朱子學提出批判,提示了古學學說,致學術界的情況有所改變。尤其徂徠的學問在十八世紀中葉風靡了以江戶為核心的學術界。之後,在其影響下,賀茂真淵、本居宣長等人提倡了國學之後,不僅是朱子學,儒學思想的權威性,與前期相較,已漸失色。因此後期修史事業的進展,以此背景為基礎而成立的水戶學,無法忽視徂徠學與國學的影響問題。[1]

小島康敬也贊同尾藤正英"就歷史編纂的態度,可以確認後期水戶學是受到徂徠學的影響"之肯定論述。[2]對此,名越時正則提出反駁"尾藤正英從徂徠、制度史、志表的路徑思考,是忽視或未知前期水戶學的國體論",並指出"前期國體論是以栗山潛峰(1671—1706)為首,而後期水戶學是繼

---

[1] 尾藤正英〈水戶学の特質〉,《〈水戶学〉日本思想大系(53)》(東京:岩波書店,1973年),頁564。

[2] 小島康敬《徂徠学と反徂徠》(東京:ぺりかん社,1987年),頁178。

承其發展"。¹德川時代的國體思想即已相當發達,這裡提及的"前期水戶學國體論",主要源於光圀的國史研究與朱子學的大義名分思想,其尊王思想及《大日本史》史觀影響到彰考館的學者。荒川久壽男也從革命史觀的角度否定徂徠學的影響,²認為後期水戶學超越徂徠學,以道義為中軸,提倡經世實用之學。³此外,橋川文三論及"徂徠學對《大日本史》的編纂起了哪些作用並不清楚",又說"之後,藤田幽谷與師匠立原翠軒成為敵對關係,對古文辭學並未持有好意,因此徂徠學對後期水戶學有何影響?難以論定"⁴,顯見他對此問題並未下定論。有關藤田幽谷與立原翠軒的敵對關係,容後論述。

梶山孝夫從歷史背景與史料內容的解讀,反駁尾藤正英的肯定論述。他說:"大家都知水戶藩的安積覺與徂徠有文書往來,長久保赤水、田中江南也企圖將徂徠學導入水戶藩,谷田部東壑與立原翠軒確實也傾向徂徠學,但翠軒並無特定的學派也是事實,從立原翠軒主張廢除《大日本史》的志表看來,這方面並未直接受到徂徠學影響,正確地說,翠軒應該是持拒絕的立場。"⁵此外,高山大毅對立原翠軒與幽谷是否受到徂徠思想的影響雖不作評論,但提及:"翠軒雖采諸學之說,雖不專一於徂徠,但也以他的影響力,使水戶德川家的講學內容無法排除徂徠學,而產生很大的變化。"⁶立原翠軒的弟子小宮山楓軒(1764—1840)也傾心徂徠學,曾到大阪抄寫徂徠的相關文獻。他在《餘毒》一文中,曾有如下論述:

> 本藩(按:水戶)之學,皆主宋學,文辭樸質,頗有固陋之弊。

---

1 名越時正《前期水戶学の国体論》,《水戶史學》(1974年),收入《德川光圀とその余光》(水戶:水戶史學會,1985年),頁9。此外,名越時正《現代の徂徠学派──新水戶学論に警告する》,《水戶學》第11號(1974年3月);《現代の徂徠学派──新しい水戶学論を批判する》,《日本》第7號(1974年7月)等文章中也否定後期水戶學受到徂徠學的影響。
2 荒川久寿男《水戶学の現代的意義》(東京:錦正社,1987年)。
3 荒川久寿男《近世正学の指標藤田幽谷》,前揭《水戶学の現代的意義》。
4 橋川文三《水戶学の源流と成立》,《高橋文三著作集》10(東京:筑摩書房,2001年)。
5 梶山孝夫《水戶学と徂徠学尾──藤正英の所論に寄せて》,《現代水戶學論批判》(東京:錦正社,2007年),頁26。
6 高山大毅《遅れてきた"古学"者──會澤正志齋の国制論》,《近世日本の"礼楽"と"修辞"──荻生徂徠以後の"接人"の制度構想》(東京:東大出版会,2016年),頁148—149。

> 至是江南首倡古學，府下之士，始聞新奇之說，以為痛快，從遊者甚
> 眾。水府之學於是乎一變。厥後古學大行，雖一洗當時固陋之弊，
> 而明儒偷薄之風，入人肌骨，至今不可去者，亦江南之餘毒也。[1]

小宮山這裡所指的江南，即是立原翠軒的老師田中江南，其思想深受徂徠學的影響，從水戶學"皆主宋學"的角度而言，從江南到立原翠軒的徂徠學脈絡之存在被視為"餘毒"。但水戶學發展到中期之後，水戶學者在1751—1763年之間，長久保赤水（1717—1801）、[2] 谷田部東壑（1733—1789）、[3] 立原翠軒等人相繼將徂徠學導入，特別是立原翠軒[4]對水戶學的再興有莫大的貢獻。

第四節　立原翠軒與"中期水戶學"的再興

一、立原翠軒的學問形成

水戶彰考館的業務及《大日本史》的編纂，在朱舜水弟子安積覺逝世之後，曾經一度停滯，古器古物破損日趨嚴重，書籍與記錄卷次淩亂，目錄類遭蟲蛀情形亦相當嚴重。直到立原翠軒致力修護古器古物之後，保存情況才逐漸好轉。立原翠軒，號此君堂、東裡，早年隨谷田部東壑及徂徠學派的田中江南求學，文章學大內熊耳，唐音學細井平洲，書法學松平樂山，主要

---

[1] 青山延于《文苑遺談》，收入《日本儒林叢書》第三冊（東京：東洋圖書刊行會，1928年），頁82。

[2] 長久保赤水，早年師事彰考館總裁名越南溪，專研朱子學、漢文，兼學天文地理。曾擔任藩主德川治保的侍講，寫過藩政改革建白書。並製作《日本輿地路程全圖》(1774)，之後在大阪出版《改正日本輿地路程全圖》(1779)。1785年相繼出版世界地圖《地球萬國山海輿地全圖說》及中國地圖《大清廣輿圖》。1786年開始參與《大日本史》地理志的執筆。

[3] 谷田部東壑，水戶藩士、儒者、醫師，曾為彰考館館員，著有《東壑筆記》。

[4] 立原翠軒，本姓平氏，字伯時、東裡，號翠軒。為江戶時代中期至後期的水戶藩士，曾經輔佐水戶藩第五代藩主德川宗翰及第六代藩主德川治保。父親是水戶藩彰考館管庫立原蘭溪（甚藏）。有名的水戶藩士、南畫家立原杏所為其嫡男，其孫則有幕末志士立原朴次郎及閨秀畫家立原春沙。

目的是想理解徂徠的治學方法。1763 年,立原翠軒 20 歲進入彰考館,1766 年擔任彰考館編輯,雖經歷 20 年編纂《大日本史》,起草《佛寺志》,卻難以獲得總裁的重用,主要理由是學派的問題。當時彰考館館員多數為朱子學者,但徂徠學者田中江南在水戶講學,脫離傳統宋學的窠臼,受到翠軒等多數水戶青年學者之好評。翠軒博覽群書,尤嗜仁齋、徂徠諸家之書,卻受到當時總裁名越南溪、富田長洲等人的排斥與教誨。[1] 翠軒為了繼承光圀的遺志,希望完成《大日本史》的編纂,對於編志的立場是尊重朱子學的道德性,廣泛收集資料,精讀《論語》、《孟子》(仁齋學),以作為歷史的史料。學問形成則重詞賦文章,尋訪金石風流,雖有儒學傾向,但也向現實肯定主義傾斜,積極思考徂徠學的學問方法。主張學問的吸收必須廣博,表明"六經諸史皆吾師"的求學態度,認為學問不宜有流派,解經者當起於古書,至漢傳、唐疏、宋注,調和諸家之說,強調折衷學習的態度,傾心的方法論即是尊重儒教六經古典之徂徠學核心思想。翠軒雖說"我努力學習,是修身齊家","未曾誹謗程朱",不過,當時水戶藩學者唯讀與朱子學相關的書籍,只論道德性的學問,因此,翠軒的治學方法被視為誹謗程朱、廢棄道德,有背馳學統之慮的異端學問。

翠軒擔任彰考館編輯時,更從廣博的角度涉獵詩文、書畫、音樂、古文書、系圖等學問知識,集合弟子開設私塾,以培養優秀人才,其用人態度採取門戶開放主義,錄用他藩優秀人才,卻招致反彈。後來展開《大日本史》"志"類的編纂,有別於前期水戶學以道德為核心的方向,著眼於多元學問的訴求。翠軒對彰考館的工作積極任事,包括整理藏書、製作目錄(翠軒錄)、修訂、補寫,做文庫書架、修繕書箱、分類書物等,工作長達 50 年,有相當豐碩的成果,並留有《西山遺聞》[2]、《此君堂文集》[3]、《此君堂詩集》(二

1　吉田俊純《水戶学と明治維新》(東京:吉川弘文館,2003 年),頁 17。

2　《西山遺聞》是立原翠軒補記未曾記載的光圀言行錄、逸話集,為輯錄光圀遺事、遺文的珍貴史料。

3　有關《此君堂文集》的解說,請參閱前揭《日本德川博物館藏品目錄 II:德川光圀文獻釋解》,頁 206—207。

卷)、同《補遺》(一卷)、《往復書案》[1]、《垂統大記》[2]、《白石遺文》(二冊)及安積覺與新井白石的往來書簡《新安書簡》(三冊)等多種著作,在《國書總目錄》中錄有58種文獻。[3]

寬政八年(1796),立原翠軒53歲時,獲得第六代藩主德川治保(文公,1751—1805)高度的評價與青睞,被拔擢為彰考館總裁,並擔任藩主侍讀及藩政諮詢。當年他察覺史局的藏書有不足之慮,即將自己的"此君堂藏本"捐給彰考館,當時留有《獻納書目》刊載於《彰考館文庫目錄》(1919)當中,可惜彰考館因受第二次世界大戰炮火攻擊,如今能辨識者已在少數。所幸,日本國會圖書館藏的《見聞書目》中還能略窺一二。又,日本同志社大學"小室澤邊紀念文庫"現藏有翠軒的自筆稿本、抄本、舊藏書七十余部。此外,翠軒的弟子小宮山楓軒也曾整理"此君堂藏本"成為《閱書目錄》(十冊),保留自文化五年(1809)至天保十年(1838)翠軒藏書供人借閱的翔實記錄,現分別在日本國會圖書館留有"小宮山叢書",在東京"靜嘉堂文庫"留有"小宮山楓軒叢書",共六百餘冊,提供研究者查閱。

翠軒作為多元學問的探究者,從名分論到"日本尊嚴性"的自覺都有自己獨特的看法,曾經建議文公修復朱舜水模造的水戶大成殿,幕府在天明六年(1786)大火之後,仿水戶大成殿再造聖堂,之後昌平黌的再造亦參考大成殿模型。翠軒也建議文公向幕府(第十一代將軍家齊)建言,勿循古例再接待"朝鮮通信使",以減少幕府財政負擔,最後成為寬政年間(1789—1800)再興《大日本史》編纂的關鍵人物。[4]第七代藩主德川治紀(1773—1816)繼續推動藩政改革,打破家老體制,重用儒學家。這個時期主要輔政

---

1 《往復書案》記錄《大日本史》編纂過程中,派遣到日本各地搜集史料的史館員與江戶史館員之間的往復書簡。這些書簡原稱"御用書""御用書案""御用狀""御用狀留",至寬政年間,時任彰考館總裁的立原翠軒整理出史館記錄。

2 《垂統大記》(72卷)是立原翠軒辭去彰考館總裁後,接受藩主治紀(武公)之命,與弟子小宮山楓軒共同編纂的紀傳體史書。主要記載德川家康創業守成二代主從的相關事蹟。此書完成於翠軒歿後的天保十年(1839)。《垂統大記》的書名是德川齊昭於天保八年(1837)決定。"垂統"語出《孟子》梁惠王章句下"君子業創垂統,為可繼也"。這裡的"君子"是指東照宮德川家康,具有敬幕的意函。

3 秋山高志《彰考館総裁立原翠軒の資料保存》,同氏《水戶の文人 — 近世日本の学府》(東京:ぺりかん社,2009年),頁414—441。

4 當時彰考館總裁有富田長洲、鈴木白泉、立原翠軒三人,翠軒為特命《大日本史》編輯。

者有田中江南、立原翠軒、川口長孺、藤田幽谷、青山延于等人,堪稱建構水戶藩學問發展的重要時期,筆者稱之為"中期水戶學",與前後期水戶學的發展有其連貫性。

二、川口長孺與歷史書的編纂

川口長孺(1773—1835)為水戶藩士,字嬰卿,通稱三省、助九郎,號綠野。江戶晚期歷史學家、醫學家,因漢學和詩才而聞名於當時。在總裁立原翠軒的推薦下,於寬政五年(1793)進入彰考館,並兼任藩主德川治保的侍講。之後,於文化十二年(1815)出任彰考館總裁。川口長孺得到翠軒編書的真傳,留有《史館事記》、《臺灣鄭氏紀事》(文政十一年,1828年)三卷、《臺灣割據志》(文政四年,1822年)一卷及《征韓偉略》(天保二年,1831年)五卷等諸多歷史書籍,[1]以下概述其編纂史書的相關內容。

《史館事記》一冊,全漢文謄寫,是記載彰考館修史始末的記錄。除了修史之外,還兼及藩政人事等相關事項。據錢明解說指出《史館事記》封面有"重要書類第十一函分第一三號之一"。文中用紅筆斷句並作修改,頁上空白處有紅筆寫的注釋文。卷首有文政十一年(1829)戊子二月彰考館總裁川口長孺寫的記文:"久僚友藤子定嘗著《修史始末》,記國史編纂事,綱舉目張,簡而悉矣。館員稍繼記而至文公末年。文政庚午歲,長孺屏居水戶。去歲丁亥,蒙榮命再來江戶,猶從事史務,而前後共事者,如翠軒翁、子大、子定輩,皆既凋謝。長孺亦齒豁頭禿,顧影瞻形,煢煢自歎,思惟往事,曠如隔世,竊恐館閣事外人不及知者,漸滅而無傳。於此乎,欲記舊事,以自備遺忘,且以貽後人。據史局簿書,去歲十一月中旬,起筆文化三年(丙寅,1806)。纔記一年,而藩邸會有池魚災,史局薄領,悉為灰塵。此歲春,史務之暇,將再修舊業,而無複歲月可據。予所筆記家事薄書,有間及公事者,據此考其歲月日,記所暗記,至八年辛未。而去歲春徙家也,船漏,沾濕所搬運行李,辛未以後筆記腐敗不存,事雖暗記,月日不詳,故以辛未姑閣筆焉。……此書實將續貂子定之書,而子定之書,全系《國史編纂》

---

[1] 川口長孺《征韓偉略》,高須芳次郎編《立原翠軒·豐田天公集》,《水戶學大系(第四卷)》(東京:井田書店,1942年),頁212—290。

來由。予所記旁及館閣事務,故駁雜繁蕪,不如子定書行文簡明云。"卷末識語"文政十一戊子五月納于江戶史館／川口長孺",本書成於文政十一年(1828)。[1]

《臺灣鄭氏紀事》分上中下三卷,與《臺灣割據志》同為川口長孺撰。本書所述,起自日本慶長十七年(1612)鄭芝龍初謁日本幕府,迄於元祿十三年(1700)清帝詔令鄭成功父子歸葬南安,記錄約 90 年間鄭氏四世之事及朱舜水事蹟等,以日本紀元為主,下附中國紀元,並注明資料出處,附以考異式之自注,為編年體史書。

《征韓偉略》刊本,含表紙,計 66 頁。全書共五卷,漢文版編年體史書,水戶彰考館編修總裁川口長孺著。據韓東育解說指出,《征韓偉略》記載朝鮮壬辰衛國戰爭之史事經緯。因東亞三國同時被捲入戰爭,於是這場長達七年的戰爭在日本稱"文祿慶長之役",於朝鮮稱"壬辰丁酉倭亂",在明朝稱"萬曆朝鮮之役"。卷之一,記錄了戰爭的背景、爆發和 1592 年農曆五月日本軍攻陷漢城、開城等史事。卷之二,記述了 1592 年農曆五六月間,日本軍"分朝鮮地界而經略"以及 1593 年農曆二月展開的碧蹄館激戰之經過。卷之三,記述了 1593 年農曆二月,朝鮮將領權慄的幸州山城防衛戰以及明朝沈惟敬與日方進行外交斡旋等史事。卷之四,記錄了交戰雙方議和拖延與重啟戰端的拉鋸過程,直至 1597 年農曆七八月間日本軍進逼朝鮮全羅道地區為止。卷之五,記述了 1597 年農曆八月在朝鮮全羅道南原的戰況,最後則簡要記錄了豐臣秀吉死後日本軍撤退等情形。韓東育也指出"偉略"一詞,明顯地表達出作者的日本立場。這在某種程度上影響了史書編撰時所當秉持的客觀態度,也決定了其修史行為中的去價值判斷傾向。川口反對安積澹泊將《論贊》植入《大日本史》的做法,彰顯了這一傾向。但由於寫作年代較晚,又川口本人身兼彰考館總裁一職,因此能廣泛搜集和閱讀日、中、朝的各類相關著述,如日本方面的《秀吉譜》《太閤記》,中國方面的《明史》《明史稿》《兩朝平攘錄》,朝鮮方面的《西厓文集》及《懲毖錄》(柳成龍)等,共計 60 餘種,在史料賅博的意義上,部分矯正了撰述者有失

---

[1] 前揭《日本德川博物館藏品錄Ⅱ:德川光圀文獻釋解》錢明解說,頁 26—28。

公允的著史態度,從而提升了著作本身的史實參考價值。[1]

三、立原翠軒與水戶藩的對外危機意識

水戶藩在光圀時代為了編纂《大日本史》,所費不貲,財政已出現破綻,光圀逝世之後,經濟窘況持續嚴重,幕府終於在1749年下令水戶藩提出安定財政的改革計劃。當時的水戶藩除了財政的內憂之外,還有外國勢力入侵的外患。1786年,幕府第十代將軍德川家治(1737—1786)去世,德川家齊繼任將軍,但家齊壟斷政治,政權腐敗。1787年6月開始,俄羅斯船隻頻頻南下要求與日本通商,翠軒即向幕府首席老中松平定信提出當時日本有禮聘朝鮮使節、北夷(俄羅斯)入侵、一向宗作亂等三大危機。[2]《大日本史》的再編工作即在此內憂外患的背景下進行,水戶藩"攘夷"的思想也在此時開始萌芽。

在安永元年(1772)之後,俄國的船隻經常在日本北海道出沒,此外,1840—1842年的中英鴉片戰爭,《南京條約》的簽訂、晚清的近代化,以及以英國為首的西方列強入侵東亞的資訊,也讓德川幕府或水戶藩提高了防衛的警惕,從水戶藩的海防政策即可窺知當時一連串的應對措施不斷持續進行。德川治保也經由幕府閣僚獲得不少海外的資訊,翠軒在這個時期即萌生外來危機意識,認為水戶藩需要改革,並從導入荻生徂徠思想開始,通過整合日本儒教、神道、國學、蘭學等各家學問看世界,認為改革應思考當時的世界局勢究竟為何?日本是什麼樣的國家?如何構築新國家論?歐美列強為何強大?從理想到現實面,如何改革?這些問題意識促使翠軒在寬政初年,透過德川治保向幕府老中松平定信提出上述"天下三大患"的應對之策。寬政四年(1792)俄國曾經送還日本漂流民大黑屋光太夫(1751—1828)等人,之後光太夫被移送至江戶。第十一代將軍德川齊家(1773—1841)曾經詢問光太夫有關漂流民、西伯利亞及俄國的政治、經濟等問題,最後將其內容寫成《江戶日記》。因當時俄國要求與日本"和親通商"遭幕府拒絕,翠軒也掌握了俄國方面的資訊。寬政七年(1795)五月,德川治保

---

1 前揭《日本德川博物館藏品錄Ⅱ:德川光圀文獻釋解》韓東育解說,頁166—172。
2 松平定信當上幕府老中,表面上由水戶第六代藩主德川治保(文公)推薦,實為立原翠軒舉薦。

邀請光太夫到小石川的藩邸（今東京後樂園），詳細詢問了有關俄國的最新資訊，當時在場的還有水戶藩執政大場維景、彰考館員川口長孺，他們分別寫下了《亞魯齊西漂民記聞》《光太夫口語》。此後，水戶藩禁止基督教並開始強化海防政策，到第九代將軍德川齊昭（1800—1860）當政時，"攘夷"政策更加落實。[1]

第五節　藤田幽谷與立原翠軒思想的不同

立原翠軒擔任彰考館總裁之後，培養了許多年輕的優秀人才，其中以藤田幽谷的才華最令翠軒期待。1787年，翠軒推薦幽谷進入史館工作，幽谷在18歲時即應老中松平定信之邀，提交了水戶學發展的基本方針"正名論"，內容貼近古典，具有"以天為父，以地為母"的儒教思想，融入中國哲學天、地、人三才活用的獨創色彩，目的在引述天＝日本天照大神的偉大、光明、仁慈的性格。[2] 主要在訴求他的歷史觀點，重點在擁戴天皇，呼籲武士的領導階層須基於名分論的秩序，認同水戶學派的國體尊嚴，進行藩政改革。幽谷於文化四年（1807）晉升彰考館總裁後，尋訪忠臣義士的遺文逸事，並求經濟實用之學，具有旺盛的批判精神及外來危機意識，打破現狀，恢復義公（光圀）的尊王意識。幽谷致力於《大日本史》的編纂，從結果來看，以志類的考證最具貢獻。但師徒兩人對《大日本史》的"志表""論贊"是否存續，以及更名《史稿》問題，則是激烈爭辯，意見分歧。

---

[1] 德川齊昭年幼時向會澤正志齋學習水戶學，展現了聰明才智。自文政十二年（1829）襲封以來，積極籌劃設立藩校弘道館、實施海防政策，勠力推動水戶藩政改革。對於西洋列強以船艦向日本叩關的舉動具有強烈的危機意識，主張強硬的攘夷論。在其親筆的朱批史料內容中可窺此端倪。詳請參閱前揭《日本德川博物館藏品錄Ⅲ：德川光圀文獻釋解》，2015年。

[2] 高須芳次郎編《藤田幽谷集》，《水戶學大系（第三卷）》（東京：井田書店，1942年），頁9。

一、《大日本史》的三大改革議題

寬政年間(1789—1800),以立原翠軒為核心的彰考館員再度積極展開《大日本史》編纂,一方面尊重自光圀以還尊皇思想的編史意識,一方面進行廢止"志表"、更改書名及刪除"論贊"的三大改革議題。《大日本史》是仿司馬遷《史記》的紀傳體編纂,按理應有"神祇志""禮儀志""藝文志"等不同志類的歷史敘述,但至翠軒接手編纂事業為止,"志表"的編纂幾乎都未進行。[1] 翠軒認為光圀的意志在於紀傳,紀傳在寬延二年(1749)已經完成,但須再校對及刊行。[2] 此外,當時水戶藩面臨藩財政困難、志類(如神祇、氏族、國郡等制度之通史,官僚的一覽表)編輯之方法未確立、搜集的資料不夠等問題,若再進行"志表"的編纂,會趕不上在1799年光圀逝世一百周年時將《大日本史》獻給朝廷。[3] 又,光圀時代已經另外完成《神道集成》《扶桑拾葉集》《釋萬葉集》《禮儀類典》等志類的編纂。[4] 考慮節省時間與經費,翠軒提議廢止"志表"的編纂,並獲得水戶藩政府的認可。[5] 但是廢止"志表"受到弟子藤田幽谷、小宮山楓軒等多數館員的反對,意外引爆水戶學派爭論的開端。以南朝正統論作為核心的《大日本史》,要獻給留有北朝血脈的朝廷,本身就有矛盾之處。為了將《大日本史》獻給朝廷,1795年3月,翠軒帶領藤田幽谷、小宮山楓軒等六名館員到京都,與朝廷代表裡松光世、國學者藤井貞幹協商,但《大日本史》的獻上問題並未獲得解決,反而給年輕的幽谷思考紀傳體的《大日本史》與朝廷關係一個絕佳的契機。[6]

---

1 詳請參閱吉田一德《大日本史紀傳志表撰者考》(東京:風間書房,1965年)。

2 德川光圀歿後十五年(1715),《大日本史》完成本紀73卷、列傳170卷,當時曾經呈獻給光圀廟寺。1720年,加上安積覺撰寫的"論贊",也曾經獻給幕府。

3 1799年,光圀逝世一百周年時,立原翠軒曾將《大日本史》紀傳抄本80卷呈獻給光圀廟寺。

4 詳請參閱前揭《日本德川博物館藏品錄Ⅱ:德川光圀文獻釋解》。

5 翠軒曾經舉出《史記》130卷中,志類僅有8卷,提議《大日本史》編志15卷,但與紀傳同時完成有困難,不希望以百科全書的方式呈現。

6 吉田俊純《水戶学と明治維新》(東京:吉川弘文館,2003年),頁26。

二、《大日本史》的"論贊"爭議與更名《史稿》

朱舜水弟子安積覺自享保元年（1716）至享保五年（1720），採用彰考館編修三宅觀瀾（1674—1718）的意見，執筆《大日本史》的"論贊"（又稱"贊藪"），主要表現的不僅是天皇個人的道德問題，更重視18世紀前期政治的治績與法治，具有政治的時代思潮之現實主義。菊池謙二郎認為"論贊與鼓吹尊皇思想有重大關係，深受賴山陽《日本外史》的影響"。[1] 戰後日本對皇國史觀、尊皇史觀呈現多元的論述。松本三之介認為："贊藪不只是名分論的道德問題，也要關注它所重視的'機''勢'的各種客觀的條件，它意味著對歷史動態的現實（realistic）有深入的理解。"[2] 玉懸博之也認為安積覺的"論贊"是"對於所謂政治人類的一個領域而言，展現出原有的性格，存在著現實的眼識"。[3] 大川真則稱讚安積覺是前期水戶學的代表，就其思想個性作內在的理解，即知其功績偉大，但也呼籲大家關注安積覺與同時代的思想家新井白石（1657—1725）的互動關係，他認為安積覺日本史論的思想形成與白石的存在息息相關。[4] 這可追溯到朱舜水與幕府儒官木下順庵（1621—1698）的思想交流，[5] 白石即為順庵的高徒，根據松本純郎的推測，安積覺與白石的頻繁交往在1721年至白石去世的1725年之間。[6] 後來，安積覺與白石之間討論史觀的往來書信，由翠軒編輯成前述的《新安手簡》。當中白石曾就前述《大日本史》三大特筆的神功皇后及大友皇子立紀一事向安積覺提出質問，安積覺回答當時館員之間就此問題有進行深入議論，自己也另作"自仲哀至壬申功臣"八篇記述，對白石質問水戶學根基的

1　菊池謙二郎《水戶学論藪》（東京：誠文堂新光社，1943年），頁414。

2　松本三之介《近世日本の思想像：歷史的考察》（東京：研文出版，1984年）。

3　玉懸博之《前期水戶学の歷史思想続考 — 安積澹泊の"論贊"をめぐって》，《東北大學日本文化研究所所報》19，1983年。後收入氏《近世日本の歷史思想》（東京：ぺりかん社，1984年）。

4　大川真《安積澹泊"大日本贊藪"について》，徐興慶、辻本雅史主編季刊《日本思想史》81（東京：ぺりかん社，2014年），頁49。

5　拙稿《加賀藩における朱舜水の思想の普及》，《東アジアにおける文化情報の発信と受容》（東京：雄松堂，2010年），頁439—457。

6　松本純郎《水戶学の源流》（東京：朝倉書店，1945年），頁266。

問題回寫了贊辭。[1]安積覺寫"論贊"正好與白石撰寫《讀史餘論》的時間重疊，兩人對確立公正的歷史產生共鳴，也同時關注政治的現實面。但是，相對於安積覺堅持南朝正統論的看法，白石對"正統"則有不同的思考。

翠軒與幽谷對修史事業主張的不同是雙方產生對立的主要原因，尤其是翠軒提出關閉史館、"廢志論"而導致師徒決裂。翠軒雖對義公（光圀）精神理解與繼承，積極任事，但對修史根源的把握、史論的執筆未能盡善，決策欠熟慮，且對後輩及門下的指導不周全、對文公（德川治保）家臣之間的調停不足，招致反彈而一度被迫辭去彰考館總裁職務。有關"論贊"是否刪除，兩派之間看法大相徑庭，立原派認為中國紀傳體的史書，除了《元史》之外，皆有"論贊"，建議保留；幽谷派則認為"論贊"的體例為安積覺之作，原非光圀本意，日本與中國國體不同，《大日本史》須具日本國體之優越性，安積覺議論史事的記述，雖崇高公正，但百王一姓的天朝若論祖宗的失德，必有許多冗雜苛刻之處，所以提議將論贊刪除，目的是不讓天皇成為被批判的對象，可說是帶有濃厚的政治色彩。

另一方面，據1797年8月29日藤田幽谷給校對日本史的館員史料《校正局諸學士に与ふ》內容，他提議將《大日本史》更名為《史稿》，同樣在水戶藩引起相當大的爭議。幽谷在《修史始末》中提及《大日本史》名稱不當，有以下四大理由：一、國號是"日本"而非"大日本"；二、未受敕命的私撰史書，以國號"日本"為書名，不合體制；[2]三、天照大神的子孫永遠位居日本天皇，以"日本"為書名，似為異邦人考慮；四、光圀原來預定紀傳、志表完成之後再向朝廷請示書名，但至光圀逝世時，並未完成，水戶藩卻逕自以《大日本史》為書名，有蔑視朝廷之嫌。[3]對於弟子幽谷擅自提議《大日本史》更名為《史稿》，翠軒認為難以體現水戶舉全藩學者努力編纂的成果，無法認同。多數館員也認為只有訴求天皇大權的理論，或為了史書能上呈朝

1　大川真《安積澹泊"大日本贊藪"について》，徐興慶、辻本雅史主編季刊《日本思想史》81（東京：ぺりかん社，2014年），頁49。

2　針對這點理由，幽谷的弟子會澤正志齋在《迪彝篇》提出"自古以來'大日本'或不加'大'字的日本都可書寫"的反駁意見。

3　吉田俊純《寬政期水戶学の研究——翠軒から幽谷へ》（東京：吉川弘文館，2011年），頁119—120。

廷而更名都不合邏輯，若更名《史稿》可以成立，就表示光圀侵犯了天皇的大權，何況這套史書以東亞共通的漢文編輯，具有非只給日本人閱讀的用意，因此《大日本史》仍以原書名呈現。幽谷主導修史事業之後，於文化六年（1809）完成自神武紀至天武紀的《大日本史》刻本26卷獻給幕府，文化七年（1810）12月，幽谷附上藩主治紀的上表文，刪除"論贊"，第一次成功地將《大日本史》獻給朝廷。文政二年（1819），紀傳45卷刻本完成，第二次同時獻給幕府及朝廷。[1]

代結語　水戶學對近代日本的歷史意義

　　幕府老中松平定信於1790年提出"寬政異學之禁"（又稱"寬政改革"），主要是禁止朱子學以外的學問在幕府的教育機關"昌平坂學問所"講課，並未禁止"異學"的講課與學問發展。例如幕末期的昌平坂學問所儒官佐藤一齋（1772—1859）學的是陽明學，在學問所就講朱子學，在家裡換講陽明學，但當時學問所上課的內容比較朱子學與陽明學已是常態，政治學理的現實訴求逐漸浮出檯面，要將德川社會的學問回歸到朱子學的一元化已經不太可能。換言之，"寬政改革"之後，儒教各學派知識的學習，已經滲透到德川社會的各階層。水戶學者與徂徠的交流自1709年徂徠娶水戶藩士佐佐木宗純之侄為妻開始，享保年間，安積覺與徂徠開始書信往來，相互切磋學問，享保九年（1724）徂徠弟子岡井仲賜進入彰考館擔任編修，享保年間的徂徠學（書籍）對水戶學者產生了某種程度的影響，這是不爭的事實。明和六年（1769），水戶藩認為徂徠學輕視道德性，開始排斥徂徠學，但追求折衷學的氛圍已開始興起。松平定信對堅持朱子學大義名分論的《大日本史》採取寬容的政策，其實他內心也尊重徂徠學，教育朱子學、政治徂徠學，

---

[1] 井坂清信《文政期における水戶藩修史事業の一斑——当館所蔵〈藤田幽谷書簡〉の翻刻を終えて》，《參考書誌研究》第36號，1989年8月。

一時蔚為風潮。小島毅指出徂徠已經看出"只是強調倫理道德的朱子學無法滿足當時社會的需求"[1]，也認為松平定信承認徂徠學作為政治學說，主張政治徂徠學、教育朱子學雙領域同時發展的政策。松平定信承認徂徠學，同時成為刺激會澤正志齋《新論》（1825）等滲透到後期水戶學的契機。[2]

會澤正志齋一直被認為是後期水戶學的代表學者，其著作《新論》的內涵也一直有多元且不同的解讀。1804年起，正志齋開始擔任《大日本史》編纂，1823年幽谷去世後，正式接任總裁代理。之後，在官場起起落落，1840年4月開始任弘道館教授，1844年改革失敗後被迫下台，過了三年被監禁的生活。至1853年7月美國培里叩關日本後，改革派復權，他才復職成為教授頭取，因學問成績優異，獲得晉見將軍的榮譽。在外來危機重重的德川幕末，水戶學的發展與政治理論息息相關，但正志齋以儒學家而非政治家的立場出發，可將他看作綜合各家學問，構築尊王攘夷思想的學者。正志齋繼承幽谷的學問，1847年撰寫《下學邇言》，內容述及中國漢儒訓讀與唐人詞章，旁及宋儒與王陽明的學說。對於日本的學問，則先談藤原惺窩與林羅山的儒學，再說熊澤蕃山的陽明學，以及貝原益軒、伊藤仁齋、荻生徂徠、新井白石等人的學問。觀其學問形成，多採折衷立場。

前期水戶學是從朱子學孕育而生，從"中期水戶學"立原翠軒到後期水戶學藤田幽谷《正名論》、會澤正志齋《新論》，都在強調日本"國體"的特殊性與優越性，正志齋更訴說它與"夷狄"的差別觀，也稱讚儒教仁政思想及祭政一致的神道世界觀。但翠軒與正志齋都受到徂徠學的影響，尤其是後期水戶學以教育朱子學為主的成分減少，而在政治運作上有實際立場的政治徂徠學的成分逐步增加，水戶學思想被喻為"尊王敬幕"，但因堅持儒教的名分論，其敬幕的成分不易顯現。另一方面，天皇雖有象徵政治權威的名分，但無實權。尊王是光圀向來的立場，而攘夷本來是中國的華夷思想，與日本中華概念的形成有關聯性，內含內憂外患的危機意識。自"中期水戶學"立原翠軒以降的外來危機意識，使"後期水戶學"藤田幽谷與東湖父子、會澤正志齋等人提倡的名分論再度升華，加上幕府對"開國"的衝擊應

---

[1] 小島毅《増補 靖国史観—日本思想史を読みなおす》（東京：筑摩書房，2014年），頁34。

[2] 同上注。

對失態,形成作為最大公約數的"尊王攘夷"訴求,進而將日本"天朝"的實質地位再度拉回。換言之,長期以來支配日本人的儒教、佛教、神道及國學思想等傳統日本思想當中的"幕末思想",與優勢的歐洲文明近代思想碰撞後,促使日本加快近代化腳步。從尊王敬幕,到為了克服危機,構築國家論以及近代天皇制,也可視水戶學尊王攘夷的核心思想,為明治維新接受近代西洋文明奠定基礎。

第十一章

水戶藩與日本的近代化

前　言

　　歐洲各國自 18 世紀後半，經由產業革命，紛紛在海外拓展殖民地，這股西歐東漸的勢力也進入了東亞世界，給日本德川幕末帶來極大的衝擊。當時德川的幕藩體制雖然堅持"鎖國"政策，但日本的鄰近海域不斷地出現威脅國家安全的外國船隻。幕府在第三代將軍德川家光（1604—1651）時期完成了"鎖國政策"並提出海防政策。1638 年，幕府命令全國各藩設置"遠見（Toomi）番所（異國船番所）"，用以監視外國船隻的入侵。1739 年，俄國船隻開始出現在日本的陸奧（Mutu，今青森及福島縣）、安房（Awanokuni，今千葉縣南部）、伊豆（Izu，今東京西南）沿岸；1792 年，俄國使節 Адам Кириллович Лаксман（1766—1806）藉著遣返日本漂流民，將船隻開入蝦夷（Ezochi，明治之前北海道的舊稱），要求日本開放通商。1803 年，美國船隻開進長崎；1808 年，英國船 Phaeton 號偽裝成荷蘭船隻，強行進入長崎港，要求通商；1837 年 6 月，美國船隻 Morrison 號，帶了七名日本漂流民進入浦賀港，當時的浦賀奉行對非武裝船的美國船隻展開炮擊，遭到蘭學者渡邊崋山（1793—1841）、高野長英（1804—1850）的批評。[1] 從此，外國船隻逐漸逼近日本沿岸，各藩紛紛強化海防政策。

　　針對這些外國船隻陸續接近日本，1825 年 2 月幕府提出"異國船打払令"，目的在阻止外國船隻的逼近。當時臨海的薩摩藩（今鹿兒島）、佐賀

---

[1] 渡邊崋山原名渡邊定靜，字子安，一字伯登，通稱渡邊登，號崋山，齋號有寓繪堂。德川幕末的漢學家、蘭學家、政治家、畫家、幕府藩士，被譽為"日本開國史上的第一人"。高野長英為德川幕末的醫學家、蘭學家，兩人都積極從事西洋學問研究。在幕府對美國軍艦實施還擊之後，崋山著《慎機論》、長英著《戊戌夢物語》，對幕府的攘夷政策提出批判，呼籲幕府必須實施"仁政論"，善待漂流民的人權，因而觸怒幕府。天保十年（1839），幕府以企圖逃亡國外及與下級武士、陽明學者大鹽平八郎（1793—1837）有勾結等罪名將他們逮捕，史稱"蠻社之獄"，這是幕府對蘭學者進行的最早的壓制行動。

藩、長州藩（今山口縣）以及靠近日本海的越前藩（今福井縣）、四國的宇和島藩（今愛媛縣）主伊達宗城（1818—1892）等各地諸侯為了提升海防力量，致力殖產興業，紛紛設立反射爐、製造大炮及蒸汽軍艦，以因應外來的危機。

此時，在太平洋海域的水戶藩也不例外，除了面臨財政困難的內憂，還必須面對西洋勢力入侵的外患。德川齊昭（1800—1860）[1]在藩內門伐派與改革派對立嚴重的情況下，接任第九代藩主。1837年7月，齊昭訂定四大改革目標，提出"經界之義"（全檢領地）、"土著之義"（將藩士自水戶城下移至農村，以充實武備）、"學校之義"［建設鄉校那珂湊的"敬業館"（後改稱文武館）及設立藩校弘道館］、"總交替之義"（廢止幕府的定府制，[2]回到藩地主政），呼籲全體藩士團結一致，進行改革。[3]在教育普及方面，設立藩校"弘道館"，任用戶田忠太夫（1804—1855）、藤田東湖（1806—1855）、會澤正志齋及青山拙齋（延于，1776—1843）等藩士，進行教育改革，培養文武兼備的優秀人才。有關"弘道館"的軍事教育，容後論述。

1842年，清朝在鴉片戰爭中失敗的消息入傳日本，給德川幕府帶來極大的衝擊。1853年6月，第十二代將軍德川家慶（1793—1853）病死，繼承的第十三代將軍德川家定（1824—1858）體弱多病，幕府的實權落在老中首座阿部正弘（1819—1857）身上。同年7月1日，阿部為了推動"安政改革"，召集各雄藩大名，擬定因應對策，7月3日任命齊昭為"海防參與"（等同今日的國防大臣），參與幕政。齊昭於天保、弘化年間（1844—1847）再三向幕府要求撤銷大船建造的禁令，同時邀請蘭學專家翻譯大量的西式軍艦和武器製造的解說書，舉行大規模的軍事演習"追鳥狩（Oitorigari）"，[4]由齊昭發號施令、指揮，聚眾數萬人，用以提振軍心士氣，企圖在水戶藩習得

---

[1] 德川齊昭是常陸國（今茨城縣）水戶藩的第九代藩主。幼名虎三郎、敬三郎，字子信，號景山、潛龍閣，諡號烈公。是水戶藩第七代藩主德川治紀的第三子，也是第十五代將軍（日本末代征夷大將軍）德川慶喜的生父。

[2] 水戶藩為德川"御三家"之一，在諸大名之中唯一免除"參勤交替"，藩主常駐江戶輔佐將軍，此稱為"定府制"。水戶藩主也因此被稱為"副將軍"。

[3] 鈴木暎一《水戶弘道館小史》（東京：文真堂，2003年），頁12。

[4] 德川齊昭的"追鳥狩（Oitorigari）"軍事演習，詳請參照德川真木監修，徐興慶主編《日本德川博物館藏品錄Ⅲ：水戶藩內外關係文獻釋解》（上海：上海古籍出版社，2015年）。

武器或軍艦等製造方法,積極推動兵制改革,強化海防的工作。

1854年1月培里再度叩關,日本被迫簽訂不平等的《日米和親條約》。但美國並沒有立即進軍日本市場,原因是美國國內貿易政策的對立,引發了南北戰爭,這個內戰持續到1865年。這段時間美國對日貿易難以伸展,卻給航海及貿易實力雄厚的英國及法國帶來機會。英國在克里米亞戰爭獲勝之後,阻止俄國勢力南下,成為進軍日本的最大貿易國。為此,幕府中央接受了齊昭的建議,向各藩解除建造大船的禁令。同時為了培育外交與國防的人才,開始籌設講武所、蕃書調所、長崎海軍傳習所等國家級的軍事及外交研究機構,聘用江川英龍、岩瀨忠震、勝海舟、大久保忠寬、永井尚志等專業人士為"海防掛"幕閣的諮問委員。水戶藩也自1854年至1857年,進行為期四年的藩政改革。爾後,歐美勢力逼近日本,迫使德川幕府逐步解除了實行220年的鎖國體制,開始走向門戶開放,推動明治維新的道路。

本章以彰考館總裁立原翠軒(1744—1823)至德川齊昭《海防策》的國家安全政策及其西洋知識攝取為範疇,從解說日本德川博物館所藏相關史料視角切入,探討西方勢力的東漸與日本海防政策的轉換,同時分析水戶藩攝取蘭學的內涵、水戶藩的軍事教育和近代化建設、西式大船的製造及反射爐的建設,進而闡明德川齊昭實踐日本近代化與明治維新的歷史定位。

第一節　西方勢力的東漸與日本海防的政策轉換

一、立原翠軒的憂患意識

水戶彰考館的業務及《大日本史》的編纂,在朱舜水弟子安積覺逝世之後,曾經一度停滯,古器古物破損日趨嚴重,書籍與記錄卷次凌亂,目錄類遭蟲蛀情形亦相當嚴重。直到立原翠軒致力修護古器古物之後,保存情況才逐漸好轉。翠軒也成為寬政年間(1789—1800)再興《大日本史》編纂的關鍵人物,在接任彰考館的總裁之後,繼續進行《大日本史》的編纂,並於1799年,德川光圀逝世一百週年時,將《大日本史》紀傳淨抄本80卷呈獻給光圀廟寺。

1787年6月,俄羅斯商船由北海道的厚岸登陸,並要求日本開啟通商貿易,當時在水戶藩工作的翠軒獲得第六代藩主德川治保(文公,1751—1805)高度的評價與青睞,被拔擢為彰考館總裁,並擔任藩主的侍讀及藩政諮詢。翠軒洞察當時日本的國外情勢,曾經上書《天下三大患》的意見書給幕府老中松平定信(1759—1829)。所謂"天下三大患",一為朝鮮使的聘禮,勞民傷財,應予廢除;二為北方蠻夷(俄羅斯)南下覬覦,視為外患,須擬訂對策;三為一向宗派(淨土真宗)的叛亂,是為日本的三大危機。《大日本史》的再編工作即在此內憂外患的背景下進行,水戶藩的"攘夷"思想也在翠軒敏銳的憂患意識中開始萌芽。[1]

二、德川齊昭的《北方未來考》

天保年間,齊昭曾經寫了詳盡的《北方未來考》計劃書,多次請求幕府,將蝦夷地(今北海道)的拓荒,如築城、移民、防備、產業及對愛奴族的同化,交由水戶藩來經營。為遵守幕府"一國(藩)一城"令的規定,1836年齊昭命令家老山野邊義觀在助川地區建造以海防為目的之城堡,城內除有本丸、二之丸、三之丸之外,有炮擊教練場、射擊教練場、馬場及遠見番所等設施。海防城下設有友部、大沼兩處海防陣屋,陣屋之下設有川尻、初崎、河原子、久慈等四個炮台。1844年,水戶藩依據幕府的命令,齊昭在那珂湊(港)、水木、磯原等地設置"遠見番所",同時設置東巡迴船的監視系統,並強化海防陣屋與炮台。[2]

---

[1] 立原翠軒與"中期水戶學"的發展息息相關。詳請參照拙稿《〈大日本史〉史觀與日本"水戶學"的重建》,《日本儒學思想與研究 —— 王家驊先生紀念專輯》(天津:天津人民出版社,2016年),頁150—172。

[2] 詳請參照德川齊昭《北方未來考》(1839),日本茨城縣立歷史館所藏抄本,《水戶學大系(第五卷)·水戶義公·烈公集》(水戶學大系刊行會,1941年)。

三、"天保改革"及維新思想的萌芽

鴉片戰爭之後,幕府從英國來航軍艦得知中國挫敗的消息,即將1842年規定的"異國船打扒令"轉換為"薪水給養令",轉攻為守。德川博物館典藏的"異國船御達"記述異國船隻來航時日本的應對原則,是幕府對各藩地所下達的法令文書,在卷頭有"船隻由南北方來臨時,日本全國將會動搖"的烈公(齊昭)朱批。[1] 此時,魏源(1794—1857)編纂的《海國圖志》東傳日本,內容載有西洋各國的地圖、歷史說明與技術,幕府從中央到各藩大名、知識人之間,人手一冊,爭相閱讀。汲取西洋的地理新知,殖產興業、學習西洋科技,抵禦外侮成為當時德川幕府最大的課題。[2] 舉例而言,幕府實施"天保改革",信州松代藩的真田幸貫(1791—1852)[3] 成為老中,思想家佐久間象山(1811—1864)[4] 撰寫《論時務十策》,上書幕府老中阿部正弘,建議日本如何因應新的國際局勢,是日本導入西洋技術系譜的先驅人物。齊昭則於1841年3月開始鑄造大炮,同年5月在長崎的高島秋帆(1798—1866)[5] 首次進行炮術演練,而水戶藩的教育機構"弘道館"也在同年8月開館,齊昭聘任藩士會澤安(正志齋,1782—1863)[6] 為總裁,全力推動日本的近代化。會澤安於1791年進入藤田幽谷的私塾"青藍舍"就讀,針對幽谷

---

[1] 德川博物館藏"異國船御達"(史料編號14056),收入前揭《日本德川博物館藏品錄Ⅲ:水戶藩內外關係文獻釋解》,頁72—75。

[2] 詳請參照拙稿《日本近代化における中国の維新思想 ― "聖武記"と"海國圖志"に影響された政治家、思想家たち》,《台大日本語文研究》第1期(台灣大學日本語学系,2000年),頁61—100。

[3] 真田幸貫,德川時代的大名、老中。信濃松代藩第八代藩主,也是第八代將軍德川吉宗的曾孫。

[4] 佐久間象山,名敬之助,字子明,號象山,以號行。日本德川幕府末期思想家、兵法家。1833年,隨佐藤一齋學習儒學,崇拜陸九淵,故自號"象山";其後又轉向蘭學,提倡"和魂洋才"之說。1839年,在江戶開設象山書院,勝海舟、坂本龍馬、吉田松陰等人均出自其門下,以主張"公武合體"和開國論而聞名。有關佐久間象山推動近代化的思想,請參閱拙書《東アジアの覚醒 ― 近代日中知識人の自他認識》(東京:研文出版,2014年),頁59—68。

[5] 高島秋帆出生長崎,高島流炮術的創始者,號為"火技之中興洋兵之開祖"。他向幕府提出《天保上書》的意見書,訴求日本必須推動炮術的近代化。1841年5月他首次在日本公開洋式炮術及銃陣的演練。1853年培里來航之後,上書《嘉永上書》,主張開國、交易(通商)論。

[6] 會澤正志齋,是後期水戶學民族主義思想家。1825年,撰寫《新論》,論述德川幕府的國防政策和西方船隻對日本的潛在威脅。主張日本必須採用自己的國教,並討論國體的概念,對水戶藩未來的尊王攘夷運動有重大的影響。1840年,會澤成為水戶學"弘道館"大學頭,但在1844年被德川齊昭因藩政改革問題被逼退隱,在1849年被赦免復官。

的教育內容編纂《及門遺範》。1799 年，以書寫生的身份進入彰考館修史局編纂《大日本史》。會澤安向來關心俄國南下的問題，曾經搜集俄國國情與國際關係資料，1801 年編輯《千島異聞》一書。1824 年在水戶藩領大津村接見上陸要求補給食料的英國捕鯨船員，記錄了《暗夷問答》，翌年針對尊王攘夷論，撰寫具有思想體系的《新論》，上呈給藩主德川齊修，因內容過於激烈，並未公開出版。會澤安於 1832 年開始輔佐齊昭的藩政改革，1838 年擔任"學校造營掛"，著作《學制略說》，致力於藩校教育內容的研究，對於弘道館教育及水戶學的發展發揮了貢獻。

四、鴉片戰爭與對英的危機管理

在"開港準備期"（1842—1853）階段，1844 年 7 月，荷蘭國王威廉二世（Willem Frederik George Lodewijk, 1792—1849）接到中國在鴉片戰爭中失敗的結果，即遣軍艦帶著國書渡航長崎，建議日本加強海防政策，"和蘭王書翰和解"為其國書的日文翻譯，內容除了描述日本及荷蘭兩國因長年通商貿易而成為友好國，說明歐洲在產業革命之後的國外貿易情形等事之外，慎重說道"有一大要緊之事（鴉片戰爭）不通知不行"，"並不關於荷蘭及日本之間的貿易"，在英國與中國激烈的鴉片戰爭中，中國敗給了"強大的兵法"，因此兩國簽訂了不平等條約，中國開港"五口（廣州、福州、廈門、寧波、上海）"通商，認可歐洲人至中國發展貿易。可想而知，之後將會有許多外國船隻頻繁地來航日本近海，為了避免"戰亂衝突"，希望貴國政府能夠提出良好對策。最後說明荷蘭國王希望日本能夠免於這次"災禍"，想報答兩百餘年來被日本幕府禮遇的恩情。[1]

英國之所以戰勝清朝，最大的原因是蒸汽船能夠自由在海上行走，從遙遠的海上對陸地發射炮擊，幕府認為日本的戰力難敵英國而產生危機意識。在此內憂外患頻傳的背景下，各領（藩）地出現了愛國志士，他們手拿荷蘭的軍事書籍，汲取西洋科技，一時蔚為風潮。而擔任幕府"海防參與"的齊昭開始進行國產船隻的製造，啟用建造反射爐的江川英龍（1801—1855），

---

[1] 德川博物館藏"和蘭王書翰和解"（史料編號 14075）、"書翰副書禮物目錄"（史料編號 14076），收入前揭《日本德川博物館藏品錄Ⅲ：水戶藩內外關係文獻釋解》，頁 77—79。

進行造船設計,但江川當時尚無能力建設炮台及生產大炮。基本上,幕府的"天保改革"以失敗告終,幕府的危機管理能力讓人堪憂。力圖國家權威的重建,天皇、朝廷在政治上嶄露頭角。而一向以天皇為尊的水戶藩因領地有很長的太平洋海岸線,在殖產興業、海防安全防衛方面,早有"勿恃敵之不來,恃吾有以待之"的應對,進行各式各樣的措施改革與技術創新。

五、洋式造船與海軍傳習所的設立

在大船建造令解除前,齊昭以建"快風丸"的名義,於1841年在那珂湊密造了兩艘小型西洋船隻。禁令解除後,幕府從西歐招聘造船技術人員,在浦賀、櫻島、石川島起造三艘洋式軍艦。浦賀奉行所的"鳳凰丸"號是根據1849年渡航浦賀港的英國軍艦,經過現場辨識,再參考造船蘭書和翻譯造船書,製造了薩摩藩的"昇平丸"號及水戶藩的"旭日丸"號。[1]水戶藩在小石川的藩邸中,聘用的蘭學者鱸半兵衛,翻譯荷蘭的造船書,進行雛形(縮小模型)的製造。這種雛形製造為當時製造洋式船隻時廣用的手法,雛形於1853年提供將軍德川家定御覽。當時幕府命令水戶藩建造的"旭日丸(Asahimaru)"號,[2]是日本最早建造的西洋式軍艦,此船提供給幕府海軍使用,明治維新之後也發揮了運輸船的功能。1855年12月1日,日本與荷蘭簽訂《日蘭和親條約》的同時,幕府在長崎開設海軍傳習所,老中阿部正弘任命永井尚志(1816—1896)為首任所長,聘僱荷蘭海軍專家Pels Rijcken

---

1　安達裕之《和船から洋式船へ》,荒野泰典等《近代化する日本》(東京:吉川弘文館,2012年),頁359。
2　水戶藩在德川光圀時代已率先製造了"快風丸",並有三次派遣"快風丸"到"蝦夷地(Ezochi)"的記錄。"快風丸",最早是朱舜水提示德川光圀"海"的概念,德川博物館留有"快風船涉海紀事",記載水戶藩於寬文至貞享年間開始建造大船,第一艘船於寬文十一年(1671)完成,船長18間(約1.4米)、寬5間;第二艘船完成時為朱舜水逝世後的貞享二年(1685);第三艘的"快風丸"雇用了大阪的船匠,於貞享五年(1688)完成,此船全長37間(約53米)、寬9間(約17.7米)、船槳40支、桅杆長18間(杆基寬3尺角)、帆500段,船中附有"船馬(Tenma)"2艘(長約9間、槳8支)。這些船主要在蝦夷地、石狩川地區進行探索工作,船中還留有由中國曹洞宗禪師東皋心越(1639—1695)親筆寫下的"快風丸"匾額(約1.5米)。

(1810—1889)、Kattendijke（1816—1866）等人，[1]傳授洋式造船技術及航海術、運用術、炮術及測量術等課程。第一期入學的學生除了各藩幕臣之外，還有薩摩、佐賀、築前、長州、肥後等西日本地區的各藩藩士，[2]由於習得洋式造船技術的日本船匠增加，技術知識逐漸流傳，各地方也開始洋式船艦的建造，培養了不少明治時代的海軍將領及財經界的優秀人才。[3]

第二節　水戶藩的軍事教育和近代化建設

一、水戶藩的私塾教育

1697 年，在彰考館工作的藩士森尚謙（1653—1721），以城下大町的士民為招生對象開設私塾，德川光圀將之命名為"儼塾"，此為水戶藩私塾之濫觴。爾後，水戶藩內即定期舉行馬場講釋、儼塾講釋、史館講釋、舜水祠堂講釋，主要在普及勸善懲惡，人倫、秩序的教育內涵。寬政年間（1789—1800）以降，水戶藩內城下開設四十餘所"學問・手習塾"，教授儒學經典，農村則開設"寺子屋"（Teragoya），全藩設有武藝塾 140 餘所。1809 年，第七代藩主德川治紀（1773—1816）經常親自聽講。1811 年起，將私塾分為"素讀"（背誦）及"講釋"兩種課程，每月一日、十五日定期舉行學力測驗。武藝所則教授槍術、長刀、居合（Iai，劍術）、兵法、劍術、柔術、長劍、陣鎌、

1　Pels Rijcken（1810—1889）是荷蘭海軍軍人，荷蘭 Soembing 號艦艦長。1855 年此艦駛入長崎港後即贈送給日本幕府，改稱"觀光丸"，是日本最早的木造外車式蒸氣船。Pels Rijcken 之後受雇為長崎海軍傳習所教授，指導第一期學生勝海舟、中島三郎助等人的航海術及運用術。Kattendijke（1816—1866）是繼 Pels Rijcken 之後的第二任教官。他傾力教導勝海舟、榎本武揚等幕臣航海術、炮術、測量術，提升了日本近代的海軍教育水準。

2　鈴木莊一《明治維新の正体 — 德川慶喜の魂、西鄉隆盛のテロ》（東京：每日ワンズ，2017 年），頁 64。

3　例如：薩摩出身的明治海軍大將川村純義、大阪工商會議所會頭五代友厚、佐賀藩出身的首任軍令部長中牟田倉之助以及日本紅十字會的創辦人佐野常民等人都是海軍傳習所初期的優秀學員。

兵學、軍用、射術、鐵炮、馬術、諸禮、火術、水術、騎術等,以培養武術人才為主,教師人數達八十餘人。德川博物館藏有《士鑑用法相傳》(忠、信兩卷)史料,"信卷"說明"船戰"有方圓八行之備用、陰船、陽船、金鼓旌旗之制定、客船法與主船法、漲潮與退潮、地利之知等戰術的運用;全書以"欲進而後退者探我也""欲退而卒進者襲我也"的戰術兵法做協調,隨處可見烈公(齊昭)的朱批印。[1] 這些私塾、"學問・手習塾"及武藝塾的基礎科學奠定之後藩校"弘道館"教育的發展。[2]

二、藩校"弘道館"的強兵教育

1829 年 10 月,齊昭在家老山野邊義觀、藤田東湖、會澤正志齋、戶田中敞等四十餘名中下級藩士的擁護之下,繼承了第九代水戶藩主,當時年僅三十歲。齊昭雖進行藩政改革,但不巧遇到大凶作,經濟與財政每況愈下,被迫將藩士的俸祿減半,致初期的改革並不順利。

齊昭的"學校之義",目的在建設藩校"弘道館"。1840 年 2 月,任命藤田東湖、戶田中敞等人為"弘道館掛",四月任命會青山延于、會澤正志齋等人為"教授頭取",1843 年開始著手建設弘道館。"弘道館"語出《論語・衛靈公第十五》"子曰:人能弘道,非道弘人"。在此之前,德川時代已有谷田部(常陸)、彥根(近江)、出石(但馬)、福山(備後)及佐賀(肥後)等五所"弘道館"成立。水戶弘道館有別於德川時代各藩藩校(公立學校)祭祀孔靈、普及儒學的教育方針,融合德川家康的"尊皇"思想、水戶初代藩主德川賴房(威公)的神道思想及二代藩主德川光圀(義公)的敬神崇儒思想為一體,主要的教育基本精神有神儒一致、忠孝一致、文武一致、學問事業一致等五項重要目標。[3] 換言之,水戶弘道館內同時設置鹿島神社的神靈及孔子廟,甚至有神道先於儒學的現象,這些精神都在齊昭的《弘道館記》中做了

---

1 德川博物館藏《士鑑用法相傳》(忠、信,史料編號 11538、11539),收入前揭《日本德川博物館藏品錄Ⅲ:水戶藩內外關係文獻釋解》,頁 134—140。

2 鈴木暎一《水戶弘道館小史》(東京:文真堂,2003 年),頁 6。

3 前揭鈴木暎一《水戶弘道館小史》,頁 18。

明確的說明。藤田東湖的《弘道館記述義》[1]《弘道館梅花詩》具體說明了弘道館教育的方針,齊昭推動改革的目標為獎勵文武、富國強兵及實施簡約。

三、德川齊昭的"神發流炮術"和《烙丸全備》

1838 年,鴉片戰爭之前,齊昭即以日本自古以來在馬上用槍射擊的技術,設計大大小小的炮彈技術,命名為"神發流炮術"。《列公行實》[2]記載:"公演習鳥銃,一日千發,自早朝從事,至日曬其功既完。眾人皆驚其精敏,自是本藩諸士往往傚公之所為,研究銃炮,至有百發百中者。"[3] 1842 年鴉片戰爭結束後,齊昭遣家臣吉野俊貞、田土部勝全到長崎的西洋炮術家高島秋帆門下,直接學習西洋軍事技術,由高島傳授西洋炮術,研發、融合成"神發流炮術"。德川博物館藏《烙丸全備》全三卷,序言寫著:"荷蘭軍學校頭扶屈氏著作《烙丸用法》一篇,由兵法書翻譯家坪井良翻譯自《烙丸用法》中的《烙丸明辨》。1853 年 10 月 20 日,坪井良將荷蘭兵書《烙丸用法》的《烙丸明辨》翻譯、校正及刪改,內容記錄度量衡比例、秤量比例、時刻比例等三部分,在開頭部分有《烙丸自序》一篇、《烙丸全備》(卷一)、《烙丸用法試驗》(卷二)、《烙丸》(卷三)等,並詳細記載著各式火藥、槍炮的製造過程,重要的部分則由齊昭以朱批表示。"[4] 此外,齊昭設計出涵蓋西洋流派,

---

1 《弘道館記述義》一冊,分上下卷,藏於德川博物館。藤田彪述,全漢文謄寫。封面有"重要書類第一二函分第五號之一",首頁有"小梅德川藏本"和"潛龍閣"印章。全文皆有紅筆所加的句讀點。內容是藤田彪對德川齊昭寫的《弘道館記》之內容所作的解釋。卷之上是對"弘道者何""弘道之館何為而設""天地位焉,萬物育焉""國體以之尊嚴""蒼生以之安寧"等十三句話的解釋;卷之下是對"我東照宮撥亂反正""尊王攘夷""允武允文,以開太平之基""夙慕日本武尊之為人,尊神道,繕武備""忠孝不二""文武不歧""敬神崇儒,無有偏黨"等十九句話的解釋。詳請參照前揭《日本德川博物館藏品錄Ⅲ:水戶藩內外關係文獻釋解》,頁 42—44。

2 《烈公行實》一冊,原稿。封面有"重要書類八函分第一六號之一。文久元年(1861)辛酉夏五月青山延光、會澤安、豐田亮、國友尚克謹識"。行文皆用紅筆斷句,並有紅筆增補、修改之內容。另有《烈公行實編修史料》,全五冊,用日文謄寫,中間有許多插圖,還有大量紅筆或黑筆修改處,部分修改或補充之內容是用插頁剪貼的形式。為編年體著作。封面有"聿脩史料第十四號分函第一二號之一"的字樣。封二有"小梅德川藏本"印章,並寫有"塙氏納本"及"親書部,武庫調"的字樣。開篇首頁蓋有"聿脩館"印章。

3 前揭《日本德川博物館藏品錄Ⅲ:水戶藩內外關係文獻釋解》,頁 37。

4 德川博物館藏《烙丸全備》(史料編號 11535),收入前揭《日本德川博物館藏品錄Ⅲ:水戶藩內外關係文獻釋解》,頁 117—121。

被稱為"大極陣"的新式槍陣的槍炮中心,致力於槍炮的生產及海岸防禦政策,提倡國民皆兵路線,推動西洋現代兵器的國產化,其影響力遍及幕府和全國各藩地。加上齊昭和洋折中的"大極陣"[1]為水戶藩擷取西洋技術的優點,企圖建構出有利於日本近代化的發展。

四、水戶藩的反射爐建設

齊昭為了對抗國外的入侵,從天保改革時期開始構築水戶藩內的海防城,製作大炮,為求原料供應,將寺院銅製的鐘及佛像熔毀,1851年派遣工匠到製造反射爐成功的薩摩藩研究建造方法和鐵製大炮的鑄造。[2] 1854年,培里艦隊二度叩關後,齊昭力主"攘夷"並徵集海防之策。《海防策》強調海防的重點為軍艦的製造、大炮的鑄造、槍陣訓練以及先進武器的開發等,接下來要如何制伏敵人,齊昭表示"有一拙策","奇襲部隊"是指避開對手的長兵器,並使用我方長兵器進攻。換言之,以"楯車"來迴避敵方"槍陣",發揮我方"公馬槍刀"的技術,更有"楯車製造法"和"楯車施用法"的圖解說明。[3]

此外,1857年5月,水戶藩為了鑄造鐵製大炮開始建造反射爐,繼佐賀、薩摩藩之後完成日本第三座反射爐建設。齊昭建設反射爐,獲得幕府一萬兩的資金援助,但若反射爐建造失敗,則由幕府配級的五千俵的米償還費用。為了反射爐的建造,水戶藩招聘南部藩士大島高任(1826—1901)、[4] 薩摩藩士竹下右衛門(1821—1898)、三春藩士熊田淑軒(1817—1887)等技術師,持續四年建造反射爐,並完成了第一爐,同時成功研發了"曲射炮",以少量火藥便能發射的"臼炮"和其他西洋大炮。[5] 相較於天保改革的失敗,齊昭的藩政改革愈挫愈勇,他山之石,可以攻錯,西洋技術的

---

[1] 星山京子《德川後期の攘夷思想と"西洋"》(東京:風間書房,2003年),頁116。

[2] 高野澄《烈公水戶齊昭》(東京:每日新聞社,1997年),頁184。

[3] 《海防策》原藏德川博物館(史料編號14031)。詳請參閱前揭《日本德川博物館藏品錄Ⅲ:水戶藩內外關係文獻釋解》,頁83—86。

[4] 鑑於西洋各國可以便宜的成本鑄造大炮,齊昭聘任礦山學者大島高任等他藩的技術人員到水戶指導鐵製的大炮鑄造,進而推動反射爐的製造。

[5] 前揭星山京子《德川後期の攘夷思想と"西洋"》,頁117。

研發，頗有進展。弘化、嘉永時期（1844—1853），外來勢力愈逼愈近，水戶藩加速強化軍備的改革，卻也違反了幕府維持和平的基本政策，屢遭幕府中央的警告。面對天保時期的外來危機，1846 年 3 月，齊昭再三對幕府老中阿部正弘提出製造大船的許可要求。述及：

> 作為防禦異國船隻的對策，欲建造大型、堅固的船隻，除了御用船隻外，希望允許浦賀、松前、長崎、薩摩等處的建造。經內議（商議）的結果，期望他藩亦能受到同等對待（核准建造），不才齊昭，經過這十年的沉思，誠摯稟告（原日文）。[1]

在爭取造船的過程中，水戶藩招聘蘭學者緒方洪庵（1810—1863）的弟子下間良弼、栗原唯一等人，主導造船所，建造洋式大船、反射爐，採用西洋式大炮等。[2] 1854 年 2 月，齊昭派遣家臣大場大次郎和炮術技師伊東八藏等人觀察停泊在橫濱的美國船隻的構造。同年 7 月，派遣家臣至長崎，向荷蘭人學習軍艦的實際操作法。1856 年 7 月，鑄造了 74 門大炮，提供幕府防衛之用。[3] 1857 年，水戶藩成立大炮鑄造所，引進荷蘭的技術，建造兩座大型的金屬溶解爐和鑄造多門的大炮，除了獻給幕府之外，在領地沿海各處，設置了 28 座炮台，用以加強水戶藩的海防功能。

第三節　德川齊昭的西洋知識攝取

鴉片戰爭之後，擔憂外患的齊昭於 1843 年寄給老中水野忠邦（1794—1851）的書信中，提及鴉片戰爭及《南京條約》的內容，述及"諸夷明日是否至此，難以預測，宜隨時擬訂預防對策，總之，外來勢力即將到來，應對並非

1　高野澄《烈公水戶斉昭》（東京：每日新聞社，1997 年），頁 197。
2　山川菊栄《幕末の水戶藩》（東京：岩波書店，1974 年），頁 97—98。
3　《水戶藩史料》上編乾（東京：吉川弘文館，1970 年），頁 125。

易事"[1],說明列強侵略的野心即將朝向日本,如果日本被攻擊,"守衛的武士必須抱著必死的決心來防衛日本",[2]也向幕府提議,盡早製造足以抵擋西洋勢力的兵器及戰艦之必要性。以下說明水戶藩吸收西洋資訊的經緯。

一、《伊祇利須風說》的英國資訊

德川博物館中藏有《伊祇利須風說》史料,"伊祇利須"意旨英國,鴉片戰爭前後,水戶藩投入了海外情勢的調查及資料的搜集。此"風說書"敘述了英國侵略中國的實況,其中除了以手繪的方式描繪《唐山濱海諸國地圖》含朝鮮、日本、琉球、中國的彩圖之外,詳細記載以英國為中心及其鄰近的歐洲各國地圖,目的在強化水戶藩的海岸防禦,阻絕外來勢力的入侵。此外,館中也收藏天保壬辰年(1832)6月,由長崎人納富彌大貫編寫的《越南騷動風說書》,描述英國人於廣東黑市買賣鴉片的情況,主要為當時入港長崎的中國船之詢問記錄,這些文獻到處可見到"烈公(齊昭)朱批"。[3]

二、《西洋商舶原始并諸說・全》的西洋航海貿易情報

本文獻記載西洋的船隻航海、通商交易等內容,也經由通商交易來介紹富國的因果關係及世界各國的地理情勢。在卷頭以"西洋昔時航海以富其國之說"為題,齊昭屢屢在此文獻上發表感想和提出意見,可以看出他吸收西洋的航海貿易及世界各國的最新知識的企圖心。[4]

三、《中濱萬次郎口書》的美國與呂宋島情報

《中濱萬次郎口書》為抄本,全書以日文書寫,在封面標記了"重要書類第二函分第二六號之一",開頭印有"潛龍閣"(齊昭書齋)印,序文寫於嘉

---

[1] 天保十四年(1843)9月3日,德川齊昭致水野忠邦書簡,收入《水府公獻策》,《水戶學大系》5(水戶學大系刊行會,1941年),頁260。

[2] 同上注,頁261。

[3] 德川博物館藏《天保辰亥子丑一》(史料編號14055),收入前揭《日本德川博物館藏品錄Ⅲ:水戶藩內外關係文獻釋解》,頁122—125。

[4] 德川博物館藏《西洋商舶原始并諸說・全》(史料編號11619),收入前揭《日本德川博物館藏品錄Ⅲ:水戶藩內外關係文獻釋解》,頁61—63。

永六年(1853)癸丑九月。內容敘述土佐國(今四國高知縣)漁民中濱(約翰)萬次郎(John Mung, 1827—1898)為了學習測量技術而到美國,是日本幕末時期、黑船來航中最為人知的《日美親善條約》的締結促進者。他回日本後被齊昭約見,除了詢問有關美國土地面積、地理環境、社會狀況、人口壽命乃至共和政治等相關問題之外,也有針對呂宋島狀況的對話。《中濱萬次郎口書》於安政七年(1860)11月根據中濱萬次郎的口述傳聞寫成。[1]

四、各藩大名的"蘭書"借閱

　　1844年5月至11月,齊昭因大規模舉行"追鳥狩"軍事演習,遭到幕府中央的壓抑,過著一段隱居的生活,但其間並非無所作為。同年7月在荷蘭國王以國書建議幕府加強海防的過程中,齊昭積極地與伊達宗城、松平慶永、阿部正弘、島津齊彬等有權勢的老中、各藩大名進行頻繁的書信往來,交換蘭學新識及海外情報。[2]齊昭強調日本必須盡早導入先進的西洋軍事科學技術,因此,各雄藩大名之間,相互借閱蘭書(西洋資訊)的現象異常頻繁。舉例而言,薩摩藩的島津家曾經送來《上海炮術書》的蘭書目錄給齊昭;反之,島津齊彬也希望從水戶藩借閱所藏蘭書。從互相出借蘭書的行動,可以窺知當時大名之間汲取西洋知識的熱衷程度。

　　此外,據星山京子的研究指出:伊達宗城和島津齊彬書信的內容大多透過齊昭向幕府借閱最新的蘭書或記載外國資訊的"風說書"等外交文書。伊達宗城不僅藉由齊昭與幕府之間的聯繫取得最新資訊,對於水戶藩的藏書也抱持著高度的關心,並頻繁提出借閱的請求。齊昭與老中阿部正弘為深交,得以透過阿部借到幕府所藏的書籍。[3]

---

[1]　德川博物館藏《中濱萬次郎口書》,收入前揭《日本德川博物館藏品錄Ⅲ:水戶藩內外關係文獻釋解》,頁31—32。

[2]　詳請參照宮田俊彥《徳川斉昭と島津斉彬 ― 琉球渡来仏英人事件 ―》,《南島史學》第21、22號,1983年9月。

[3]　前揭星山京子《徳川後期の攘夷思想と"西洋"》,頁138—139。

第四節　德川博物館所藏的蘭學、西學相關文獻

一、荷蘭文獻

水戶市史編纂委員會編纂的《水戶市史》（1976）中卷三，收錄《彰考館所藏洋書一覽》《蘭學所書御書物目錄》（史料編號 09404）、《天文方御預書物並御品目錄》等文獻，這些抄本都藏於水戶藩（今德川博物館），記載蘭書、地圖、器物等 164 個種類，其中"西洋歷史"（一冊一箱）、世界圖（大冊、附和蘭都府圖一冊）（一冊一箱）都包含在內，內容涵蓋歷史、地理、軍事技術、科學書、醫學圖、動植物學、製藥書、天文等多元領域的解說。而齊昭的自藏與藩內所藏的荷蘭文獻多以兵學書籍為主。諸如《紅毛風說書》[1]《和蘭寶函鈔》《和蘭寶函日本之記》《和蘭王書翰和解》《書翰副書禮物目錄》《蘭學所御書物目錄》等，這些文獻與水戶藩汲取蘭學的知識有深遠的關係。

《和蘭寶函鈔》《和蘭寶函日本之記》，擷取自 1839 年發行的荷蘭雜誌 *Hollandische Magazien*，記載與日本相關的內容，以日本古文書記述，又稱《蘭人日本之記》。"寶函"為江戶時代的雜誌翻譯，美國船隻入港浦賀之際，記載"請老爺臨卑船，吾乃朋友，要水"（我方船隻來臨，你我為朋友，請給我們水）等內容，卷末為"此書據聞是津山藩箕作省吾之譯文"〔弘化三年（1846）丙午三月箕作阮甫虔儒繙〕；《和蘭寶函日本之記》的抄本中，有齊昭的"潛龍閣"藏書印，全書到處可見齊昭的朱批，顯見他汲取西洋新知的一面。[2]

1　寬永十六年（1639），實施鎖國政策之後，江戶幕府的海外情報收集依賴於來航長崎的中國及荷蘭船隻，荷蘭船隻帶來的"風說書"（海外情勢報告書）在翻譯成日文之後，經由長崎奉行提交給幕府。《紅毛風說書》（史料編號 11618）於天保九年（1838）由長崎奉行久世伊勢守提交給幕府，根據內容入港長崎的荷蘭船長表示，七名漂流的日本人受到英國船隻的救援，荷蘭人雖向英國提議"因為目前日本正實施鎖國政策，只有荷蘭船隻被允許進出，所以將代替英國把漂流的民眾送回日本"，英國的 Morrison 號卻希望能夠親自將民眾送回江戶，回絕了荷蘭的提議。知曉此情報的幕府，為了商討其對應政策而召開了緊急會議。此時，齊昭也向幕府提出了對應內憂外患的意見書。

2　德川博物館藏《和蘭寶函鈔》（史料編號 11615）、《和蘭寶函日本之記》（史料編號 11616），收入前揭《日本德川博物館藏品錄Ⅲ：水戶藩內外關係文獻釋解》，頁 64—68。

二、漂流民文獻

據日本常陸之國（今茨城縣，含水戶地區）的文獻記載，文化四年（1807）即有外國船隻在日本東北近海出沒，文政四年（1821）以降，外國船隻更有增加的趨勢。當時西洋各國盛行捕鯨，因為大西洋的鯨魚數量減少，船隻紛紛轉往太平洋捕鯨，其最盛時期即在德川幕末。這些西洋捕鯨船為了要求補給水與食物，經常在日本沿岸靠港，目的在要求日本開放通商，而日本的一般民眾也積極與異國船隻接觸，目的則在與外國人進行以物易物的交易。《漂民御覽記北槎略聞附全》《仙台船魯西亞漂流聞書寬政全》《天保辰亥子丑·一》《天保十五、弘化元年（1844）甲辰七月·五》《天保十五年甲辰七月·六》《天保十五改元弘化元年甲辰九月·七》《弘化二年乙巳異船之事》《漂民御覽記》《唐土漂流記》等文獻，是了解水戶藩對當時外國船隻動向的監控、海防政策及其處理日本漂流民問題的重要文獻。

代結語　水戶學與明治維新

一、水戶學的維新思想與精神如何解讀

日本民族主義的興起，起於前述德川幕末的外來危機意識，延伸到明治維新的近代化，進而成為現代日本繁榮的根源。明治維新如何解讀？在150年過後的現今，再回去檢討水戶學的歷史演變，具有相當重要的時代意義。明治維新必須從水戶學的發展以及德川幕府末代將軍德川慶喜（1837—1913）與"大政奉還"談起。提到慶喜，即會想到孕育慶喜成長的生父德川齊昭，以及倡議尊王攘夷思想的水戶學。水戶學為受到國學（日本學）、古學影響的日本主義式儒學，雖含有深厚的朱子學思想，但也受到陽明學的影響，其核心價值，自二代藩主光圀以降，至齊昭主政，除了尊王（皇）之外，堅

持倡議"大義名分論",重視社會秩序與倫理、尊崇祖先以及對朝廷的忠誠。所謂"大義"即是為人之道,所謂"名分"是指人應該理解自我的立場,做好自己的本分,它是一種社會階層秩序化的理論。藤田幽谷的"正名論"在明示幕府勤王思想的同時,也提示武家必須發誓對幕府盡忠的條件,亦即幕府(將軍)作為武家的代表,必須尊崇朝廷的理論架構。

德川幕末各藩的志士大多受到水戶學的影響。長州藩武士吉田松陰(1830—1859),名列明治維新的精神領袖及理論奠基者。1840年鴉片戰爭發生之際,松陰即在自己的家鄉長州藩萩城下的松本村設立私塾"松下村塾",[1]1851年松陰曾經前往水戶求學於會澤正志齋。當時外國船隻不斷威脅水戶藩的太平洋海岸,並上陸到北部的大津村要求通商,十九歲的藤田東湖萌生攘夷的思想,寫了《回天詩史》,主要訴求必死的決心。此外,《常陸帶》內容主要闡述儒教與神道、祖先崇拜、忠孝思想的重要性以及家與國家的制度問題,其描述的內容是當時代志士必讀的教材。[2]薩摩藩的西鄉隆盛(1828—1877)稱東湖為"先師",幕末開明的政治家勝海舟(1823—1899)以及吉田松陰的老師佐久間象山也傾心閱讀《常陸帶》,並留下《常陸帶心得》的小品文,[3]而水戶學的"忠孝一本"與松陰的"忠孝一體"也產生了相當的關聯性。[4]當時會澤正志齋的《新論》,東湖的《回天詩史》《常陸帶》《弘道館記述義》,皆為志士們必讀的文獻,就連日本陽明學派的大家熊澤蕃山(1619—1691)[5]及日本古學派之祖、兵學家山鹿素行(1622—1685)都受到前期水戶學的影響。顯見水戶學派的思想,在風雲湧起的德川幕末,不僅提

1　詳請參照拙稿《日本幕末思想家高杉晉作的中國觀 —— 兼論"明倫館"與"松下村塾"之思想教育》,《東亞文化圈的形成與發展 —— 儒家思想篇》(臺北:臺大出版中心,2005年4月),頁267—322。

2　《水戶學全集》第一卷,高須由次郎《藤田東湖集》解說(日東書院,1933年),頁20—21。

3　小川侃《後期水戶学と大政奉還 — 現代日本の源流をもとめて—》,《日本と日本人》,1994年10月,頁91—92。

4　張崑將《德川日本"忠""孝"概念的形成與發展:以兵學與陽明學為中心》(臺北:臺大出版中心,2004年),頁264—266。

5　詳請參照拙稿《朱舜水と熊沢蕃山の"経世致用"思想における共通点と差異》,《"心身／身心"と"環境"の哲学 — 東アジアの伝統的概念の再検討とその普遍化の試み》(京都:国際日本文化研究センター,2018年3月),頁215—236。

供了長州藩的勤王、討幕派運動的意識形態,[1]甚至不同理念的思想家都受到它的影響。主要原因在於水戶學的大義名分論並非純理論的學理,而是具有轉換成"日本型儒學"的特殊性,當日本受到外壓時,水戶學派的人士會自覺地將它結合成行動方針,孕育出一種實踐的力量。[2]水戶學是一種學問的傾向,具有解讀時代氛圍的學風,而非一成不變的理論體系。[3]水戶學是先受朱子學影響,經過日本化,再通過國學(本居宣長等)、古學派(荻生徂徠等)的批判、對決,最後形成了後期水戶學。

二、德川慶喜與大政奉還

日本學術界對慶喜"大政奉還"的舉動,至今仍然功過難斷。1868年4月11日,慶喜將江戶城(現在的皇居)還給新政府軍,無血開城之後即被解官,他從上野的寬永寺大慈院出發,回到幼時受教育的水戶弘道館"謹慎"(自律),5月移至駿府持續自律、隱身的生活,之後幾乎未曾公開露面。再回顧1866年6月日本幕府第二次討伐長州藩,兩兵對決的一段歷史,當時福澤諭吉(1835—1901)以幕府官僚的身份,提出"完全打倒長州,建立將軍、幕府絕對主義的國家"之建白書,並積極倡議導入外國(主要是法國)先進的文明科技,以盡速達成近代化的國家。[4]對於福澤諭吉的提議,大川侃提出反駁,認為以外國援助日本的概念,是不知"傭兵"的恐怖,指出若以援軍取勝,以後日本即無法反抗援軍的意圖,有成為隸屬國(被殖民)的隱憂,進而批評福澤諭吉之所以後來不再擔任明治政府的幕僚,是因為提出上述的建白書。[5]

再看1868年1月的"鳥羽、伏見之戰",慶喜捨棄大阪城,逃回江戶,被批評為"陣前逃亡"的敗將,當時幕府軍的戰力雄厚,擁有法國培訓且強而

1　1866年1月,日本國內掀起一陣排斥外國勢力的"尊王攘夷"運動,出現了以薩摩藩及長州藩結為"薩長同盟"的倒幕勢力,致力推動以天皇為中心的近代國家。

2　前揭小川侃《後期水戶学と大政奉還 — 現代日本の源流をもとめて—》,頁94。

3　吉田俊純《寬政期水戶学の研究 — 翠軒から幽谷へ》(東京:吉川弘文館,2010年)序章。

4　福澤諭吉的提議主要有三點:一、批評長州藩的走私貿易,承認貿易是幕府的獨佔事業;二、雇用外國(主要是法國)傭兵,向外國發行國債,用以支付費用;三、派遣公使到外國,批評長州藩的作為,造成長州藩反幕府的國際輿論。

5　前揭小川侃《後期水戶学と大政奉還 — 現代日本の源流をもとめて—》,頁89。

有力的近代化軍隊,[1]大可壓倒討幕派的軍艦與大炮,財政的規模也比他藩來得健全,但慶喜為何不戰而將大政奉還?因為與朝廷為敵,就違反了水戶學大義名分"尊王"以及注重秩序、倫理的核心價值。當然,事情並非如此單純。勝海舟的日記記述了慶喜後來在演講的一段話,內容如下:

> 自己對朝廷並無疏遠,鳥羽、伏見之戰,臣下並不服從自己的命令,我被稱為朝敵,只能等待天皇的命令,對於接連的失敗感到抱歉。我勸部下,勿再引起暴動,如果再輕舉妄動,就不再是我臣民。如果續戰,將步印度、中國後塵遭致失敗,我國將至滅亡,國民只有更加苦難。就算我辭將軍職務,還是有人想要惹是生非,請勿再度違抗我的命令。[2]

觀此談話內容,慶喜看出日本若持續內戰,將導致外國勢力入侵,而有亡國的危機。所以他的政治嗅覺就是趕快結束內戰,一致對外。慶喜做了三件大事:一為從內部停止幕府的崩壞,二為減少佐幕派的抵抗,三為在戊辰戰爭中協助討幕派有利地展開活動。[3]若以對朝廷盡忠的思想脈絡而言,慶喜發揮了水戶學"大義名分"的核心價值。

明治過了20年之後,大正天皇以皇太子的身份前往水戶拜訪慶喜,被解讀為朝廷已經默許慶喜是無罪的,換言之,朝廷與幕府方在某種程度上已達成和解。此外,"大政奉還"過了30年之後,慶喜於1898年3月2日回到昔日的江戶城拜見明治天皇,當時已經62歲。至明治四十一年(1908)4月30日,明治天皇為感念慶喜"大政奉還"的功績,頒授了勳一等旭日大綬章。這一連串的舉動,也許我們可解讀為日本政府承認慶喜造就了明治維新的發展方向。

---

1 在拿破崙三世統治的法國,因介入歐洲的克里米亞及意大利統一戰爭,遲至1858年才與日本建立國交,之後公使開始與幕府接近。德川慶喜曾與拿破崙三世有過親交,其幕臣小栗忠順(1827—1868)即取得法國的資金,在橫須賀建設了製鐵所。

2 勝海舟日記,鹿野正直編《幕末思想集》(東京:筑摩書店,1969年),頁334。

3 前揭小川侃《後期水戶学と大政奉還 — 現代日本の源流をもとめて—》,頁90。

第十二章

和辻哲郎的傳統與"近代"思想的轉化

第十二章 和辻哲郎的傳統與"近代"思想的轉化

前 言

和辻哲郎(1889—1960)是建構近代日本哲學思想體系的知名學者之一，他出生於兵庫縣姬路的醫生世家，接受日本當時最高的教育，畢業於東京第一高等學校。當時的新任校長為新渡戶稻造(1862—1933)，同時期還有知名文學家夏目漱石(1867—1916)，這些人多少都影響到和辻哲郎的學問形成。在哲學領域的研究上，他受到井上哲次郎、岡倉天心及德裔俄羅斯哲學家 Raphael von Koeber (1848—1923)的精神感召。20世紀20年代，和辻哲郎研究古代日本文化及比較文化，對有關日本古代的藝術、文學，原始佛教、佛教文化對日本文化的影響以及希臘文化、原始基督教等進行了諸多劃時代的研究。1938年，寫了《孔子》一書，內容與古代文化連在一起思考，探索儒教的源流。

和辻哲郎以"國民國家"的擁護者自居，被認定是近代主義者或基督教的合理主義者，1927年留學德國期間，因閱讀哲學家馬丁·海德格爾(1889—1976)的《存在與時間》(Sein und Zeit)一書而受到啟發。回日本之後撰寫《風土》(1935)，以空間考察風土與文化、思想的關聯性，也因主張"天皇肯定論"而遭受批評。此外，在《倫理學》(1937)一書中也明白表示其內容是對"近代"提出批判。61歲時出版《鎖國：日本的悲劇》(1950)引起日本思想界極大的迴響。其思想形成於日本大正至二次大戰、內外問題分歧的時代，戰時他呼籲日本國民為國家服務，1905年日俄戰後他轉從批評自然主義文學出發。

面對戰爭的時代，相較於日本強調重新審視以歐美為中心的"近代的超克""世界史的哲學"等國際秩序之際，和辻哲郎的思想則轉趨保守。他究竟是近代主義者還是反近代的哲學家？對於"近代"，以及"個人主義"，其實有其正反兩面不同的解讀。亦即,和辻哲郎一方面給予西洋文明高度的評價,而對日本文化有所批評,認為面對苦難艱險的戰爭,日本人幾乎陷入"神經衰弱的動搖"之中。在不同的價值觀雜然混存的非常社會,他肯定"個人"的存在,主張為了使日本保有原來樣貌,必須以"誠實的個人"來重建"日本文化"。但是在接受德國哲學家馬丁·海德格爾(Martin Heidegger,1889—1976)的學問洗禮之後,對於"個人"思想出現了不同的詮釋,開始強調人類存在的共同性,認為只重視"個人"無法解決人類存在的諸多問題,因而轉向歷史哲學及日本研究的領域。31歲的作品《日本古代文化》(1920)開始讚揚個人必須完全融入團體之中,強調調合的生活才是傳統日本理想的重要層面。

和辻哲郎觀察東西文化的碰撞,是從世界史及倫理觀的角度切入,其研究方法論受到西方學者的影響極深,29歲的作品《偶像再興》(1918)即是他學術生涯的轉捩點,也是他最早的詮釋學方法之評論集。主要是他受到德國現象學者埃德蒙德·胡塞爾(Edmund Husser,1859—1938)、哲學的詮釋學者威廉·狄爾泰(Wilhelm Dilthey,1833—1911)等研究提法的影響,啟發他往後對逝去的文化進行理解,並試圖喚醒逝去文化的可能性之研究方法論。但他在攝取西洋學問的同時,也面臨到東西文化本質(特質)不同與自尊心的問題。和辻哲郎在1943年日本戰敗前夕,針對德川時代的倫理與尊皇思想,陸續在雜誌《思想》中投稿《江戸時代前期の儒学者に於ける尊王思想》(No.250)、《江戸時代中期の国学者に於ける尊王思想》(No.254)、《江戸時代後期の勤王論に於ける尊王思想》(No.256)等文章,最後以《尊王思想とその伝統》專書出版。[1]這是他探討日本倫理思想的根本,也是針對尊皇思想做歷史概觀的試論。和辻哲郎在戰後還完成了《近代歷史哲學の先驅者》(1950)、《日本倫理思想史》(1952)等著作,其學問融合了日本思想及西洋哲學,對"近代"與"個人"正反兩面認知的轉化,其背後複雜的戰爭心理因素,值得推敲。

本章主要分析和辻哲郎對儒教思想的批判、尊皇思想之精神內涵,進而論述其主張重建"日本文化"與"近代"思想轉化的關聯性。

---

[1] 《尊王思想とその伝統》收錄於《和辻哲郎全集》第15卷(東京:岩波書店,1962年),頁145—294。

第一節　"鎖國"與日本的悲劇之關聯性

和辻哲郎寫《鎖國：日本的悲劇》，時間點是在太平洋戰爭失敗之後，他認為當人們以空虛的言論誇示日本人優越性的同時，必須反省日本民族在過去苦境（鎖國）中的缺點與弱點。所謂缺點，一言以蔽之，即是缺乏科學的精神。褊狹狂信的當政者，蔑視合理的思索，將日本民族帶入現代的悲劇當中，但是這個缺點非一朝一夕可成。自近世初期開始發展新科學以還，歐美人已經花了三百年的歲月，將科學的精神滲透到人類生活的各階層，當中的科學發展是世界史上前所未有的現象，而日本卻逆向實施"鎖國"，拒絕與世界文明互動，並以國家的權力將近世的精神影響遮斷，因此，同時代的日本與歐美的文明發展截然不同。"鎖國"究竟代表何種意義，必須充分地理解，這是歷史的問題。和辻哲郎認為歷史學家多數覺得"鎖國"的日本創造了稀世的、閉鎖性的優質文化，但在創造這些優質文化的背後，對於日本失去了什麼，並未深入理解。[1]

一、傳統的回歸與批判

和辻哲郎認為豐臣秀吉（1537—1598）祭出傳教士的"追放令"，目的在取得貿易的自由，而德川家康（1543—1616）的禁教令是為了領先取得與荷蘭的貿易，二者都不是真正為了"鎖國"。他們都想到十六世紀末至十七世紀初的日本需要攝取歐洲的文明，一方面捨棄（脫離）基督教，一方面強調"近世精神"的重要性。[2]

室町時代末期，日本已開始脫離古代傳統，一般民眾湧出一股新鮮活力。社會上的文藝作品，幾乎都是以假名文字書寫，漢學與漢字的束縛已降到最低點。諸如故事類的作品充滿了創作的想象力，無論是作者或讀者之

---

[1]　《和辻哲郎全集》第 15 卷（東京：岩波書店，1963 年），頁 16。
[2]　和辻哲郎《鎖國：日本的悲劇》（東京：筑摩書房，1967 年），頁 391。

間，開始使用羅馬字，也開始接受《新約》及《舊約》的故事。近世初期，自然科學的知識更是急速發展，1600年"關原之戰"後，許多京都的民眾熱衷於神父對天文、地理的談話，多數日本人開始對天體圖、地球儀、數學等知識感興趣。換言之，基督教在日本傳教的同時，也將歐洲的文明廣泛地傳入日本社會，日本民眾在接觸這些新知識之後，呈現出一股新的力量及學問的方向，這正是德川政權最忌憚的事。和辻哲郎批評德川政權是"故意"將日本的學問發展帶回復古的軌跡，而將這種現象稱作"純然的保守運動"。[1]

豐臣秀吉與德川家康對日本的傳統學問都持有兩面性。豐臣在解除日本民眾的武裝之後，先體現反對傳統、破壞傳統，再開始轉化為對傳統的積極保存。和辻哲郎批評這種行為是一世紀以來赤裸裸的實力競爭，在取得新武士團體的勝利之後，為了確保政權，鞏固武力的支配，壓制外國的敵人，並非為了日本民族的命運，或是為了獲得未知世界的視野。亦即豐臣秀吉視野狹隘，對外國知識力的優越性缺乏理解。指出秀吉侵略中國的計劃是盲目的衝動，認為秀吉應該認知葡萄牙人航海技術的優越，但卻未為了取得其技術而努力，眼中只有國內的敵人，所以諷稱秀吉是為了獲得國內政權，將國際關係作為手段的軍人。[2]

和辻哲郎在《キリシタンの伝統と儒教の興隆》一文中，先說明日本自古以來即為儒教色彩濃厚的國家，武士與儒教的接觸由來已久，南北朝時代即開始攝取宋學，五山的僧侶與公卿之間亦盛行儒學。指出德川家康獎勵儒學、藤原惺窩提倡宋學有兩個主要原因：其一，作為新的執政者必須鞏固武士社會的精神指導權；其二，透過武士振興儒教，目的在壓抑佛教，起用儒者，以儒教思想對武士進行精神指導。[3]

換言之，關於德川家康進行"保守運動"的目的，是先將已遭破壞的傳統加以復興，以儒教作為"保守運動"的基礎，特別是將振興儒教作為武士統治制度化的政策。所謂"近世的精神"，是回歸到兩千年前中國的思想，將儒教作為政治或制度的指導精神，這是確立國內秩序最聰明的做法。但

---

[1] 前揭《和辻哲郎全集》，頁392。
[2] 同上注。
[3] 《日本倫理思想史》下，《和辻哲郎全集》第13卷（東京：岩波書店，1962年），頁136。

是和辻哲郎認為若是站在確立日本民族在世界的地位的立場上，則是最不幸的做法。因此，和辻哲郎稱家康是為確保國內政權，犧牲國際關係的軍人之一。[1] 近世初期，有羅盤針、火藥、印刷術等諸多發明，依照和辻哲郎的想法，當時日本若能全面接受並活用這些文明，應該可以追趕上歐洲，要進入世界文明的行列並不困難。他批評當時日本的主政者缺乏西班牙人的冒險精神，視野狹隘。

二、文化與精神的暗殺

從戰國的慶長時代（1596—1615）到德川的元祿時代（1688—1707），十七世紀的百年間，在日本可說是文化、學問發展最具創造及活力的時代。學者有中江藤樹、熊澤蕃山、伊藤仁齋，藝文家有井原西鶴、松尾芭蕉、近松門左衛門，畫家有尾形光琳、菱川師宣，舞台藝術家有竹本義太夫、初代團十郎，數學家有關孝和等人。和辻哲郎認為當時這些人若能將歐洲的文化納入視野，現今的日本文化更能在國際社會中佔有一席之地。可惜當時大家無限追求及擴大視野之精神尚未覺醒，或可說在覺醒之前即被暗殺了。這裡提到的精神是指冒險心，幕府因恐懼基督教而將日本推向"鎖國"這是缺乏冒險心、精神怯弱的表現。[2]

三、基督教的合理主義

豐臣秀吉發佈傳教士"追放令"之際，日本佛教的各宗派因為相互對立抗爭，導致對外來的基督教防衛能力減弱，讓基督教有機可乘，進入日本佈教。其間，信奉新教的荷蘭人、脫離羅馬教會的英國人陸續在日本出現。但和辻哲郎認為當時日本毫無限制地攝取基督教也只是一種宗教運動的統一而已，不至於成為侵略日本的手段。當時的為政者未能冷靜觀察，他批評這種長期孤立的特殊性，是一種精神怯弱的表現。[3]

德川政權因為視野狹隘，迫害傳教士與西洋教徒，以武力對抗宗教思

1　和辻哲郎《鎖國：日本的悲劇》（東京：筑摩書房，1967 年），頁 392。
2　同上注，頁 400。
3　同上注，頁 401。

想或信仰。和辻哲郎認為以武力對抗，本身即顯現出幕府的無力，但為政者不承認自己無力，只能一味用武力來證明幕府的權威。當日本民眾掀起殉教熱潮之後，武力其實難以發揮抑制的效果。因為武力雖能奪人生命，但無法壓抑日本民眾信奉基督教的信仰行為。和辻哲郎指出，1637年發生的"島原之亂"直接的動機雖非信仰迫害，而是苛政，但是"亂"之所以爆發，還是起因於為政者對基督教的迫害。[1]禁教只是為了持續貿易的保障，而貿易制度也因禁教受到了諸多限制。

　　和辻哲郎進一步提及，就算大半的日本人傾向基督教化，日本民眾也會願意將因思想異端而被焚殺的意大利哲學家布魯諾（Giordano Bruno, 1548—1600）[2]的思想或訴諸宗教裁判的伽利略（Galileo Galilei, 1564—1642）學說引入日本，而其人數或許超越歐洲。如此一來，這些宗教思想就會成為當時日本人的指導精神而取代固陋學者林羅山的思想。至少日本社會可以關注當時英國的哲學家弗朗西斯‧培根（Francis Bacon, 1561—1626）或荷蘭的法學者胡果‧格老秀斯（Hugo Grotius, 1583—1645）等人的思想，成為日本人的創新領導。[3]

四、"鎖國"的功與過

　　《鎖國：日本の悲劇》是和辻哲郎後期的代表作之一，觀其內涵，不難看出他對西洋與日本歷史、文化的演進都有廣泛且深入的理解。尤其是東西文化接觸的同時，近世日本對西洋文化的排斥，也有一套具說服力的學理，所以梅原猛稱讚它是探討東西文化接觸的名著。[4]

1　梅原猛《〈和辻哲郎集〉解說》，《近代日本思想大系》25（東京：筑摩書房，1974年），頁394。

2　布魯諾（Giordano Bruno, 1548—1600），有"意大利文藝復興最後的哲學家"之稱。15歲進入多明尼哥修道院，1575年因被當局認為思想異端，在被捕之前逃離羅馬，開始流亡生涯而游走歐洲各地。之後取得法國Toulouse大學學位，擔任哲學教授，講授亞里士多德思想。隨後又從巴黎、倫敦到德國，引起諸多哲學問題的爭論，1592年被捕送入宗教裁判所。1593年被移送羅馬教廷，過了七年的牢獄生活。其間，多數人建議他放棄原有的學說與信條，但都遭到拒絕。1600年2月17日以宗教異端者的罪名，被處火刑致死。他存有諸多的思想，其中以作為占卜的記憶術解説者及作為文藝復興魔術思想的保持者最受關注。所謂"文藝復興魔術思想"，顧名思義是有"復興"的魔術，涵蓋了羅馬時代被排斥的諸多赫耳墨斯（Hermes）傳統將被喚醒的多元發展性。

3　前揭和辻哲郎《鎖國：日本的悲劇》，頁401。

4　前揭梅原猛《〈和辻哲郎集〉解説》，頁437。

"鎖國"帶給日本國民的性格或文化的發展莫大的影響,但此事就如同和辻哲郎自己所下的結論般,有好有壞,不能一概而論。他對西洋教存在著合理主義的想法,但也遭受到批評。現今日本在"失去的30年"之後,呼籲重新探討重回平和260餘年的德川時代如何可能,幾乎成為另一股日本的新潮流,引人深思。

第二節　尊皇思想與儒教批判

雖然織田信長與豐臣秀吉的時代"下剋上"的現象達到頂點,但他們對皇室尊崇是一貫的態度。不組織幕府,站在作為朝臣的平等身份之基礎上,"依皇威而行事",遂行國家的統一事業,與日本民族統一的現實面是契合的。戰國時代之後,武將們相互對峙,但這並不意味足以造成日本民族的分裂。但德川家康統一日本之後,恢復將軍制,再組幕府,制定"禁中並公家諸法度"[1],干涉皇位繼承、官位授予,造成幕府與朝廷對立。從和辻哲郎的角度而言,德川幕府的態度是脫離自戰國時代以來日本民族的活力,而強行回到封建秩序的社會。[2]

為獎勵儒教,德川家康於幕府成立以前的慶長四年(1599)即命人以木版活字印刷《孔子家語》《六韜三略》,同年亦完成敕版的《論語》《大學》《中庸》,慶長五年(1600)刊行《貞觀政要》,積極進行漢籍的搜集與抄寫。慶長六年(1601)在駿府(今靜岡縣)設立文庫,慶長七年(1602)將文庫搬到江戶城本丸南端的"富士見の亭",開始收藏"金澤文庫"等文獻。

和辻哲郎對於德川前期的藤原惺窩、林羅山、中江藤樹、山崎闇齋、山鹿

---

[1] "禁中並公家諸法度"是德川家康於慶長二十年(1615)在二條城,命令自安土桃山至德川初期的臨濟宗名僧、有"黑衣宰相"之稱的山金地院崇傳(以心崇傳,1569—1633)起草的法令。此法令由德川家康、二代將軍德川秀忠、前關白二條昭實三人連署,以漢文寫成,共十七條,成為德川幕府制約朝廷行動的法律依據。

[2] 《和辻哲郎全集》第14卷(東京:岩波書店,1962年),頁156。

素行、德川光圀等儒學者的思想都曾一一考證。他將藤原惺窩、林羅山、中江藤樹三人列為消極的尊皇思想家；將山崎闇齋、山鹿素行、德川光圀列為積極的尊皇思想家。[1]限於篇幅的關係，本節針對和辻哲郎批評儒教思想在德川社會造成壟斷，阻礙當時日本民眾與歐洲文明對話的過程作一論述。

一、藤原惺窩

和辻哲郎懷疑《心學五倫書》[2]是藤原惺窩所寫，他說找遍惺窩的各種文集，都不見他對神儒一致思想的論述。有關五倫的論述，僅在惺窩的《倭謌集》的末尾提及"君臣之事"，但此"君"不是中國的天子，就是日本的將軍或大名（諸侯），並非指"日本的主（aruji）"或天皇。在此，以作為"日本的主"的問題，要使天道與神道一致是不可能的。[3]

二、林羅山

將民間的學問轉化為幕府的官學，在羅山身上具體呈現，與始終作為市井學者的惺窩相較，表現得更積極。但事實上羅山對儒學的態度並無劃時代的變革，他的思想立場就是朱子學，但他反對朱子學最根本的氣理之說，而舉"理為氣的條理，氣為理的運用"，贊成王陽明的學說。[4]

林羅山"神儒一致說"的思想立場是以室町時代的公卿一條兼良（1402—1481）、戰國時代的神道家吉田兼俱（1435—1511）相同的形而上學原理之同一性為基礎。但排除佛教哲學這一點與兼良、兼俱相左，是站在五倫書的立場。主張原理同一性這一點則與五倫書相異，回歸到兼良、兼俱的立場。這些問題在羅山的《神道傳授》中都有被提出來。[5]

羅山提倡"理當心地神道"，顯然是論說"神"與"道"同一的思想，但有

1　前揭《和辻哲郎全集》，頁158。

2　《心學五倫書》是德川初期的儒書，據石川謙的研究，此書無作者署名。和辻哲郎認為聖堂學者野間三竹將此書改題為《假名性理竹馬抄》後署名作者為藤原惺窩，之後此書又稱《假名性理》《千代とも草》，盛行於德川初期。

3　同注1，頁163。

4　同注1，頁163—164。

5　同注1，頁164。

異於五倫書。相對於五倫書論述的天照大神，羅山則極力主張國常立尊的一神說。就此立場，羅山在主張神道即是王道時，又回到與五倫書相同的立場。因為皇室的尊嚴是以儒教（五倫書）為基礎，而羅山同樣以神儒同一原理的立場為基礎。總之，在羅山身上看不出他對天皇神聖性的主張，而是以王道的概念表現出對皇室尊崇的思想，羅山的這種思想傾向在他對三種神器的解釋中最為顯著。依據羅山的說法，神器並非天皇神聖的象徵，而是在於儒教智、仁、勇三德的表現。天照大神所傳承的"王道"即是歷代天皇統治的王道，以王道統治，皇室即能受到推崇，以此推之，幕府若能實行王道政治，同樣可以獲得民眾的尊崇。和辻哲郎批評羅山以此思維在德川幕府領政而制定了迫害朝廷的政策，批評羅山的神道思想缺乏對皇室尊崇的熱情。他之所以關心神道，並非他強力喚醒尊皇之道，只是將之從佛教手中拉出，讓神道與儒教結合罷了。[1]

三、中江藤樹

中江藤樹的思想精髓在於以"孝"作為"萬事萬物的道理"，此來自其自身的體驗，屬於獨特的思想，並非來自朱子學或陽明學。藤樹"孝"的思想是來自儒學潮流中的思索，其思想的道具完全來自儒教。藤樹初學朱子，後取陽明，其著作《翁問答》影響後代極深。特別是藤樹"孝"的思想主軸在"以太虛為全體"作為永遠的道理，在人前所出現的即是"立身行道"的人倫道理，認為人的身體本來就是"太虛神明的分身"，理解太虛神明的本體即無所失，以此作為與"孝"的歸屬關係。和辻哲郎舉出藤樹《翁問答》中的一段話：

> 我人的大始祖之皇上帝，敬畏大父母天神地祇之命，欽崇其神道而受用，名稱孝行，又稱至德要道，亦稱儒道，以此教之，稱為儒教，以此學之，稱為儒學。[2]

指出藤樹在此為何有"神道"用語，卻未顧慮到日本的惟神之道，僅解說儒道，主要是主張儒道即是太虛的"神道"，如此即能闡明一些事物。和辻哲

---

[1] 前揭《和辻哲郎全集》，頁166。
[2] 《翁問答》三問，《中江藤樹全集》三，頁220。

郎認為若是如此，不如將"天道"改成"神道"更能闡明事物，又說推測日本的神的信仰可以暗中說動他。[1]

至於儒教與祭祀的關係，和辻哲郎強調儒書記載的做法大致來自周朝，不同的時代、不同的國土並不能直接通用，若要實行儒道，其做法就不能墨守成規。最後，和辻哲郎所下的結論是，日本人尊崇日本的神道即是尊崇太虛的神道，同時日本的神道是以太虛的神道為根據，指出藤樹的尊皇表現是極為消極的。又說，太虛皇上帝雖是我人（warehito）始祖，但此無關天皇的神聖性。藤樹說君臣、說忠，卻完全未見其有皇室的念頭，呼籲大家注意日本學者闡釋"忠"最深、最廣泛的藤樹之尊皇思想其實比林羅山來得稀薄。[2]

四、山崎闇齋

山崎闇齋原來作為一位朱子學者，壓倒時勢，頗具人氣。但其業績並非儒學而是垂加神道，和辻哲郎指出此與他褊狹強烈的性格有關。他將朱子學的所有知識投入神道，而衍生出獨特的結合——垂加神道。闇齋的弟子當中並非全部贊同其垂加神道的思想，如優秀的學者佐藤直方、三宅尚齋、淺見絅齋皆離他遠去，甚至批評垂加神道是"擇而不精，語而不詳"。但是和辻哲郎認為闇齋對於神道說積極而無遠慮，熱情鼓吹尊皇。[3] 闇齋的垂加神道說取自神道五部書天照大神的神托"神垂以祈禱為先，冥加以正直為本"。闇齋幼年常常參拜伊勢神宮，他認為造化神—人體神—皇室祖先的概念非常重要，也認為天皇的神聖性可從皇統的內部粹出，此與他的尊皇之道產生了關聯性。和辻哲郎指出這是在闇齋以前的儒學者完全看不到的地方，分析闇齋的尊皇思想並非儒教的尊王，天皇可比天帝，但不可稱王。因此，闇齋的尊皇思想與幕府的立場相左，其思想密傳弟子，七八十年後竹內式部、山縣大貳等人的思想成為討幕的主軸，闇齋的思想

1　前揭《和辻哲郎全集》，頁170。

2　同上註，頁171—172。

3　同上註，頁173—174。

也透過水戶學派與幕末的討幕思想做了連結。[1]

五、熊澤蕃山

熊澤蕃山為陽明學派，是中江藤樹的弟子，其與神道及皇室有關的思想，散見在他的著作當中，特別是有關神道的思想必須提到《神道大義》（《熊澤蕃山全集》五），而最詳細的論述則在他的《三輪物語》。[2]蕃山的思想與前述的垂加神道完全不同，和辻哲郎稱蕃山為合理的思想家，基本上他不是從武士的立場，而是遠離"中國崇拜"，從民間學者的立場來思考尊皇的問題。和辻哲郎最稱道蕃山對"道"的普遍性與特殊性的理解。亦即"道"是天地的神道，不會因國家不同而有所差異，再度強調日月就算稱呼不同，到任何國家都是相同的日月，亦即"實體是天下一體的神道"。所謂"中夏聖人之道""日本神皇之道"之爭，等同主張日月只是自己國家的日月而已。實際上，日月在日本的神道也有，在中夏的聖道也有，在無際的太虛之道也存在。日本的皇統一系、中國的放伐革命，國情雖不同，但"道"不會不同。[3]和辻哲郎還強調蕃山追求理想的場所在皇室傳統的內部，永恆的價值或是"道"的實現，從武家的立場都無法實現。他祈願救世人、興禮樂，所謂"君子國"（道義國家或文化國家）都只能在皇室的統治下實現，稱讚蕃山的思想立場是寬宏大量，一點都不矯飾，其尊皇的立場被幕府視為危險人物，有其道理。[4]

六、山鹿素行

山鹿素行是超越朱子或王學的立場，回歸孔孟之學的新地基，無視於幕府的忌諱，述說尊皇之道。基本上，素行是脫離了宋儒的形而上學，尊重歷史的理解是他尊皇思想的特徵。素行於 44 歲，寬文六年（1666）刊行

1　前揭《和辻哲郎全集》，頁 177—178。
2　《三輪物語》描述的時間是戰國時代，場所在三輪山麓，聚集了禰宜二三人、居士、公達、社家二人、老翁、處士等人，議論日本的神道、儒道與佛教的相關問題。
3　前揭《和辻哲郎全集》第 14 卷，頁 184。
4　同上注，頁 186。

《聖教要錄》，內容排擊朱子學，甚至公然侮辱當時的官學，觸怒了將軍的最高顧問保科正之(1611—1673)。[1] 和辻哲郎稱讚素行從佛教及道教的形而上學中將儒教解放出來，闡明作為倫理學的本質，作為武士階級的意識形態而加以活用。

素行的另一本著作《中朝事實》，標榜脫離宋學與"中國崇拜"。又以古學的精神，理解歷史的態度，考察《日本書紀》的神代史、上代史。這種態度，捨棄以國常立尊的太虛神明或無形之形來做解釋，完全以書紀之文來考察天地人的意義。和辻哲郎認為素行的《中朝事實》從書紀中匯集既有的儒教思想，可以證明儒教傳入日本之前，日本已有"聖教的事實"，而其內容並未混入神道的宗教色彩，純粹在標舉人倫的意義。對素行而言，諸侯之上的王(將軍)與天皇之間並無區別，此為羅山、闇齋主張儒教神道無法接受的特徵之一。

七、德川光圀

光圀為德川時代武士階級的優秀代表者，而其根本的立場在於"士道"，也看到光圀不會固守朱學、王學的一面。光圀認為士的上乘在學問，他說：

> 先理解"四書""五經"的文義，後明人倫之大義。辨《春秋》《通鑑》之理致，鑑古今之治禮，行有餘力再藝詩文，橫槊賦詩，誠為士也。[2]

這是否定室町時代的無秩序(下剋上)的士道立場而對新武士的詮釋，武士精神的建立必須實現"仁義"思想，普及學問是必要的。和辻哲郎稱讚光圀以"尊神儒駁神儒，崇佛老排佛老"(《梅里先生碑銘》)的立場來建立士道的精神是寬弘豁達的態度。光圀與室町時代末期民眾的思想無法相融，此

---

[1] 保科正之是德川幕府二代將軍德川秀忠的四子。秀忠死後，其兄三代將軍德川家光對他頗為看重。1636年，正之拜領出羽國山形藩二十萬石，1643年又拜領陸奧國會津藩二十三萬石，會津、松平一族後來一直存續到幕末。

[2] 《水戶學全集》四，頁15。

事在他的《西山公隨筆》中多有著墨。[1]光圀立於儒教的士道立場,作為尊王賤霸的思想,其尊皇思想雖與山鹿素行相近,但招聘的學者以闇齋學派居多,如三宅觀瀾、栗山潛鋒都是闇齋派的代表學者,而水戶學派也未採納闇齋的神道思想。

水戶學派強調朱子學的大義名分說,並非日本固有的"道"。君臣的大義、名分多根據《春秋》做解釋,脫離不了中國周朝"王"與"諸侯"的關係。和辻哲郎認為如果要將此大義名分說適用於日本,先要將天皇＝王,大名＝諸侯來理解,如此,日本的天皇與周朝的王之間,本質的差別才不至於產生問題。批評水戶學的大義名分說,但也肯定水戶學普及大義名分的思想在將軍作為霸者握有政權的時代,確實具有很大的意義,但他仍然未能徹底解釋天皇的神聖性。和辻哲郎認為大義名分的理論只是從中國直譯過來的名詞,而日本的史實必須開示天皇的神聖性。[2]

對於光圀招集多數學者進行《大日本史》的編纂工作,和辻哲郎認為它不是單純的政治標語,而是具有重大的歷史意義。一般都認為《大日本史》具有承認南朝為正統、將神功皇后列入后妃傳、大友皇子列入皇位等三大特色,但是光圀最主要的目的在於編纂正確的日本史,為後世的良史作準備。當時光圀遵循學術界最正確的方法,博搜文獻,客觀地敘述史實,自己又跳脫武家幕府的立場,展現悠遠宏大的日本國姿,超越政權的轉變,闡明尊貴皇室的存在。和辻哲郎對於光圀的努力予以肯定。[3]

八、賴山陽、會澤正志齋

和辻哲郎認為賴山陽(1780—1832)與會澤正志齋都是站在儒教的原理上來思考"國學"的問題。提及賴山陽在《日本政記》應神天皇之條加入論贊,論述"唯一之道"。他認為日月是天下的日月,非一國私有之物,因此"道"也是具有普遍性而非唯一的。他說父子、君臣、夫婦每個國家都有,

---

[1] 德川真木監修,徐興慶主編《日本德川博物館藏品錄Ⅱ:德川光圀文獻釋解》(上海古籍出版社,2014年),頁36—39。

[2] 前揭《和辻哲郎全集》第14卷,頁193—194。

[3] 同上注,頁192。

慈孝忠義也是自然存在，並非人為使然，日本自上古時代即存在著與儒教說法相同之道，只是未將之概念化而已。因為此道以仁義之"名"由中國傳入，所以儒者即認為是"漢之道"。而國學者則以"此道非我國之道"來劃清界線，他認為日本的儒學者、國學者都犯了錯誤，因為此道在彼此之間並不存在，贊同賴山陽"唯一之道"的論述。和辻哲郎同時強調學也是"唯一之學"，"國學"這種東西並不存在。[1] 和辻哲郎批評各代天皇的令典都以儒教的思維來審議，而對日本古道的主張都不予採用。至於"攘夷論"是後期水戶學的特徵，會澤正志齋對於外國的軍備有強烈的警戒心，認為大炮與軍艦很重要，賴山陽卻不以為然，認為過分重視外國會陷入弊端，大船進出不便，小船進出容易，不易被擊，方便進出淺海。

以上，從和辻哲郎的立場檢視德川初期代表性儒學家的尊皇思想，我們可以清楚看到和辻哲郎忽視中國、對於日本文化受到中國的影響有不以為然的一面，以及他明顯批判儒學思想的態度。在和辻哲郎的心目中，"猶王室為貴，存君臣之儀"是他理想的尊王思想，尊王思想才是貫穿日本歷史、值得誇耀的傳統，天皇的神聖性才是最高的文化價值。至於儒教的尊王論，雖非他所愛，但透過水戶學及賴山陽出現幕末的勤王家或是攘夷論，卻也是他所樂見的思想。

第三節　文化層次的影響、非影響

關於古代的佛教藝術，和辻哲郎認為"中國文化影響"這個概念，是必須要反省的，而且分兩個層次做敘述。其一，因為古代"中國文化"並非是固定的東西，而是意味著經過六朝、初唐、盛唐而迅速產生的一個新文化，同時它有銳意變遷與興廢之意，風俗也歷經混亂與變遷。例如概念明確的

---

[1] 和辻哲郎《尊王思想とその伝統》，前揭《和辻哲郎全集》第14卷，頁273。

漢詩變成抒情、律動且細膩的唐詩,這個偉大時代的變遷與日本的推古至天平時代相互輝映,"中國文化影響"或其文化變遷的影響是存在的。[1]其二,"影響"的語用在當時的中日關係並不適切,因為日本是跳入隋唐的文化圈內。換言之,當時日本人所接受或所形成的隋唐文化就是當時的日本文化,它是從內部所形成的東西,不能說是外來的影響,亦即,相對於中國文化,受到外來影響且獨立的文化在當時的日本是不存在的。[2]

和辻哲郎承認日本天平美術的樣式是受到初唐及盛唐樣式的影響,但若說天平美術的樣式只是模仿盛唐,就如同以當時的日本文化與中國文化對峙,所以日本必須跳脫"中國"來思考這個問題。當時日本人也只是隨著東亞內部的一股文化潮流移動而已,隋唐政治統一,與西方頻繁交流之際,在日本天智、天武時代的政治社會也產生很大的變革,而與中國頻繁的交流相互輝映,在外形上並非模仿,在內部也顯示相同時代精神。當時日本的特殊性只是在相同的文化潮流內,作為地方的、民族的特殊性來理解。亦即天平美術的樣式是在唐樣式的內部,作為藝術最純粹且顯示日本人的獨自性來理解。日本自推古樣式至天平樣式的展開,中國自六朝樣式至初唐樣式的展開,都是一種特殊化,同時這些展開都是在遂行最精銳、最純粹的東西。[3]顯見和辻哲郎多以"內在""自然存在""特殊性"的詮釋來否定"影響"與"模仿"所存在的過程與事實。

第四節　重建"日本文化"與"近代"思想轉化的關聯性

從和辻哲郎的角度而言,日本在十四、十五世紀的室町時代已經在為"近代"作準備,他認為這個時代的日本可以比美意大利的文藝復興,因為

---

[1] 和辻哲郎《日本精神史研究》(東京:岩波書店,1992年),頁112。

[2] 同上注,頁113。

[3] 同上注,頁87—88。

藤原時代的文藝，特別是《源氏物語》是當時教養的準繩，在這樣的基礎之上創造了謠曲、連歌、能、狂言、茶道等諸多新的日本文化。這個時代歐洲興起了遠征海外的熱潮，冒險的武士與商人進入中國沿岸及東南亞，當時日本的堺（sakai）與山口的都市逐漸形成，市民的勢力可與武士相抗衡，民眾勢力的崛起是這個時代的特徵。當時因為日本國內各勢力的對峙，直到十六世紀，日本因失去統一的國家而開始與西歐文化接觸。[1]

和辻哲郎認為考察"近代"歐洲的崛起或是西方與東方的接觸，需要從中世紀的歐洲突破閉鎖性的角度切入，必須關注當時強力實行文化移植的西班牙人及葡萄牙人，亦即與"東方"鬥爭中而成立的各國，與"東方"戰爭最前線的民族開始了"海外十字軍"，此為近代歐洲形成最重要的契機。東方與西方的融合與對立，與我們住在東亞文化圈的人看似毫無關聯，但實際上，印度與中國文化圈早已與西方文化有多面的交涉。印度與中國文化圈並不亞於歐洲文化圈，它承擔著世界史的意義，但卻未受到對等的看待，因為與近代歐洲接觸之後，並未取得與之相互抗衡的文化的發展。[2]

20世紀20年代，和辻哲郎對日本文化的評價存在著諸多民族主義的要素。1937年出版的《續日本精神史研究》中，曾經述及"日本在放棄利益社會的發展到國民的共同社會覺醒的過程中，日本已在不知不覺當中成為世界的先驅者"，這句話被加藤周一批評仍然具有民族主義的傾向，[3]它反映了從"大正民主主義"的自由主義到超國家主義的風潮在知識氛圍的時代變化。

和辻哲郎在日本戰敗前夕的作品《日本の臣道》(1943)、《アメリカの国民性》(1944)與1950年《鎖國》論述的思想主張都有轉化的現象。《日本の臣道》是他在日本海軍大學的演講稿，提到軍人的基本精神是"樂於為大君而死"，說明武士的"道"在於主從關係、在於不惜生命、在於廉潔，強調使國家不至於有危險而給予健全理論的根據者是儒教。儒教本來就是述說君子道德，而君子意味著統率民眾的立場，其任務就是將"道"實現。卻

1　前揭和辻哲郎《鎖國：日本的悲劇》，序說，頁23。
2　前揭《和辻哲郎全集》第15卷，頁38。
3　加藤周一解說《日本精神史研究》（東京：岩波書店，1992年），頁401。

又批評"儒教風"的君臣關係是封建的,並非充分的"尊皇之道",以區別他所主張的"尊皇之道的倫理學"。[1]和辻哲郎之所以認為"鎖國"是悲劇,在於十六世紀逐漸抬頭的市民(町人,bourgeois)階級遭到武士的壓抑所致。他認為當時日本若無鎖國政策,幕府將會崩壞,因為町人若知道英法的革命理想,他們即不會屈服於幕府的權威之下。

從和辻哲郎的角度而言,十七世紀的鎖國,給日本帶來諸多不良的影響,主要在於對近代科學精神發展的延誤,但又認為因鎖國政策而產生的日本文化具有優越性。這個矛盾或許可以說是和辻哲郎直覺性的偏差所造成的,他在不同時期對鎖國政策有反對→悲劇(戰前)→勉強認同的不同的評價。1945年3月,東京遭到空襲之後,和辻哲郎預測日本即將戰敗,當時他就決定組成"重新思考近世"的研究會。《日本の臣道》的內涵有維護帝國主義侵略之前實施鎖國政策的正當性。此外,在《アメリカの国民性》當中,回溯近代科學精神,否定了諸多歷史的功能。針對德川幕末攘夷與開國思想的對立,和辻哲郎在《日本倫理思想史》的後文中,強烈支持開國派的論點,以支持他"文化輸出""相互抗衡"的立論。

結　論

本章之所以以"思想轉化"為問題,是因為和辻哲郎在論述同一件事情時,常有前後不一的現象產生,有些是他自己內在的因素,但也有些是受到時代風潮或戰爭的外在影響。和辻哲郎繼《日本古代文化》之後,為了理解各種時代的日本文化,逐步考察藝術、思想、宗教、政治等方向,在37歲時完成《日本精神史研究》(初版,1926),其草稿的背景即是過去在東洋大學上"日本倫理史"、在法政大學上"日本思想史"的講義,這些多為"大正民主

---

[1] 前揭《和辻哲郎全集》第14卷,頁304—305。

主義"時代的文章。1935年刊行的《續日本精神史研究》內容則涵蓋20世紀30年代至1945年戰敗為止,在初版與再版的作品當中,他對相同事物的看法,思想上有了很大的轉變。舉例而言,對古代日本佛教的接受,前者指出"日本人對佛教思想的理解非常淺薄,佛只是為了現世利益而禮拜罷了。換言之,佛教只是作為祈禱教而已",[1]但這個看法到20世紀40年代的後者則轉化為"這是明顯的謬誤"。[2]這當中,和辻哲郎經歷了20年的知識成長,很多看法都隨著時代的風潮而有所轉變。這個變化也體現在戰前出版的《倫理學》中卷(1942)對"國家"概念的大幅改訂(消除了個人對國家必須犧牲的絕對義務),戰後《倫理學》下卷(1949),卻對國家的倫理制限有冗長的論述,認為國家不再是倫理的絕對性,而是從一般人類所引導出來的倫理規範。

和辻哲郎贊成新憲法賦予天皇的地位是"國民統合的象徵",主張天皇是"絕對的權體性表現",天皇存在的意義是從倫理而不是從政治的角度來思考,他認為"國體"(國家的構造)的用語易遭誤解,不宜使用。戰後,在和辻哲郎的著作當中,都認為"國體"的理論來自德川時代的水戶學派,原來就是封建的產物,並不通用於現代國家。[3]梅原猛將和辻哲郎的作品分為文學(文獻,Philologie)與哲學(Philosophie)兩類,當中作為文學(文獻)學的《ホメーロス批判》《原始基督教の文化史的意義》《原始仏教の実践哲学》《孔子》等作品屬於外國原始文化或原始宗教的研究。[4]和辻哲郎向來關注人類文化的發展,但作為一位哲學家,他最關注的是一種文化的原理究竟為何。他認為這些原理必須用自己的眼睛與思考來確認。這四篇論文是他從哲學的角度嘗試探討希臘文化、基督教文化、佛教文化及儒教文化源流的代表作品,和辻哲郎對明治時代的啟蒙思想家之評價亦有轉化的傾向。

---

1 和辻哲郎《推古時代における仏教受容の仕方について》,《日本精神史研究》(東京:岩波書店,1992年),頁45。
2 古川哲史《和辻哲郎全集》第四卷"解說"。
3 梅原猛《〈和辻哲郎集〉解說》,《近代日本思想大系》25(東京:筑摩書房,1974年),頁403—404。
4 同上注,頁432。

初出一覽

本書與前著《朱舜水與東亞文化傳播的世界》(臺北:臺灣大學出版中心,2008年)的構思脈絡,前後輝映,以新史料更細膩的描繪出朱舜水的學問與思想做為一個跨界(border-crossing)的東亞儒者在多語(mulit-linguistic)語境中的生存與交流之異域物語。本書出現的每位文化傳播者均背負著一段可歌可泣的史實,這些人物在日本的異文化場域,交織出悲歡離合、錯綜複雜且水乳交融的"越境"圖像。因為新史料不斷的出現,常有新的史實發現,故本書各章論文原題有做部分修改,內容則根據新史料,大幅增補論述。收錄的各章論文初出如下。

第二章　朱舜水與留寓日本的明末文人交流

《跨國界的文化傳釋 —— 朱舜水與留寓日本的明末文人交流》,《朱舜水學術演講集》(上海:上海文化出版社,2012年),頁128—137。

第三章　朱舜水思想與德川儒教的發展

《朱舜水與德川水戶藩的禮制實踐》,《臺大文史哲學報》第75期(臺北:臺灣大學出版中心,2011年),頁161—179。

第四章　朱舜水與熊澤蕃山"經世致用"思想的異同

《朱舜水と熊沢蕃山の「経世致用」思想における共通点と差異》,《「心身／身心」と「環境」の哲学 — 東アジアの伝統的概念の再検討とその普遍化の試み》,"国際シンポジウム 49"(京都:国際日本文化研究センター,2018年),頁215—236。

第五章　朱舜水思想與加賀藩儒教的發展

《朱舜水思想與加賀藩儒教發展再考》,徐興慶編《朱舜水與近世日本儒學的發展》,"東亞儒學研究叢書"16(臺北:臺灣大學出版中心,2012年),頁335—351。

第六章　從東亞視域看隱元、朱舜水的文化傳播

《東亞儒教、宗教觀的轉換及其認同問題——以隱元、獨立、心越禪師與朱舜水為例》,《東アジア文化交渉研究　別冊》8 號(大阪:関西大学文化交渉学教育研究拠点 ICIS,2012 年),頁 49—59。

第七章　朱舜水對科舉制的評論

《跨國界的文化傳釋——試論朱舜水對科舉制的評價》,《臺大東亞文化研究》創刊號(臺大文學院"跨國界的文化傳釋"研究計畫,2013 年),頁 21—46。

第八章　"儒、釋、道、醫"的獨立與中日文化交流

《"儒、釋、道、醫"的中日文化交流——從戴笠到獨立性易的流轉人生》,《臺大歷史學報》第 54 期(臺北:臺灣大學歷史學系,2014 年),頁 123—210。

第九章　《本朝通鑑》及《大日本史》史觀演化

《〈本朝通鑑〉及〈大日本史〉史觀演化》,《臺灣東亞文明研究學刊》第 19 卷第 2 期(臺北:臺灣師範大學國際與社會科學學院,2022 年),頁 79—114。

第十章　《大日本史》與日本"水戶學"的重建

《〈大日本史〉史觀與日本"水戶學"的重建》,劉岳兵主編《日本儒學與思想史研究——王家驊先生紀念專輯》(天津:天津人民出版社,2016 年),頁 150—172。

第十一章　水戶藩與日本的近代化

《水戶藩與日本的近代化——德川齊昭與明治維新的關聯性》,《南開日本研究(2018)》(天津:天津人民出版社,2018年),頁126—144。

第十二章　和辻哲郎的傳統與"近代"思想的轉化

《和辻哲郎的傳統與"近代"思想的轉化》,《外國問題研究》2016年1期(總第219期)(吉林:東北師範大學,2016年),頁43—51。